일제의

한국 민족종교

그 정책의 실상과 자료 **말살책**

종교와 사회총서1

일제의
한국 민족종교
말살책

그 정책의 실상과 자료

윤이흠 지음

서문

한국 민족종교는 그 명칭부터 우리 민족의 문화 주체성을 상징하고 있다. 돌이켜보면 최제우가 1860년 동학을 제창하면서부터 시작된 한국 민족종교의 전통은 조선조 말기에 국망의 위기에 처한 우리 민족을 구하려는 동기로부터 출발하였다.

조선조가 망하고, 일제의 식민지가 되면서 국가와 민족의 독립을 추구하는 운동이 다양한 방향으로 전개되었다.

그런데 독립운동과 같은 역사적 운동은 기본적으로 첫째, 정신·문화 운동과 둘째, 사회·정치 운동의 두 방향으로 나타나게 된다. 현실적으로 어떤 특정한 집단이 독립 운동을 시작하려 할 때, 둘 가운데 한쪽에 치우치게 마련이다. 그래서 당시의 다양한 구국 운동이 일어났지만 특정한 분야에 치우치는 경향을 보여주는 것이 일반적인 경향이었다.

그러나 민족종교 단체들은 구국 운동이 요청하는 두 분야의 요건들을 모두 통합하여, 이른바 '통합적 구국 운동'을 전개할 수 있었다. 왜냐 하면, 종교는 인류 문화 가운데 가장 복합적인 현상이기 때문이다. 다시 말해서, 종교는 사회 문화적 가치, 정치 경제 질서, 예술 미학적 질서 등을 포함한 다양한 영역의 인간 경험을 모두 이른바 영성적 세계에 담아 통합적 질서를 제시하기 때문이다. 이러한 맥락에서 민족종교가 구국 운동을 전개하는 경우에도, 정신·문화운동과 사회 · 정치 운동을 동시에 전개하였던 것이다. 결론적으로 말해서, 우리 나라와 민족을 구하기 위하여, 정신적 각성과 사회적 운동의 양면을 통합적으로 추구한 주체가 바로 민족종교 단체였다.

바꾸어 말해서, 일제하에서 유교, 불교, 기독교와 같은 세계종교 집단보다 민족종교가 훨씬 더 본격적으로 종합적 구국운동의 주체 역을 감당하였다. 그 대표적 사례가 천도교와 대종교가 전개하였던 반일 구국 운동들이었다. 일제가 민족종교를 체계적으로 말살하려는 정책을 썼던 것도 바로 이러한 이유 때문이었다. 이러한 일제의 민족종교 말살 정책의 내용이 이 책의 핵심을 이루고 있다.

이 책을 통하여 필자는 일제하에 우리 민족이 지녔던 영성적 투지와 희망을 대하면서, 오늘 우리가 당면한 사회적 갈등과 혼돈을 극복할 수 있는 비전을 공유할 수 있게 되기를 희망한다.

우리 민족은 어려운 현실에 살면서, 당시에는 혼돈스러웠지만, 후에 돌이켜보면 매우 슬기로왔던 역사를 지녀 왔다. 민족종교의 선배들이 그러한 민족의 슬기를 남겨 주었다. 현재의 우리가 슬기로울 때만 과거 선배의 슬기를 받아들일 수 있다. 그 슬기로운 태도는 곧 과거의 역사에서 좋은 점을 가려서, 그것을 지금 · 여기서 발전시키는 것이다. 우리 역사에는 우리가 가려서 지금 · 여기서 발전시켜야 할 만한 가치가 있는 것이 많다. 따라서 '우리의 긍지'는 단순히 과거에서 물려받을 때 갖게 되는 것이 아니라, 우리가 우리 스스로를 슬기롭게 발전시킬 때 비로소 우리가 누릴 수 있는 것이다.

일제의 민족종교 말살 정책을 공부하여 일본인의 잘못을 드러내고 그에 대한 미움과 적개심에 빠지게 한다면, 우리는 과거에 희생되고 마는 것이다. 그보다는 그 어려운 환경을 벗어날 수 있었던 선배의 지혜를 선별하여 우리 자신의 힘으로 계승할 때, 우리는 비로소 밝고 아름다운 내일을 창조하게 될 것이다. 일본인들과의 우정을 지키면서….

1997년 말경 이 책의 초판이 출판되었으나, 당시 어려운 경제 사정으로 출판사가 문을 닫고 나서 10년 후에 개정판이 나오게 되어, 필자로서는 기쁘기 그지없다. 특히 개정판은 책의 체제를 읽기 편하게 고쳐서 독자가 쉽게 접근할 수 있게 하였다. 이 점을 도서출판 모시는 사람들의 박길수 사장에게 감사한다.

2007년 10월

嘉山 윤이흠

초판서문

이 연구는 '역사바로세우기운동'의 일환으로 구상되었다. 이 운동은 무엇보다도 일제 침략 기간에 우리 역사가 알게 모르게 왜곡된 부분을 교정하려는 의도로 1995년을 기점으로 제기되었다. 한국 민족종교 역시 일제의 문화 정책에 의하여 왜곡되어 소개됨으로써 지금까지도 유사종교나 사교라는 개념으로 우리 사회에서 이해되고 있는 실정이다. 이 개념들은 일본이 서양의 정교 분리 정책을 받아들이는 근대화 과정에서 쓰기 시작한 것이다. 따라서 한국 민족종교에 대한 일제의 탄압 정책을 종합적으로 이해하기 위해서는 첫째, 한국 민족종교에 대한 정확한 이해, 둘째, 근대화 과정에서의 일본의 신 개념 수용 과정과 실태, 그리고 셋째, 종교의 운동과 종교사 자체에 대한 이해 등이 필요하다.

일제의 민족종교 정책에 대한 연구는 이처럼 일별하기에는 쉬운 작업 같아 보이지만, 실제로는 매우 까다로운 작업을 요청한다. 따라서 민족종교와 특히 그에 대한 일제의 정책은 극히 개별적인 작업 이외에는 아직 이렇다 할 연구가 없는 상태이다. 따라서 이 분야에 관하여 우리가 얼마나 부정확한 지식을 갖고 있는지도 알 수 없는 상태이다. 예컨대, 한국의 종교학자로서 필자는 우리 사회에서 사교와 공포의 표본으로 여기는 백백교에 관하여 얼마나 알고 있는가 오래 전부터 자문해 왔다. 간혹 백백교와 그 후손에 관한 단편적인 정보를 접할 때마다, 사교라는 굴레가 한번 씌어지게 되면 돌이킬 수 없이 불행한 종말을 맞이하게 될 것이라는 메시지를 일제는 한국 사회에 백백교라는 이름으로 분명하게 심어 놓았다고 생각한다. 백백교는 이렇게 조작된 공포의 상징일 가능성이 대단히 크다. 이에 우리는 일제치하의 민족종교에 관한 보다 정확한 이해를 위하여 크게 힘써야 한다는 과제를 요청받는다.

조선총독부의 종교정책에 관하여는 정부 문서 보관소에 있는 조선총독부의 자료를 보다 면밀하게 분석·연구할 필요가 있으나, 본 연구는 그 시간과 인력의 한계로 인해서 지금까지 연구된 자료와 종교 단체의 자료를 중심으로 일제의 정책과 한국 민족종교들의 수난의 흐름을 파악하는 데 그치려 한다. 따라서 이 연구는 앞으로의 본격적인 연구를 위한 전 단계 작업의 성격을 지닌다.

본 연구진은 처음에는 지금까지의 연구 업적을 정리하는 데 만족하려 했으나, 작업이 진행되면서 중대한 문제에 직면하게 되었다. 일제는 한국 민족종교 지도자들을 자기 마음대로 철저하게 농락했다. 이 사실은 제국을 경험했던 국민들에게는 한국인들이 그만큼 무능했다고 인식하게 할 가능성도 있다. 역사는 원래 승리자의 노래만 드높고, 패자의 영탄은 시간의 품에서 사라지는 법이니까. 그러므로 제국주의의 침략이 얼마나 역사의 해독이 되는가를 밝히지 못한다면, 이 연구는 절반밖에 이루어지지 않는 것이다. 자료의 나열이 체계적인 인식의 내용을 반영하지 못하기 때문이다. 그런데 이 작업은 새로운 사관을 요구하는 것이다. 이 난제를 두고 거의 반년을 전전긍긍하며 한 줄도 쓸 수 없었다. 다행히 역시 필자가 오랫동안 씨름

해 온 다원주의 질서에서 그 출구의 빛을 발견할 수 있었다.

그리하여 민족종교의 특성과 일제의 정책과 그리고 한국 민족주의의 내용을 통일된 안목으로 정리하려고 노력했다. 그러므로 본 연구는 비록 그 자료의 제약성은 있었으나, 과거의 역사를 바로잡는 작업을 시도한 연구라는 데 그 특성이 있다.

민족종교의 수난에 대하여 보다 객관적인 연구를 할 기회를 바라던 차에, 1995년 초 한국 민족종교협의회의 한양원 회장이 연구비를 주선하여 주어서 이 연구가 이루어졌다. 한양원 회장과 협의회의 여러 간부들께 이 기회를 빌어 감사의 뜻을 전하며, 아울러 본 연구진에게 연구비를 지원한 한국 마사회에도 감사한다.

이 연구에는 조흥윤, 노길명, 김홍철, 그리고 김종서 교수 등 언제나 가까운 동료 교수들의 자문이 있었기 때문에 무난히 연구를 마칠 수 있었다. 또한 김정인, 안후상, 그리고 최종성과 같은 젊은 학자들이 자신의 전공분야의 종교 자료들을 열정적으로 수집·정리해 준 덕분에 본 연구를 일 년 안에 마칠 수 있었다. 변함없는 동료 교수들과 헌신적인 젊은 학자들의 노력에 그저 감사할 따름이다.

嘉山 윤이흠

사단법인 한국종교사회연구소 소장
서울대학교 종교학과 교수

차 례

제1부

일제의 한국 민족종교 탄압 정책

일제는, 다음 장에서 살펴보겠지만, 대체로 다섯 가지의 탄압 정책을 써서 한국 민족종교를 탄압했다. ① 괴뢰단체를 통한 분열 정책, ② 이념적 내

부 분열 정책, ③ 민족감정의 이반을 통한 고립 정책, ④ 반사회단체로의 매도 정책, ⑤ 무력적인 제압 정책. 이러한 다섯 가지 방법을 효과적으로

적용함으로써, 모든 민족종교 단체들이 오래지 않아 사회적인 공신력을 잃도록 조작했다. 그 조작이 대단히 치밀하고 성공적이어서 거의 모든 민

족종교 단체들이 희생이 되기에 이르렀다. 종교 단체들이 끊임없는 내분으로 분열을 거듭하였으며, 일제 정책에 야합하거나 적극적으로 동조했

고, 또는 최소한 자기 종교 단체의 보존을 위한다는 명분으로 일제에 순종했다. 그 어느 것 하나 일제의 원격 조정 메커니즘에서 벗어나서 일어난

사건은 없었다. 그러므로 지극히 치밀하고 체계적인 일제의 탄압 정책에 희생되지 않은 민족종교는 없었다고 말하는 것이 정확하다.

제1장 역사를 보는 눈, 무엇이 문제인가?

1. 한국 민족종교와 유사종교라는 굴레의 역사적 실체

우리 민족은 지난 1세기 남짓 동안 실로 엄청난 역사의 횡포에 시달려 왔다. 바로 한 세기 전에 한반도를 둘러싼 열강의 경쟁적 횡포에 의하여 왕실이 농락당하고, 이어서 나라를 빼앗기고 일제의 식민지 통치하에 들어가는 역사적 치욕을 당했다. 식민 통치로부터의 해방은 민족의 분단으로 귀착되는 비극을 초래했으며, 다시 가공할 민족 상쟁인 6·25의 아픔을 우리 민족에게 안겨 주었다. 21세기에 즈음하여 우리는 어떤 형태로든지 민족의 통일을 맞이하게 되겠지만, 불행하게도 그 통일은 미국, 중국, 일본 그리고 러시아를 포함한 주변 국제 세력의 영향을 벗어나지 못한 상태에서 진행되고 있다. 따라서 일제의 강점에 의하여 주어진 민족의 분열을 극복하고 통일을 이루는 작업 역시 열강의 국제 정세의 영향을 벗어나지 못하는 상태에서 진행될 것이다. 일제의 한반도 강점은 그만큼 우리 민족의 현재와 미래를 돌이킬 수 없는 불행으로 몰아 넣은 중심 사건이었다.

나라를 잃고 일제의 식민지 통치를 받는 민족적 치욕의 과정에서도, 우리 민족은 현재의 재앙을 극복하고 앞으로 새로운 세상을 맞이하게 된다는 강력한 희망과 불굴의 확신을 지니고 있었다. 우리 민족이 미래에 대한 희망과 불굴의 확신을 갖고 있었기 때문에, 그토록 험난한 역사의 횡포 앞에 스스로를 포기하지 아니하고 보존할 수 있었던 것이다. 그 미래에 대한 희망과 확신이 특별히 19세기 중엽 후천개벽後天開闢이라는 종교적 사상으로 크게 나타났다.

후천개벽 사상에 따르면 오늘의 혼돈과 어두운 시대가 끝나고 바야흐로 후천後天의 새로운 이상사회理想社會가 도래하는 전환점에 현재 우리가 처해 있다. 그런데 다가올 후천의 이상사회는 한반도가 그 중심이 되고, 한민족이 그 주역을 담당하게 된다고 한다. 이처럼 후천개벽 사상은 미래의 희망에 대한 우주론적 신념 체계 안에 열정적인 민족애를 담고 있다. 한마디로 그것은 민족이 당면한 역사의 횡포에 분연히 일어선 민족적 자기 각성의 종교적 표현이었다. 우주론적 근거에서 민족적 자기 각성을 불러일으킨 사건을 민족종교운동民族宗敎運動이라 하며, 그 효시가 1860년 최제우가 일으킨 동학東學이었다.

민족종교民族宗敎의 개벽사상은 19세기 중엽 이후 급속히 진행되던 조선조의 몰락과 1910년 한일합방의 과정을 거치면서 극도로 허탈에 빠진 국민에게 내일의 희망을 약속해 주었다. 우주론적 근거에서 민족애를 강조하는 민족종교만큼 나라를 잃은 우리 민족에게 강력한 설득력을 발휘할 수 있는 단체는 없었다. 민족종교의 개벽사상은 현실적으로는 보국안민輔國安民을 주창한다. 보국안민의 기치 아래 민족종교는 당연히 격렬한 항일운동의 정신적 주체가 되었다. 갑오동학혁명, 3·1운동, 그리고 만주에서의 항일독립운동

등과 같이 한국 근대사의 주요한 사건들은 모두 개벽과 보국안민의 사상적 기치 아래 전개되었던 운동들이었다. 이처럼 민족종교는 민족주체의식의 사회적 실체였다.

민족종교 교단들 가운데에는, 일제하 조선 총독의 식민 정책에 처음부터 동조적인 태도를 지님으로써 교단의 안정을 유지했던 집단도 없지는 않았다. 그러나 그 경우에도 우리 민족의 개벽을 주창하지 않은 경우는 없었다. 민족개벽民族開闢은 일제 식민지 상황에서는 곧 '민족주체의식民族主體意識, 독립의지獨立意志를 의미한다. 그러므로 항일운동에 적극적으로 참여하였는가의 여부와는 관계없이, 개벽開闢과 보국안민輔國安民을 주창하던 민족종교라면 민족 주체의식의 사회적 실체의 역할을 했던 것이다. 그러므로 조선총독부는 민족종교를 조선 민족정기民族精氣의 온상이며 항일정신抗日精神의 훈련단체訓練團體로 간주했다. 따라서 조선총독부는 어떤 경우를 막론하고 민족종교의 존재를 용인할 수 없었다. 따라서 한국 민족종교의 모든 교단은 일제의 조직적인 탄압의 대상이 되었다.

민족개벽 사상은 나라 잃은 국민에게 내일의 희망을 주고 민족의 주체성을 확립시키는 정신적 근거였다. 민족적 개벽사상이야말로 일제하의 우리 국민에게는 그 어떤 교리나 사상보다도 더 절실하게 필요한 것이었으며, 나아가 그 사상이 종교와 지역, 그리고 사회 계층을 넘어서 모든 국민이 민족애로 돌아와 하나로 뭉치게 할 수 있는 정신적 기반이었다. 3·1운동이 이를 말해 준다. 오직 순수한 민족애와 민족 정체감만이 천도교와 불교, 그리고 기독교와 같은 특정 종교의 세계관에 구애되지 아니하고 우리 국민을 하나로 묶을 수 있었다. 민족문화의 주체성에 입각한 민족애를 종교적 신념 체계로 표현한 것이 민족종교였다. 민족주체의식을 선양하고 실천하는데 민족종교 이외의 그 어떤 종교나 사회단체도 본질적으로 그 몫을 다할 수가 없다. 민족종교 이외의 다른 종교들은 민족애를 그 핵심적 신념 내용으로 삼지도 않는다. 가령 유교, 불교와 같이 오래된 동양종교라 해도 그 사상이 우리 민족 정체성의 핵심을 반영하지 못하고, 역사가 일천한 기독교는 아직 민족문화 전통의 정서를 제대로 반영하지 못한다. 그리고 그 어떤 사회단체도 민족애를 민족종교와 같이 우주론적 근거에서 전인적 실천 체계로 승화시키지는 못한다. 민족종교는 망국의 한에 빠져 있는 국민에게 커다란 정신적 지주 역할을 했으며, 민족의 통합에 보이지 않는 힘을 발휘했다. 이 사실을 간파한 일제는 그만큼 민족종교의 탄압을 꾀했던 것이다.

민족종교가 일제하에서 민족 정신의 사회적 전개를 기도했다면, 일제는 민족종교를 말살하려고 기도했다. 양자는 첨예한 대립 관계에 있었던 것이다. 그럼에도 불구하고 일제의 정책적 의도에 의하여 설정된 개념의 범주 안에서 아직도 우리 사회가 민족종교를 이해하고 있다면, 이는 놀라운 일이 아닐 수 없다. 왜냐 하면 이는 우리가 아직도 일제의 식민 정책의 영향에서 벗어나지 못했다는 점을 말해 주기 때문이다.

한국 민족종교를 신흥종교新興宗敎, 유사종교類似宗敎 또는 사이비종교似而非宗敎, 심지어는 사교邪敎라는 용어로 이해하고 설명하는 것이 오늘 우리 사회의 일반적인 관행이다. 그런데 이러한 개념들은 전문적 종교학이 아니라, 건강한 일반상식의 수준에서 조금만 생각해 봐도 매우 혼란스럽다는 사실을 알 수 있다. 예컨대, 종교를 객관적인 입장에서 정의한다는 것이 얼마나 어려운 일인가를 우리는 다른 종교인들과 만나면서 자주 경험한다. 하물며, 종교 현상과 그 유사 현상과의 구분을 어떤 기준으로 할 수 있다는 말인가? 그렇다면 어떤 근거로 우리 사회에서는 이런 용어들을 쓰게 된 것일까?

먼저, 이러한 개념들이 사용되기 시작한 역사적 시대가 바로 일제 시기였다. 다음으로, 이러한 개념들은 한국 민족종교를 말살하고자 하는 총독부의 정책적 목적을 달성하기 위하여 적용되었다. 이 두 가지 점을 염두에 둘 때 우리 사회에 앞에서의 여러 용어들이 횡행한다는 것은, 우리 사회가 아직도 얼마나 일제의 식민 문화정책의 영향을 받고 있는가를 말해 준다. 만약 우리 사회에서 이러한 용어와 개념들에 대하여 비판적 검토를 거치고 나서 쓴다면 아무런 문제가 없다. 그러나 그러한 비판적 수용의 과정을 아직 우리 사회에서는 거치지 아니했다. 이러한 상태에서 일제에 의해 형성·유포된 수사 개념들을 동원하여 민족종교를 이해하는 관행을 아직도 답습하고 있다면 이는 중대한 사건이 아닐 수 없다.

이러한 개념들이 우리 사회에서 아직까지 사용되는 데는 두 가지 내부 요인이 있다. 첫째는, 근대화 과정에서 한국 사회의 지성을 주도해 온 이른바 발전신화發展神話의 논리이다. 발전신화는 합리적인 것을 찬양하고 비합리적인 것을 저주한다. 그런데 서양의 근대 문화가 합리성의 대상이고, 이를 모방하는 것이 근대화 과정이었다. 근대화modernization는 곧 서양화Westernization의 다른 이름이다. 18세기 계몽주의 사상의 후예인 서양 근대 문화는 기본적으로는 반 기독교적이며 반 종교적이다. 그러므로 근대 문화는 과학적 지식의 발전을 강조하면서 종교를 구시대의 잔재로 여기는 성향이 있다. 이것이 발전신화의 주류이다. 발전신화를 수용하면서 우리 사회에서도 종교를 발전의 저해 요인으로 여기는 태도가 자리 잡게 되었다. 일제가 이 발전신화의 논리를 식민지 문화정책에 효과적으로 위장하고 전용했으며, 우리는 그 위장을 아직까지 간파하지 못한 것이다.

둘째는, 발전의 모델인 서양을 모방하다 보니까 서양의 종교는 합리적이고 다른 종교는 비합리적이라는 태도이다. 이러한 태도는 자유당 정권 당시 정신正神과 가신假神을 가르는 기준을 발표하는 웃지 못할 일까지 일어나게 했다.[1] 이 기준은 사이비종교를 가름하기 위하여 제시된 사례였다. 이처럼 웃지 못할 태도가 아직도 우리 사회 구석구석에 남아 있을 뿐 아니라 위력을 떨치고 있다.

셋째, 이러한 태도는 예컨대 유교, 불교, 기독교와 같이 세력을 지닌 종교는 사회 발전에 동원할 수 있는 대상으로 여기고, 그렇지 못한 군소 종교는 통제의 대상으로 여겨야 한다는 태도로 전환되어 간다. 그러나 위의 세 가지 태도가 모두 사이비종교를 가름하는 기준이 될 수 없다는 점은 분명하다. 적어도 사이비 · 유사종교는 정당한 종교의 반대 개념인데, 이들 가운데 어느 것도 사이비와 정당한 종교를 가름할 수 있는 논리적 타당성을 지니지 못한다. 그리고 그러한 개념의 성립과 운영은 그 자체가 근대 사회의 원리에 부합되지도 않는다. 그렇다면, 우리가 얼마나 일제의 위장된 문화정책의 영향을 아직도 받고 있는 것인가? 그만큼 우리는 무비판적인 혼돈에 빠져 있는 것이다.

　이처럼 혼돈에 처한 태도는 불과 반세기 전 일제하에서 우리 국민이 겪었던 정신적 수난의 경험 내용을 파악하는 데 커다란 장애가 될 수밖에 없다. 이는 일제하에서 민족종교가 어떤 역사적 사명을 감당했는가를 정확하게 파악하지 못하는 데서 비롯된다. 한마디로 오늘의 민족종교에 대한 일반적 이해가 매우 부적절하다. 이는 그만큼 우리 사회가 우리 역사를 곡해하거나, 좀더 정확히 말해서, 무지하다는 사실을 말해 준다. 그렇다면, 우리는 어째서 이처럼 역사에 대해서 무지하게 되었는가?

　민족종교에 대한 잘못된 이해는 일차적으로는, 앞에서 지적하였듯이, 일제의 식민지 문화정책에서 비롯된다. 일본 총독부는 처음부터 천도교, 대종교, 증산교 등 사회적으로 결코 무시할 수 없는 세력을 지니고 있었던 한국 자생 민족종교들을 종교로 인정하지 않았다. 다만 이들을 종교와 유사한 단체라는 뜻에서 유사종교類似宗敎, 또는 종교를 닮았으나 종교가 아니라는 뜻에서 사이비종교似而非宗敎라 규정했다. 이처럼 민족종교는 처음부터 존재를 거부당했던 것이다. 이는 근대화를 지향하던 일본 제국주의가 근대 국가의 기본 요건의 하나인 정교 분리政敎分離 원칙을 정면으로 거부한 예가 아닐 수 없다. 유사종교라는 개념 자체가 자의적이고 비합리적이다. 진정한 종교와 유사종교를 구분하는 기준이 무엇인가? 이는 정책적으로 확정될 사안이 아니다. 그러나 일제는 그 정치적 목적을 달성하기 위하여 지극히 정략적이고 따라서 비합리적인 기준을 설정했던 것이다. 그것이 이른바 공인종교公認宗敎이다. 국가신도교國家

神道敎, 불교, 그리고 기독교만 종교로 공인하고, 그 외의 종교는 종교로 인정하지 않은 것이다. 유사종교나 사이비종교라는 용어들은 이렇게 설정된 기준에 의하여 만들어진 개념들이다.

국가 공인을 기준으로 한 종교 개념은 불가피하게 정치적 목적을 내장하게 마련이다. 한 정권이 종교를 공인하는 경우에는, 해당 종교는 역사적인 전통을 가졌거나 사회적 세력이 막강하기 때문에 쉽게 다룰 수 없는 경우에만 공인하게 마련이다. 일본 제국주의의 입장에서 공인종교의 개념은 매우 유용했고, 그 적용은 특별히 조선 식민지에서는 대단한 성과를 거두었다. 공인되지 아니한 종교는 종교로 인정하지 않기 때문에 종교가 아니라는 주장은, 적어도 논리적 타당성이 결여되고 문화적인 차원에서는 대단히 파괴적이지만, 식민지 정책을 수행하는 데는 매우 편리하고 효과적이었다. 한마디로 한국 민족종교는 공인이 되지 않았기 때문에 종교가 아니고, 다만 종교와 유사한 행동을 하는 집단이었다. 말하자면 정체가 불분명한 사회단체이기 때문에, 민족종교는 경계의 대상이었다. 따라서 처음부터 경찰(경무국)의 수사 대상이었다. 공인되지 않은 한국종교는 사회에서 제거해야 할 단체로 취급되었다는 것이다. 이처럼, 일제의 식민치하에서 한국 민족종교는 그 이념과 사상적 존재의 정당성이 거부되고, 더 나아가 말살의 대상으로 취급되었던 것이다. 일제의 한국 민족종교 탄압 정책이 그 본질에 있어서 얼마나 파괴적인가에 경악을 금할 수가 없다.

민족종교 탄압 정책은 그 본질에 있어서보다 그 정책 수행의 태도와 과정이 한층 더 경악스러웠다. 예컨대 불교와 기독교를 일제가 무자비하게 다룰 수는 없었다. 불교는 일본의 불교계와 연관된 국내 문제를, 그리고 기독교는 서구 열강과의 외교 관계를 고려하지 않을 수 없었다. 유교는 일제의 정치적 목적으로 그 문화 및 사회적 정통성을 거부하기에 어려울 뿐만 아니라, 조선의 제일 사회 세력인 유림의 잠재력을 거세하기 위해서는 매우 세련된 고단위 정책이 필요했다. 그러나 민족종교는 사정이 달라서 서슴 없는 탄압 정책을 펼 수 있었다. 민족종교가 기댈 수 있었던 세력은 오직 한국의 민중이었다. 그러나 식민지의 민중은 총독부의 경찰력 앞에서 수탈의 대상일 뿐이었기 때문에 한국 민족종교는 고립무원의 상태에서, 무자비한 탄압 정책에 희생이 되지 않을 수 없었다.

일제는, 다음 장에서 살펴보겠지만, 대체로 다섯 가지의 탄압 정책을 써서 한국 민족종교를 탄압했다. ① 괴뢰단체를 통한 분열 정책, ② 이념적 내부 분열 정책, ③ 민족감정의 이반을 통한 고립 정책, ④ 반사회단체로의 매도 정책, ⑤ 무력적인 제압 정책. 이러한 다섯 가지 방법을 효과적으로 적용함으로써, 모든 민족종교 단체들이 오래지 않아 사회적인 공신력을 잃도록 조작했다. 그 조작이 대단히 치밀하고 성공적이어서 거의 모든 민족종교 단체들이 희생이 되기에 이르렀다. 종교 단체들이 끊임없는 내분으로 분열을 거듭하였으며, 일제 정책에 야합하거나 적극적으로 동조했고, 또는 최소한 자기 종교 단체의 보존을 위한다는 명분으로 일제에 순종했다. 그 어느 것 하나 일제의 원격 조정 메커니즘에서 벗어나서 일어난 사건은 없었다. 그러므로 지극히 치밀하고 체계적인 일제의 탄압 정책에 희생되지 않은 민족종교는 없었다고 말하는 것이 정확하다.

희생은 피해자가 가해자로부터 받은 몫이다. 피해자는 희생을 의식할 수도 있고 하지 못할 수도 있다. 의식 하에서 피해를 당하는 것은 피해자가 불가항력의 상태에 있는 경우에 일어난다. 피해를 원하는 경우는 이미 자해이기 때문이다. 무의식의 경우 역시 피해자가 불가항력의 상황에 처할 때 일어난다. 무의식의 상태에서는 가해자에게 대응을 할 필요를 느끼지도 않고 또 할 수도 없기 때문이다. 일제하에서 민족종교들이 당한 구체적인 피해의 사례들을 살펴보면 때로는 의식하면서 불가항력적으로, 또는 무의식적으로 일제의 교묘한 탄압 정책에 휘말려 결과적으로는 희생을 당했다. 희생은 어떤 경우에든지 비극적이다.

일제의 식민 정책에 의해서 철저하게 유린당하고 희생된 한국 민족종교의 비극적인 역사를 우리는 어떻게 해석해야 하는 것인가? 가해자의 탄압 정책이 그토록 효과적이라면, 피해자는 그토록 무능했다는 말인가? 피해자가 무능했다면, 가해자의 자행은 그만큼 상대적으로 속죄되어야 하는가? 인간의 역사가 약육강식의 법칙에 의하여 지배되어 온 것이 사실이라면, 우리는 비극적인 역사를 어떤 기준에서 해석해야 할 것인가? 우리 민족이 피해자이기 때문에 당시의 역사적 상황에서 가해자가 지녔던 입장을 간과한다고 항변하는 오늘의 일본 지성의 태도는 어떻게 평가해야 할 것인가? 역사는 인간과 인간, 민족과 민족, 국가와 국가의 상호 교섭과 갈등의 연속이며, 그 가운데서 가해자와 피해자가 갈라진다. 역사에서의 피해자와 가해자를 어떻게 이해해야 하는 것인가? 보다 근본적으로 역사를 어떻게 해석해야 하는 것인가? 우리의 직접 과거 역사를 바람직하게 이해하는 건강한 시각과 태도는 무엇인가?

일제의 한국 민족 탄압의 역사는 이러한 일련의 곤욕스러운 의문들을 우리에게 던져 준다. 이러한 의문들에 대한 균형 잡힌 시각과 해답을 요구한다. 왜냐 하면 직접 과거 역사는 피해자와 가해자 모두 당사자들의 이익과 자존심이 직접 반영되고 따라서 감성적인 공격과 대응을 하기 쉽기 때문이다. 피해자로서의 한국 민족종교는 해방 이후 지금까지 매우 강력한 감정적인 공격을 일본 제국주의에 퍼부었다. 그러나 그 공격의 결과는 대단히 미약했다. 왜냐하면 감성적인 공격은 가해자가 무엇을 어떻게 얼마나 잘못했는지 분명하게 밝히기 어렵기 때문이다. 감정적인 주장은 그 주장의 타당성을 제3의 이성적 판단 기준에 근거해서 역사적 심판의 공감대를 확립하기 어렵기 때문이다. 그 결과 매우 당연한 주장이 마치 극우 민족 세력의 감성적인 성토로 비치게 되는 경향이 있다. 감성적인 주장은 불행한 과거 역사를 바로잡는 데 효과가 없다는 교훈을 준다.

더구나 감성적인 공격은 가해자를 각성시키는 데도 효력이 없다. 예컨대, 일본은 역사적 과오를 국가 차원에서 분명하게 사과하기보다는, 가능한 한 과거사를 망각의 과정에 몰아넣으려 하든가, 아니면 일제가 조선 식민지에서 자행했던 일들은 19세기의 제국주의 열강들 사이의 세력 경쟁 과정에서 일어난 것들이기 때문에 과거사의 일차적 책임은 그 역사적 상황에 있다고 주장하는 등의 태도를 보인다. 그러나 그 어느 하나도 과거에 대한 윤리적 책임의식이 담겨 있지 않다. 한마디로 이는 도덕적으로 무감각하고, 정신적으로 가치관이 결여된 태도이다. 건강한 가치관에 의하여 통일된 태도만이 과거의 잘못을 진심으로 사과할 줄 아는 용기를 갖게 한다. 과거 역사의 올바른 교정은 자기를 반성하는 용기에서 비롯되는 것이다. 이런 점에서도 한국 국민은 용기 없는 가해자를 만난 불행한 처지에 있다.

이러한 처지에서 불행한 과거사를 좀더 정확하게 이해함으로써 보다 건강한 내일을 준비하기 위해서, 그리고 가해자의 대오각성을 촉구하기 위해서도 역사를 체계적으로 이해하고 객관적으로 설명할 필요가 있다. 그런데 체계적이고 객관적인 이해와 설명을 위해서는 객관적인 시각과 설명의 틀이 필요하다.

2. 역사적 가해자와 피해자

민족과 민족, 국가와 국가가 서로 갈등과 마찰을 하면서 역사가 전개된다. 민족과 국가와 같은 사회단체는 마치 인간과 같이 역사 안에서 유기체로서의 특성을 지닌다. 모든 생물체는 그 종족을 보존하고 번식하려는 생득적 충동을 갖기 때문에, 약육강식의 세계 속에서 동물적 종족의 보존과 번영을 제일의 목표로 삼는다. 그러므로 유기체는 일차적으로 이기적이다. 그러나 인간은 그의 생물학적 존재로서의 이기적 욕망과 충동을 억제하고 보편적 사랑과 정의, 진리와 아름다움 같은 동물적 이기심을 넘어선 이상과 선을 추구하는 창조적인 노력을 한다. 이러한 창조적인 노력의 과정과 결과를 이름하여 문화라 한다. 이를 간추리면, 인간은 생물학적 존재이며, 동시에 문화적 존재이다. 인간 사회 역시 생물학적 원리와 문화적 가치가 동시에 기능하는 하나의 유기체이다. 그러므로 인간 사회는 유기체가 지닌 생득적인 이기심을 따라 행동하면서도, 동시에 인간답게 살 만한 가치가 있는 사회를 만들기 위해서는 동물적 이기심을 극복하려고 노력한다. 동물적 이기심과 문화적 자기절제의 이율배반적 동기가 어떻게 수용되는가에 따라 타자와의 관계의 유형이 결정된다.

타자와의 관계의 태도는 크게 관계 질서의 가치를 어떻게 이해하는가에 따라 나타난다. 인간 사회는 다양한 집단으로 구성되기 때문에, 그 구성원들 사이의 관계 질서가 필요하다. 질서의 거부는 곧 인간 사회의 거부와 같다. 이는 운동 경기와 같다. 예컨대, 축구 경기에 참여한 두 팀은 경기를 원만히 진행하기 위하여 반드시 축구 경기의 규칙을 준수해야 한다. 만약 한 팀이 경기 규칙을 무시한다면, 그 순간 그 경기는 진행될 수 없다. 규칙을 지킬 때, 운동선수들이 상대방이 어떤 행동을 할 것인가를 예측할 수 있고, 또 상대방이 예측 범위를 벗어나지 않는다는 신뢰를 하게 된다. 그러므로 규칙 자체가 질서이며 인간관계를 신뢰할 수 있게 하는 기틀이다. 이러한 사회적 규범과 질서 수용의 태도에 따라 서로 다른 관계의 유형이 나타난다.

첫째는 순수 친선 경기에서 나타나는 협력관계(cooperative relation)이다. 순수 친선 경기는 승부보다는 참여자의 우의 증진에 관심이 집중되기 때문에 규칙을 무시할 이유가 없다. 또 규칙은 이기심을 순화하여 자기와 상대방의 행동을 존중하고 상호 협력을 유도하는 수단이 된다. 협력관계에서는 가해자와 피해자가 나오는 대신, 만인이 승자인 이른바 다원주의적 민주 질서가 향유된다.

둘째는 규칙을 준수하되, 승패가 우선적 관심의 대상이 되는 경우에 나타나는 경쟁관계competitve relation이다. 경쟁관계에서 상대방은 경쟁의 대상이 되고, 규칙은 승패를 가름하는 수단이 된다. 이때 규칙 안에서 무한 경쟁이 보장되기 때문에, 경쟁을 통한 이기심의 사회적 표현이 정당화된다. 따라서 패자는 경기의 패배를 승복하지 않을 수 없다. 그러나 승패라는 이기심의 관심을 벗어나지 못하는 경쟁관계에서 승자는 승리의 쾌감을 만끽하고, 패자는 패배의 심리적 또는 사회적 피해를 받게 된다. 이처럼 승자와 패자의 이기심 노출에도 불구하고, 그들이 각각 이기심을 통제할 때 승복할 수 있고 나아가서 사회 질서가 유지된다.

셋째는 상대방에게 적의를 품은 적대관계(oppressive relation)이다. 적대관계의 당사자들은 적을 굴복시키는 데 관심이 집중되고, 사회적 규범이나 공동 질서에는 관심이 없다. 힘의 논리가 그 생리인 적대관계에서 약육강식은 당연한 논리이기 때문에, 승자가 패자에게 가해하는 것은 너무나 당연한 귀결이다. 따라서 사회적 규범과 질서는 무의미한 것이 되고, 이기심을 견제할 수 있는 기제가 상실된다. 승리가 역사적 과오를 모두 정당화한다는 파시스트들의 확신이 이를 대표한다.

이처럼 무절제한 이기주의는 광신적인 자기 주장을 펴기 위하여 다시 인류 사회의 공동선과 질서를 이론 무기로 사용한다. 현실적으로 적을 굴복시키는 데 어려운 상태이거나 전략적으로 필요한 경우에는, 국제사회의 공동 질서를 추구한다는 이름 아래 스스로 필요하다고 판단하는 만큼 상대방과 위장된 선린관계를 유지한다.

넷째는 일방적으로 상대방의 희생을 강요하는 억압관계(oppressive relation)이다. 이는 주로 제국주의적 식민지 통제 상황에서 보인다. 식민지 통치가 시작되는 순간부터 제국주의는 식민지 민족에게 굴종을 강요한다. 협력관계에서 추구하는 화합과 협력, 그리고 경쟁관계에서 제기되는 패배의 승복을 들어 제국주의에 협력하면 국제평화가 약속된다는 회유와, 이를 거부할 때 역사의 심판이 파멸로 이어진다는 협박을 병행한다. 이처럼 피해자는 더 이상 갈 데가 없는 상황에서 굴종을 강요한다. 유기체의 자연적 권한을 포기하는 역사적 희생을 요구한다. 인간 사회의 공동 질서를 가능하게 해 주는 이기심의 자기 절제라는 이성적 태도가 제국주의의 동물적 자기 팽창 욕구에 의하여 완전히 마비된다.

위에서 살펴본 네 가지 유형은 인간 이성의 차원에서 본다면 ① 이기심의 이성적 순화, ② 이기심의 이성적 절제, ③ 이기심의 무절제한 추구, 그리고 ④ 이기심의 무절제한 행사의 네 단계로 정리할 수 있다. 이는 인간의 양심과 사회적 규범을 수용하는 이성적 태도의 단계를 의미한다. 이기심의 순화와 사회 규범의 수용은 인간과 사회의 성숙도라는 것과 동전의 양면이다.

이제 어떤 기준에서 역사를 돌이켜봐야 하는가가 분명해졌다. 역사에는 분명히 가해자와 피해자가 무의식적으로 또는 의식적으로 나타난다. 피해자와 가해자가 각각 자신의 입장에서 상대방을 공격하고 방어할 때, 그 공격과 방어가 상대적 성격을 벗어나기 힘들다는 사실을 위에서 살펴봤다. 가령 경기에서 패배했기 때문에 승자를 공격하는 것은 이미 적의에 찬 적대관계의 승자와 그 도덕적 태도에 있어서와 다를 바 없다. 그러나 한 유기체가 타자와의 공정한 경쟁 관계에서 패배했다면, 승복해야 하는 것이 사회적 규범이다. 이럴 경우 승자가 의도하지 않았지만 패자가 피해의식을 갖게 되었다면, 인간의 지성은 패자의 마음을 달래 주는 아량을 승자에게 요구한다. 이것이 상호 협력관계에 근거한 민주 질서이다. 인간 이성은 협력과 대화를 통한 인간 사회의 민주 질서의 구현을 추구하며, 또 모든 사회 집단이 이에 동참할 것을 요구한다. 아마도 건강한 상식을 지닌 개인과 사회단체는 이 역사적 명제를 부인하지 못할 것이다.

그렇다면, 이 건강한 인간 지성의 명령이 곧 역사를 비판하고 반성하는 기준이 되어야 할 것이다. 이에 근거한다면, 파시스트의 적대관계와 식민지 통치는 그 어느 면으로나 인간의 동물적 충동에 이성이 마비된 역사적 과오의 현상들이었다. 우리는 더 이상 인간 역사에 이처럼 인간 이성이 일그러진 모습으로 타민족을 억압하는 사건이 되풀이되지 않도록 노력해야 할 것이다. 이 일은 피해자로서의 한국 민족에게만 해당되는 과제가 아니라, 우리에 대한 직접 가해자였던 일본인과, 그리고 지구촌의 모든 지성들의 공동 과제이다.

3. 민족종교 탄압 정책의 역사적 교훈

앞에서 논의를 통하여, 일제의 동물적 이기주의의 무절제한 행사에 의하여 한국 민족이 왜, 그리고 어떻게 역사적으로 희생되었는가를 분명하게 볼 수 있는 안목을 갖게 되었다.

유기체로서의 민족이나 국가는 다른 민족과 대립하고 견제하는 과정에서 본의 아니게 상대방에게 피해를 주는, 이른바 단순 가해·피해자 관계가 될 수 있다. 더구나 자기 이익을 위하여 상대방을 의도적으로 위해危害하는 악의적인 가해자를 역사에서 다시 나타나지 않도록 공동으로 노력해야 한다. 인간 지성은 인간 사회에서 단순 피해자를 내지 않으려고 노력해야 한다고 명령한다. 하물며, 의도적이고 악의적인 가해는 적극적으로 방지해야 한다. 악의적 가해에 의한 피해는 엄밀한 의미에서 희생犧牲이다. 이러한 상황에서 두 가지 작업이 요청된다. 하나는 한국 민족 스스로가 더 이상 피해자도 희생자도 되지 않으려는 노력을 다짐하는 길이고, 다른 하나는 인간의 지성과 양심이 지배하는 국제 사회의 질서를 지구촌의 모든 시민이 공동으로 추구하는 길이다.

한국 민족종교에 대한 탄압 정책과 관련하여, 우리 논의는 더 이상 역사의 희생이 되지 않기 위한 노력을 경주해야 한다는 데 집중된다. 그러기 위해서 먼저 일제의 탄압 정책이 어떻게 민족종교 지도자와 단체를 체계적으로 희생시켰는가를 살펴보기로 한다.

본 연구는 민족종교의 쇠퇴 전말에 관한 구체적인 자료 제시와 분석보다는 일제의 탄압 정책이 어떻게 민족종교의 위축과 희생을 야기했는가에 관심을 집중하려 한다. 따라서 민족종교라는 사회단체와 조선 총독부라는 정치단체 상호 간의 관계가 어떻게 진행되었으며, 어떤 과정을 통해서 민족종교가 희생을 당할 수밖에 없었는가를 밝히는 데 본 연구의 목적이 있다. 이를 위해 본 연구는 민족

종교 전체를 다루기보다는 일제의 민족종교 탄압의 특성을 잘 드러
낼 수 있는 대표적인 종단을 연구 대상으로 삼으려 한다. 그들이 천
도교, 대종교, 그리고 보천교이다. 이 세 민족종교 종단들은 각각
독특한 종교사적·사회사적 의미를 지닌다.

　앞에서 누누이 지적했듯이 일제 식민지 하에서 한국 민족종교의
모든 교단들은 일제의 갖가지 가혹한 탄압 정책에 어떤 형태로든지
시달리지 않을 수 없었다. 오늘 우리 사회에 남아 있는 민족종교 교
단과 그 신도들은 모두 일제의 탄압 정책을 이겨낸 애국적 종교운동
의 결과이며, 또 그런 지도자들의 후예들이다. 따라서 천도교, 대종
교, 그리고 보천교를 제외한 종단들 예컨대 원불교와 갱정유도회는
물론이고, 증산교본부와 증산법종교, 태극도, 대순진리회, 청우일신
회, 그리고 미륵불교와 미륵대도를 포함한 수많은 증산교단들, 또
수운교를 비롯한 동학계 종단들, 천지원리교를 포함한 각세도계, 아
울러 봉남계와 불교, 유교, 무속계에 속하는 모든 민족종교 교단들
이 예외 없이 일제의 사찰과 고문, 회유와 협박에 시달렸다. 한마디
로 당하지 않은 민족종교는 일제하에는 없었던 것이다.

　본 연구는 어떤 종단이 어떻게 일제에 의하여 수난을 받았는가를
평면적으로 밝히는 것이 아니라, 일제가 한국 민족종교를 탄압하는
정책의 실상을 구조적으로 밝히는 것을 목적으로 한다. 그러므로 이
연구에서는 일제하에서 어려움을 당했던 민족종교의 개별 교단의
수난 내용을 모두 소개할 수 없는 아쉬움을 감내하지 않을 수 없다.
본 연구는 또한 정부 문서보관소에 소장된 조선총독부의 자료를 사
용하려 했으나, 그 자료의 문리적 정리 자체가 워낙 많은 연구 인력

과 시간을 요구하는 것이어서 본 연구에 직접 사용할 수 없었음을
매우 아쉽게 여긴다. 앞으로 이 자료의 정리는 국가적인 지원 하에
서 반드시 이루어져야 할 과제이다. 그러나 본 연구는 지금까지 알
려진 조선총독부 자료와 연구 대상인 3개 민족종교 교단에 대한 전
자료를 체계적으로 소개함으로써, 민족종교 탄압의 역사적 자료와
그에 근거한 과거 역사를 구조적으로 이해하는 데 기여하려고 한다.
다시 말해서, 본 연구는 한국 민족종교의 탄압 정책에 관한 한 종합
적인 연구의 첫 시도이다. 이 연구의 과제는 한국 종교사는 물론이
고 현대 한국사상사, 민족 및 사회운동 그리고 일제 식민 정책과 항
일운동사 연구에 기여할 것이다. 따라서 본 연구는 앞으로 더 확대
발전된 연구를 기다린다.

또한 본 연구는 한국의 민족주체의식이 안으로부터는 어떻게 형
성되었으며, 또한 외부로부터의 압력과 왜곡된 시각에 의하여 어떻
게 위축되었는가를 밝히는 데 공헌할 것으로 기대한다. 본 연구가 그
러한 노력의 첫 시도라는 점에서도 의미가 있지만, 그보다는 이러한
문제에 대한 체계적인 시각을 준비하는 데 앞으로의 연구에 대한 발
돋움이 되기를 기대하는 것이다.

본 연구의 모든 자료의 선택과 해석은 한 가지 의도를 지닌다. 미
래 지향적인 시각에서 과거의 역사를 종합적이고 비판적으로 이해
하는 것이다. 그것은 당연히 가해자의 악랄함과 피해자의 약점을
동시에 조명하면서, 인간 지성의 보편적 목소리에 귀 기울여 과거
를 비판하고 내일을 준비하는 것이다.

제2장 일제 종교정책의 흐름

1. 민족종교 탄압 정책 조감

한국 민족종교에 대한 일제 탄압 정책의 전모를 이해하기 위해서는 장기간에 걸친 정책의 변화를 조감할 필요가 있다. 일제의 탄압은 다양한 모습으로 나타났고, 민족종교는 다양한 형태의 수난을 받았다. 이러한 까닭에, 본 연구는 앞에서 지적한 바와 같이 일제시대에 활동했던 모든 민족종교를 살펴보는 것보다는 일제의 중장기적인 탄압의 유형을 잘 드러내는 천도교, 대종교, 보천교를 선택했다.

갑오년 동학혁명이 좌절되면서 한국 민족종교 교단들은 끝까지 저항의식을 고취하면서 투쟁을 계속하거나, 대외 투쟁을 외면하고 신비주의 운동을 택하는 흐름으로 분화해 갔다. 일제 강점기에 국내에서의 지속적인 대외 투쟁은 현실적으로 불가능했기 때문에, 일제의 직접적인 탄압을 피해 사회 개화 운동으로 전환하든가, 아니면 일제의 힘이 비교적 덜 미치는 지역으로 투쟁의 본거지를 옮기지 않을 수 없었다. 천도교는 주도적으로 동학사상을 이어받아 민족운동을 전개하지만, 일제의 집요한 유도에 따라 개화·문화운동의 선봉에 서게 되었다. 강증산 이후 차경석이 주도한 보천교는 동학의 대사회 투쟁의 실패로 인해 신비주의 운동으로 전환된 대표적인 종교이다. 대종교는 중광 이후 적극적인 대일 투쟁을 위해 본거지를 옮기면서 민족·독립운동을 전개했다. 이들은 모두 일제가 공인하지 않은 이른바 유사종교類似宗敎 또는 사교邪敎로 낙인 찍혀 감시의 대상이 되었다.

일제의 감시와 탄압에 대응하면서 민족종교가 각각 그 종교 운동을 전개하지만, 일제의 교묘한 통치에 의하여 1920년대 후반과 1930년대에 이르면 제대로 그 힘을 발휘하지 못하고 지하화하거나 세력이 미미해진다. 결국 일제의 교묘한 식민 통치는 모든 한국 민족종교들이 그 종교적 역량을 발휘하지 못하고 굴복하게 하는 효과를 거두었다. 민족종교들은 예외 없이 일제의 식민지 정책에 농락을 당했고, 그 이외의 다른 선택이 주어지지 않았다. 억압관계(oppressive relation)의 피해자였던 민족종교는 가해자의 일방적인 요구에 의하여 희생이 되지 않을 수 없었기 때문이다.

일제는 그들의 통치 방식에 맞게 갖가지 종교 규제책을 내놓고 효과적으로 식민 정책에 부응하는 종교를 만들고자 하였다. 일제의 무단통치武斷統治가 3·1운동 이후 문화통치文化統治로 전환되면서 민족종교 진영은 더욱 더 혼란과 분열에 빠지게 되어 1920년대 중반을 넘어서면서 일제의 가시적인 조정권 안에서 관리되기에 이르렀으며, 1930년대 이후의 강압적인 정책에 의하여 완전히 와해되기에 이른다.

민족종교를 통제하는 데 필요한 구체적인 자료를 얻기 위하여 일제는 갖가지 대형 사회조사를 실시했으며, 여기서 가시적으로 파악된 민족종교 조직을 효과적으로 약화시킬 수 있었다. 이처럼 약화된 민족종교의 세력을 다음 단계에서 강권적으로 괴멸시키는 정책을 폈다. 거시적인 안목에서 볼 때, 이처럼 일제는 다양한 민족종교 탄압 정책을 썼으며, 이는 대체로 다음과 같은 다섯 가지 유형으로 구분된다.

첫째는 외곽 단체나 괴뢰단체를 구성하여 교단을 격파하는 유형이다. 둘째는 내부 분열을 통한 교단의 약화를 꾀하는 정책 유형이다. 분리하여 섬멸하는 고전적인 전법의 응용이다. 이는 주로 친일 분자를 육성·이용하여 지도 세력을 분열시키거나, 보수 대 혁신 또는 지방 세력 대 중앙 세력 등 분열 요인을 적극 활용하여 세력을 분열시켜서 결국 무력화하는 것이다. 셋째는 민족 감정의 분노를 사서 국민으로부터 외면당하게 하여 세력을 약화시키는 유형이다. 주로 일제 시기에 친일 경향을 부각시켜 민심을 이반시키는 과정을 겪게 한다. 넷째는 반사회적 또는 반사회규범적인 사교라는 굴레를 씌워서 교세를 약화시키는 유형이다. 아마도 백백교가 이 정책의 전형적인 희생일지도 모른다.[2] 다섯째는 대외적 민족운동을 표방한 종교 단체에 대해 군사력이나 경찰력을 동원하여 무력으로 제압하는 유형이다.

이러한 다섯 가지 정책을 다양한 경우에 적절하게 적용함으로써, 일제는 민족종교 종단들을 각각 무기력하게 만들 수 있었다. 이러한 민족종교정책은 사실상 일제 식민 정책의 큰 테두리 안에서 이루어졌다. 따라서 우리는 개별 민족종교에 대한 탄압 정책을 살펴보기 전에, 일제의 종교정책 전반의 흐름을 점검해 볼 필요가 있다.

2. 통감부 시대

일제의 전全 식민지 과정을 통하여 일관된 종교정책이 유지되지 않고, 시대와 대상에 따라 지배와 통제 방법이 달리 구사되었다. 1910년 한일합방을 하기 훨씬 이전부터 일본은 다양한 통로와 방법을 통해 한국을 식민지화하려고 노력하였다. 그들이 군대를 동원하여 한반도를 침략하면서 점차 내면적 차원에서 침략의 기초를 다진 두 가지 주요 분야가 '종교' 와 '교육' 이었다.

러일전쟁이 끝나고 한일 간에 을사조약이 체결되면서 일제의 침략은 완전 노골화되었다. 외교권을 박탈당한 한국은 이후 통감에 의해 운명이 좌지우지되는 형국이었다. 통감 정치 시절에 일제가 신경을 쓴 부분이 역시 종교와 교육 분야였다. 이러한 사실은 초대 통감인 이등박문伊藤博文이 교육은 순수 교육의 문제에만 전념하고 종교는 일본 정책에 순응할 것을 강조한 점[3]에서 잘 드러난다. 결국 종교와 교육 문제가 원만히 해결되지 않을 경우 민족의식이 교육과 종교를 통해 배양될 것이고 그렇게 되면 그들이 최종적으로 노리는 식민지 지배는 불가능하리라는 판단을 했던 것이다.

이러한 판단 때문에 일제의 종교정책은 애초부터 그들의 정치·군사적인 야욕을 원조하는 범위 내에서 진행되었다. 이등박문 통감 시절(1906년 3월~1909년 6월)에는 헌법이 시행되지 않고 통감의 권한에 의해 법률과 명령이 집행되는 정치가 이루어졌다. 그러므로 이 당시의 종교는 구체적인 종교적 규범에 의해서 관리되기보다는 일반적인 법률에 의하여 통제되었다. 종교는 안녕 질서를 방해하지 않고 신민臣民의 의무를 위반하지 않는 범위 내에서 자유가 있는 것이었지만, 대부분의 종교는 사회의 안녕을 해치고 질서를 위배한다는 명목 하에 종교의 자유를 제한받았다.

통감부 시절 종교 활동을 통제했던 법률로는 1907년 7월에 공포 시행된 「보안법」을 들 수 있다.[4] 이 법은 한국인에게만 효력을 미치는 법이었다. 통감부는 종교를 일반 사회 결사체의 하나로 취급했기 때문에, 이 보안법이 종교단체에도 그대로 적용되었다. 따라서 일본이 원하는 방향의 질서 유지를 위해서는 일반 결사체와 같이 종교는 제한·금지된다. 종교 활동은 치안 유지와 동일선상에서 경찰의 손에 의해 관리될 수밖에 없었다.

한편 보안법이 나오기 한 해 전인 1906년에 통감부에서 부령部令 제45호로 제정한 「종교의 포교에 관한 규칙」이 있는데 이는 한국인의 종교 활동에 자유를 보장한 것이 아니라 일본의 신도와 불교 등의 포교 활동에 관한 관리 차원의 규칙에 지나지 않는 것이었다.[5]

이 통감부령 제45호는 종교 활동의 인가를 규정하고 있다. 인가의 대상은 물론 "제국의 신도·불교와 기타종교"에 국한한다. 기타종교는 기독교이다. 다시 말해 민족종교는 그에 속하지 않는다. 설혹 인가의 대상이 된다 해도, 이 통감부령은 종교를 치안 유지의 대상으로 삼았다는 사실을 입증해 준다. 종교 활동의 자유가 통감부에 의하여 보장되는 대상은 오직 제국帝國의 신도교神道敎뿐이라는 사실을 법령의 행간에서 읽을 수 있다.

위에서 보듯이 통감부 시대에 일제는 앞으로 식민지 경작에 필요한 종교정책을 이미 강력하게 진행시키고 있었다. 종교가 가치관의 사회적 실체라는 사실을 일제는 간파했으며, 이는 조선 사회의 붕괴 이후 식민 통치를 위한 문화정책의 기본 방향을 이루었다.

3. 총독부 무단통치 시대

1910년 8월 한일합방과 함께 헌병에 의한 무단통치가 시작되었다. 일제는 종전의 헌병경찰제도를 확대 유지함으로써 군대 해산 이후의 의병 활동이나 애국계몽운동을 막고자 사회 전반에 강압책을 썼다. 종교 활동도 예외가 되지 못하고, 헌병경찰에 의한 강압책이 적용되었다. 1910년 10월 1일 제1대 총독인 데라우찌寺內正毅가 부임하기 직전인 8월에 경찰령 제3호「집회취체」가 발령되어 종교의 활동은 더욱 더 억압받기에 이른다. 이때부터 옥외에서의 설교를 비롯한 각종 집회가 경찰에 의해 규제되었다.[6]

이 경찰령 제3호는, 통감부 시대의 경찰이 종교 활동을 단속하던 수준을 넘어서, 무단통치 시기에 들어오면서 보다 더 효과적인 억압을 자행하였다는 사실을 말해 준다. 이러한 억압적인 규정은 조선 총독에 의해 잇따라 등장하게 된다. 한반도에서 시행되는 모든 법령은 입법, 사법, 행정의 실권을 모두 잡고 있던 조선 총독에 의하여 제정되었다. 따라서 한국의 종교를 보다 효과적으로 통제하기 위하여, 조선 총독은 각 종교의 상황에 따라 마음대로 다양한 법령을 제정·공포하였던 것이다.

우선 조선 총독이 먼저 손을 대기 시작한 한국 종교는 불교와 유교였다. 불교는 전국 산지에 흩어져 있을 뿐만 아니라 각 사찰의 운영이 가시적으로 드러나지 않는 점을 감안하여 사찰령을 제정하여 이를 효과적으로 통제하려 하였다. 1911년 6월 3일 〈조선총독부관보〉 제227호에는 조선총독부 제령 제7호 「사찰령」이 게재되었다.[7]

이 사찰령은 1911년 7월 8일의 조선총독부령 제83호에 의거 동년 9월 1일부터 시행되었다. 불교는 사찰의 병합, 이전, 폐지, 명칭변경, 각종 사법寺法, 토지 및 건물의 처분에 있어 총독의 허가를 받아야 하고, 사찰에서의 종교 활동은 지방장관의 허가를 받도록 통제되었다. 주지住持가 사찰의 재산권을 포함하여 사실상 사찰의 행정적 대표자가 되도록 함으로써, 해마다 자율적으로 주지를 옹립하던 전통적인 주지 선출 방법이 포기되고, 사찰 운영 방법이 행정 위주로 변했다. 일제는 여기에 그치지 않고 1911년 7월 8일 조선총독부부령 제84호 「사찰령시행규칙」을 발령하여 전국의 사찰을 30본산만으로 통폐합하고 주지를 조선총독부의 통제 하에 두고자 하였다.[8]

「사찰령」과 「사찰령시행규칙」으로 불교의 사찰은 조선총독부의 가시권 안에서 통제되었으며, 더욱이 사찰의 전권을 대표하는 주지의 증대된 권한은 조선 총독에 예속됨으로써 불교에 대한 강압적인 관리가 가능하게 되었다.

이와 때를 같이 하여 진행된 것이 유교에 관한 규정과 관리였다. 유교에 있어서는 전국 유생에 의해서 결속력을 가지고 있던 종교적 힘을 무마시키고 총독부에 의해 운영되는 나약한 학사學事 집단으로 만들고지 성균관을 폐지하는 경학원 규정을 내놓기에 이른다. 1911

년 6월 15일 조선총독부 부령 제73호로 발령된 「경학원규정」[9]에 의해 약 450년의 역사를 지닌 성균관은 폐지되고 학사 중심의 경학원이 세워졌다. 이 규정에 의하여 총독의 승인이 있어야 경학원 직원임명(제2조, 5조, 6조)과 예산 지급(제16조)이 가능해졌기 때문에 인원과 경비의 통제가 총독부에 귀속되었다. 한마디로 이로써 성균관 자체가 총독 산하기관이 된 것이다. 매년 2회 문묘제사가 거행될 수 있지만 제사를 주관하는 대제학이 조선 총독의 지휘를 받아 행하도록 규정되어 있어(제4조) 명실상부한 제사 기능은 상실된 것이나 다름없었다. 전통적으로 제사와 학문의 양 기능을 담당해 온 성균관을 폐지한 조선 총독은 오히려 경학원의 신설을 일본 천황의 성은聖恩으로 왜곡시키고 있다. 1911년 8월 1일 〈조선총독부관보〉 제277호에 게재된 조선총독부 훈령 제65호에 의하면, 경학원의 경비를 허락한 천황의 성지聖旨에 따라 경학원의 풍교덕화風敎德化의 임무에 힘쓰자는 조선 총독의 훈령이 들어 있다.[10]

이와 병행해서 '한국의 유학자들은 공론횡의空論橫議만 일삼는 폐습에서 벗어나 일반 교화를 위하여 노력하라' 는 취지로 일본 황제가 25만원을 희사했다. 총독부는 더 이상 주저없이 성균관을 완전히 예속시켰다. 성균관의 예속화는 한국 사회에서 유교의 영향력을 거세하는 데 상징적이고도 결정적인 역할을 했다. 일본이 조선을 점령하고 나서 가장 중요한 과제는 조선 사회의 정통적正統的 제일 사회세력第一社會勢力이었던 유교를 거세하는 일이었다. 따라서 한일합방 직후 일본은 유교의 거세를 위한 법령을 제정했던 것이다.

「사찰령」에 의해 불교를 통제하고, 「경학원규정」에 의해 유교의 종교성을 말살하여 사회적 영향력을 거세해 버린 일제는, 다시 한국 사회의 전반적인 종교 문제를 정리하는 작업에 착수했다. 종교를 규제하는 것이 조선반도를 통치하는 데에 무엇보다 선결이 요구되는 작업이라고 판단했던 것이다. 왜냐하면 종교와 종단의 존재는 일제의 제국주의 이념 이외의 가치관에 의하여 국민들이 사고하고, 판단하며, 생활하고 있다는 점을 의미하기 때문이다. 즉 종교는 식민 정부에 대한 저항의식의 온상이 될 것이 분명하였기 때문이다. 그러므로 종교를 규제하는 것이 조선총독부로서는 매우 중요한 과제였다.

이러한 이유로 1915년 8월 16일「포교규칙」을 제정 · 공포하기에 이른다.「포교규칙」은 처음으로 공인종교와 유사종교를 구분하여 법제화한 것이라는 점에서 주목할 만하다. 각종 종교 활동에 대한 인허가와 신고 내용을 담고 있는「포교규칙」은 이후 일제의 종교정책의 기반을 이루는 것이라 할 수 있다.[11]

「포교규칙」제1조에 의하면 일제가 공인한 종교는 신도神道, 불교, 기독교만으로 제한된다. 아마데라스 오미가미(천도대신)와 일본의 국체를 숭앙하는 신도교는 조선총독부가 정책적으로 확산을 시도한 종교이다. 불교는 일본 문화의 중추를 이루는 종교이기 때문에 조선 불교라고 해서 공인하지 않을 수는 없었다. 더구나 사찰령에 의하여 한국의 불교는 이미 구조적으로 통제되었기 때문에 더 이상 크게 문제될 것이 없었다. 다만 기독교의 경우는 외국 선교사와 그 배후 서양의 국제 세력과의 관계, 그리고 일본이 근대화의 모델로 삼고 있던 서양 선진국의 기독교에 대한 우대로 인하여 일본으로서는 기독교를 종교로 공인하지 않을 수 없었다.

　이처럼 일본은 제국주의 국체를 보호·확대하는 데 유용하거나 아니면 기독교와 같이 거부하는 경우에 오히려 그에 장애가 된다고 판단되는 종교를 공인하였다. 바꾸어 말해서, 일본 제국주의의 정치적 목적에 이로운가 해로운가가 종교 공인의 기준인 것이다. 따라서 일제의 종교 공인은 정치적 목적을 위한 정치 행위였지, 종교의 자질에 대한 합리적·객관적 판단이 아니었다는 점이 분명하다.

　신도, 불교, 기독교를 제외한 종교들은 공인종교 조직체로 인정되지 않았다. 공인종교 이외의 종교들은 유사종교, 사교, 사이비종교 등으로 지칭되었다. 정책적으로 공인되지 않은 종교는 종교로 인정할 수 없었다. 그래서 유사 또는 사이비종교라고 정책적으로 결정한 것이다. 이는 어느 모로나 불합리하고, 또 악의에 찬 정책 결정이라는 점을 거부하지 못할 것이다. 이 악의에 찬 결정에 의하여 많은 종교들이 탄압을 받았다. 결국 민족종교는 종교로 인정받지 못했기 때문에 사회에서 종교의 기능을 하지 못하도록 탄압받았다.

　「포교규칙」 제15조에는 종교 유사단체의 경우 조선 총독의 재량에 따라 포교규칙이 준용될 수 있음을 규정하고 있다. 어찌 보면 유사종교에 대한 준準인정의 조항처럼 보이지만, 총독이 허가하지 않은 종교는 가차없이 탄압받는다는 사실을 전제한 것이다. 이러한 양날의 칼과 같은 조항으로 일제는 어느 경우는 유사종교를 종교에 준하는 대우를 해 주기도 하고, 같은 종단에 다음 순간에는 추상 같은 박해를 가하기도 했다. 회유와 협박의 양날 칼을 써서 민족종교 교단을 총독이 원하는 속도와 방향으로 와해시키고 변질시킬 수 있었다. 가령 대종교의 경우 1915년 12월 21일 포교규칙에 의거 신청서를 총독부에 제출했으나 대종교가 종교가 아니라는 이유로 신청이 기각되었다. 이로 인해 종교단체로 보호받을 수 없었던 대종교는 본거지를 만주로 옮길 수밖에 없게 되었다. 천도교와 보천교역시 공인종교가 되지 못하고 종교유사단체로서 1907년의 「보안법」과 1910년의 「집회취체에 관한 건」에 의하여 엄중하게 단속과취체를 받았다.

각종 법령의 마련으로 1910년대 총독부의 무단통치 시대에는 공인종교가 조선 총독의 예속 하에 놓이고 비공인종교가 헌병경찰제도에 의해 통제되는 상황에 놓이게 되었다. 유교는 「경학원규정」에의해 종교가 아니라 학사學事로 취급되고, 불교는 「사찰령」에 의해철저하게 통제되었으며, 천도교·보천교·대종교 등의 민족종교는결사라 하여 보안법에 의해 경찰의 억압을 받았다. 그러나 서양의제국 세력과 연관된 기독교는 비교적 신중한 자세로 대했다고 할수 있다.

4. 문화통치 시기

3·1운동이라는 거국적인 저항 운동을 경험한 일제는 사이토齋藤實총독을 제3대 조선 총독으로 임명하면서(1919년 8월) 이른바 문화통치를 시행하기에 이른다. 문화통치는 외형적으로는 유화정책이지만실상은 민족운동 전선을 분열시키고 약화시키기 위해 일제가 채택

한 교묘한 통치 방식이다. 무단통치 시대를 상징하던 헌병경찰제도는 폐지되고 보통경찰제도가 채택되었다. 그러나 사실상의 군경 병력은 이전보다 3배 가량 증가되어, 1군에 1경찰서, 1면에 1주재소를 설치하는 제도가 확립되기에 이른다. 한편 문관 총독의 임명이 가능하긴 했지만 임명된 조선 총독은 모두 육해군 대장 출신으로 채워졌다는 점에 주목할 필요가 있다. 이런 모든 점을 감안할 때, 외형상으로 무단정치의 본질이 은폐되었을 뿐 이전의 경찰 기구가 오히려 더욱 강화되어 치밀하고 세련된 통치가 구사되었음을 알 수 있다.

1910년대 무단통치 시기에 공인종교를 통제하는 각종 규제와 법령이 완비되어 효과적으로 관리되었다. 남은 문제는 민족적 자주성을 강하게 내포하고 있는 민족종교의 통제였다. 문화통치 시기에 전개된 종교정책은 대개 민족종교에 대한 정책이라고 해도 과언이 아니다.

사이토 총독이 들어서면서 이전 시대의 종교정책의 골격은 유지되면서도 보다 효율적인 종교 통제와 분열을 위해 다방면의 문화정책이 시도되었다. 예컨대 친일파를 양성하여 친일 조직을 확대하고 이를 바탕으로 민족 분열책을 일삼았다. 이 와중에 많은 민족종교들의 내부 분열과 교단 분리가 진행되었다. 가령 1920년대로 접어들면서 대다수의 민족종교 진영에서는 보수 대 혁신, 지방 세력 대 중앙 세력 등등의 분열 구도가 일제의 조종으로 더욱 심해졌다.

한편 총독부는 외형적으로 문화운동을 허용하면서 민족운동의 방향을 문화운동으로 유도하려 했다. 즉 계몽, 수련, 사교, 생활 개선 등의 문화운동으로 독립운동 노선을 전환시킴으로써 민족성 개조,

실력 양성 및 준비, 자치주의 등을 표방하는 우파적 민족주의를 조성하였다. 이로써 민족종교에 가담하였던 많은 민족주의자들이 1920년대 중반을 전후로 하여 문화운동화는 경향이 두드러지게 되었다.

3대 총독 사이토는 1915년 공포된 「포교규칙」의 골격을 이어 공인종교와 비공인종교 통제 정책을 보다 공고하게 다져 나갔다. 일제는 종교 통제 기구를 이원화하여 신설된 총독부 학무국의 종무과에서는 신사신도, 교파신도, 불교, 기독교 등의 공인종교의 종무를 책임지고, 조선총독부 경무국에서는 그 밖의 비공인종교를 처리하도록 하였다. 아래의 동아일보 기사에서 이러한 단면을 엿볼 수 있다.

"簇生하는 宗敎에 對하여 종교 당국의 처치는 엇더한가 ─ 텬도교 처리가 가장 어려웁다고"

(생략) 요사이와 가치 성풍하는 종교단톄가 이러나서는 그 장래가 엇더케 될는지 그 일에 류행하는 해산이나 당하지 아니할는지에 대하야 종교행정에 관계잇는 총독부 모 당국자의 말을 드른즉 "원래 종교는 총독부에서 종교로 인뎡하면 포교규측에 의지하야 종교를 선포케 하지마는 그러치 아니한 것은 종교행정에 표면으로 종교라 인뎡치 아니하는고로 따라서 포교규측의 뎍용도 밧지 안코 보통의 집회결사이나 맛찬가지로 보아서 경찰편의 손에만 맛겨버리고 종교과에서는 직접으로 상관치 아니하는데 텬도교에 대하야는 아직 불교이나 예수교와 가치 종교로 인뎡치 아니 하엿으나 조선에서 생긴 종교로는 력사도 잇고 신자도 만흔고로 이를 불교이나 예수교와 갓치 인뎡할는지 아니할는지 이에 대하야는 총독부 당국에서 오랫동

안 조사도 한 바 세상에서는 여러 가지 풍설을 전하는 모양이나 총독부편에서는 아직 구례덕으로 그 방침을 강구하기에 이르지 못하얏스며 기타 종교의 명칭을 부친 단톄에 대하야는 아직 종교로 인뎡하기에 이른 것이 별로 업는고로 아직 그대로 경찰의 취톄에 맛겨두어 보통 집회나 결사를 취톄하는 것과 가치 되고 종교과에서 직접으로 상관하지 아니한다." 하는데 사실이 이와 가트면 총독부의 종교에 대한 방침은 아직 별로히 변동이 업슬 듯 하더라.[12]

결국 한국 내에 존재하였던 모든 종교들이 동일한 소속기관에 의해 통제된 것이 아니라 성격을 달리하는 양 기관으로 분리되어 통제받았다는 것이다. 이로써 한국 내 민족종교들은 경무국의 단속 대상으로 유사종교로 관리되고 정치 비밀결사체로 감시받게 되었다.

1920년대에 들어 일제는 첫째, 지속적으로 벌여온 친일파의 육성과 활용에 힘입어 많은 민족종교 교단에서 일제의 사주를 받는 괴뢰적인 종교 외곽 단체를 만들어 민족종교 교단을 약화시키거나, 둘째, 각 계층의 친일파를 교단 내에 침투시켜 교단의 분열을 초래하여 민족종교를 약화시키거나, 셋째, 민족종교로 하여금 일선일체日鮮一體와 대동아의식 등을 공유케 하여 민족종교를 친일화시킨 뒤 민족 감정에 이반을 초래케 하여 교단을 약화시키거나, 넷째, 사회규범의 일탈을 지목하여 사교화함으로써 사회적인 운신을 불가능하게 하여 교단을 무력화시키는 등의 민족종교정책을 진행하였다. 이러한 과정을 겪으면서 1920년대 중반 이후가 되면 더 이상의 친일파의 활용이 불필요할 정도로 민족종교는 쇠퇴의 길을 걷게 되었다.

5. 침략 전쟁을 위한 독재정치 시기

1910년대에 공인종교의 통제책이 마련되어 효과를 거두고, 1920
년대의 민족종교 약화책이 효과를 거둠으로써, 20년대 후반부에 이
르게 되면 종교정책에 대한 일제의 부담이 훨씬 덜어지게 될 정도로
한국의 종교 활동과 세력은 크게 쇠퇴하게 된다. 국내외를 막론하고
1930년대에 이르면 모든 종교교단의 세력이 약화되어 종교운동이
지하화하거나 일제의 시책에 따르는 활동을 전개하게 된다.

이 시기에 일제는 최소한의 취체와 단속으로도 종교를 통제할 수
있게 되었고, 일제의 관리 하에 종교단체의 주요 기능을 사회 교화
단체의 구실로 전환시켜 국민정신의 작흥作興에 복무하게 하였다.
아래의 〈조선일보〉 기사가 그러한 내용을 보여준다.

"民衆을 欺瞞搾取하는 邪教團體 一 齊彈壓 - 普天教를 爲始하여 類似宗教
는 剿滅코 公認宗教統制도 强化"

전북경찰부에서는 수일전에 普天教에 대한 대탄압을 시작하여
당국의 류사종교취체강화책이 드디어 발흥하여 큰 「센세이스」을 일
으키고잇다. 그런데 경무국에서는 류사종교의 취체책에대하야 다시
간부회를 열고 금후의 방침까지 결정하엿다는데 경무국에서는 학무
국과 협력하여 公認종교의 통제를 강화하는 일방 류사종교의 취체
에 대하야는 보천교류의 邪教에 대하야는 일절 집회와 獻金 등을 엄
금하야 전부해산식히여 소멸케한다. 또 그 외의 류사종교에 대하야

도 엄중히 감시하야 치안상 또는 민중을 긔만 착취하는 등의 행위가 잇거든 단연한 처치를 할터이라한다. 그리하야 일즉 宇垣 총독 금간 판인 심전개발운동의 전면적 전개에 잇서서 종교의 통제와 復興에 일대운동을 이르킬터이라는바 이것이 조선내의 사상방면은 물론 사회각방면에 미치는바 영향과 조선정신문화에 미치는 바 영향이 매우 클 것으로 주목되는 바이다.[13]

이 기사는 총독부 결정에 대한 사실 기사이지만, 총독부 종교정책이 당시 어떻게 사회적으로 적용되었고, 또 그 정책이 언론의 시각에 어떤 영향을 주고 있는지를 잘 보여준다. 공인되지 않은 종교는 유사종교이며, 유사종교는 곧 사교라는 등식을 보여 준다. 즉 사교이기 때문에 종교적 집회와 헌금을 금지해야 하고, 결국에는 말살시켜야 한다는 것이다. 그와 동시에 종교운동을 심전 개발과 같은 새로운 운동으로 전환하려 한다는 점에서 조선총독부의 의도와 판단, 그리고 사회 설계의 방향에 대한 기대를 비치고 있다. 이 시기에 한국 언론에 유사종교와 사교라는 개념이 조선총독부의 정책과 그 내용이 다르지 않다는 사실을 감안한다면, 한국 민족종교는 언론에서마저 공격의 대상이 되었음이 분명해진다.

일제는 1930년대에 농촌 개발 운동이나 심전 개발 운동에 종교가 동조하도록 유도하였고, 이에 따라 공인종교나 유사종교 모두 이를 위해 강한 통제를 받았다. 그 가운데에서도 민족종교들은 이러한 일제의 의도적 사회운동의 명분에 의하여 구차하게 조정되었고, 그에 저항할 만한 역량이 이미 쇠진해 있었다. 특히 1936년에 이르면 신사 참배가 강조되어 이를 거부하는 것은 공공의 안녕질서를 문란케 하고 공익을 해치는 것으로 정죄되어 더 이상의 본연의 종교적 활동을 기대하기가 힘들어졌다. 일제가 이 시기에 추진하고 있던 민족 말살 정책과 병참기지화 전략 앞에서 한국 민족종교는 더 이상 자율적으로 자기 역할을 할 수 없게 되었다. 이처럼 불가항력의 외압에 탈진한 민족종교 교단들은 일제의 의도적이고 계산적인 충격에 의하여 간단없는 내분을 거듭하면서 점차 쇠잔해져갔다.

조선총독부는 각 시기에 따라 다양한 종교정책을 썼지만, 기본적으로 종교를 탄압하려는 점에서는 일관성을 가졌다. 종교가 식민정책을 펴는 데 유용하기보다는 저해요인이 더 많다고 판단하였기 때문이다. 그 가운데서도 개벽을 대망하고 민족의식의 선양을 추구하는 민족종교에 대해서는 유사종교라는 굴레를 씌워서 원천적으로 그 사회적 기능을 마비시키려 했으며, 공인종교들보다 여러 가지 면에서 취약하고 고립무원한 한국 민족종교는 서슴없는 탄압의 대상이 되었다.

1930년대에 와서 일제는 전쟁 준비를 지상의 과제로 삼으면서 더 이상 종교의 자율성을 인정하지 않고 다만 전시체제의 후방 지원을 담당할 한 사회단체로 삼으려 했다. 이러한 전시체제에서 제일 먼저 희생되는 대상은 언제나 본질적으로 저항력이 있을 수 없는 순진한 개인과 이미 탈진해 버린 단체이다. 그 전형적인 사례를 정신대에 끌려간 한국의 젊은 처녀들과 민족종교에서 볼 수 있다.

제3장 유사종교·사교 개념의
정책적 수립 과정과 그 의미

1. 일제 종교정책의 이중 기준

한국 민족종교 교단들이 가장 견디기 어려운 시련이 이른바 유사
종교類似宗敎, 사이비종교似而非宗敎라는 굴레이다. 이미 서론에서 언
급한 바와 같이 종교단체에게 유사 또는 사이비종교라고 지칭하는
것은 그 단체의 존재론적 당위성을 거부하는 것이기 때문이다. 특
히 그 거부의 논리가 정당하지 아니하고 식민지의 정책을 수행하기
위한 정책적인 목적으로 택해진 것이라면, 더욱 참기 어려운 굴레
가 아닐 수 없다. 한 걸음 더 나아가서 일제 당시의 한국의 언론은
물론이고, 해방 이후 반세기가 지난 오늘날의 한국 사회의 일반적
인 인식에도 일제의 논리 틀이 그대로 적용되고 있다면, 이는 한국
민족종교가 지닌 하나의 운명적 굴레가 아닐 수 없다.

유사종교란 문자 그대로 종교와 유사한 행위를 하는 조직이란 뜻
이다. 이는 진정한 종교가 아니면서 종교의 흉내를 내거나 종교와
유사하게 보이는 것이라는 의미를 내포한다. 그러므로 이는 종교와
유사하지만 진정한 종교가 아니라는 사이비종교, 곧 종교의 허울을
쓴 사교邪敎라는 의미를 지닌다. 그러므로 유사종교는 기만적이고,

따라서 사회에 해악스러운 것이어서 마땅히 탄압받아야 한다고 여겨졌던 것이다. 그것은 한마디로 말살의 대상이다. 이러한 논리가 유사종교라는 개념에 담겨 있다. 이 논리는 진정한 종교에 대한 특정한 판단이 확정되었을 때만 가능한 것이다.

그러나 종교는 인간 문화 가운데서 가장 복합적인 현상이어서 가히 천의 얼굴을 지니고 있다. 그러므로 그에 대한 특정한 정의 역시 천의 얼굴 가운데 하나로서 상대적인 것이 될 수밖에 없는 개연성이 매우 크다. 예컨대 근대 합리주의나 과학적 태도에 따르면, 종교는 비합리적인 현상이어서 이성의 미계발 단계에서 나타나는 문화 현상이라고 평가한다. 합리주의의 비판적 태도를 넘어서, 마르크스주의는 '종교는 아편'이라고 평하면서, 극단의 반종교적 태도를 취한다. 마르크스의 반종교적 태도는 역설적으로 종교가 지닌 참여와 동원력의 강력한 기능을 한편으로는 인정하고 또 두려워하면서, 실제로는 공산주의 사회의 건설 과정에서 종교의 기능을 모방했다.

이와는 달리, 실존적 관심에서 보면, 인간은 자신의 전인적全人的 존재存在를 들어 궁극적 가치에 귀의歸依하려 한다. 그 자신의 전 존재를 귀의시킬 만큼 가치 있는 그 귀의처가 이름하여 종교이다. 이러한 실존적인 태도가 특정한 종교 전통을 수용하면 유교, 불교, 기독교와 기타 특정종교의 종교인이 된다. 종교 전통은 각각 절대 신념체계를 지닌다. 종교적 신념체계에 따르면, 자기 종교 이외의 그 어떤 사상이나 세계관, 그리고 가치도 그 절대성을 인정할 수 없고, 다만 그 상대성만을 인정해 줄 뿐이다. 이처럼 종교는 인간의 지성을 마비시키는 마약이라는, 주장하거나 인간의 삶의 궁극적 가치라고 주장하는 지극히 상반되는 해석의 대상이다. 그리고 양 극단의 사이에는 수없이 많은 다양한 태도가 있다. 이처럼 다양한 태도 가운데 어느 것이 진정한 종교의 정의인가는 가름하기가 어렵다. 왜냐하면 이들은 모두 종교가 지닌 여러 가지 얼굴의 한 면만을 조명하기 때문이다. 이처럼 다양한 태도와 정의를 인정한다면, '진정한 종교'라는 범주는 별로 유용하지 못하다. 그보다는 오히려 다양한 종교적 태도들을 객관적으로 접근하고 정의하는 것이 보다 필요하고 또 효과적이다.

그러나 종교에 대한 객관적이고 보편적인 이해와 그 정의는 현대 종교학의 엄격한 방법론적인 훈련에 의해서만 가능한 일이다. 현대 종교학의 객관적 입장에서 본다면, 어느 한 종교의 교리적 입장에서 타종교를 비판하는 것은 자기 중심적인 판단에 불과하다. 왜냐하면, 한 종교의 교리가 타 종교보다 우월하다는 객관적 기준을 찾는 것은 불가능하기 때문이다. 예컨대, 유교, 불교 그리고 기독교의 종교적 세계를 진정으로 이해한다면, 그들이 각각 아름답고 완벽한 세계관을 지녔다는 사실을 발견하게 된다. 그 우열을 가린다는 것은 불가능하며, 다만 실존적 선택만이 가능한 것이다.

위의 논의는 다음의 두 가지 점을 분명하게 해 준다. 종교를 거부할 수도 있고 또 수용할 수도 있다. 현대사는 그런 두 가지의 논리적 근거를 모두 내장하고 있다. 그러나 적어도 특정 종교는 긍정하면서 특정 종교는 거부하는 태도는 논리적 통일성을 잃은 불합리하고 자의적인 것에 불과하다. 그러므로 첫째, 종교를 거부하려면 모든 종교를 거부해야 한다. 둘째, 만약 특정 종교를 거부하면 이는 자기 종교의 교리 체계에 근거하여 타 종교를 평가하는 것에 지나지 않는다.

특히 위의 두 가지 태도는 유사종교나 사교라는 개념을 사용할 때, 각별히 유의해야 하는 것이다. 예컨대, 특정 종교의 교리적 입장에서는 진정한 종교와 그에 반대되는 유사종교 또는 사교라는 말은 할 수 없다. 이 경우도 엄격한 의미에서는 이단異端이라는 말이 더 정확하다. 특정 종교의 전통적 교리를 전통적인 태도로 해석하고 수용했는가의 여부에 따라 이단 여부가 결정된다. 그러므로 이단의 문제는 기본적으로 특정 종교 내부의, 구체적으로는 교리 해석의 문제이지, 결코 현대 사회의 문제가 되지 못한다.

이에 반하여, 사교邪教의 판단은 주로 그 교리가 비합리적이고 기만적이라는 판단에 근거한다. 한마디로 그 판단에 따르면 해당 종교의 신념 체계의 내용이 비논리적이고 비상식적이라는 것이다. 여기서 우리는 중요한 문제에 마주친다. 어느 종교의 교리와 사상이 합리적이고 논리적이며, 또한 상식적이었던가? 종교의 교리와 세계관 자체가 비합리적이고 비상식적이다. 예컨대 불교나 유교와 같은 동양사상 역시 비합리적인 논리 체계를 그 안에 담고 있다. 불교의 윤회설은 증명할 수 없기 때문에 비합리적이라고 말할 수 있다. 그러나 그 비합리적인 교리 안에는 불교적 삶의 내용에 미치는 윤리적, 그리고 실존적 의미와 희망이 담겨 있다. 유교의 세계관은 하늘 및 자연의 질서, 사회와 역사의 질서, 그리고 인간의 정신과 내면 세계의 질서를 상징하는 천지인天地人 삼재三才가 하나의 원리에 의하여 운영된다는 선험적 전제 위에 구축되었다. 그 전제는 역시 증명할 수 없는 것이어서 비논리적일 수밖에 없지만, 그처럼 체계화된 세계관에는 우주론적으로 질서 지워진 세상을 실현하려는 경건한 꿈이 담겨 있다. 위의 불교와 유교의 예를 종합한다면, 한 종교의 교리가 비합리적이라는 이유로 그 종교를 거부하면, 여타의 모든 종교를 거부해야 한다. 그리고 그 거부는 불가피하게, 인간의 삶과 역사를 이끌어가는 원동력으로서의 꿈과 궁극적인 희망을 부정하게 되는 것이다.

'살아가는 것'은, 식물인간과 같이 '존재하는 것'과는 달리, 꿈을 추구하는 것을 말한다. 꿈은 이미 논리적이고 현실적인 것이 아니다. 인간의 꿈의 종합적 표현이 종교 현상이다. 그러므로 종교를 거부하는 것은 결과적으로 인간의 역사와 삶의 현장에서 일어나는 꿈의 역동성, 이름하여 '삶의 의미'를 부인하는 것이다. 이는 결과적으로 제국주의나 전체주의와 같은 인간 역사에 파괴적인 괴물의 모습으로 나타나게 마련이다.

그러나 근대사는 종교의 비합리성에 대하여 저항하는 운동의 역사이기도 하다. 앞에서 지적한 바와 같이 반종교적 태도는 근대 사회가 지닌 뚜렷한 특성들 가운데 하나이다. 따라서, 근대 국가에는 종교를 거부하는 경향과, 인간의 궁극적 꿈을 추구하고 표현하는 이른바 종교의 자유가 동시에 역동적으로 기능하고 있다. 그러므로 근대 국가는 모름지기 이 두 가지의 상충되는 운동을 적어도 중립적으로 조화시키는 정책이 필요하다. 이것이 정교분리政教分離 원칙原則이다. 적어도 정책의 수행 주체인 정부가 종교 자유의 보장과 비합리적 종교 행위의 규제 사이에서 균형을 유지해야 하는 것이 무든 근대 국가의 공통된 정책적 과제이다.

근대 국가의 균형잡힌 종교정책은 특정 종교와 타 종교를 분리하는 종교에 대한 이중 기준二重基準을 가질 수 없다. '진정한 종교'에 대한 확정된 개념 기준에 근거했을 때만, 그에 반대되는 사교를 찾아낼 수 있다. 그러나 앞에서 살펴보았듯이, 그런 확정된 개념 기준을 객관적인 태도에서 찾는 것은 현실적으로 불가능한 일이다. 다만 특정 종교의 교리적 내용이 절대적이라고 주장할 때, 그 교리적 주장에 의해서 여타 종교를 잘못된 종교라고 말할 수 있다. 그러나 이는 특정 종교의 교리적 · 배타주의적排他主義的 판단에 불과하다. 엄격한 의미에서 그 판단은 사교가 아니라 이단의 개념인 것이다.

이처럼, 종교에 대한 이중 기준은 불가피하게 교리적 배타주의의 산물인 이단의 개념을 넘지 못한다. 그런데 일제의 종교정책은 누누이 살펴본 바와 같이 이중 기준을 지녔다. 이는 근대 국가를 지향하던 일본 제국주의 정부가 제국주의적 자기 이익을 추구하는 과정에서 논리적 통일성을 잃은 정책을 강행했다는 점을 말해 준다. 다시 말해서 일제는 근대 국가가 지녀야 할 객관적 통합 기능이 아니라 특정 종교의 배타적 이단 개념異端槪念을 그 논리적 모델로 삼는 모순을 범하고 말았다. 그러면, 어떤 과정을 통해서 그런 모순에 처하게 되었는지 살펴보기로 하자.

2. 유사종교 및 음사사교

유사종교와 사교라는 개념을 쓰면서 일본은 종교의 이중 기준을 국책적으로 갖게 되었다. 근대화를 서두르던 명치정부는 근대화의 모델을 서양 사회에서 찾았으며, 그 정신적 대안을 계몽주의에서 얻었다. 이런 입장에서 무엇이든 비합리적인 것은 근대화에 저해요인이 되고, 저해요인은 근대화의 달성을 위해서 과감하게 수술을 해야 했다. 종교 역시 수술의 대상에서 제외될 수 없었다. 이런 입장에서 종교에 대한 수술은 처음에는 동양의 전통적인 개념으로서의 음사사교淫祀邪敎의 처단으로부터 시작되었다. 그리고 점진적으로 공인종교와 유사종교의 개념을 주축으로 한 종교정책을 확정하고, 이에 근거해서 국익을 위하여 모든 종교를 동원하거나 탄압하기에 이른다. 그런데 이러한 일제의 종교정책을 가장 포괄적이고 명확하게 드러내는 법령은 조선총독부의 '포교규칙'(1915년)에서 나타난다.

일제의 종교정책은 일본에서는 가능한 한 종교를 국가 체제로 편입하려는 방향으로 진행된 데 반해서, 식민지에서는 민족주의와 항일의 정신적 온상이 되는 것이 종교라고 보고 이를 탄압하려는 방향으로 진행되었다. 따라서 식민지의 종교정책이 보다 포괄적이면서도 체계화되었던 것이다. 이러한 맥락에서, 공인이 되지 아니한 '유사종교'라는 개념이 식민지에서 본국보다 먼저 체계적으로 개념화했고, 또 그것이 법적으로 적용된 곳은 식민지 조선이었다. 이처럼 체계화된 법 개념에 누구보다 심각하게 희생을 치러야 했던 종교가 한국 민족종교들이었다.

1) 음사사교의 명분과 종교정책

국가로부터 공인받지 못한 종교 결사체들, 즉 유사종교들은 음사사교이고 미신적이라는 비판이 항상 따라다녔다. 유사종교로 지목받은 일본 내의 대다수 신종교들은 치병이 종교의 중심적인 관점이 되고 있다. 명치 초기부터 국가 공권력에 의해 종교 단체에서 국가의 정책에 반하는 치료 행위를 하는 것은 음사사교로 규정되어 단속받았으므로 치병 활동을 전개했던 많은 신종교들은 불가피하게 언론과 국가로부터 음사사교라 지목받았다.

1873년(명치6년), 당시 일본 사회에 만연했던 다양한 접신 신앙과 기복 행위를 엄중 단속한다고 명치정부가 아래와 같이 발표했다.[14]

종래의 梓巫市子 및 憑祈禱狐下 등과 相唱玉占 口寄 등의 일을 하여 인민을 현혹시키는 것을 지금부터 일절 금지한다. 이 條에 대해서 각 지방관은 서로 잘 인식하고 관내를 엄중히 단속해야 한다.

그리고 1874년(명치 7년 6월 7일) 종교적 치병이 의료 방해 행위가 되기 때문에 단속한다는 내용의 교부성달서 을제33호(敎部省達書 乙弟33號)가 발표되었다.

禁壓祈禱 등의 儀에 대해서는 神道諸宗 모두 인민의 청구에 따라

종래의 傳法을 집행하는 것은 원래 문제가 없다. 그러나 그 중에는 기도를 위해 의료를 방해하고 탕약을 그치려고 하는 일도 있다고 한다. 도대체 교도직에 있는 사람인데도 불구하고 이와 같은 귀중한 人命에 관해 衆庶의 방향을 그르치게 하는 일이 있으면, 조정의 취지에 위반하고 정치의 장애가 되므로 매우 지장이 된다. 그러므로 이 條의 이 점을 향후 잘 감안해서 이것에 어긋나는 사람이 없도록 엄중히 단속해야 한다는 것을 여기에 전달한다.[15]

위의 두 영에 따르면, 전통적인 기복행위(금압기도)를 하는 것은 문제가 없지만, 종교적 치병治病 행위를 하든가 이를 빙자하여 현대 약을 기피하는 것은 조정의 근대화近代化 정책政策에 위배되기 때문에 엄중 단속한다는 것이 그 요지이다.

여기에는 종교의 유용성과 폐해, 전통과 근대화, 미신과 과학의 갈등을 계몽주의적啓蒙主義的 입장에서 정리하려는 정책적 태도가 두드러지게 나타난다. 이미 명치정부는 종교의 강력한 동원력을 정치적 목적을 달성하는 데 이용하기 위하여 국가신도교 체제를 만들었다. 민중의 접신 신앙이나 치병 의례는 이러한 국가신도 체제에 도움이 되지 않기 때문에 공권력으로 단속하려 하였다는 점을 확인할 수 있다. 위의 포고령들은 혹세무민惑世誣民하는 종교적 기복행위의 사회적 폐해를 지적하고 있지만 이러한 폐해를 지칭하는 동양의 전통적 개념인 사교邪敎라는 용어를 분명히 쓰지 않고 있다. 그러나 이들은 동양의 전통적인 음사사교의 개념을 분명히 닮고 있다. 이 시기에 천리교天理敎, 금광교金光敎, 대본교大本敎 등 일본 신종교들은 국가 공권력에 의해 음사사교로 탄압받았는데 그 주된 이유가 그들이 접신 신앙, 치유 행위, 각종 예언 등을 하면서 교주 개인의 차원을 넘어 사회적으로 악영향을 주기 때문에 단속하려 했다.

1882(명치15년)년에 이르러 접신 신앙이나 치병 의례 이외에 길흉화복吉凶禍福이나 기도부주祈禱符呪로 혹세무민하는 행위가 '위경죄違警罪'로 형법의 범죄 요건에 해당되었다.[16] 접신 신앙, 치병 의례, 유언비어나 기도 부적으로 혹세무민하는 신앙 행위를 단속했던 것은 그 신앙 행위 자체보다는 이러한 신앙 행위가 반사회적 성격을 지녔기 때문이라고 판단했던 것이다.

이처럼 1873년에서 1882년 사이의 약 10년 동안의 혹세무민이라는 전통적인 성리학적 관념과 반미신주의라는 계몽주의 관념을 일본 정부가 그의 종교정책에 혼합하고 있는 것을 볼 수 있다. 비록 법령에 사교邪敎란 용어를 쓰지 않았다 해도, 그 논지는 유교의 전통적인 개념인 음사사교라는 개념의 범주를 충분히 반영하고 있다.

1884년(명치 17년) 명치정부에 의하여 공인公認되어 당시의 내무성(內務省, 후에 文部省)의 관할 하에 들어간 종교는 국가신도國家神道, 불교, 그리고 17개의 교단신도敎團神道敎에 불과했다. 그 외의 종교들은 경찰의 단속 대상이 되었던 것이다. 19세기에 일본에는 자생 신종교들이 많이 일어났다. 이들 일본 신종교들은 기본적으로 일본의 전통적인 민중문화를 모체로 하고 있었으며, 기복이 그 사상적 특징을 이루고 있다. 그러므로 명치 정권은 일본의 대중문화 전통을 유신 정책에 흡입할 필요가 있었으며, 동시에 개혁의 저해요인이 된다고 판단되는 기복을 수술하는 이율배반적인 태도를 신종교들에게 보였다. 그 결과 특정 신종교들을 교파신도라는 이름으로 공인하기에 이르렀다.

1894년(명치 27년) 3월 28일부터 10월 13일까지, 만조보萬朝報에는 99회에 걸쳐 '음사연문교회淫詞蓮門教會'가 실렸으며, 1896년(명치 29년) 4월 25일부터 11월 7일까지 중앙신문中央新聞에는 '사교음사천리교회邪教淫詞天理教會'가 무려 150회나 연재되었다. 여기서 두 가지 점이 분명히 드러난다. 하나는, 이때 일본 언론이 음사사교淫祀邪教라는 명분名分으로 명치정부의 문화정책을 옹호하고, 또 아직 공인되지 않은 신종교 교단을 공격한 것이다. 다음은, 일본 신종교 가운데 아직도 공인받지 않은 종교는 사교의 평가를 받았다는 점이다. 이들을 합하면, 19세기 말까지 일본의 종교정책은 음사사교라는 동양의 전통적인 명분과 계몽주의의 발전사관을 국익을 추구하는 정치적 목적에 의하여 수용하였다. 언론이 여기에 적극 동조했던 것이다. 명치 정권의 이러한 정책적 선택은 얼핏 보기에는 당연한 정책적 결정이라고 할 수도 있다. 그러나 그 정책적 선택은 이질적인 두 요인을 인위적으로 혼합하는 데서 오는 문화적 혼돈을 자초하지 않을 수 없는 것이었다.

음사사교라는 말은 원래 중국 고전에서 사용된 용어로서, 왕조의 지배 이념으로 채택한 유교의 전통에 어긋난 종교적 신앙이나 행술을 뜻했다. 그러므로, 이는 현대말로 하면, 유교가 그 교리적 입장에서 사용한 이단종교라는 뜻이다.

『예기禮記』「곡예曲禮」(下)에는 "제사해야 할 바가 아닌데 제사하는 것을 음사라고 이름하며, 음사에는 복이 없다(非其所祭而祭之 名曰淫祀

淫祀無福)."고 기록되어 있다. 이것은 천자天子에서 사士에 이르기까지 고하에 따라 제사하는 대상이 다르며, 제사에는 제사해야 할 것과 제사하지 말아야 할 것이 엄연히 존재한다. 고대 중국인들은 제사하지 말아야 할 바를 제사하면 신神이 흠향하지 않으므로 복을 받을 수 없다고 여겼다. 곧 음사는 이치에 맞지 않는 사악한 행위로 받아들여졌다. 음사淫祀와는 유사한 용어로 음사淫祠라는 용어가 종종 보이는데, 이는 이치에 맞지 않는 사신邪神을 받드는 사祠를 말한다. 엄격히 구분하면 음사淫祀가 그릇된 제사 행위라면, 음사淫祠는 그러한 행위가 이루어지는 공간을 포괄하는 용어라 할 수 있다. 그러나 음사의 용례가 보이는 『한서평제기漢書平帝紀』의 "교화를 베풀고 음사는 금한다(班敎化禁淫祀)"는 기록과 『당서적인걸전唐書狄仁傑傳』의 "오초에 음사淫祠 천칠백소를 훼毁한다(吳楚淫祠千七百所毁)"는 기록에 의하면, 유교적 지배 이념에 맞지 않는 그릇된 종교나 신앙을 의미한다는 차원에서 음사淫祀나 음사淫祠가 대동소이하게 쓰였다.

　음사淫祀에 대한 기록은 한국사에도 보인다. 『고려사高麗史』에는 "천하의 신사神祠 중에 백성에게 공덕이 없고 사전祀典에 마땅히 부합하지 않는 것은 곧 음사에 속하므로 제사 지내지 말 것이다.(天下神祠 無功於民 不應祀典者 卽係淫祀 毋得致祭)"[17]라는 기록이 보인다. 국가 의례를 담당했던 유교가 전통적으로 정해 놓은 제사의 대상이 아닌 것에 제사를 드리는 것은 백성에게도 복덕이 없을 뿐만 아니라, 그것이 바로 음사라는 것이다. 유교가 전통적으로 제시하는 국가 제전國家祭典에 편입되지 않은 종교적 신앙이나 행위는 모두 음사의 범주에 들어가는 것이다.

결론적으로 중국과 한국의 용례에서 보이는 음사사교淫祀邪敎라는 말은 형식적으로 국가 지배 체제가 규정해 놓은 지배 이념과 행위 원리에 부합되는 종교적 신앙을 일컫는 용어이다. 그러나 현실적으로는 고려조와 조선조에서 모든 국가 제전은 유교 전통에 따랐기 때문에, 음사란 유교의 전통적 제전 이외의 제사를 의미한다. 그러므로, 엄격한 의미에서 음사란 이단異端의 유교적 표현에 불과하다.

이에 반하여 일본에서는 국가 공권력과 종교와의 갈등 관계에서 음사사교의 문제가 비롯되었다. 일본에서는 국가신도 출범 이후 새로 출현하여 사회의 기존 질서를 위협하는 신종교를 음사사교라 지칭하여 왔다. 특히 명치 20년대에는 앞에서 언급했듯이 급속히 세력이 확장되던 연문교蓮門敎와 천리교天理敎에 언론을 통한 사회적 공격을 사게 했다.

음사사교의 용어는 유교의 교리적 전통에서 빌려왔다. 명치정권은 유교의 교리적 명분을 종교 행위 규제와 탄압 수단으로 채택했다. 유교적 명분이 근대화의 사상적 근거를 이루는 계몽주의 사조의 반종교성에 부합한다고 믿었던 것이다. 그리하여 동서양의 두 가지 전통을 일제의 종교정책에 혼합하였다. 그러나 음사사교라는 유교의 개념은 앞에서 지적한 바와 같이 유교의 종교적 세계관을 반영하는 것이어서, 유교를 포함한 모든 종교적 세계관의 비합리성을 거부하는 계몽 사조의 반종교적 성향과는 그 출발점부터 다르다.

유교는, 앞에서 지적한 바와 같이, 천지인삼재天地人三才가 하나의 원리로 운영되는 우주적 질서를 지상에 구현하려는 세계관이어서 이를 현대 용어로는 종교라는 용어 이외의 다른 말을 쓸 수 없다.

그런 우주론적, 또는 좀더 구체적으로 종교적 질서를 구현하는 데 저해요인이 된다고 판단되는 종교적 신행을 음사사교라 했던 것이다. 그러나 일본은 제국의 건설의 저해요인을 탄압하는 수단으로 음사사교라는 명분을 차용했다. 이처럼 명치 정권은 정치적 목표를 위하여 이질적인 요인을 그 정책에 병합시켰다. 정책 목적을 달성하기 위해서는 사상의 특정과 문화적 내용은 문제가 되지 않았다. 그러므로 그 정책 수행 과정 역시 한 가지 면에서 통일성을 유지하고 있다. 정치적 목적과 국익 앞에서는 어떤 모순도 문제가 되지 않고, 어떤 수단도 정당화된다. 제국주의의 이념적 본질을 잘 드러낸다.

2) 기독교의 공인과 제국주의 편제

1899년 7월의 내무성령內務省令 제41호 "신불교神佛敎 이외以外의 종교宗敎의 선포자宣布者 및 당우堂宇 설교소說敎所 강의소講義所의 설립, 이전, 폐지 등에 관한 신고申告 규정規程"에 의해 기독교 종교 활동이 공인되었다.[18]

내무성령 제41조에 의하여 13개 교파를 포함한 신도, 불교, 그리고 기독교가 내무성(또는 문부성)의 관할 하에서 공인종교로서 활동할 수 있었으며, 명치 이후 등장한 신종교들은 행정적으로는 종교결사宗敎結社로 취급되어 내무성 경무국警務局 치안과治安課의 단속 대상이 되어 가혹한 탄압을 받았다. 명치 정권은 신종교의 교리보다는 그 막강한 사회적 영향력으로 인하여 당시 추진 중이던 일본 천황 체제의 확립에 저해요인이 될 가능성 때문에 탄압했던 것이다.

특히 명치 시기 일본의 신종교인 연문교蓮門敎, 천리교天理敎, 대본교大本敎 등이 국가 권력에 의해 탄압받는 과정에서 언론이 주목할 만한 역할을 했다. 명치 정권은 의도적으로 언론 매체를 조작하여 치안 유지와 사회 안녕을 위해 신종교의 사회적 해악을 제거하는 데 공권력이 사용되는 것이 당연하다는 사회적 분위기를 유도했다. 공권력 사용의 정당성을 언론이 선전하는 명분이 유사종교와 음사사교라는 개념이었다.[19] 일본 사회는 이제 하나가 돼서 제국주의의 편제로 들어간 것이다. 그리고 20세기에 들어서면서 조선왕조를 석권하여 통감부를 설치하면서 제국주의 체제는 그 본궤도에 들어선다.

1919년(大正 8년) 3월 3일 문부성文部省 종교국宗敎局이 종교국통첩宗敎局通牒 제11호 "종교宗敎 및 이에 류類한 행위行爲를 하는 자者의 행동行動 통보通報에 대한 요건要件"(警視廳 및 道府縣宛)으로 아래와 같은 내용의 규정을 발표했다.

"神佛基督敎의 敎宗派에 속하지 않으면서 宗敎類似의 行爲를 하는 者 및 神佛基督에 屬하는 宗敎敎師의 行動이면서 公安其他風俗 等에 關해서 특히 注意를 필요로 하는 者가 있을 경우에는 이것을 조사한 후에 그때마다 통보해야 함을 여기에 명하여 통첩하는 바이다."[20]

위 규정에 의하면 유사종교는 진정한 종교는 아니면서 그와 유사한 행위를 하는 것이다. '얼핏 비슷하지만 같지 않은' 사이비似而非[21]라는 논리인 것이다. 종교적 행위의 외양은 비슷하지만 공안과 풍속에 대한 영향에 있어서는 종교라 인정할 수 없다는 것이다. 결국 유사종교란 종교 자체의 내용보다도 그 종교의 사회적 성격에 의해 판단됨을 알 수 있다. 이 규정은 신도, 불도, 기독교 이외의 모든 종교는 기본적으로 반사회적이라는 전제를 깔고 있다. 그리고 공인종교에 속하는 행위라 하더라도 반사회적 성격을 지니는 한에는 종교 유사 행위로 지목받을 수 있음을 의미한다. 이처럼 이 규정은 모든 종교에 공권력을 투입하여 탄압할 수 있는 명분을 경찰에 준 것이다. 공권력 투입의 정당성을 이른바 반사회적 행위에 대한 사회적 응징이라는 명분에서 찾은 것이다. 이 규정이 일제 종교정책의 요체를 이룬다.

1915년, 그러니까 일본 정부가 종무국통첩 제11호를 발표하기 4년 전, 조선총독부가 전문 19조로 구성된 총독부 부령 제83호 「포교규칙」(앞장 참조)을 공포했다. 제83호는 본국정부의 종무국통첩 제11호에 비교가 안될 만큼 자세하고 체계적으로 구성되었다. 이는 명치유신 초기부터 유지되었던 일본 정부의 종교정책의 방향 안에서 본국정부보다 더 구체적인 법령을 만들었다는 것을 의미한다. 다시 말해 일제의 종교정책이 식민지 통치 과정에서 보다 더 구체적으로 구현되었다는 것이다. 조선총독부의 종교 탄압은 단순히 본국의 정책을 수행하는 것이 아니라, 오히려 본국의 종교정책을 정립하는 실험장이 되었던 것이다. 결국 제국주의 정책의 실험 과정에서 한국의 종교들은 탄압받고 희생되었다.

3) 종교정책 이중 기준의 식민지 적용

한국의 언론들은, 일본의 언론들과 같이, 총독부의 식민지 종교 정책에 동조했으며, 그 동조의 명분은 역시 사교와 유사종교였다. 앞서 인용한 조선일보 1936년 6월 14일자 기사[22] "민중을 기만 착 취하는 사교단체일제 탄압—보천교를 위시하야 유사종교는 초멸코 공인종교 통제도 강화"라는 제목에서 알 수 있는 것처럼 언론과 총 독부가 놀랍도록 동일한 시각을 갖고 있다는 사실을 보여준다. 30 년대 한국의 언론은 조선총독부의 시각을 벗어날 수 없는 상황이었 다. 그러나 언론이 총독부의 종교정책과 이처럼 같은 시각을 갖게 된 데는 사교와 유사종교라는 개념이 지닌 이른바 반사회적 행위에 대한 사회적 제재의 당위성에 대한 명분이 있다. 이 명분이야말로 식민지 종교정책의 초석이었다.

이 점에서 조선총독부는 성공적이었다. 그리고 우리의 언론은 이 성공적인 식민 정책에 희생되었던 것이다. 이러한 사례가 동아일보 기사에서도 보인다.

명치정부의 신종교 탄압과 유사종교정책에서 보이는 언론기관의 동조와 사교 논리의 결합은 다소 상황의 상이성에도 불구하고 일제 의 민족종교 탄압 과정에서 유사한 면을 보인다. 사실 우리 나라의 경우 일제의 민족종교 탄압의 논리와 언론의 계몽적 논리는 동일하 게 표현되었다.

"宗敎類似團 敎徒는 十萬, 혹세무민하는 각종 종교 ─ 最近總督府調査"

정치에 실의하고 생활에 군핍한 근대 조선인의 미묘한 심리를 포
착하야 비뒤의 죽순가티 생겨난 종교류사단체는 일시 비상한 긔세
로 발흥하야 민중의 다수가 그리로 귀의하야 普天敎 가튼 단체는 황
금의 왕국을 지상에 건설한 듯 하얏스며 鷄龍山 아래 新都內 가튼데
는 혹세무민하는 음설에 미혹하야 집중한 농민들의 헐벗고 굶주린
참담한 상태가 폭로되어 잇지마는 세상은 그래도 어두어 아직도 무
슨교 무슨교하는 혹세무민하는 단체가 五十五개소나 잇스며 그 신
도라고 하는 사람이 十여만명에 달한다. 이 통계는 최근 총독부조사
『종교류사단체』에서 조선총독부 布敎規則에 의하야 인가를 엇지 안
헛스되 일반사회에 움직이지 못할 세력을 가지고 잇는 몃몃 종교단
체를 제하고 정체 알지 못할 집단만 골라서 만든 통계로 한 면에 불
과하다.[23]

이 글은 보천교를 위시한 한국 민족종교들은 모두 혹세무민하는
종교라는 전제를 하고 있다. 이러한 판단은 물론 계몽주의적 태도
를 반영하는 것이다. 그런데 한국 언론이 계몽주의적 발전사관에
굳건히 섰기 때문에 이러한 비판적 입장에 섰다고 보기에는 어려운
점이 있다. 이 기사는 30년대에 총독부가 실시했던 방대한 식민지
현지조사 프로젝트의 일환으로 발표된 내용에 대한 보도이다. 일제
정치에 대한 민족 감정을 의식하고 있으면서도, 이 기사 내용은 유
사종교나 사교의 개념에 있어서 일제의 시각을 그대로 옮겨 놓고
있다. 총독부의 한국 신종교 말살 정책에 착색한 계몽주의적 위장

에 언론이 동조해 버린 것이다. 민중의 미몽을 일깨우는 계몽주의의 논리로 민족종교를 비판하고, 혹세무민한다는 판단을 했다. 그러나 이 기사에는 그런 판단이 일제의 정책 목표와 일치한다는 자기비판의 흔적이 안 보인다. 이처럼 민족종교는 일제의 물리적 외압과 언론의 비판으로부터 이중적인 어려움을 겪을 수밖에 없었다.

한편 우리의 민족종교를 유사종교의 굴레로 취체한 일제는 탄압 대상의 사교성邪敎性을 부각시켜 그들의 의도를 더욱 공고히 하였다. 일제는 유사종교의 취체를 강화하는 차원에서 종교 집단을 사교화하여 집회와 헌금을 엄금하고 단체의 해산을 강요하였다.[24] 결국 사교邪敎의 논리는 민족종교의 단속 과정에서 유사종교를 취체한다는 명분을 찾는 데 있었던 것을 알 수 있다.

조선총독부 학무국의 촉탁이었던 무라야마村山智順는 당시 한국에 존재하던 한국 자생 신종교들을 전국의 경찰력의 협조를 얻어 조사 · 정리하여 『조선의 유사종교』를 펴냈다. 이는 당시 총독부가 힘을 기울여 추진했던 실로 방대한 사회조사 사업의 일환이었다. 무라야마는 한국의 유사종교의 시초를 최제우의 동학으로 규정하고, 유사종교의 대부분은 유불도儒佛道의 3교를 종합하여 조선의 사회상을 반영한 것이라고 주장하였다.[25] 여기에서 우리 민족종교의 시원이라 할 수 있는 동학을 유사종교의 비조로 규정함으로써 모든 민족종교를 유사종교의 굴레에 포괄시켰던 것이다.[26]

한편 실제로 조선의 유사종교를 관할하고 감시했던 경무국은 정치적으로 세력화하여 혹세무민惑世誣民하는 유사종교로 최제우의 동학 일파, 강일순의 증산 일파, 단군 또는 유교류의 단체 등을 경찰

취체의 범위에 드는 대표적인 세력군으로 규정하였다.[27] 조사 업적에 힘입어 법적인 근거를 찾고, 그 근거에서 경무국이 종교를 직접 통제하고 단속하는 주체가 되었다. 그런데 경무국이 주로 관심을 가졌던 것은 국내외적으로 막강한 세력을 형성하면서 지대한 영향력을 행사했던 천도교(동학), 보천교(증산교), 대종교(단군계) 등이었다.

일제는, 앞장에서 언급했듯이, 자국의 국체 종교인 신도 이외에 불교와 기독교를 공인종교로 인정하고 민족종교를 비롯한 모든 종교를 공식적으로 인정하지 않았다. 공인종교는 조선총독부 학무국에서 관리하고, 그 외의 비공인종교는 경무국에서 치안 유지 및 보안의 차원에서 단속했다. 경무국에서 조사하고 탄압한 비공인종교는 주로 한국 민족종교였다.

유사종교 및 음사사교라는 굴레를 쓴 민족종교는 총독부의 효과적인 정책적 조작에 의하여 한국의 언론기관으로부터 무자비한 공격을 당했다. 결국 민족종교는 일본 경찰의 취체 대상으로 전락하여 그 종교적 세력이 위축되지 않을 수 없었고, 언론 역시 민족종교를 유사 및 사교와 같은 사회악의 존재로 취급함으로써 그 종교적 활동의 정당성마저 사회적으로 거부당하는 어려움을 겪었다.

이처럼 한국 민족종교는 현대사라는 경기장에서 사실상 손을 묶인 채, 일본 제국주의의 일방적인 공격을 받는 게임을 하게 되었다. 일본 총독의 명령이 경기 규칙이고, 언론은 그 규칙을 관중에게 선전하는 도구였다. 이러한 경기장에서 민족종교는 단순한 피해자가 되지 않을 수 없었다.

제4장 민족종교정책의 유형

1. 종교정책의 역사적 개관

민족종교에 대한 일제의 탄압은 지방경찰의 개별적 수준에서 자의적이고 산발적으로 행해진 것이 아니라, 법적·이론적 근거 위에서 국가 공권력에 의하여 지속적이고도 치밀하게 이루어졌다. 다시 말해서, 민족종교는 일제의 일시적 간섭 행위가 아니라, 중장기적인 계획에 의해 공식적인 박해를 받은 것이다. 시대에 따라 식민지의 현지 상황에 맞추어 정책을 바꾸었지만, 일본의 제국주의 국체를 위하여 종교를 동원하거나 탄압하는 정책적 원칙에는 변함이 없었다. 이러한 원칙으로 일제는 민족종교 교단의 성격에 따라 각기 다른 탄압 정책을 썼다. 먼저 시대적 상황에 따른 정책의 변화를 통시적으로 살펴보고 개별 탄압 정책의 형태를 알아보기로 하자.

1910년대 무단통치 시기에 조선총독부는 헌병경찰제도를 실시하여 민족종교를 취체하고 탄압하였다. 1915년에 발표된 「포교규칙」의 제15조에 따르면, 유사종교도 경우에 따라서는 준공인종교의 대우를 받을 수 있게 되었지만, 실제로는 조선총독부가 한국 민족종교들에게 준공인을 한 사례가 없다. 이 규칙이 공포되기 이전에 본국에서는 벌써 오래 전부터 신종교들을 교단신도교의 범주로 공인하던 이른바 준공인제도의 관례가 있었으며, 그 관행을 식민지에서도 형식적으로 따른 것에 불과하다. 그러나 실제로는 탄압 일변도의 강력한 무단정치가 시행되었다.

1919년 3·1운동을 통하여 예상치 않았던 강력한 항일운동에 직면하면서, 조선총독부는 종래의 탄압 일변도의 정책에서 이른바 문화통치로 방향을 바꾸었다. 문화정책으로 우회적으로 조선민족을 통제하는 방법을 택했던 것이다. 1920년대의 문화정책은 민족진영의 운동 방향을 일제에 덜 위협적인 방향으로 그 색채를 전환시키고, 이런 과정을 통하여 민족 항일 세력을 분열·약화시키는, 무단정치에 비하면 한층 지능적인 분할 통치 정책이었다. 가혹한 무단통치武斷統治의 파고를 꿋꿋하게 견디어 왔던 대부분의 민족종교도 문화통치기文化統治期를 거치면서 일제의 통제에 효과적인 저항을 제대로 하지 못할 정도로 약화되었다. 1910년대의 종교정책이 주로 공인종교를 조선총독의 관리 하에 가시화하는 것이었다면, 1920년대 실시된 일제의 종교정책은 본격적으로 비공인종교인 유사종교를 표면으로 공개하여 분열, 분리, 분쇄시킨 것이다. 일제가 행한 대부분의 민족종교정책이 이때 시행된 것이다.

문화정책이 완성되는 1920년대 중·후반에 이르면 대부분의 종교는 종교적 세력과 사회적 영향력이 쇠약해졌다. 이러한 시기에 종교운동을 문화운동으로 전환함으로써 종교단체의 정체성이 흐려지게 되기도 하고, 또 종교운동을 신비주의 운동으로 전개하여 종교단체를 비밀조직화 함으로써 사회적 역량이 소진되기도 하였다. 천도교가 전개한 다양한 문화운동이 전자의 대표적이 사례이며, 증산교

종단들의 신비주의에 입각한 비사회 참여 성향이 후자의 예가 된다.

1930년대에는 공인종교와 유사종교를 불문하고 일제의 문화 시책을 따르는 것 이외에는 다른 방도가 없을 정도로 한국의 종교는 모두 탈진한 상태였다. 더욱이 일제의 민족 말살 정책과 황국신민화 정책에 따라 우리의 민족종교는 새로운 활로를 찾지 못한 채 지지부진한 상태에서 분열과 쇠퇴의 행로를 거듭하였다.

위에서 살펴본 바와 같이, 1910년대, 20년대 그리고 1930년대에 이르는 사이에 한국 민족종교들은 일제로부터 다양한 형태의 탄압을 받으면서 자체의 변화를 거듭하게 되었다. 일제는 각 시기와 종단의 특성에 따라 다양한 형태의 탄압 정책을 썼다. 앞에서 언급한 바와 같이 일제가 민족종교를 탄압했던 방법은 ① 괴뢰단체를 통한 분열 정책 ② 이념적 내부 분열 정책 ③ 민족감정의 이반을 통한 고립 정책 ④ 반사회단체로의 매도 정책 ⑤ 무력 제압 정책 등 다섯가지로 요약된다.

2. 탄압 정책의 현실적 적용

일제는 이처럼 다양한 형태의 탄압 정책을 통하여 시간이 가면 갈수록 그들이 원하는 방향으로 민족종교들을 유린할 수 있었다. 특히 한국 민족종교들에게 사회적으로는 공인되지 않은 유사종교 또는 사교라는 굴레를 씌운 채 이러한 탄압 정책들을 다각적이고도 체계적으로 전개했기 때문에 민족종교들은 일방적으로 당하지 않을 수 없는 상황에 있었다.

1) 외곽 · 괴뢰단체를 통한 분열 정책

제국은 그 팽창 과정에서 먼저 상대방의 세력을 분열시키고, 분열된 세력을 하나하나 어렵지 않게 항복시키는 방법을 택했다. 이 고전적인 전략이 이른바 분할 통치(devide and rule) 방법이다. 분할해서 통치하는 데는 두 가지 길이 있다. 하나는 상대국에 괴뢰 세력을 만들어 그들로 하여금 상대국의 구심점을 잃게 하고 혼돈에 빠질 때 공격하는 길이고, 다른 하나는 상대국의 내부 국론을 교란시켜서 국력이 분열됐을 때 공격하는 것이다. 일제 역시 한국을 괴멸시키는 데 이 두 가지의 고전적 수법을 써서 성공했으며, 이 효과적인 방법을 한국 민족종교에도 적용했다.

외곽 단체 구성을 통한 대립화는 기본적으로 전항의 내부 분열을 통한 교단의 약화책과 유사한 맥락에서 전개되었다. 일제의 친근 세력을 형성하여 교단 내에 침투시킨 것이 전항의 내부 분열책이었다면, 일제의 조정을 받는 세력으로 하여금 괴뢰단체로서 교단 외곽 단체를 구성하여 기존 교단과 대립케 하여 종교적 구심력을 약화시키는 것이 본 유형이다.

일제는 민족적인 역량을 크게 발휘하던 천도교에 있어 내부 분열을 조장하였을 뿐만 아니라 대립적 외곽 단체를 비호 · 후원하여 대외적인 역량을 위축시키고자 하였다. 합방 이전인 1900년대 초에 이미 일진회의 세력인 이용구, 송병준, 김연국 등에 의해 시천교가 분리되어 천도교와 대립하였다.

합방 이후 1920년대에 이르면 천도교의 위력을 약화시키려는 차원에서 일제 당국의 지시로 청림교와 제우교가 시급히 만들어졌다. 특히 제우교는 일진회 간부들을 동원하여 천도교의 세력을 분립시키고, 만주에서는 친일단체의 조직에 이용되었다.[28] 청림교, 제우교의 분립·이탈로 천도교 세력은 약화되기 시작했다.

친일 세력을 교단 밖에 규합하여 기존 교단을 약화시키는 역할을 담당했던 인물들은 모두 일제와 친밀한 자들이었다. 가령 삼성무극교를 세운 이근호는 일제의 작위(남작)를 받은 조선 귀족이었고, 청림교의 창시자 김상설은 1924년부터 1926년까지 사이토 총독과의 3번의 면회 사실이 확인되고 있으며, 제우교의 주도자였던 이인수 역시 1919년 8월부터 1921년 사이에 사이토 총독과 5회 면회한 사실이 확인될 정도로 총독부와 밀착되어 있었다.[29]

이와같이 일제의 친일파의 육성과 매수에 의해 형성된 친일 단체는 교단의 내부 분열은 물론 독자적인 외곽 단체로 성장하여 기존 교단의 발전력을 저해하는 역할을 하였던 것이다.

2) 이념적 내부 분열 정책

식민지 경작의 초기 단계에는 친일 외곽 단체로 하여금 종교단체의 교란을 꾀하는 것이 효과적이었지만, 식민지 통치에 자신이 있게 된 단계에서는 친일 세력을 외곽 단체로 머물게 할 필요가 없게된다. 이제는 보다 효과적으로 제압하기 위해서 친일 세력을 종교

단체의 내부에 투입시켜서 종교단체의 이념적 분열을 꾀하는 단계에 이른다.

이처럼, 이념적 내부 분열 정책의 단계에 오면, 민족종교 교단들은 자신들도 의식하지 못하는 상태에서 일제의 원격 조종의 사정권 안에 들어가게 된다. 1919년 사이토 총독이 부임하면서 채택한 정책이 바로 내부 분열 정책이었다.

우선 여러 가지 대립 요인을 이용해서 종교적인 통합력을 깨뜨려 교단을 약화시키는 정책이 시도되었다. 내부 분열책은 상대방이 무의식적으로 빠지게 될 만큼 교묘하고 세련되지 않으면 그 실효를 거둘 수 없다. 일시적인 억압으로 통제가 불가능한 강한 조직은 내부를 분열시켜 조직을 약화시킨 뒤 다시 종전의 억압을 가하면 종국적으로 그 조직은 와해된다. 적어도 문화통치 시기에 시행된 민족종교 분열 정책은 이러한 전략으로 시행되었다.

내부 분열을 조장하기 위하여 일제는 무엇보다 먼저 친일파를 활용했다. 친일파를 활용하기 위해서는, 우선, 이를 집중적으로 육성하고 성장시켜야 한다. 이 두 가지가 조선총독부의 문화정책을 구성하는 기본 조건이었다. 사이토 총독은 이러한 문화정책의 전형적인 유형을 채택하여, 친일파를 자신의 의도에 맞게 성장시켜 민족종교 교단에 침투시키고, 조직력을 크게 약화시켰다. 1919년 7월 조선군 참모부의 「친일 조선인 유력자의 이용 및 보호」라는 보고서가 그 이후 부임한 사이토의 전략을 선명하게 보여준다.

병합 공로자로서 친일한 자를 지금 귀족으로 앉혀 놓았으나 그

대우에 있어서는 아직 유감스런 감이 있다. 이들에 대해서는 귀족원 의원의 자리를 약간 마련하여 공로에 보상해 주면서 보호하여 우리 정치의 일부에 관여하게 해도 굳이 안될 것은 없다. 그리고는 이들을 이용하여 조선인 유력자의 회유에 노력한다면 그 효과는 클 것이다. 그 외에 진실한 친일자로서 전력을 다하고 있는 자는 크게 보호하고 우대해 주는 방도를 강구할 필요가 있다. 요컨대 진정한 친일자에 대한 보호·이용은 앞으로 더욱 더 향상시킬 필요가 있다.[30]

사이토 총독은 조선 총독으로 부임하면서 친일파에게는 편의와 원조를 제공하고, 배일자에 대해서는 탄압을 계속하는 이원정책을 시행하였다. 사이토의 「조선민족운동에 대한 대책」(1920년) 구상(齋藤關係文書 742호)에서 읽을 수 있는 종교정책의 기반은 친일적 인사를 양성하여 종교에 침투시켜 그 계급과 사정에 따라 각종 친일단체를 조직케 함은 물로, 각 종교기관의 수장 자리를 차지하도록 갖은 노력을 다하는 것으로 요약된다.[31]

일제는 먼저 일본인 유력자를 통하여 민족종교 단체를 원격으로 조종시키고, 그 뒤에 해당 종교단체를 일제의 시책에 맞게 이용하려 하였다. 그 과정에서 반드시 지도부의 분열이 일어나게 마련이다.

지도부의 내부 분열은 여러 가지 대립 요인에 의해 야기된다. 보수와 혁신, 교권과 행정 조직, 항일운동과 종교 조직의 보호, 그리고 중앙 집권 조직과 지방 세력 등등의 여러 가지 대립 요건들이 식민지 통치 하의 종교단체에 야기되었다. 일제는 이러한 대립 구도를 의도적으로 조장하여 내부 분열을 야기시켰다.

그 가운데서도, 민족종교의 내부 분열을 야기시키는 주된 대립 구조의 하나가 혁신 대 보수의 대립이었다. 예컨대, 천도교의 신파 세력은 '혁신'을 강조하였으며, 1920년대 초 보천교에서도 '혁신'이라는 명분이 교단 내에서 강조되었다. 대체로 혁신 세력은 일제의 점령 상황을 인정하고 그 구도 안에서 사회적 활로를 찾아보려는 태도를 취한다. 이러한 혁신주의는 당연히 무엇보다 교권의 권위를 강조하는 보수주의와는 역사적 상황을 해석하고 그 대책을 찾는 데 있어 이념을 달리한다. 그리하여 이념적 내부 분열이 야기되는 것이다.

일제는 혁신 세력의 조장에 힘썼고, 혁신과 보수의 대립을 종용했다. 그러므로 그 대립 구도에서 일어난 이념적 대립은 얼른 보기에는 종교 내부의 원인에 의하여 나타난 현상과 같아 보이지만, 사실은 일제의 원격 조종에 의하여 조작된 결과인 것이다.

그러므로, 교단의 내부 분열은 민족종교와 공인종교를 가리지 않고 일어났다. 예를 들어 일제의 조종에 의해 1922년 있었던 중앙총무원과 중앙교무원의 분열은 대표적인 불교의 내부 분열에 해당된다. 1920년대에 들어 분열한 천도교의 4파 분열은 민족종교 내부 분열의 대표적인 사례이다. 최린崔麟의 신파, 이종린李鍾麟의 구파, 오지영吳知泳의 천도교연합회파, 오영창吳榮昌의 육임파 등의 대립 속에서 1922년 천도교연합회가 교단에서 탈퇴하게 되어 천도교의 세력이 약화되었고, 1925년 신구파의 분화 속에서 천도교 민족운동의 세력이 양분됨으로서 민족운동의 약화를 초래하였다. 특히 이 과정에서, 한 가지 주목해야 할 일이 있다. 일제는 3·1운동의 사실상의 조직책이며 실무자였던, 신파의 최린을 일차적으로 포섭하여 공작 정치의 주동자로 삼음으로써, 천도교에 대해 문화적 유화책과 분열 공작을 거침없이 전개할 수 있었다. 이는 일제의 이념적 내부 분열 정책이 민족종교에게 얼마나 무섭도록 파괴적이었나를 보여준다.

일제의 지속적인 내부 분열책으로 인해 1920년대 전반기까지 각 종교단체에서 민족주의자의 영향력이 극도로 줄어들고 친일파나 민족개량주의자의 영향력이 증대되었다. 이런 과정 속에서 민족종 교의 세력의 약화는 필연적인 것이었다.

3) 민족감정으로부터의 고립화 정책

식민지 상황에서 비록 드러내고 항일운동을 할 수는 없었지만, 한국인들은 가슴에 반일 감정을 지니고 있었다. 그러므로 종교단체 가 드러내고 친일 행위를 하는 경우에는 국민으로부터 강력한 반발 을 사게 되었던 것이다. 총독부는 바로 이러한 한국인이 느끼는 강 력한 배신감과 반발을 역이용했다. 어이없을 정도로 친일 행위를 하도록 조종하고, 국민 감정이 해당 종교에 대하여 극도로 악화되 어 그 종교단체가 고립되었을 때, 총독부가 그 종교단체를 손쉽게 와해시킬 수 있었다. 이러한 정책이 1920년대 문화통치 시기부터 쓰여지기 시작했다. 보천교가 교단이 직면한 난국을 타개하기 위하 여 1920년대 중반에 벌인 시국대동단時局大同團 사건이 그것이다. 일 제는 당시 한국에서 제일의 종교 세력을 지니고 있었던 보천교에게 조선총독부와 연대 사업을 하게 되면 보천교 교단은 갖가지 압력에

서 벗어나 교단의 안전이 보장된다는 이른바 당근과 채찍의 정책을
제시하였고, 이에 보천교단이 승복하여 시국대동단을 조직했으나,
국민으로부터 '친일'이라는 강력한 비판을 받고 국민 정서가 보천
교로부터 등을 돌리게 되었다. 국민정서로부터 따돌림을 받은 민족
종교는 더 이상 종교적 기능을 할 수 없다.

 사실 보천교가 시국대동단을 결성하게 된 것은 그동안 있었던 일
제의 끊임없는 물리적 탄압에 기인한다. 일제의 탄압에 시달리던
보천교는 1924년경부터 교단 위기 타개책으로 조선총독부와 적절
한 타협을 하고자 하였다. 보천교의 시대일보 인수 사건으로 내분
이 격화될 즈음, 내분도 잠재우고 그동안의 일제에 의한 탄압과 검
거 돌풍도 타결해 보려는 의도로 시국대동단을 출범시켰다. 시국대
동단은 일제가 내세운 내선일체, 일선융화, 대동아공영과 유사한
논리로 전국적인 강연을 시행하고 이에 필요한 자금을 교단에서 제
공했다. 이로 말미암아 조선일보[32]와 동아일보[33]는 보천교의 시국
대동단의 친일적 행위에 대해 강한 어조로 비판하였다. 1924년 후
반부터 1925년까지 곳곳에서 전개된 시국대동단의 강연은 일제의
침략 의도를 두둔하는 것으로 일반 민중의 거센 반발을 야기하였
다. 국내 언론에서는 보천교의 시국대동단 사건을 지속적으로 비판
하였고 민중들은 곳곳에서 보천교당을 파괴하고 보천교를 습격하
였다.[34] 그러나 일제의 언론인 시대일보[35]는 시국대동단의 활동이
내선인의 정신적 결합을 공고케 하고 대동단결하여 문화 향상을 기
할 수 있다는 점을 들어 이를 비호하였다. 일제 당국은 보천교의 시
국대동단 강연을 성토하거나 보천교를 습격한 사람들에게는 소요

죄를 적용하여 검거하고 재판을 진행했다.[36]

　일제는 민족종교의 집회와 결사를 인정하지 않던 와중에 오히려 자신들의 식민지 논리에 민족종교를 접근시키고 그에 호응하는 강연과 집회를 언론과 경찰력을 동원하여 비호하였다. 일제 세력은 보천교의 친일을 인상 지우고 민족 간 자체 분열과 소모를 조장시키는 차원에서 시국대동단 활동을 두둔하였다. 결과적으로 민중들 사이에 보천교의 친일 행위를 이유로 반 보천교 감정이 들끓었다. 이를 통해 민족종교로 하여금 민족의 터전에서 외면당하게 하였다. 보천교는 이런 일제의 이중적이고도 교묘한 식민지 논리에 순진하게 당하고 말았다. 민족종교가 민족 성원으로부터 외면당했을 때 종단의 고립화는 필연적이며, 그 생명력은 상실된다. 보천교가 민족 감정으로부터 고립된 이후 일제는 보천교를 능수능란하게 관리할 수 있었다. 특히 호남의 수많은 만석꾼들이 그들의 재산을 헌납함으로써 막대해진 보천교의 재산을 총독부는 국민들의 아무런 저항을 받지 않고, 쉽게 몰수할 수 있었던 것이다. 총독부는 호남 부호들의 재산이 보천교로 들어가는 과정을 지켜보다가 국민 정서로부터 보천교 교단이 외면을 당하게 한 후 재산을 몰수했던 것이다.

4) 반사회단체로의 매도 정책

　조선조는 그 유례를 찾을 수 없는 유교 사회였다. 그로 인하여 한민족은 사회 규범과 윤리를 대단히 존중하고, 모든 행동은 윤리적 명분에 의하여 정당화되었다. 따라서 유교의 윤리적 명분을 저버린 음사사교라는 종교 행위는 한국 사람들에게는 사회적으로 용납될 수 없는 반윤리적인 것으로 받아들여진다. 이런 면에서 음사사교라는 굴레는 일본보다 한국에서 훨씬 가혹한 것이 아닐 수 없다.

일제는 이러한 한국의 문화와 국민 정서의 특수성을 한층 더 확대 이용하여 민족종교를 탄압했다. 민족종교를 사교라 매도하여 반사회적이고 반인륜적인 집단으로 낙인을 찍음으로써 사회적인 적응을 할 수 없게 만드는 것이다. 많은 민족종교들을, 예컨대 살인·간음·강도 등의 반인륜적 죄목을 들어 재판을 통하여 정죄함으로써 사회적으로 매장시키는 정책이다.

일제시대에 일어났던 백백교 사건이 그 대표적인 예일 것이다. 실제로 무슨 일이 일어났으며, 어떤 일이 진행됐는지에 대해 객관적인 확인이 곤란하다. 다만 음사한 사교의 대명사가 오늘에 이르기까지 백백교라 지칭되는 데는 여러 가지 의문이 따른다. 백백교는 현실적으로 악랄한 사교의 대명사로 인식된다. 따라서 어떤 종교도 백백교의 전철을 밟아서는 안 된다는 명백한 사회적 교훈을 심어주었다.

이 정도의 교훈이라면 백백교 사건의 전말이 사회에 좀더 소상하게 알려질수록 효과가 더 컸을 것이다. 그러나 이 사건은 총독부 판결문에 의하여 알려진 황당한 간음과 무서운 살인의 죄목 외에는 아직까지 베일에 싸여 있다. 예컨대 이 시기에 모든 한국 자생 신종교들은 여러 가지 이유로 인하여 비밀 집회를 했으며 각 비밀 단체는 독립군자금을 지원했다. 일본 경찰은 이 점을 발본색원하려 했다. 그러므로 비밀 집단으로서의 백백교단에서 살인이 있었다는 것은 그 시대의 정황으로 봐서는 좀더 치밀한 해석이 필요하다. 그럼에도 불구하고, 지금 우리에게는 백백교가 반인류 집단이며, 그런 종교는 삼엄한 처벌의 대상이 된다는 두려움의 대상으로 알려진 것이 전부이다. 그러므로 이는 앞으로 좀더 객관적인 조사 연구가 기대된다.

거의 모든 민족종교들은 사교라는 굴레를 쓰고 있으면서, 가장 두려워하지 않을 수 없었던 점이, 바로 백백교의 선례를 따르는 재판을 받지나 않을까 하는 것이었다. 백백교는 그만큼 민족종교 교단에게는 두려운 선례였고, 일제 경찰에게는 매우 효과적으로 통제할 수 있는 수단이었다.

5) 군사적 제압 정책

위에 소개한 정책의 유형은 모두 국내에 있던 종교들에 대한 것이었다. 그러나 대종교와 같이 일찍이 만주로 이주하여 직접적으로 독립 투쟁을 전개한 종교에 대해서는 국내에서의 정책과는 달리 군사력으로 제압하는 정책을 썼다.

만주사변 이전까지 만주에서 공식적인 군사 활동을 할 수 없었던 일본은 갖가지 방법을 동원하여 대종교를 통제하려 하였다. 만주지역에서 활동한 민족종교는 시대에 따라 조선인거류민회, 조선인회, 보민회, 조선인민회 등의 한인韓人 친일 조직에 의해 활동을 위협받기도 하였으며, 때로는 일본군에 의한 직접적인 무력 통제를 받기도 하였다. 특히 한국인들을 대륙 침략의 일환으로 이용하려 했던 일본과, 한국인들을 일제 침략의 선구로 인식했던 중국 사이에서 만주에 거주하던 한인들은 일본과 중국 양쪽으로부터의 탄압과 희생을 감내해야 했다. 한편 만주사변 이전까지 만주 내에서 공식적인 병력 활동을 할 수 없었던 일본은 중국 정부를 협박하거나 회유하여 중국 정부가 한인의 활동을 통제하게 했다. 1925년의 중·일간 '삼시협정' 체결이 그 대표적인 사례이다.

만주 지역의 민족종교 역시 1920년대 후반까지 많은 고초를 당하다 일제의 대륙 침략이 본격화되는 1930년대 초부터는 종교 활동이 지하화하거나 좀더 먼 변방으로 이주하게 되어 실제적인 종교적인 영향력을 발휘할 수 없게 되었다. 결국 일제는 1920년대의 민족종교정책이 국내외에서 크게 효과를 거둠으로써 1930년대의 식민지 지배의 여러 장애들을 제거하였다고 볼 수 있다. 1930년대에 이르러 민족종교의 운명은 거의 와해 지경에 이르렀다.

3. 탄압 정책과 민족종교의 귀추

한국 민족종교들은 일제의 다양한 탄압 정책에 의하여 그때그때마다 효과적으로 통제되고 조정되었으며, 급기야는 위축되었다. 대부분의 민족종교들은 비밀 집회를 하는 비밀 조직으로 지하화되었기 때문에 일본 총독으로서도 완전히 뿌리를 뽑을 수가 없었다. 그리고 사회적으로 활동을 하던 종교들은 예외 없이 내부 분열이 일어나도록 원격 조종되어 오래지 않아 탈진 상태에 빠지게 되었다. 비밀 집회 전통을 가진 종교들과, 사회 활동을 하던 종교들은 각각후에 심한 후유증을 앓게 되었다.

먼저 비밀 집회의 전통을 잘 나타내는 증산교 계통의 종교들은 그들의 신비주의적 종교 교리와 의례를 잘 보존하지만, 그 조직과 인력의 양성에 큰 한계를 갖게 된다. 먼저, 이들은 일제의 수색과 탄압에서부터 자신의 조직을 노출시키지 않고 보호하는 데는 효과적인 연원제淵源制를 아직까지 지니고 있다. 연원제란 새로 입교한 사람을 입교시킨 사람 밑에 두는 일종의 피라미드식 조직이다. 이는 비밀조직을 유지하는 데는 효과적이지만, 현대 사회에 적응하여 개방적 단체로서 성장하는 데 저해 요인이 된다. 더구나 신비사상을 공유하는 비밀 조직 안에서는 종교 지도자와 평신도를 현대적인 훈련을 받게 하는 데 커다란 한계가 있다. 그리하여 시간이 가면서 점점 사회적인 영향을 잃는 상태에 이른다.

다음으로 천도교와 같이 잘 짜여진 조직과 훈련된 인력으로 구성된 종교들은 일제가 이른바 혁신 세력을 통하여 종교단체에서 민중 교화와 사회개혁운동 단체로 전향하도록 유도하였다. 이는 결과적으로 종교단체들로 하여금 영성적 권위를 잃고, 사회문화운동 단체의 성격을 띠게 했다. 그 결과 천도교 사상의 교리적 성격을 잃고 마치 계몽철학과 같은 모습을 갖게 했다. 이러한 종교단체는 일본이 패망하고 나서 우리 사회가 본격적으로 한국 정부에 의하여 근대화의 길에 본격적으로 들어서면서, 그 존재 이유를 상실하기에 이른다. 천도교는 그 찬란한 항일 및 사회 혁신의 역사적 업적에 비하면, 너무나 교세가 약해졌다. 대중이 귀의할 만한 종교적 교리 체계의 계발이 안된 결과이다. 대종교는 이에 한걸음 더하여, 이제 해방 이후 독립군의 유지가 더 이상 필요하지 않은 시점에 이르러, 천도교보다 한층 더 심각하게 그 존재 이유를 찾기 어렵게 되었다.

이러한 결과들은, 일제가 의도하지 않은 것일 수도 있다. 그러나 한국 민족종교들이 당면한 이러한 귀결은 일제의 체계적인 탄압 정책이 가져온 후유증인 것만은 사실이다. 어떤 종교와 단체, 그리고 개인도 그토록 체계적이고 간교한 탄압 정책에 끝까지 희생되지 않을 것을 기대한다는 것은 무리한 일이다. 비록 당시에는 어떤 형태로든지 일제에 저항한다 해도, 그 저항은 불가피하게 앞서 지적한 바와 같이 비밀 집회 집단이나 사회 혁신운동 집단이 지닌 역사적 후유증을 앓게 된다. 이처럼 치밀한 탄압은 의식적이든 무의식적이든 특정한 희생을 피압박자에게 강요하게 되는 것이다.

제5장 민족종교의 수난과 선택

일제의 무자비하고도 간교한 민족종교정책은 1920년대 후반을 지나면서 한국 민족종교를 무기력하게 만들었고, 그에 따라 민족종교 활동은 지극히 미미하게 되었다. 일제의 식민 지배 기간 동안 수난을 겪지 않은 민족종교가 없었다. 그러나 조선총독부가 취한 민족종교에 대한 탄압 정책을 구조적으로 이해하기 위해서는 시간적으로 중·장기간에 걸친 정책적 연속성과 정책의 구조적 특성을 잘 드러내는 사례들을 집중적으로 살펴볼 필요가 있다. 이러한 이유 때문에 이 글에서는 일제의 지속적인, 또는 보다 구체적으로는 중·장기 탄압 정책에 대응해서 한국 민족종교가 보여주는 반응을 잘 나타내는 사례들을 살펴보기로 하겠다. 따라서 이 글에서는 다소 지엽적인 문제나 우발적인 탄압 사례보다는 일제가 체계적으로 협박과 회유, 무자비한 처벌을 가하고, 종교단체의 체질 변형을 지속적으로 유도하는 사례들을 살펴보기로 한다.

일제의 민족종교 탄압 정책의 전형적인 모습들은 역시 당시에 가장 세력이 크거나 또는 강력한 사회적 영향력을 행사하던 종교들이 받던 수난의 사례들에서 잘 드러난다. 주지하는 바와 같이 천도교는 3·1운동을 주도하고 사회 혁신 운동을 이끌어가던 종교이고, 1920년대에 한국 사회의 제일의 종교는 보천교였고, 만주에서 무력 항일운동을 전개하던 단체가 대종교였다. 이 글에서는 이들 3개 민족종교의 수난의 과정을 살펴보기로 한다.

이들은 그 교리와 사회적 태도에 있어서 각각 독자적인 자기 특성을 지닌 종교들이어서 일제의 탄압 정책에 대응하는 태도 역시 상이하다. 이들 종교는 모두 공인되지 않은 유사종교 또는 사교로 일제가 취급하여, 감시와 통제를 받았다. 특히 이들은 각각 갑오년 동학혁명이 좌절되면서 한국 민족종교가 선택할 수 있었던 몇 가지 행동의 전형을 잘 보여준다.

동학의 대외 투쟁 이후 민족종교들은 각각 두 가지 가운데 하나를 선택하였다. 하나는 끝까지 투쟁 의식을 고취하여 실제적인 무력 투쟁을 하는 것이며, 다른 하나는 대외 투쟁의 한계를 인정하여 종교 운동의 방향을 신비주의 운동으로 전환시키는 것이다. 일제 강점기에 지속적인 대외 투쟁을 전개한다는 것은 현실적으로 많은 어려움이 뒤따랐기 때문에 거의 불가능한 일이었다. 결국 투쟁의 역량을 다른 운동 유형으로 전환하는 길 또는 대대적인 투쟁을 지속하기 위해 새로운 입지를 찾아가는 길이 대안으로 모색될 수밖에 없었다. 정리하면 동학혁명 이후 한국 민족종교가 일제와 맞서 전개한 종교적 활동은 첫째, 민족 투쟁의 역량을 문화운동과 같은 혁신운동으로 전환한 유형과 둘째, 새로운 입지 조건을 갖추어 지속적인 대외 투쟁을 전개한 유형, 그리고 셋째, 아예 실질적인 대외 투쟁과는 다른 순수 신비주의적인 종교운동을 고집하였던 유형으로 집약된다.

우선 천도교는 주도적으로 동학사상을 이어받아 민족운동을 전개

하지만, 결국 일제의 교묘한 유도에 따라 문화운동으로 방향 전환을
한 첫째 유형에 해당된다. 한편 강증산 이후 차경석에 의해 주도된
보천교는 동학의 대사회 투쟁의 실패로 인해 신비주의 운동으로 전
환된 대표적인 종교운동으로서 세 번째 유형에 속한다. 마지막으로
대종교는 중광中光 이후 적극적인 대일 투쟁을 전개하기 위해 투쟁
본거지를 만주로 옮기면서 민족운동의 새로운 입지를 마련코자 한
두 번째 유형에 속한다. 그러면 이들을 각각 살펴보기로 한다.

1. 천도교의 수난

동학혁명이 실패한 이후 손병희를 중심으로 한 신도들의 노력으
로 1900년대 초에 들어서서 교단의 기반이 다져지기 시작했다. 그러
나 1904년 일제가 이용구와 송병준을 매수하여 진보회와 일진회를
통합시키는 사태가 벌어졌다. 이러한 친일분자에 의한 교단 분열로
인해 손병희는 1905년 새로이 천도교를 제창하고 이용구 등 62인
의 일진회 활동자들을 출교시켰다. 일진회 사건으로 말미암아 일반
민중으로부터 친일이라는 오해를 받아오던 천도교는 이후 민족운동
을 전개하면서 이러한 오해로부터 벗어나게 되었다. 이처럼 천도교
는 그 출발부터 일본의 간섭과 분열책에 의해 시련을 겪어 왔다.

1910년 일제의 식민지배가 본격화되면서 천도교는 중앙과 지방
경찰로부터의 집중적인 감시 대상이 되었다. 우선 위로는 제1대 조
선 총독인 데라우찌寺內正毅 총독이 직접 손병희를 불러 일제의 시책

에 맞도록 천도교단을 운영할 것을 협박하였고, 아래로는 일제 경찰이 천도교가 주최하는 행사에 배석하여 감시 활동을 전개하였다.

두 번째로 일제는 1911년, 일인의 보호를 받던 시천교侍天敎는 쇠퇴해가는 반면 천도교 세력은 날로 성장하는 것을 두려워하여 교세 확장에 중요한 역할을 하던 성미제誠米制를 폐지시키고자 하였다. 교도들로부터 매주 백미白米 오합五合씩 거두어진 성미는 천도교단의 재정 조달의 핵심 방안이었다. 일제 경찰당국은 천도교의 성미제가 1909년 각령閣令 제2호에 위반되므로 같은 해 2월 9일에 발포한 천도교 종령 제3호의 기부 행위를 중지하도록 명령하였다. 결국 1911년 4월에 각 교구에 성미법을 폐지케 하는 통첩이 하달되었다. 성미제의 폐지는 교회 재정의 고갈을 의미하는 것으로 교단에서는 무엇보다 중요한 문제였다. 이후 교단은 자발적인 성금과 헌납을 받아들여 성미제 폐지에 따르는 재정적 문제를 간신히 넘기게 되었다.[37]

세 번째로 일제는 천도교 지도자들에 대한 감시를 통해 그들의 활동에 압력을 가하는 수단을 강구하였다. 일제는 천도교 교단 지도자들의 가택 수색, 소재 탐색, 서신 압수, 직접 취체 등을 통해 일상적인 종교 활동을 통제하였다.

네 번째로 일제는 중앙에서의 교단 탄압과 병행하여 지방경찰의 무자비한 탄압을 계속하였다. 지방의 탄압은 중앙의 탄압을 능가했다. 인신 구금과 교당 폐쇄를 경찰이 자의적으로 시행하는 등 그 탄압의 정도가 시간이 감에 따라 더욱 심해져 갔다.

마지막으로 일제는 천도교가 주도하던 민족운동을 탄압하였다.

천도교 주도 하의 민족운동은 3·1운동으로 그 꽃을 피웠다. 천도교는 3·1운동의 준비와 초기 발발 단계에서 각계의 독립운동 움직임을 하나로 결집해 내고, 운동의 원칙을 수립하고 전국적 조직을 이용하여 시위를 확산시키고 자금을 제공하는 등 주도적인 역할을 수행했다. 뿐만 아니라 3·1운동 당시 독립선언서에 서명한 33인의 민족대표 중 천도교인은 모두 15명이었다. 이들은 1910년대 천도교를 이끌던 핵심 지도자들로 각 기관이나 연원의 대표로서 참여했다. 지방교단 차원에서도 3·1운동에 적극적으로 참여하였는데 주로 교도가 많은 경기도와 그 이북 지역을 중심으로 조직적으로 시위에 참여했다.

3·1운동으로 인해 천도교가 당한 물리적인 피해 중에서 가장 대표적인 사건이 경기도 수원에서 발생한 제암리 학살사건이었다. 1919년 4월 5일에 천도교인을 중심으로 일어난 만세시위에 대한 보복으로 일제 수비대는 4월 15일 제암리의 주모자급들을 교회당에 집결시킨 뒤 집단 학살을 자행하였다. 총 22명이 희생되었는데 이 중 천도교인은 15명에 이르렀다.

1910년대에는 일제가 중앙과 지방에서 경찰력으로 천도교를 탄압하였다. 3·1운동 이후 중앙과 지방의 천도교 지도자들이 대다수 체포되고 일제가 동학 유사단체의 창설을 지원하였으며, 교단의 재정 자금을 독립자금이라는 명목으로 압수하는 등 탄압의 강도가 점점 높아지자 천도교단은 교단 자체의 존립의 위기 상황을 극복해야 하는 과제를 안게 되었다.

1920년대 문화동치 시기에 국내에서 활동하던 민족종교들은 대부분 일제의 간교한 유화정책과 매수에 의해 친일단체가 되어 버린 교단 외곽 단체와 힘겨운 경쟁을 해야 했고, 때로는 교단의 내부 분열과 같은 내환에 시달려야 했다. 이러한 와중에 민족종교들은 종교 교단으로서의 세력과 영향력을 점차 상실하게 되었다. 교단의 통합력이 상실되어 대외적인 민족 투쟁이 점점 곤란해지는 과정에서, 민족주의 우파는 현실의 돌파구를 문화운동 또는 사회 혁신운동으로 자연스럽게 전화하였다.

모든 민족종교들은 유사종교의 굴레가 씌워져 진정한 종교 교단으로서의 대접은커녕 일제 경찰의 엄중한 취체와 단속의 대상이 되었다. 천도교 역시 동학 계열의 유사종교와 마찬가지로, 조선총독부朝鮮總督府 학무국學務局 종교과宗敎課가 아닌 경무국警務局의 관리와 단속 대상이 되었다. 특히 교도 300만을 일컫는 천도교의 존재는 일제의 식민 통치에 있어서 가장 비중 있는 사회 세력으로 인식되었으므로 천도교의 미세한 동향조차도 일제 당국에 의해 철저히 파악되고 있었다.

일제는 1920년대부터 문화정책을 표방하면서 본격화하는 이중적 통치 정책을 구사하였다. 최린이 일제 공작정치의 1차 포섭 대상이었다. 가장 비중 있는 사회 세력인 천도교의 지도자 중 일제 당국은 일본 와세다대학을 유학한 최린과 정광조(손병희의 사위)를 포섭 대상으로 선정했다. 최린은 33인의 독립선언서 서명자 중에서 가장 젊은 축인 42세의 나이로 3·1운동 사전 준비의 실무 역할을 완벽하게 수행하였던 인물이었다. 3·1운동의 전개 과정에서 최린은 일약 영향력 있는 민족 지도자로 부상했다. 그는 1922년 손병희가 죽자,

이후 교단 내 주도권을 장악하는 데 성공하였고 교도의 90% 이상을 장악한 천도교 신파의 '도령道領'으로서 자치운동을 주도했다.

그런데 최린의 자치운동은 일제의 공작과 일제의 자금에 의해서 전개된다고 사회주의와 민족주의 운동 계열이 강력하게 비난했다. 따라서 천도교의 민족운동은 불가피하게 신·구파로 분열되었으며, 최린이 그 분열의 요인이었다. 결국 최린의 자치운동은 1930년대 이후에는 친일 행각으로 이어진다. 그는 해방 후 반민특위에 의해 '친일반역자'로 지목받아 체포되어 재판을 받기도 하였다.[38]

문화정책의 주담당자인 제3대 조선 총독 사이토는 1920년대 두 차례에 걸친 천도교단의 분열 과정에서 최린의 활동과 역할을 지원하였다. 1922년의 교단 개혁을 둘러싼 신·구파의 분열과 1925년의 교주제 부활을 둘러싼 신·구파 분열의 두 차례에 걸친 천도교 신·구 양 세력의 대립과 분화를 일제 당국은 정치적 성향이 각기 다른 분파들이 서로 교단의 주도권을 장악하기 위한 다툼으로 파악하고 있었다. 일제는 천도교 세력을 다음과 같은 4파로 분류하였다.[39] 첫째는 최린을 중심으로 결집한 신파로서, 이들은 인도의 스라와지 운동을 닮아 합법적·불복종적인 경향이 강하다. 둘째는 이종린을 중심으로 결집한 구파로서, 이들은 비타협적 사회운동에 앞장서고 있다. 셋째는 오지영을 중심으로 결집한 천도교연합회파로서, 이들은 급진적 공산 운동의 성향이 농후하다. 넷째는 오영창이 이끄는 육임파로서, 이들은 고루한 순종교의 틀을 고수하는 세력이다.

일제 당국이 파악한 천도교의 분열은 당시 민족운동 분화를 그대로 반영하는 것이었다. 1922년에 일어난 제1차 신·구파 분화는 사회주의 운동 진영과 민족주의 운동 진영 사이의 갈등과 마찰에서 야기되었으며, 1925년 제2차 천도교의 신·구파 분열은 민족주의 운동 진영 안에서 타협파와 비타협파의 갈등에서 비롯된 사건이었다.

안으로는 천도교의 내분이 극심해지고, 밖으로는 일제의 조종에 의해서 청림교, 제우교, 삼성무극교 등의 동학계 신종교가 창교되면서 천도교의 입지는 점차 약화되어 갔다. 신도 유치를 위한 소모전적 경쟁이 계속되는 가운데, 신도의 이탈과 제명이 가속화되었다. 이처럼 안팎으로 어려운 과정에서 최린을 중심으로 한 천도교 신파는 일본의 통치하에서 조선의 자치권을 확보하고자 하는 자치운동을 전개하여 조선의 완전 자주독립 의지를 포기하기에 이른다. 조선의 자주독립을 추구하는 것은 현실적으로 어렵기 때문에, 식민지 현실을 받아들이는 대신에 민족의 앞날을 준비하기 위하여 새로운 문화 및 사회 혁신운동을 벌여야 한다는 주장을 하기에 이른다. 이러한 신파의 주장이 천도교가 적극적인 민족운동으로부터 문화운동으로 그 운동의 방향을 선회한 명분을 마련해 주었다.

그러나 천도교가 주도하는 사회운동이 그리 순탄하게 진행된 것은 아니었다. 운동 방향이 전화되었다고 해서 일제가 신파의 문화운동을 방조할 리가 만무했다. 오히려 일제는 철저한 간섭과 탄압의 고삐를 늦추지 않고, 조선농민사朝鮮農民社와 천도교청년당天道教青年黨 등의 강연을 금지시켰으며, 당가黨歌가 불온하다 하여 수정을 요구하는 등 한층 더 치밀한 탄압을 신파의 문화운동에 가했던 것이다.

1920년대 천도교의 사회운동에 일제가 탄압을 가했던 사건들 가운데 천도교연합회가 가담했던 1926년의 고려혁명당 사건이 있다.

고려혁명당은 1926년 4월 5일 중국 길림에서 이동휘李東輝와 최동 희崔東曦의 주도로 만주의 정의부正義府 계열, 러시아에서 온 주진수, 이규풍과 국내의 천도교연합회, 형평사衡平社가 연합하여 결성된 통일전선체적 성격의 정당이었다. 최동희는 최시형의 장자長子로 천도교단 내에서는 오지영의 천도교연합회 계열과 연관을 맺고 있었다. 고려혁명당의 간부로 활약한 천도교인으로는 고려혁명당 책임비서인 이동구를 비롯하여 이동락, 김봉국, 홍병기 등이 있었다. 천도교 연합회는 고려혁명당과의 협의하에 만주에서 한인촌 건설을 목표로 1926년 전북 익산의 천도교인 2백여 명을 길림에 이주시키기도 하였다. 그러나 고려혁명당원들은 그 해 12월에 체포되었고, 고려혁 명당은 완전히 막을 내리게 되었다. 그 재판은 당시 조선 사회에 커다란 파장을 일으키며 연일 신문에 보도되었다.[40] 고려혁명당의 핵심 간부 전원이 연길, 심양, 하얼빈 등 만주 전역에서 체포됨으로써 그 활동이 불가능해졌다. 이처럼 일제는 고려혁명당과 같은 적극적인 항일민족운동에 철저한 탄압을 가하여 그 조직의 뿌리를 뽑았다.

1931년 만주사변 이후 일제는 민족운동에 대한 탄압의 강도를 더욱 높였다. 사회주의자만이 아니라 민족주의자, 심지어는 타협적 태도를 보이는 인사들에게까지 감시와 탄압이 이어졌다. 자치운동을 운운하여 세인의 눈총을 받고 있던 천도교 신파에조차 탄압과 위협을 가했는데, 그 대표적인 현상이 1934년의 오심당吾心黨 사건이다. 오심당은 천도교청년당의 핵심 간부들로 구성되어, 당의 결속력을 강화하기 위한 당내 비밀조직이었다. 일제 당국은 3개월 간에 걸쳐 천도교청년당 간부 230여 명에 대한 취조를 마친 뒤 71명만을 불구속하는 이례적인 조치로서 이 사건을 마무리지었다. 이처럼 이례적으로 관대한 일제의 태도가 스스로 오심당원을 체포한 진정한 목적이 무엇인지 말해 준다.[41] 일제 당국은 체포와 관대한 처벌, 협박과 회유, 이른바 당근과 채찍이라는 전형적인 통제 수법을 통하여 천도교 신파를 확실하게 일제의 통제하에 두려는 데 그 목적이 있었다. 천도교 신파는, 그들의 주관적 판단과 의도와는 더 이상 관계없이, 이러한 채찍과 당근의 전형적인 통제 수법의 영향권에서 벗어날 수 없게 된 것이다.

중일전쟁 이후 일제의 탄압은 이제 노골화되었다. 한국 땅에 존립하고 있던 모든 사회·종교 단체들은 일제를 향한 충성을 확실히 약속해야만 그 기반을 유지할 수 있었다. 1930년대 중반 최린이 적극적인 친일로 천도교 신파 교단을 운영하고 있을 즈음, 구파도 더이상 일제의 탄압을 피할 수 없게 되었다. 1938년 대종사 최준모를 비롯한 몇몇 중앙 간부들이 "개 같은 왜적놈을 한울님께 조화받아 일야간에 소멸한다"는 「안심가」의 구절을 아침저녁으로 기도하라는 지령을 비공식적으로 비밀리에 황해도, 경기도, 충청도, 전라도 등 4개 관할 지역 교인들에게 내렸다. 이것이 이른바 멸왜기도滅倭祈禱 사건이다. 일제는 이에 "독립사상을 선동"한다는 혐의로 구파의 핵심 지도자들을 포함한 각 지역의 많은 신도들을 체포했지만, 핵심 간부 5명을 치안유지법 위반으로 구속하였다가 70여 일만에 석방했다. 당시 중일전쟁을 수행하고 있던 일본으로서는 조선에서 사건의 확대를 원하지 않았기 때문에, 천도교 구파에 대한 가혹한 조사 후 석방 조치를 취했던 것이다. 그리고 이는 천도교 내부에서 신파의 주도권 장악에 한층 중요한 계기가 되었다.

멸왜기도 사건은 '대동아전쟁' 직전에 한국 민족종교인들이 가졌던 내적인 정서를 단적으로 웅변해 준다. 그들은 「안심가」 구절을 원용한 '멸왜기도문'을 외우며 일제가 망하기를 기다렸다. 그러나 현실적으로는 강력한 총독부의 경찰력으로 인해서 가시적으로 드러나는 조직 활동이나 저항을 할 수가 없었다. 한편, 총독부 측에서는 '멸왜'를 기도하는 한국 국민의 정서를 소멸시킬 방법이 없었다. 한국 국민을 모두 죽이지 않는 한은. 그러므로 최린의 신파로 하여금 천도교 교단의 주도권을 잡게 하는 길이 일제가 선택한 최선의 방법이었다. 이처럼 일제는 최린을 중심으로 한 그들의 친일 하수인 세력을 천도교 내부에 심어 두고 이들을 통하여 교단 운영을 완전히 원격 조종할 수 있었다. 이는 마치 끄나풀들을 상대방 조직에 심어 두고 그들을 통하여 끝없이 협박하고 회유함으로써 상대방을 자신의 조직에 예속시키고 궁극적으로는 자신의 조직을 무한히 확대하고 재정 갈취를 무한히 도모하는 마피아의 모습과도 같다.

2. 보천교의 수난

보천교는 증산교계 종단들 가운데서 세력과 영향력이 가장 컸을 뿐만 아니라, 1920년대에 한국에서 가장 큰 교세를 과시했다. 보천교는 대외적인 사회 투쟁과 민족 투쟁을 벌여온 천도교나 대종교와는 달리, 강증산의 신적神的 권화權化를 따르는 신비주의적 종교운동을 벌였다. 그들은 신비주의 운동을 전개했는데도 불구하고, 대외적인 사회 활동을 전개한 타종교들에 비교하여, 오히려 교단의 외적인 세력 형성과 사회적 영향력을 더 빠른 속도로 확대시켰다. 3·1운동 직후 보천교는 실로 놀라운 속도로 성장하여 거대한 조직을 형성함으로써 사회에 큰 영향력을 행사하기에 이르렀다. 보천교의 창교주 차경석(1880~1936)은 한때 일진회에 가담하였지만 일진회의 대외적인 비난 여론과 내부 갈등으로 인해 멀리해 오다가 1907년 강증산을 만나게 된다. 강증산 사후(1909) 차경석은 태을교太乙敎 또는 선도교仙道敎 등으로 불리운 신도 조직의 기반을 닦은 주역이었다. 그는 1916년 24방주 체제로 교단을 정비하면서 초기 교단의 조직을 갖추어 나가기 시작했다.

이 당시에는 조직 자체가 비밀리에 운영되었으므로 총독부 차원의 통제는 크게 받지 않았다. 아직 보천교라는 이름으로 불리지 않았던 1910년대에는 주로 24방주제와 같은 비밀 조직체를 운영하면서 교세를 확장해 나갔으므로 세간에서는 정치적 성향의 비밀결사체로 간주하였다. 특히 지방의 일본 관헌은 초기 보천교 운동을 정치적 실체로 파악하고 이를 조사하려 하였다. 보천교는 한국 민족종교들이 공유하는 후천개벽사상을 핵심 교리로 삼고 있는데, 차경석 교주가 후천의 천자가 된다고 가르쳤고, 따라서 차경석을 차천자車天子라고 교도들이 불렀다. 1914년 일본 관헌은 차경석이 "대사상大思想과 신통묘술神通妙術로 신정부新政府를 건설한다."는 이유로 처음으로 조사를 시작했다. 그뒤 1915년에 "조선의 독립을 음모하고 황제 되기를 도모한다."는 이유로 또다시 조사를 받았다. 지속적으로 불어나는 종교 조직이 일경의 감시를 자극하여, 1917년 차경석은 일경의 눈을 피하기 위해 도피 생활에 들어갔다. 이 기간에도 교단 조직은 지속적으로 성장하여 일경의 경계와 탄압을 받았다. 그러나 그 정체가 확연히 드러나지 않기 때문에 오히려 조선 최고의 불온 단체로 지목되기에 이르렀다.

　나라를 잃고 일제의 억압과 수탈에 시달리던 한국의 민중은 새 시대의 도래를 열망했다. 그러나 민족의 희망인 자주독립이 사회적 저항운동으로는 실현이 불가능한 상황에서, 차천자의 신비주의 메시지는 민중들의 큰 호응을 불러왔고, 그 신비주의 메시지가 왜경의 눈에 띄지 않는 비밀 조직을 타고 민중에게 전파될 때, 보천교는 실로 폭발적인 성장을 보게 된 것이다. 특히 3·1운동에 대한 왜경의 무력 진압으로 인해 온 국민이 극도로 실의에 빠졌을 때, 차경석이 새 왕조를 열고 천자에 등극한다는 다분히 복고적인 신비주의 메시지가 한국의 민중에게 그들의 실의와 울분을 해결하는 신선한 대안으로 제시되었다. 그리하여 전국의 민중과 특히 호남평야의 만석군 부호들이 구름같이 보천교에 귀의하였다. 실제로 종전의 24방 주제를 1919년 10월에는 60방주제로 확대 개편할 정도로 조직이 성장했다.

　3·1운동 이후 보천교의 교세는 획기적으로 발전하였으며, 1919년에서 1923년 사이의 교인 수는 수백 만 명에 달하였다고 한다.[42] 더군다나 정읍 대흥리에 웅대한 규모의 보천교 성전聖殿 건축이 시작되면서 교세는 급속히 확대(1922)된다. 당시 3·1운동의 실패로 민족적 좌절감과 패배감에 빠졌던 민중들은 강력한 카리스마

를 지닌 지도자 차경석 천자가 이끄는 보천교를 민족운동의 구심체
로 여겼고, 새로운 시대를 열망하는 민중이 차천자의 '신왕조 개창
운동'에 참가하게 된 것이다. 당시 언론은 '새왕조 개창'과 '천자등
극설'로 보천교의 종교 운동의 특징을 보도했다.[43]

　보천교의 교도가 증가하면서 자신의 전 재산을 청산하여 교단에
헌납하고 빈손이 된다는 이른바 탄갈자彈竭者가 속출하였다.[44] 탄갈
자 가운데는 호남의 만석군 부호들이 많았다. 이들 부호는 자신의
재산을 일제에게 수탈당하기보다는 차라리 새 왕조를 열게 될 차천
자에게 바치는 것이 낫다고 여겼다. 이처럼 보천교는 그 교세가 급
속하게 증가하는 것과 동시에 전국으로부터 재정이 중앙본부에 집
중되었다. 이러한 교세의 발전은 사실상 조선총독부의 특별한 배려
가 없이는 불가능한 일이 아닐 수 없다. 이 점은 보천교의 폭발적인
교세 확장과 극적인 해산의 과정과 원인을 이해하는 관건이 된다.

　먼저, 각 지방의 경찰들에게 일반적으로 비밀 집회를 하던 다른
민족종교와 보천교가 구별될 필요가 없었기 때문에 민족종교들과
마찬가지로 강력한 탄압을 받았다. 그러나 조선총독부의 차원에서
는 다른 종교에 비교하여 그 탄압의 정도가 대단히 미약했다. 어느
면에서는 총독부가 보천교의 교세 발전을 방조하고 또 조장한 것이
다. 이는 조선 총독이 대흥리 보천교 본부를 예방한 사실이 증명해
준다.[45] 조선 총독의 예방은 보천교에 대한 총독부의 대우를 상징적
으로 표명하는 사건이기 때문이다. 총독부에서 보천교를 대우하는
데는 두 가지 이유가 있다. 하나는, 이즈음 사철 검은 도포에 갓을
쓰고 긴 담뱃대를 물고 다니던 이들은 보천교도였는데, 이들 보천

교 교도는 항일운동에 참여하지 않기 때문에 3·1독립운동 이후에 타종교에 관심을 쓰기에도 바빴던 일본 경찰력은 보천교에 대하여는 상대적으로 감시를 소홀했다. 둘째는, 3·1운동 이후에 탄갈자가 급속하게 증가되면서 엄청난 자금이 보천교로 들어오기 때문에, 이런 추세를 보존시켜서 충분한 자금이 집중된 다음에 전격적으로 재산을 몰수하려 했기 때문이다. 특히, 이 점은 조금 후에 살펴볼, 보천교 본부를 해산하는 과정에서 잘 드러난다.

보천교가 날로 비대해지자 일제는 강온 전략을 구사하여 보천교의 교세를 잠재우려 하였다. 일제는 한편으로 대규모 교도 검거에 나서는가 하면, 다른 한편으로 비밀 조직을 가시적으로 공개시켜 다양한 문화정책을 시행하였다. 보천교도 검거는 주로 1921년에 극에 달하였다.[46] 그 검거 이유는 주로 독립을 기도하고 교단자금을 독립 자금으로 유용한다는 것이었다. 당시 보천교 교도들을 처벌하기 위한 특별법까지 만들 정도였다고 하니, 3·1운동 이후 전국 최대 규모의 검거 선풍이었다고 할 수 있다.

당시 보천교와 상해임시정부와의 연계설이 나돌고, 언론에서 조선 독립이 이 교단의 목적이라고 공표했으므로, 보천교는 일제 관헌의 요시찰 종교단체가 되었다. 그러나 그 연계설의 내막이 좀체 파악되질 않았다가, 1922년대 초반부터 감시와 무자비한 검거 및 심문을 통해 그 내막이 서서히 일제에게 드러났다. 1921년 경기도 경찰국 고등과장의 회유로 교단의 공개와 등록이 타진되었는데, 1922년 2월 드디어 교단이 공개되기에 이르렀다. 비밀 교단이 공개된 이후 총독부의 민족종교 교란책이 본격적으로 가동되기 시작하였다. 일제는 각 지방 단위에서의 검거 열풍을 늦추지 않음과 동시에 보천교를 사교라고 매도하여 일반 민중을 이격시키고자 하였다.

그러나 일제의 본격적인 대對 보천교 탄압 정책이 실효를 거두기 시작한 것은 1924년 9월에 결성된 시국대동단부터이다. 경찰의 취체와 탄압, 그리고 교단의 내환에 시달린 보천교는 인의仁義와 상생相生을 실현하여 전 인류의 대동단결 및 대동아의 단화團和를 추구하는 것이 교단의 기본 취지라는 사실을 일본의 요로要路에 전하여 관민의 오해를 풀게 하고 일본 정부의 이해를 촉구하려 하였다. 이에 일본은 보천교로 하여금 광구단匡救團을 조직하여 내선일체 대동아의 평화운동을 협찬할 것을 요구하였다. 차경석은 광구단을 시국대동단으로 이름하여 조직하고 결단비와 출연비를 제공하였다. 이후 1924년 후반부터 1925년까지 시국대동단의 강연회가 곳곳에서 개최되었다. 그러나 시국대동단의 강연은 일제의 침략 의도를 두둔했기 때문에, 일반 민중으로부터 거센 반발을 받았다. 국내 언론도 보천교의 시국대동단 결성을 지속적으로 비판하였고, 민중들은 곳곳에서 보천교당을 습격하고 파괴하였다.[47] 그러나 일제의 관제 언론은 시국대동단의 논리를 오히려 비호하였다.[48] 그 비호는 보천교가 친일단체라는 사실을 더욱 강하게 시사했기 때문에, 민족의 자체 분열과 소모를 한층 더 조장시키는 결과로 이어졌다.

예컨대, 일제는 보천교와 손을 잡고 결성한 시국대동단 활동을 보호 격려하면서 보천교의 친일을 유도함으로써 보천교를 민중으로부터 괴리시켰던 것이다. 민중과 언론이 보천교로부터 등을 돌린 상태이기 때문에 일제는 사회적인 반발을 전혀 사지 않고 보천교의 조직을 와해시키고 손쉽게 재정을 환수할 수 있었다. 보천교의 교세가 폭발적으로 커가고 이에 따라 엄청난 양의 재정이 보천교에 모이는 과정을 지켜보다가, 민중의 인심과 여론이 보천교를 이반하는 계기를 놓치지 않고 그 재정을 갈취하고 조직을 와해시켰던 것이다. 보천교는 일제의 조직적인 유도에 일방적으로 끌려갔다.

시국대동단 사건이 민중으로부터 거센 반발을 받던 1925년경에는 이미 조선총독부의 문화정책이 그 실효를 거두어 더 이상의 친일 전위 조직이 필요치 않을 정도로 민족종교 진영이 와해되어 있었다. 보천교의 경우 시국대동단이 물의를 일으킴에 따라, 교단의 핵심 지도자들이 속속 이탈하고, 보천교의 교세는 1929년을 전후로 하여 크게 약화되었다. 1929년 성전의 삼광령三光靈 영위 봉안식이 일제에 의해 무산되고 이후 교주가 정읍경찰서에 소환되기도 하였고 성전 및 가택이 수색되었다. 1930년대 초 보천교 본소에 거주하던 약 5천의 신도들은 벽곡壁穀의 상태에 허덕이게 되었다. 1936년 교주 차경석이 죽고 신전이 경매에 들어가 해체되면서 교단의 위세는 유명무실해졌고, 소수의 교인들이 대흥리에 잔류하여 명맥을 유지하였다.

보천교는 한국 종교 사상 유례없이 극적인 흥망을 보여준 종교였다. 그 극적인 과정이 불과 10년 사이에 일어났다. 1919년 3·1독립만세운동 직후 급격한 성장을 시작하여, 1922년 거대한 보천교 성전을 착공하고, 23년에는 수백만의 신도를 가진 사실상 한국 제일의 종교로 우뚝 일어났다. 참으로 경이로운 출발과 성장이었다. 식민지 통치하에서 총독부의 의도가 아니고서야 이런 성장이 현실적으로 가능했다고 누가 말할 수 있단 말인가? 바로 그 정점에 선 순간, 보천교는 1924년 일제의 간교한 협박과 회유에 의하여 시국대동단 사건을 터뜨림으로써 민중의 지탄의 대상이 되고 교단의 지도자들이 이탈하면서 교단은 전격적으로 위축되기 시작한다. 이처럼 일제가 의도한 바에 따라 국민 정서가 보천교를 완전히 이반하는 순간에, 일제는 강도 높은 수색과 압수를 통하여 25년부터는 보천교가 해체 단계에 들어가서 1929년에는 보천교 교단의 재정이 완전히 몰수되고, 교단이 사실상 해체된다.

이처럼 그 해체의 과정은 참으로 치밀했다. 한쪽으로는 시국대동단과 같은 문화운동을 통하여 일제와 손을 잡게 하고, 다른 한쪽으로는 파상적으로 수색과 재정 압수를 통하여 위협했다. 그리고 사회적으로는 전혀 물의를 일으키지 않을 상황으로 이끌고가서, 손쉽게 거대한 재정을 압수하고 해체 작업을 끝냈다. 이 치밀하고 비정한 탄압의 과정은 마치 정글의 맹수가 아무런 방어력을 갖추지 못한 초식동물을 능숙하게 공략하는 장면과도 같다. 보천교는 그 무서운 맹수의 먹이였다.

3. 대종교의 수난

대종교는 홍암 나철에 의해 1909년 1월 15일 단군교로 중광重光되었고, 이어 1910년 4월 7일 '대종교大倧敎'로 교명이 개칭되었다. 단군을 신앙의 대상으로 모시고 대종교는 애초부터 한민족의 자주

독립을 추구하는 강력한 민족 자존의 사상을 갖고 있었다. 따라서 일제는 처음부터 대종교가 항일구국운동을 위한 비밀결사체라고 단정하여 가혹하게 탄압하였다. 더 이상 국내 활동을 계속할 수 없는 존폐의 위협을 벗어나기 위하여 대종교는 그 본사를 국외로 이전하지 않을 수 없는 처지에 이르렀다. 이에 1914년 5월 본사를 간도 화룡현 평강상리사 삼도구로 이전했다. 만주는 역사적으로 한민족의 고토故土로서 지리적으로도 한국과 인접하여 독립운동의 확산이 가능한 지역이었다.

만주로 본사를 이전한 후, 일제가 중국 정부에 강력한 압력을 가함에 따라, 1914년 11월에 화룡현 지사가 대종교의 해산령을 내렸다. 중국은 두 가지 이유 때문에 재만한국인을 탄압했다. 첫째는 이주 한국인을 일제의 만주 점령의 전위대로 간주했기 때문이다. 일제가 대륙 침략 정책의 일환으로 재만한국인을 이용하여 장차 방대한 지역을 점유하게 되는 것을 중국이 우려했다. 둘째는 중국 정부는 한국인을 빌미로 일제 군대가 만주 지역에 출병할 것을 두려워했기 때문이다. 이러한 이유 때문에, 중국 정부는 일제의 압력을 거부할 필요가 없었던 것이다. 이처럼 만주로 이주한 벽두부터 대종교는 일본과 중국의 양면으로부터 압력을 받았다.

만주로 본사를 이전하여 중국 측으로부터 어려움을 겪던 즈음, 국내에서는 1915년 조선총독부령 제83호 「포교규칙」에 의거하여 대종교가 종교로 인정되지 않았다. 민족종교는 공인종교로 인정되지 않았기 때문에 조선 총독의 허가를 얻어야만 종교 활동을 할 수 있었다. 「포교규칙」 제15조에 의하면 공인되지 않은 유사종교에 대해서는 총독의 재량에 의해 허가될 수 있었다. 그러나 실질적으로 이는 조선 총독에 의해 허가되지 않은 종교는 탄압받는 것을 의미하는 조항이다. 1915년 12월 21일 나철은 「포교규칙」에 준하는 신청서를 총독부에 제출했으나 총독부에서는 대종교가 신교神敎가 아니라는 이유로 접수를 기각하였다. 총독부 치하에서 대종교는 더 이상 종교가 아니라 오로지 독립 결사체일 뿐이기 때문에 치안 경계의 대상으로 남는 길밖에 없었다.

만주로 이전한 대종교는 첫째, 민족교육을 통해 독립의식을 고취시키고 둘째, 독립 인재를 양성하는데 전력하였다. 대종교는 종교와 교육을 구분하지 않고 철저하게 항일독립운동을 전개하였다. 대종교에 의해 각종 학교가 건립되고, 무장 항일단체가 구상되었다. 대종교인은 곧 항일 애국지사라는 등식이 성립할 정도로 민족운동의 주역을 담당했다. 이러한 상황에서, 기미 독립선언서보다 일년 앞서 1918년에는 김교헌 외 39인의 명의로 무오 독립선언서가 발포되었던 것은 우연이 아니다.

대종교의 무력 항쟁이 활발해지면서 일제는 만주지역에 대한 토벌을 계획했다. 1931년 만주사변 이전까지 일본군은 만주에 출병할 수 없었으므로 가능한 명분을 찾아서 만주 출병을 감행하려 하였다. 그들의 만주 출병은 바로 대종교의 항일 세력을 거세하고 이의 기반을 초토화하기 위한 것이었다. 드디어 1920년 일본군은 간도 출병의 명분을 위해 혼춘사건을 조작하고, 혼춘에 입성하여 조선인을 검거하고 학살을 자행하였다. 일본군의 경신년 혼춘 대토벌로 대종교는 크나큰 피해를 감내해야 했다.

1921년 5월 일본군은 연변에서 철수하였다. 그러나 그들은 중국을 압박하여 대종교를 비롯한 만주 한인을 대리 통제하려 하였다. 그것이 겉으로 드러난 것이 1925년 6월 11일 중·일간에 맺어진 '쌍방상정취체한인변법강요雙方商定取締韓人辦法綱要'와 같은 해 7월에 체결된 '취체한인변법시행세칙取締韓人辦法施行細則'이다. 이는 중국의 봉천정부 경무처장 우진于珍과 조선총독부 경무국장 삼시궁송三矢宮松 사이에 체결된 조약(이하 삼시조약)으로, 간도 지역에 출병할 수 없었던 일본군이 중국 정부의 손을 빌어 반일 투쟁을 효과적으로 억제하고자 했던 계략이었다.

'쌍방상정취체한인변법강요'에는 한인韓人의 호구 정리를 하고, 한인의 무기 휴대와 만주 침입을 금지하고, 무기 휴대 한인 및 만주 침입 한인을 일본 관헌에게 이송하고, 한당韓黨을 해산하고 무기를 몰수하며, 일본 관헌의 요청시 중국관부中國官府가 한당의 수령을 체포 및 인도하며, 중·일 양 관부의 한당 취체 실황을 상호 통지한다는 등의 내용을 담고 있다. '취체한인변법시행세칙'에는 한인韓人에게 외국 거류 증명서를 발급하고 한인의 호구조사 및 변동 사항을 통보하며, 한인이 무기를 휴대하거나 대안對岸을 침입할 시 일본 경찰에게 인도하고, 한인의 결사를 엄금하고 해산할 것 등의 내용을 담고 있다. '쌍방상정취체한인변법강요'의 부대조항으로, 대종교는 종교를 가장한 반동군단의 모체이므로 중국이 책임지고 이를 해산할 것이 명기되었다.

1925년 중·일간의 삼시협정 체결 이후 대종교의 포교가 금지되었다. 1926년 12월 조약의 이행으로 만주에서 대종교 포교 금지령이 발포된 것이다. 다행하게 1929년 대종교 지도자들이 중국의 북경 정부와 외교 노력을 기울인 결과, 대종교 포교 금지령은 해제되었다. 그러나 중국인들은 일본 침략의 빌미를 미연에 방지하고자 한인 경계의 수위를 낮추지 않았다.

지금까지 살펴본 바와 같이, 대종교는 동학혁명 이후 항일 민족투쟁을 지속적으로 전개한 대표적인 종교였다. 이러한 대종교는 일제의 식민 통치가 시작된 초기에 만주로 이전하여 힘겨운 대일 투쟁을 전개했다. 이에 대해 일제는 친일 조직을 이용하여 민족운동 역량을 약화시키기도 하였고, 중국인을 이용하여 만주 한인을 통제하기도 하였으며, 경신년대토벌(1920)과 같은 직접적인 탄압을 감행하기도 하였다. 일제의 중국 세력의 외교적 이용이나, 친일 전위단체의 이용, 그리고 단기적인 파병에 의한 통제 정책 등과 같은 간접적 통제 정책은 1930년대 일본의 대륙 침략이 본격화하면서 새로운 국면으로 전환되었다. 그것은 가혹한 직접 무력 통제였다.

1931년 만주사변이 일어나자 일제에 의해 대종교가 직접적·전면적으로 금지되었다. 아울러 일제에 의해 만주지역의 학교가 폐지되고 교사와 학생이 검거되는 등 교육 활동이 심한 탄압을 받았다. 이 당시 일제의 침략 만행은 하얼빈에 주둔하여 천인공로할 생체실험을 하던 731부대가 웅변해 준다. 이처럼 만주에서 서슴 없이 자행되던 일제의 침략 만행은 1937년 중일전쟁으로 더욱 가속화되었다. 이러한 상황에서 대종교로서는 더 이상 다른 곳으로 이주할 수도 없었기 때문에 지하화하지 않을 수 없었고, 이에 따라 만주에서의 독립운동과 종교활동이 지하화의 단계에 들어선다.

중일전쟁 이후에는 국내외적으로 민족종교 말살이 본격적으로 자행되었다. 일제의 압력에도 불구하고 근근히 교단을 운영해 오던 대종교는 1942년에 이르러 극심한 타격을 받게 되었다. 대종교의 3세 교주 윤세복 이하 20명의 교단 간부가 검거되는 이른바 임오교변이 발생하였던 것이다. 임오교변 당시 치안법 위반으로 검거된 이들 가운데 10명은 끝내 옥사하는 사태가 벌어졌다. 임오교변 피검자들은 대종교가 단군 문화를 발전시켜 조선 민중에게 조선 정신을 함양시키고 민족 자결 의식을 선전한다는 죄목으로 처벌되었다. 임오교변의 생존자들은 해방과 더불어 서울로 귀환하여 대종교를 다시 일구어 오늘에까지 이어지게 했다.

일제는 대종교를 처음부터 말살하려고 했다. 살아남기 위하여 대종교는 1914년 5월 본사를 간도 화령현으로 이주했으나, 그해 11월 화령현 지사가 대종교의 해산을 명령했다. 1920년 혼춘사건을 조작하여 출병의 명분을 얻은 일제는 일본군을 간도에 투입해서 대종교인을 토벌하였으며, 1925년 이른바 삼시조약으로 중국 정부가 대종교의 포교 금지령을 내리기에 이르렀다.

1931년 만주사변을 계기로 일제의 무력 침략 정책이 노골화되었고, 1937년 중일전쟁을 맞이하여 일제의 거침없는 무력 탄압이 그 극에 달하면서 대종교는 설 자리를 잃고 쇠잔해졌다. 1942년 임오교변은 만주에서마저 대종교가 국내의 민족종교들과 다를 바 없이 일제의 탄압 정책에서 벗어날 수 없었다는 사실을 보여준다. 이처럼 일제는 대종교가 어디로 이주하든지 끝까지 찾아가서 무력으로 탄압하여 교단이 사실상 기능할 수 없도록 해체시키기에 이른다.

지금까지 천도교, 보천교, 그리고 대종교가 일제로부터 받은 수난의 내용을 각각 역사적으로 간추려 보았다. 거듭 강조하건대, 이들 외에도 단군계, 수운계, 증산계, 봉남계, 각세도계, 무속계, 유교, 불교계 등에 속하는 허다한 한국 민족종교 교단들이 예외 없이 일제의 탄압 정책에 수난을 당했다. 각 종교가 지닌 사상과 조직의 특성, 그리고 그 사회적 조건들이 서로 달랐기 때문에 일제는 각 종교에 대하여 서로 다른 유형의 탄압 정책을 썼다. 그럼에도 불구하고, 일제의 탄압 정책에는 흔들리지 않는 의도와 분명한 기준이 있었다. 그 것은 '대일본제국'이 주도하여 '대동아공영권'을 형성한다는 명분을 지키는 것이며, 그 명분에 저해요인이 되는 것은 어떤 대가를 치르고라도 제거하거나 기능을 마비시켜야 했다. 그 명분을 실현시키는 데 이로운가 해로운가의 가름이 곧 탄압 정책의 흔들리지 않는 기준이었다. 그런데 주변 국가와 민족들이 이 명분을 거부하는데도 불구하고 이를 무력으로 강요한 것은, 한마디로 일본 제국이 자신의 꿈과 이익을 절대화한 데 불과하다. 바꾸어 말해서 대동아공영권이라는 명분은 실제로는 정복욕 그 자체에 불과한 것이었다.

민족과 문화의 자주성을 생명으로 삼는 한국 민족종교는 일제가 한국 민족을 완전히 정복하려는 욕망에 저해요인이 아닐 수 없었기 때문에 이들을 말살하거나 기능을 마비시키려 했다. 이를 위하여 제일 먼저 취한 조치가 이른바 유사종교, 사이비종교, 또는 사교라는 굴레를 씌우는 것이었다. 유사종교의 굴레는 민족종교들이 사회적으로 종교의 기능을 하는 것을 부정하는 것이며, 특히 사교라는 누명은 사회적으로 정신적·도덕적인 권위를 완전히 앗아가는 마력을 지녔다. 그러므로 일제가 한국 민족종교를 유사종교 또는 사교라고 굴레를 씌우는 것은 기본적으로 개별 민족종교 교단을 포승줄로 묶어놓는 것과 다를 바가 없다.

이렇게 민족종교를 사실상 묶어 놓은 상태에서 조선총독부는 일방적으로 탄압을 했다. 그리고 그 방법은, 앞에서 살펴보았듯이 가해자가 쓸 수 있는 가능한 방법을 모두 다 동원했다(제4장에서 기술한 다섯가지 탄압 유형). 그리고 일제의 탄압 정책의 전모와 진상이 특히 천도교, 보천교, 대종교가 겪었던 수난의 역사에 잘 드러난다. 이를 다시 아래와 같이 요약할 수 있다.

먼저, 천도교의 멸왜기도 사건은 '대동아전쟁' 직전에 한국 민족종교인들이 가졌던 내적인 정서를 단적으로 웅변해 준다. 그들은 '멸왜기도문' 을 외우며 일제 멸망을 기원했다. 총독부 측에서는 한국 국민을 모두 죽이지 않는 한 '멸왜' 를 기도하는 한국 국민의 정서를 소멸시킬 수 없었다. 그 대신 최린의 신파가 천도교 교단의 주도권을 잡게 하는 길을 택했다. 이처럼 친일 세력을 조장함으로써 천도교단을 사회 혁신운동의 방향으로 선회하게 하고, 종단이 극심한 이념 분쟁으로 분열되게 했다.[49]

이러한 일제의 행태는 자기 목적을 달성하기 위하여 하수인을 상대방의 내부에 심고 협박과 회유를 섞어가면서 상대방을 굴복시키는 교활하고 무자비한 마피아의 행태와 같다.

다음으로, 일제가 보천교를 해체하는 과정은 치밀했다. 한쪽으로는 시국대동단과 같은 문화운동을 통하여 일제와 손을 잡게 하고, 다른 한쪽으로는 파상적으로 수색과 재정 압수를 통하여 위협했다.

그리고 사회적으로 탄압을 가하여도 전혀 물의를 일으키지 않을 상황으로 이끌고가 그때가 되었을 시점에서 손쉽게 거대한 재정을 압수하고 해체 작업의 끝을 봤다. 이 치밀하고 비정한 탄압의 과정은 마치 정글의 맹수가 먹이를 능숙하게 공략하는 장면과도 같다.

끝으로, 한때는 청산리 전투에서 일본군을 섬멸하는 용맹을 보였던 대종교는 중국 정부를 몰이꾼으로 삼고 끝없이 추적하는 막강한 일제의 군사력 앞에서 버거워하더니, 드디어 만주에 일제의 직접적인 침략이 자행되던 30년대에 들어오면서 더 이상 저항할 힘을 상실한 채 탈진상태에서 자신의 생존의 길을 찾기에 여념이 없었다. 일제는 탈진한 상태의 대종교를 만주의 전 지역에서 끝까지 찾아가 토벌하였다. 이러한 일제는 마치 살려고 도망가는 희귀동물을 끝까지 추적하는 무분별한 밀렵꾼과도 같다.

이처럼 일제는 상대에 따라 마피아와 같기도 하였고, 맹수와 같기도 했으며, 또 때로는 전문 밀렵꾼과 같았다. 더구나 일제는 이처럼 무자비하고 전문적인 가해를, 유사종교와 사교라는 굴레를 씌워 사회적으로, 그리고 도덕적으로 손발을 완전히 묶어둔 상태에서 민족종교에게 가했다. 이처럼 손발이 묶인 상태에서 전문적인 가해를 하는 일제의 탄압에 과연 한국 민족종교인들과 그들의 지도자들은 어떤 반응을 취할 수 있었는가? 이처럼 가혹한 역사적 상황에서 그들이 취할 수 있는 대응 방안은 무엇이었는가?

제6장 결론: 민족주의, 역사의 횡포에 대한 인식과 반응의 주체의식

일제의 조직적인 탄압으로 한국 민족종교가 얼마나 어려운 수난을 당했는가를 지금까지 살펴보았다. 그 조직적인 탄압에 의하여 한국의 민족종교들은 사실상 와해되거나 기능이 마비되었다. 한마디로 일제의 탄압이 지속되는 한, 그들은 더 이상 재기할 수 없는 상태에 빠졌던 것이다. 이는 피해자인 한국인의 시각에서는 곤혹스러운 역사적 사실이 아닐 수 없다. 그러나 제국을 운영하던 가해자의 시각에서는 한국 민족이 너무 나약해서 역사의 희생이 된 것이라고 주장할 수도 있다. 이 주장은 원래 역사에는 승리자의 노래만이 드높이 들리고, 약자의 영탄은 시간의 품에서 사라지는 법이라는 역사관을 반영한다. 그러나 인간 이성은 이러한 시각의 차이에도 불구하고, 제국주의적 침략 행위가 인간의 지성과 정의감을 마비시키는 역사의 독소이므로 적극적으로 거부한다.

앞에서 살펴보았듯이, 일제가 천도교의 기능을 마비시키던 과정은 마치 마피아가 쓰던 간교한 수법을 연상케 하고, 보천교를 와해시키는 과정은 흡사 맹수가 어린 먹잇감을 능숙하게 제 마음대로 공략하는 모습과 같았으며, 대종교를 무력화시키는 모습은 마치 희귀동물을 끝까지 추적해서 잡고야 마는 전문 밀렵꾼과도 같았다.

마피아나 맹수 그리고 밀렵꾼은 각각 그렇게 하지 않으면 안 될 이유가 있다. 그러나 그들에게 한 가지 공통점이 있다면, 그들은 모두 인간 이성과 도덕적 양심을 저버렸다는 점이다. 예컨대 마피아는 집단의 질서와 성원 사이의 신뢰를 유지하기 위해서 그에 필요한 집단 규칙을 목숨을 걸고 철저하게 지킨다. 그러나 그들이 목숨을 걸고 지키려는 것은 결국 마피아 집단의 이익을 위하여 일반 사회의 질서와 도덕율을 파괴하는 결과에 이른다. 한마디로 그것은 파괴적인 집단 이기주의에 불과하다.

용맹스러운 맹수의 공격 동작은 어떤 의미에서는 아름답다. 맹수는 종족의 보존과 번영을 위하여 이기적인 욕망을 추구하는 동물의 본성을 따르고 있다. 인간 역시 동물의 본성을 완전히 버리지 못하기 때문에 약육강식의 정글 논리가 사회에 나타나고, 그로 인하여 인간의 삶이 품위를 잃고 사회가 혼돈과 불안에 빠진다. 반대로, 인간은 이기심과 욕망을 절제함으로써 인간답게 살아가기를 희망한다. 이기적이고 동물적인 욕망을 절제하고 순화하는 기능을 문화라 하며, 그 절제와 순화의 노력이 문화적 창조성으로 나타나는 법이다. 이처럼 문화는 이기적 욕망이라는 생명체의 본성, 곧 자연의 반대 개념이다. 그러므로 문화는 인간의 산물이며, 인간이 인간답게 살아가는 길이다. 한마디로 문화의 본질은 삶의 의미와 가치관에 있다. 인간이 그 삶의 의미와 질서를 추구하는 한 그는 문화적 존재이며, 이름하여 문화인이다. 따라서 맹수의 용맹을 따르는 것은 인간이기를 거부하는 것을 의미한다.

밀렵꾼은 그들 나름대로 여러 가지 이유를 들어 자신을 정당화할 것이다. 그러나 그들의 정당화는 멸종 위기에 처한 희귀동물을 보호해야 한다는 지성적 판단의 차원에 미칠 수 없다. 다시 말해서 동물과 자연의 보호는 밀렵꾼이 추구하는 이기적인 동기보다 한 차원 높고 넓은 가치관에서 요청되는 것이다. 적어도 내일의 지구 환경 전체의 문제와, 그 환경에서 살 수밖에 없는 후손의 안전을 생각하는 기준에서 논의되는 것이다. 이처럼 미래 지향적인 기준에서 볼 때, 밀렵은 용납할 수 없는 행위가 아닐 수 없다.

위의 세 가지 유형의 탄압 정책은 적어도 인류의 지성적 입장에서 볼 때, 용납해서는 안 될 역사의 해독 요소라는 점이 분명하다. 그럼에도 불구하고, 과거의 사건을 해석하는 데 가해자와 피해자는 서로 다른 입장을 취하는 경우가 많다. 그들은 각각 자신의 입장에서 과거를 해석하기 때문이다. 그러므로 과거 사건을 과거의 기준에서 해석하는 것은 각자의 주관성을 벗어나기가 어렵다. 과거 기준의 해석이 지닌 주관적 오류를 벗어나기 위하여 객관적인 기준이 필요하다.

인간과 그 집단이 이기주의라는 동물적 본성을 완전히 벗어 버리지 못하는 한은, 역사에는 언제나 가해자와 피해자가 나타나게 마련이다. 이기적 행동의 주체와 주체 사이의 관계는, 제1장에서 언급했듯이 4단계로 나누어진다. 첫째, 가장 바람직한 관계는 서로가 '이기심을 이성적으로 순화시키는 이른바 협력관계(cooperative relation)를 유지하는 것이다. 이는 다원주의 민주 질서의 요체이다. 둘째, 서로가 이기심을 절제하는 태도에서 비롯되는 공정한 경쟁관계(competitive relation)가 유지될 때, 패자가 승복할 수 있다. 이는 운동경기와 같이 공정한 규칙을 서로 준수할 때에만 유지될 수 있다. 인간 사회는 최소한 공정한 경쟁관계를 유지할 때만 그 속에서 사람답게 살 수 있는 것이다. 셋째, 그러나 두 행동 주체가 서로 이기심을 무절제하게 추구하는 이른바 적대관계(antahonistic relation)에 빠지면 각각 적의에 차서 이성이 마비된다. 적의는 상대방을 굴복시켜서 가해자와 피해자의 관계로 서로 위치 짓게 하고, 그리하여 역사적 불행을 낳는다. 넷째, 역사적 불행은 한 걸음 더 나가서 자신의 이기심을 무절제하게 행사할 때 나타나는 이른바 억압관계(oppressive relation)로 발전할 수 있으며, 이때 가해자는 상대방을 역사의 희생자로 만든다.

인간 역사에는 위의 네 가지 관계가 항상 반복해서 나타났다. 그리고 앞으로도 그럴 것이다. 그 가운데 가장 이상적인 인간관계는 물론 상호 협력관계이다. 상호 협력관계에서는 모두가 승자이기 때문에 아무도 패배자가 되지 않는다. 우리는 이런 이상적인 관계를 창조하려고 노력해야 한다. 그러나 만약 이런 이상적 관계가 불가능하다면, 최소한 공정관계를 확보해야 한다. 공정한 스포츠에서와 같이 공정한 경쟁을 유지하는 경우에는 패배자도 승복하기 때문에 사회 질서가 유지될 수 있다. 이처럼 위의 두 가지 관계 위에 섰을 때, 우리는 사람다운 삶을 살 수 있는 조건, 이른바 문화사회를 창조하는 것이다. 그러나 서로 적대시하는 관계에서는 상대방을 패배시키려는 적의가 지배한다. 인간의 자기 중심적 욕망이 지배하는 한, 인간이 지닌 모든 지식과 제도가 상대방을 공격하는 공격 무기로 쓰여지기 때문에, 인간답게 사는 사회를 만드는 데 아무런 도움이 못 될 뿐만 아니라, 오히려 저해요인이 된다. 한마디로 이 단계에서는 인간의 문화유산이 오히려 공격 무기로 변하는 비극이 나타난다. 그러므로 우리는 이러한 관계를 극복하도록 노력해야 한다.

인간의 자기 중심적 욕망이 상대방에 의하여 도전을 받는 적대관계를 지나, 더 이상의 아무런 제약이 발휘되지 않는 상태에 이르면, 억압관계가 된다. 이 단계에서는 인간의 문화유산이 인간답게 사는 삶의 가치를 현양하지 못하고, 오히려 그 가치를 파괴하는 도구가 된다. 예컨대, 전형적 억압관계 가운데 하나인 제국주의는 제국의 영광을 위하여 어떠한 희생도 미화한다. 그러므로 정신대도, 731부대의 생체 실험도 제국의 영광을 위해서 거침 없이 행할 수 있었고, 그 희생은 아직도 당연한 것으로 여긴다. 이처럼 이성이 마비된 제국의 꿈은 집단 히스테리 증상에 지나지 않는다. 그것은 인간의 존엄성을 파괴하는 역사의 괴물에 불과하다. 그러므로 우리는 억압관계에서 나타나는 과거의 역사적 괴물을 분명히 거부하고, 나아가서 앞으로의 출현을 적극적으로 막아야 한다.

여기서, 지금까지 논의한 핵심이 스스로 분명해진다. 그것은 인간의 존엄성을 상실시키는 억압관계가 전형적으로 나타나는 역사적 현상인 제국주의적 침략 행위야말로 인간 역사에 대한 가장 무서운 파괴적 요인이라는 사실이다. 따라서 각각 마피아, 맹수, 그리고 전문 밀렵꾼과 같은 수법으로 한국 민족종교에 대하여 탄압을 가한 일제의 정책은 인간 이성을 상실한 제국주의적 집단 히스테리가 자행한 악마적 횡포였다.

그럼에도 불구하고, 과거의 역사적 사건에 대한 해석은 입장에 따라 달리 나타난다. 그 입장은 크게 두 가지의 태도로 갈라진다. 하나는 가해자와 피해자의 주관적 경험의 맥락에서 과거를 해석하는 길이며, 다른 하나는 제3의 인간 이성의 입장에서 해석하는 길이다. 과거의 사건을 과거에 기준하여 해석한다면, 앞에서 언급했듯이, 주관적인 해석과 상호 공박에 머물게 된다. 더구나 과거사에는 가해자와 피해자가 이미 바꿀 수 없이 확정됐기 때문에, 주관적 해석을 피할 길이 없다.

그러나 판단과 해석의 시점을 미래로 옮기는 순간 진실이 선명하게 드러난다. 아무도 적대관계에 의한 피해나 억압관계에 의한 희생을 자국민이 받게 되기를 원하지 않는다. 왜냐하면, 그것은 불행한 일이기 때문이다. 미래에 대한 희망은 과거나 현재의 제약을 넘어서 이상적인 조건에 바람직한 내용을 담게 마련이다. 이러한 이상적인 판단은 당연히 사람답게 살 수 있는 인간관계를 요청한다. 그러므로 최소한 '공정한 경쟁관계'에 의한 사회 질서나, 한 걸음 더 나아가서 '협력관계'에 의한 공생공존의 다원주의 민주 사회를 희망하는 것이다. 이러한 희망과 판단은 인간 이성에 근거한 것이며, 그 판단은 피해자와 가해자의 주관성을 넘어선 제3의 기준에 근거한다. 바로 이 제3의 기준이 공정한 역사 판단의 기준이 된다.

과거사를 공정하게 평가하기 위해서는 제3의 이성적 기준 위에 서야 한다. 이 기준에 서면, 횡포를 자행한 원인과 과정들을 분명하게 읽을 수 있다. 이런 맥락에서, 일제의 탄압 정책이 지닌 반이성적이고 파괴적인 모습이 보다 선명하게 드러난다. 결론적으로 그것은 무절제한 이기심의 행사에 불과하다. 왜냐하면 일본을 포함한 어떤 국민도 결코 앞으로 자국민이 제국주의적 폭력에 의하여 '희생'되는 것을 원하지 않기 때문이다.

한국 민족은 이처럼 반이성적이고 파괴적인 일본 제국주의에 의하여 희생된 것이다. 한국 민족종교 역시 예외가 아니었다. 반이성적인 탄압 정책의 백미는 역시 유사종교, 사이비종교, 그리고 사교라는 굴레를 씌운 것이다. 이러한 용어들은 일제가 19세기에 근대화하는 과정에서 만든 일종의 신조어들이다. 일본이 서구 열강의 압력에 의하여 개항하는 과정에서 서양 말을 한문으로 번역한 용어들이 많다. 가령 종교, 사회, 철학 등이 그 대표적인 사례들이다. 유사종교나 사이비종교란 용어 역시 근대 개념의 일환으로 사용되었다. 유사종교에 해당되는 서양말은 슈도-릴리전pseudo-religion인데, 이는 일제가 쓰던 유사종교와 전혀 다른 내용을 지닌다. 예컨대 슈도-릴리전은 공산주의와 같은 현상을 이른다. 공산주의가 지닌 내일에 대한 희망과 열정은 마치 천국의 도래를 꿈꾸는 기독교 신앙과 같다는 의미에서 공산주의가 유사종교라고 말하는 것이다. 이처럼 종교와는 전혀 다른 현상이 종교의 모습으로 보인다는 의미에서 슈도-릴리전이라 한다.

이와는 달리 일제가 유사종교라고 할 때는, 앞에서 언급했듯이 신도, 불교, 그리고 기독교와 같은 이른바 공인종교가 아니면서도 종교의 흉내를 내기 때문에 유사종교라고 했다. 종교를 흉내내는 종교단체란 무엇인가? 이는 참으로 낭혹스러울 정도로 의도적인 개념의 조작이었다. 그 조작은 특히 일본과 한국의 신종교에 대한 공인 태도에서 잘 드러난다. 예컨대 19세기와 20세기 초에 일본에서 자생한 신종교들을 일제는 이른바 교파신도라는 이름으로 신도의 범주에 등록하여 공인했다. 그러나 역시 같은 시기, 19세기부터 20세기 초에 한국에서 자생한 신종교, 이름하여 한국 민족종교들은 끝까지 공인하지 않았다. 그러면, 일본 신종교는 공인하고 한국 신종교는 공인하지 않은 이유는 무엇이며, 그 기준은 무엇인가? 여기에는 다만 한 가지 이유가 있을 뿐이다. 그것은 일본 신종교와 한국 민족종교가 각각 일본 제국주의의 확장에 이익이 되느냐 해가 되느냐에 달렸다. 한마디로 그것은 정치적인 판단의 결과이지, 결코 종교 현상의 본질과는 아무런 관계가 없다는 사실이다. 그러므로 유사종교라는 용어와 그 용법은 완전히 제국주의 문화정책의 도구에 지나지 않는 것이다.

종교 현상이든가 비종교 현상이 있을 뿐이지, 유사종교라는 현상은 세상에 존재하지 않는다. 사교 역시 특정 종교단체로 존재하는 법이 없다. 다만 특정한 종교단체가 실정법을 어긴 경우에 그 부분에 한해서 사교라고 말할 수는 있다. 의료 행위, 예언과 점복, 그리고 집단적 종말 준비 등의 종교 행위를 통하여 사기를 치기 때문에 실정법 상의 처벌 대상이 되는 경우가 기성종교 가운데서도 자주 일어난다. 물론 똑같은 행위가 순수한 종교 신행으로 나타나는 경우가 더 많다. 그러므로 사교 여부는 종교 행위자의 도덕적 태도에 달렸지, 그 종교의 교리 내용에 있는 것이 아니다. 일제와 같이 신도, 불교, 그리고 기독교와 같은 공인종교 이외의 종교는 사교라고 한다면, 결과적으로 공인종교들까지 그 사상적 위협을 받게 된다. 왜냐하면 특정한 종교 밖에서도 완전히 인정할 수 있는 교리, 특히 근대화의 주력을 이루는 과학 정신에 의하여 비판을 받지 않을 종교 교리는 없기 때문이다. 따라서 특정 종교의 교리나 세계관에 근거해서 사교라고 판단한다면, 그 판단은 당연히 종교 전체를 사교로 모는 정책 자체가 모순이다. 이러한 모순은 사교와 이단과의 혼돈에서 비롯된다. 이단은 특정 종교가 자신의 전통에서 벗어난 종교단체를 정통과 차별해서 지칭하는 개념이다. 그러므로 특정 종교의 세계관의 입장에서만 이단이 문제가 될 수 있으며, 그 밖에서는 의미가 없다. 그런데, 동양에서 전통적으로 쓰던 음사사교淫祀邪敎의 준말로서의 사교邪敎라는 개념은 정통 유교에서 벗어난 해로운 종교 행위라는 의미를 가졌다. 이처럼 사교는 실제로 이단을 의미했던 것이다. 이같이 처음부터 혼돈스러웠던 사교라는 용어를 일제는 근대화의 이념적 특성에 맞추어 사용했다. 예컨대, 일제가 사교라고 매도할 때는 반이성적 또는 반사회적 종교 행위를 지적했다. 근대화 과정에서 반이성적·반사회적 행동은 비판의 대상이 될 수밖에 없었다. 그러므로 일제는 사교란 용어를 근대사상의 맥락에서 사용하면서도 사교의 내용은 '대일본제국 체제'의 이단이라는 뜻으로 여겼다.

이처럼 정치적 목적에 의하여 정치적 논리로 유사종교와 사이비, 그리고 사교의 개념을 정하고, 그 굴레를 한국 민족종교에 씌운 것이다. 그런데 그 개념을 아직도 한국의 언론과 지성인들이 쓰고 있는 것을 보면, 일제의 문화정책이 얼마나 효력을 발휘하고 있는가를 알 수 있다. 특히 비합리적이고 비이성적인 요인을 거부하는 발전신화發展神話에 주도되고 있는 우리 나라 대부분의 언론과 지성인들이 근대화를 주창하는 과정에서 일제가 정치적 수단으로 제시한 사교나 유사종교라는 개념을 그대로 쓰고 있다는 것은 그들의 태도가 얼마나 비합리적인가를 보여준다. 그만큼 우리의 지성계가 아직도 일제 치하의 후유증으로 혼돈에 빠져 있다는 것을 말해 준다.

이러한 혼돈을 극복하는 길은 역시 과거의 역사를 제3의 입장에서 객관적으로 판단하는 태도에서 찾아질 수 있다. 적어도 유사종교나 사교라는 개념의 수용은 근대화 과정에서 만들어졌다. 근대화 modernization란 사실상 서구화Westernization 과정이었다. 동양에서는 이 과정에 들어오면서, 발전신화에 매료되어 예외 없이 동양 전통 문화를 외면했다. 그러나 사실상 근대화의 본고장인 서양에서는 서양의 문화 전통의 맥락 안에서 근대화가 싹텄던 것이지, 문화 전통의 공백 상태에서 새로운 문화를 창출한 것이 아니다. 그러므로 동양에서 근대화를 위하여 동양의 문화 전통을 버리려 한 지성인들의 경향은 결국 서양의 근대화가 지닌 역사적 내용과 의미를 보지 못한 채, 그 외형만 급하게 흉내내려는 태도에서 비롯된 것이다. 이처럼 지성적으로 성숙치 못한 태도가 근대화를 실현하는 정치적 세력과 결합하게 되면 불가피하게 여러 가지 형태의 오류를 범하게 된다. 일제가 유사종교와 사이비종교라는 개념을 조작하고, 똑같은 오류를 우리나라의 지성계가 아직도 답습하고 있다는 것이 그 한 예이다. 이러한 오류는 역시 자신이 처한 사회적 여건을 반영하는 과정에서 나타난 것이다. 그러므로 역사를 보다 객관적으로 이해하려 할 때, 이러한 오류가 극복될 수 있다. 이제 동양에서도 이런 류의 조야한 오류는 더 이상 되풀이되어서는 안 될 때가 온 것이다.

　한국 민족종교에 대한 일제의 정책을 살펴보면서, 우리는 민족종교 지도자들은 그 험한 역사적 조건 하에서 어떤 도덕적인 선택을 했던가를 되새기게 된다. 종교 지도자들은 내일을 예상할 수 없는 상태에서 일제의 체계적인 협박과 회유를 당하였고, 도덕적인 선택을 해야 하는 어려운 조건을 맞았다. 적어도 1940년대 초반 태평양전쟁 초기에 민족의 내일이 보이지 않는 상태에서 당면한 일제의 정치적 힘과 대결하는 데 있어서 어떤 방법이 가장 바람직하다고 판단했을 것인가? 여기에는 세 가지 태도가 두드러지게 나타난다. 첫째는 끝까지 저항하다가 순교하거나 신앙의 양심을 지키기 위하여 국외로 피신하는 절의파이다. 둘째는 자신의 결단을 따르는 수많은 신도들의 안녕과 조직의 보존을 위하여 자신의 명예를 희생시키면서 일제의 회유를 수락하는 친일파였다. 셋째는 처음부터 일제와의 정치적 또는 사회적 저항의 길을 피하고 신비주의 종교운동을 전개한 신비운동가였다. 예컨대 신비주의 운동을 전개했던 보천교는 완벽하게 일제의 논리에 희생되었다. 결국 어느 형태의 길을 선택했어도 일제의 탄압의 손길에서 벗어나지 못했다.

　여기서 우리는 몇 가지 역사적 교훈을 얻게 된다. 역사의 횡포 앞에서 희생이 되지 않으려는 노력은 이미 무의미하다. 그 희생을 얼마나 축소시키느냐 하는 선택이 있을 뿐이다. 그것은 첫째, 그 판단과 결정이 도덕적이고 정의로운 것이어야 후에 역사적으로 평가될 수 있다는 것이다. 둘째, 장기적인 안목과 이성적인 근거에서 선택하지 않으면, 예상치 못한 후유증을 앓게 된다는 것이다. 예컨대, 대종교와 천도교가 일제하에서 사회 혁신과 저항 운동에 주력하는 동안 현대 종교가 갖추어야 할 요건들을 준비하지 못한 상태에서, 해방과 정부 수립을 맞이함에 따라 허다한 자체 내의 문제를 안게 되었다. 그 둘이 주력을 하던 사회운동은 완전히 정부가 담당하기 때문이다. 그 결과 교세의 약세가 엄습하게 되었다. 누가 그 어려운 역사적 상황에서 위의 두 가지 조건을 충족시키는 선택을 할 수 있는가? 우리는 과거의 지도자들에게 이러한 기대를 할 수 있는가? 이처럼 당혹스럽도록 어려운 문제 앞에서, 우리는 그 질문을 되새김질하지 않을 수 없다.

도덕적 판단과 장기적인 설계를 하기 위해서는 먼저 주체의식이 요청된다. 일제하라는 구체적인 역사 상황에서, 그 판단의 주체의식은 민족주의였으며, 그 판단의 주체는 한국 민족이었다. 그러므로 민족종교 지도자들에게 우리는 민족주의의 요청을 얼마나 슬기롭게 수용했는가를 되묻게 된다. 다시 말해서 위의 두 가지 조건은 민족주의의 지성적 요청이었다. 일제가 한국 민족종교에게 탄압을 가한 대상 역시 민족주의였다. 한국 민족종교는 서문에서 언급한 바와 같이, 지금 막 도래하고 있는 우주론적 새 시대와 신천지의 중심이 한반도가 되고, 그 주역이 한국 민족이라는 신념체계를 지닌다. 한마디로 그것은 민족주의가 우주론적으로 승화된 것이었다.

발전신화의 신봉자들은 민족주의가 보편주의를 구축하는 데 저해요인이라고 가르친 서양의 정신적 제국주의를 무비판적으로 따르는 경향이 있다. 그러나 영국, 불란서, 독일, 그리고 미국이 그들의 국익을 국제외교의 기준으로 삼는 국제 현실을 발전론자들은 잊고 있는 것이다. 예컨대 21세기에 들어 유럽 공동체는 민족보다 더 큰 규모의 이익집단으로 국제사회에서 군림하면서, 더 작은 이익집단으로의 민족은 발전의 저해요인이라고 주장할 것이다. 큰 이익을 확보하기 위해서는 유럽 밖에 있는 작은 단체의 주체의식은 희생되어야 한다는 태도는 제국주의의 변형이다. 제국주의의 변형은 개벽을 주장하는 한국 자생종교가 민중종교라고 강변하는 태도에도 비친다. 민중은 역사를 지배자와 피지배자라는 정치적 이념으로 볼 때만 존재하는 이른바 이념 현상이다. 그러므로 자기가 지금까지 쓰고 있는 안경을 벗는 순간, 민중은 존재하지 않는다. 그러나 민족은 항존한다. 왜냐하면 민족은 자연집단이기 때문이다.

한국 민족종교들이 일제에 의하여 조직적으로 탄압을 받으면서 그에 항거하고 수난을 받는 과정에서 민족주의가 우리 민족을 지키는 구심력이 되었다. 민족주의는 결코 제국주의적 정복욕을 숨긴 쇼비니즘도 아니고, 어설픈 발전신화론자들이 생각하는 폐쇄주의도 아니었다. 그것은 오히려 국제 정세의 역사적 현실에 대한 객관적인 이해에 기반한 성숙한 주체적 각성이었다. 그 성숙한 주체의식에 메시지가 김구 선생에게서 들린다.

…현실의 진리는 민족마다 최선의 국가를 이루고 최선의 문화를 낳아 길러서 다른 민족과 서로 바꾸고 서로 돕는 일이다. 이것이 내가 믿고 있는 민주주의요 이것이 인류의 현 단계에서는 가장 확실한 진리이다. 그러므로 우리 민족으로서 하여야 할 최고의 임무는, 첫째로 남의 질세도 아니 받고 남에게 의뢰도 아니하는 완전 자주 독립의 나라를 세우는 일이다. 이것이 없이는 우리 민족이 생활을 보

장할 수 없을 뿐더러, 우리 민족의 정신력을 자유로 발휘하여 빛나는 문화를 세울 수가 없기 때문이다. 이렇게 완전 자주 독립의 나라를 세운 뒤에는, 둘째로, 이 지구상의 인류가 진정한 평화와 복락을 누릴 수 있는 사상을 낳아 그것을 먼저 우리나라에 실현하는 것이다.(『백범일지』 '나의 소원')

일제 항일운동을 대표하는 김구 선생은, 이처럼 분명하게 우리 민족은 세계 사회의 성숙한 정회원으로서의 역할을 다하기 위하여 자주독립이 필요하다고 말한다. 그가 진정 희망하는 것은 한국 민족이 세계 사회의 다른 민족들과 서로 돕고 협력해서 인류 전체가 평화와 복락을 누리는 세상을 만드는 데 참여하는 일이다. 그는 곧 '상호협력관계'를 통하여 모든 민족과 국가들이 다원주의 질서를 창조하는 것을 꿈꾸고 있었다. 다원주의 질서는 곧 협력관계를 이루고 있는 것이다. 지구촌이 좁아지면 좁아질수록 다원주의 협력 질서가 점점 더 요청된다. 다원주의 협력 질서는 그 정회원들이 자신의 책임과 의무에 대한 뚜렷한 주체의식을 가졌을 때만 지켜질 수 있다. 왜냐하면 상호 협력은 책임과 의무의 주체들 사이에서만 일어나는 현상이기 때문이다. 지구촌에서는 민족이 책임과 의무의 구체적이고도 실제적인 주체이다. 그러므로 21세기의 지구촌에서 성숙한 민족주의가 더욱 더 요청될 것이다. 이처럼 성숙한 민족 주체 의식이 한국 민족종교의 세계관에 담겨 있으며, 그 시대적 요청이 김구 선생의 메시지에 실려 있다. 이는 내일의 지구촌의 다원주의 협력 질서를 창건하는 데 우리 민족이 감당해야 할 사명을 제시해 준다.

미주

1 〈동아일보〉1959년 1월 19일, 동년 3월 4일; 윤이흠, 「문화변동과 다종
　교 상황의 문제」, 『한국종교연구』 권2, 202-3쪽, 집문당, 1988

2 이는 앞으로 주의 깊은 연구가 필요하다. 오늘날까지 사교의 대명사가
　백백교라고 여기는 것은 일제의 재판 결과에 기반한다. '백백교와 같은
　사교'라는 지탄은 가공할 만한 사회적 압력이기 때문에, 매우 효과적인
　신종교 탄압의 수단이 아닐 수 없다. 그러므로 일제는 그 효과적인 수
　단을 삼기 위하여 백백교를 그 희생으로 선택했을 것이다. 이런 맥락에
　서 백백교 사건은 앞으로 치밀한 연구가 필요하다.

3 이현희, 「일본의 문화침략정책과 그 실제―특히 교육 · 종교분야를 중심
　으로―」, 『정신문화연구』 1985년 여름호, 43쪽 참조.

4 〈1907년 7월 「보안법」〉

　제1조 내무대신은 안녕 질서를 보지하기 위하여 필요한 경우 결사의 해
　　　　산을 명할 수 있다.

　제2조 경찰관은 안녕 질서를 보지하기 위하여 필요한 경우 집회 또는 많
　　　　은 군중의 운동 또는 군집을 제한 금지 또는 해산시킬 수 있다.

　제3조 경찰관은 앞 2조의 경우에 필요하다고 인정될 때는 무기 및 폭발
　　　　물 기타 위험한 물건의 휴대를 금지할 수 있다.

　제4조 경찰관은 가로 기타 공개된 장소에서 문서 도면 그림의 게시 및
　　　　배포 낭독 또는 언어 형용 기타의 행위를 하여 안녕 질서를 문란
　　　　시킬 우려가 있다고 인정될 때는 그 금지를 명할 수 있다.

　제5조 내무대신은 정치에 관하여 불온한 동작을 행할 우려가 있다고 인
　　　　정된 자에 대하여 그 거주 장소로부터 퇴거를 명하고 또한 1개년
　　　　이내의 기간을 특별히 정하여 일정 지역 내에 침입을 금지할 수
　　　　있다.

제6조 앞 5조의 명령에 위반하는 자는 40대 이상의 태형 또는 10개월 이하의 감옥 감금형에 처하며 제3조의 물건을 범인이 소유하고 있을 때는 정상에 의하여 이를 몰수한다.

제7조 정치에 관하여 불온한 언론 행동 또는 타인을 선동 교사 혹은 타인의 행위에 관섭함으로써 치안을 방해하는 자는 50대 이상의 태형, 10개월 이하의 감옥 감금형 또는 2개년 이하의 징역에 처한다.

제8조 이 법의 공소 시효는 6개월간으로 한다.

제9조 이 법의 범죄는 신분 여하를 막론하고 〈지방재판소〉 또는 〈港市被判所〉의 관할로 한다.

〈부칙〉

제10조 이 법령은 반포일로부터 시행한다.

5 통감부령 제45호 「종교의 포교에 관한 규칙」(1906년 11.17.)

제1조 帝國의 神道·佛敎 기타 종교에 관한 교·종파로서 포교에 종사하고자 할 때는 해당 官長 또는 그에 준하는 자가 한국의 관리자를 선정하고 이력서를 첨부하며 다음 사항을 구비하여 통감의 인가를 받아야 한다.

　　1.포교방법　2.포교자 감독 방법

제2조 前條의 경우를 제외하고 제국 신민으로서 종교의 선포에 종사하고자 할 때는 종교의 명칭 및 포교의 방법에 관한 사항을 갖추어 이력서를 첨부하여 관할 이사관을 경유하여 통감의 인가를 받아야 한다.

제3조 종교의 용도로 제공하기 위한 寺院·堂宇·會堂·설교소 또는 강의소 類를 설립하고자 할 때는 교·종파의 관리자 또는 전조의 포교자는 다음 사항을 구비하여 그 소재지 관할 이사관의 인가를 받아야 한다.

　　1. 명칭 및 소재지　2. 종교의 명칭 3. 관리 및 유지 방법

제4조 교·종파의 관리자 또는 제2조의 포교자 기타 제국신민으로서 한

국 사원 관리의 위촉에 응하고자 할 때는 필요한 서류를 첨부하고
그 사원 소재지의 관할 이사관을 경유하여 통감의 인가를 받아야
한다.
제5조 전 각조의 인가 사항을 변경하고자 할 때는 다시 인가를 받아야
한다.
제6조 교·종파의 관리자 또는 제2조의 포교자는 소속 포교자의 씨명
및 자격을 관할 이사관에게 屆出해야 하며, 그 포교자의 異動이
있을 때도 역시 같다.
〈부칙〉
제7조 이 규칙은 명치 39년 12월 1일부터 이를 시행한다.
제8조 이 규칙을 시행할 때 현재 포교에 종사하거나 또는 제3조 혹은 제
4조의 규정에 해당하는 자는 이 규칙 시행 후 3개월 이내에 각조
의 인가 사항을 계출하여야 한다.

6 경찰령 제3호 「집회취체」(1910.8.25.)

명치 43년 8월, 경찰령 제3호, 개정 43년 9월, 제8호
당분간 정치에 관한 집회 혹은 옥외에서 많은 군중의 집합을 금지한다.
단 옥외에서 설교 또는 학교 생도의 체육 운동 등의 집합으로서 관할 경
찰서의 허가를 받은 것은 이에 구애되지 않는다.
이 명령을 위반하는 자는 구류 또는 科料에 처한다.
이 명령은 발포일로부터 이를 시행한다.

7 조선총독부 제령 제7호 「사찰령」(1911.6.3.)

사찰령을 명치 44년 법률 제30호 제1조와 及 제2조에 의ㅎ고 玆에 공포
ㅎ노라
명치 44년 6월 3일 조선총독 伯爵 寺內正毅
制令 제7호 사찰령
제1조 사찰을 병합 이전커나 又는 폐지코자 ㅎ는 때는 조선 총독의 허가를
受홈이 가홈. 其 基址나 又는 명칭을 변경코자 ㅎ는 때도 亦同홈

제2조 사찰의 基址와 及 가람은 지방장관의 허가를 受홈이 아니면 傳法,
布敎, 法要執行과 及 僧尼 止住의 목적 이외에 사용커나 又는 사
용케 홈을 得치 못홈

제3조 사찰의 본말 관계, 僧規, 法式 기타의 필요훈 寺法은 각 본사에서
정호야 조선총독의 인가를 受함이 可홈

제4조 사찰에는 住持룰 置홈을 要홈. 주지는 其 사찰에 속하는 일체의 재
산을 관리하여 寺務와 及 法要執行의 責에 任하여 사찰을 대표홈

제5조 사찰에 속호눈 토지, 삼림, 건물, 불상, 석물, 고문서, 고서화 기타
의 귀중품은 조선총독의 허가를 受치 아니호면 此룰 처분홈을 得
치 못홈

제6조 전 조의 규정에 위반훈 자눈 1년 이하의 징역이나 又는 오백원 이
하의 벌금에 처홈

제7조 본령에 규정호눈 것 외에 사찰에 관호야 필요훈 사항은 조선총독
이 정홈

〈부칙〉 본령을 시행호눈 기일은 조선총독이 정홈

8 「사찰령시행규칙」 8개조(1911.7.8) - 조선총독부 부령 제84조

사찰령시행규칙을 左와 又치 定홈

명치 40년 7월 8일 조선총독 백작 사내정의

「사찰령시행규칙」 8개조

제1조 주지룰 정홀 방법: 주지의 교체 절차와 及 其 임기 중 사망커나
기타의 사고룰 인호야 결원을 生홀 경우에 사무 취급 방법은 寺
法中에 차此룰 규정홈

제2조 左에 揭호눈 사찰의 주지의 취직에 대호야는 조선총독의게 신청호
야 인가룰 受홈이 가홈

경기도	광주군	奉恩寺
同	수원군	龍珠寺
同	양주군	奉恩寺

同	강화군	傳燈寺
충청북도	보은군	法住寺
同 남도	공주군	麻谷寺
전라북도	전주군	威鳳寺
同	금산군	寶石寺
同 남도	해남군	大興寺
同	장성군	白羊寺
同	순천군	松廣寺
同	同	仙巖寺
경상북도	대구부	桐華寺
同	영천군	銀海寺
同	의성군	孤雲寺
同	문경군	金龍寺
同	장기군	祇林寺
同 남도	합천군	海印寺
同	양산군	通度寺
同	부산부	梵魚寺
황해도	신천군	具華寺
同	황주군	成佛寺
평안남도	평양부	永明寺
同	순안군	法興寺
同 북도	영변군	普賢寺
강원도	간성군	乾鳳寺
同	고성군	유점사
同	평창군	月精寺
함경남도	안변군	釋王寺
同	함흥군	歸州寺

前項 이외의 사찰의 주지의 취직에 대ᄒ야ᄂ 지방장관에게 신청ᄒ야 인 가ᄅ 受ᄒᆷ이 가ᄒᆷ

제3조 전조 인가의 신청서에ᄂ 주지가 될 자의 신분, 연령 及 수행 이력 서ᄅ 첨부ᄒᆷ이 가ᄒᆷ

제4조 주지의 임기ᄂ 3년으로 ᄒᆷ. 단 임기가 만료ᄒᆫ 후 재임ᄒᆷ을 妨치 아니ᄒᆷ

제5조 주지가 범죄 기타 부정ᄒᆫ 행위가 有한 때나 又ᄂ 직무ᄅ 怠ᄒᆫ 때ᄂ 其 취직의 인가ᄅ 激消ᄒᆷ을 득ᄒᆷ

제6조 전조에 의ᄒ야 인가ᄅ 격소ᄒᆫ 바가 된 자ᄂ 寺法에 정ᄒᄂ 바에 의 ᄒ야 一切ᄒᆫ 사무ᄅ 인계ᄒ고 일주간 이내에 其 사찰을 퇴거함이 가ᄒᆷ

제7조 주지ᄂ 사찰에 속ᄒᄂ 토지, 삼림, 건물, 불상, 석물, 고문서, 고서 화, 범종, 經卷, 佛器, 佛具 기타 귀중품의 목록서ᄅ 作ᄒ야 주지 취직ᄒᆫ 후 오월 이내에 此ᄅ 조선총독에게 差出ᄒᆷ이 가ᄒᆷ

제8조 제7조의 신고ᄅ 아니한 자ᄂ 오십원 이하의 벌금이나 又ᄂ 구류 에 처ᄒᆷ. 제6조의 규정에 위반ᄒᆫ 자도 亦同ᄒᆷ

부칙

본령은 사찰령 시행ᄒᄂ 日부터 시행ᄒᆷ

각 본사에서ᄂ 본령을 시행ᄒᆫ 후 오월 이내에 寺法의 인가ᄅ 신청함이 가ᄒᆷ

본령을 시행ᄒᆫ 際에 주지업ᄂ 사찰은 관례를 從하야 본령을 시행ᄒᆫ 후 삼월 이내에 此ᄅ 정ᄒ고 其 인가ᄅ 신청ᄒᆷ이 가ᄒᆷ

9 경학원규정

1911년 6.15 조선총독부 부령 제73호 「경학원규정」을 左와 갓치 定ᄒᆷ

명치44년 6월 15일 조선총독 伯爵 寺內正毅

경학원규정

제1조 경학원은 조선총독의 감독에 속ᄒ야 경학을 강구ᄒ야 風敎德化ᄅ

神補홈을 목적으로 홈

제2조 경학원은 此를 경성에 置홈

제3조 조선총독은 각도에서 학식덕망이 有하는 자를 강사에 擧ㅎ야 경
학원에 列케홈

제4조 경학원은 매년 춘추 2회 문묘의 제사를 거행홈. 제사는 조선총독
의 지휘를 承ㅎ야 대제학이 此를 향ㅎ야 경학원강사가 此에 列홈

제5조 경학원에 左의 직원을 置홈

大提學	1인
副提學	2인
祭 酒	5인
司 成	약간인
직 원	약간인

전항 직원의 진퇴는 조선총독의 행홈

제6조 대제학은 조선총독의 지휘감독을 承ㅎ야 院務를 總理홈

제7조 부제학은 대제학을 보좌ㅎ며 대제학이 사고가 有ㅎ는 때는 其 직
무를 대리홈

제8조 제주는 상직의 명을 승ㅎ야 원무를 分掌홈

제9조 사성은 상직의 지휘를 승ㅎ야 원무에 종사홈

직원은 상직의 지휘를 승ㅎ야 서무에 종사홈

제10조 경학원의 직원에는 수당을 급홈을 득홈

제11조 만60세 이상의 강사가 공로나 又는 덕망이 현저한 자에게는 특
히 수당을 급홈을 득홈. 경성 이외에 在住하는 강사가 경학원에
列ㅎ는 자에는 여비를 급홈

제12조 전2조의 수당과 及 여비액과 竝히 其 지급 방법에 대ㅎ야는 別
히 정ㅎ는 바에 의홈

제13조 경학원의 직원과 及 강사의 수당, 여비 기타의 경비는 기본 재산
으로부터 수입과 及 기타의 수입으로써 此에 充홈

제14조 경학원은 기부룰 受홈을 득홈

제15조 기본재산은 토지, 건물, 국채증권이나 又는 확실호 유가증권 혹
　　　은 은행예금으로써 此룰 보관홈이 가홈. 기본재산은 조선총독의
　　　인가룰 受치 아니호면 此룰 처분홈을 득지 못홈

제16조 대제학은 매회계년도 세입세출 예산을 調製호야 연도 전 조선총
　　　독의 인가룰 受홈이 가홈. 예산의 추가나 又는 更正코자 홀 때도
　　　亦同홈. 대제학은 매회계연도 세입세출결산을 其 작년도 후삼월
　　　이내에 조선총독에게 보고홈이 가홈

　　　전2항의 회계연도는 정부의 회계연도에 의홈

제17조 본규정의 시행에 관호야 필요호 사항은 조선총독의 인가룰 受호
　　　야 대제학이 此룰 정홈

10 조선총독부훈령 제65호(1911.8.1)

경학원

今般에 경학원을 설립호 취지는 其 규정이 示호는 바와 又치 경학을 강호
며 문묘룰 祀호여 교화룰 비보케 홈에 在호고 此룰 依호여 덕이 놉후고
행위가 篤호 耆宿을 우대호야 유림을 尊호고 석학을 重홈 미풍을 推奬케
홈에 止치 아니호야 또한 彝倫의 扶持와 인심의 계발에 資홀 바가 有케
호느니 其 책임은 중호고 큰 것이라 謂홈이라.

惟컨딕 孔孟의 도는 인의충효룰 主爲로 호야 실천궁행을 尙호나 후세에
斯道를 唱호는 자는 왕왕히 무위도식에 陷호고 空論橫議만 일삼으니 그
것은 다만 其 餘弊에 불과호나니라. 즉음에 我 天皇陛下께옵서는 國帑
25만원을 賜호시읍고 경학원의 기금에 充케 호읍시니 其 聖旨의 優渥홈
은 참 감격을 이기지 못호느니라 其 직원과 竝히 강사들은 徒然히 독서
룰 탐호고 祭룰 司홈으로써 足지 아니코 宣히 정신을 드려 隣里鄕黨의
儀表가 되야 其 弊風을 矯正호야 其 良俗을 助長호고써 一般敎化의 비보
에 努홈을 대호여 遺憾이 無홈을 期함이 可홈

명치 44년 8월 1일 조선총독 백작 寺內正毅

11 조선총독부 부령 제83호 「포교규칙」(1915.8.16)

조선총독부령 제83호

포교규칙을 左와 如히 정흠

대정 4년 8월 16일 조선총독부 백작 寺內正毅

포교규칙

제1조 본령에서 종교라 칭흠은 神道, 佛道 及 基督敎를 謂흠

제2조 종교 선포에 종사코져흐는 자는 左의 사항을 具흐야 포교자 될 자
격을 증명흠. 문서 及 이력서를 添하여 조선총독에게 신고흠이 가
흠. 단 포교 관리자를 置흔 교파, 종파 又는 조선 사찰에 속흔 자
에 在흐야는 제2호의 사항을 생략흠을 득흠

一. 종교 及 其 교파, 종파의 명칭 二. 敎義의 要領 三. 포교의
방법

전항 각호에 揭흔 사항을 변경흔 時는 십일 내로 조선총독에게 신
고흠이 가흠.

제3조 神道 各 교파 又는 내지의 佛道 각 종파에서 포교를 흐고자 흐는 時
는 其 교파 又는 종파의 관장은 포교 관리자를 정흐고 左의 사항을
具흐야 조선 총독의 인가를 受흠이 가흠.

一. 교파 及 其 교파, 종파의 명칭 二. 敎規 又는 宗制 三. 포교의
방법 四. 포교 관리자의 권한 五. 포교자 감독의 방법 六. 포교
관리 사무소의 위치 七. 포교 관리자의 氏名 及 其 이력서

전항 각호의 사항을 변경코져 흐는 시는 조선 총독의 인가를 受흠
이 가흠.

제4조 조선총독은 포교의 방법, 포교 관리자의 권한 及 포교자 감독의
방법 又는 포교 관리자를 부적당함으로 認흐는 時는 其 변경을 명
흠도 有흠.

제5조 포교 관리자는 조선에 거주하는 자 됨을 요흠. 포교 관리자는 매년
12월 31일 현재에 의흐야 소속 포교자 명부를 作흐야 익년 1월

31일까지에 조선총독에게 신고홈이 가홈.

제6조 조선 총독이 필요로 인ㅎ는 시는 제3조 이외의 교파 又는 종파에 대ㅎ야 포교 관리자를 置케 홈도 유홈. 전항에 의ㅎ야 포교관리자 를 置혼 시는 10일 내로 제3조 제1항 각호의 사항을 조선 총독에 게 신고홈이 가홈. 此를 변경혼 시 亦同홈.

제7조 전조의 포교 관리자에 대ㅎ야는 제4조 及 제5조의 규정을 준용홈. 제3조 이외의 교파 又는 종파에서 其 규약 등에 의ㅎ야 포교 관리자를 置 혼 시는 제4조, 제5조 及 전조 제2항에 규정을 준용홈.

제8조 종교 선포에 종사ㅎ는 자 氏名을 변경ㅎ며 거주지를 이전ㅎ며 又는 포교를 폐지혼 시는 10일 내로 조선 총독에게 신고홈이 가홈.

제9조 종교의 用에 供ㅎ기 위ㅎ야 교회당, 설교소 又는 강의소의 類를 설 립코자 ㅎ는 자는 左의 사항을 구ㅎ야 조선 총독의 허가를 受홈이 가홈.

一. 설립에 요ㅎ는 사유 二. 명칭 及 소재지 三. 부지의 면적 及 건물의 평수, 其 소유자의 氏名 竝 도면 四. 종교 及 其 교파, 종 파의 명칭 五. 포교 담임자의 자격 及 其 선정 방법 六. 설립비 及 其 支辨 방법 七. 관리 及 유지 방법

전항 제3호에 의ㅎ야 포교 담임자를 선정혼 시는 설립자 又는 포 교관리자는 其 氏名 及 거주지를 구ㅎ고 이력서를 添ㅎ야 10일 내 로 조선 총독에게 신고홈이 가홈. 此를 변경혼 시 亦同홈.

제10조 전조 제1항 제2호 乃 至 제7호의 사항을 변경코져 ㅎ는 시는 그 사유를 구ㅎ야 조선총독의 허가를 受홈이 가홈.

제11조 종교의 用에 供ㅎ는 교회당, 설교소 又는 강의소의 類를 폐지혼 시는 10일 내로 조선 총독에게 신고홈이 가홈.

제12조 포교 관리자 及 조선 사찰의 본사 주지는 각 其 소속 사원, 교회 당, 설교소 又는 강의소별로 매년 12월 31일 현재에 의하여 其 신 도수 及 其年에 在한 신도의 증감수를 익년 1월 31일까지 조선

총독에게 신고훔이 가훔.

전항의 신고는 포교 관리자롤 不置ᄒᄂᆫ 교과, 종파 及 조선의 사찰에 속屬지 아니ᄒᄂᆫ 교회당, 설교소 又ᄂᆫ 강의소에 在ᄒ야ᄂᆫ 각 其 포교 담임자로부터 신고훔이 가훔.

제13조 포교 관리자롤 置한 교과, 종파에 속한 자 又ᄂᆫ 조선의 사찰에 속ᄒᆫ 자 본령에 의ᄒ야 허가롤 受ᄒ며 又ᄂᆫ 신고롤 ᄒ고자 ᄒᄂᆫ 시ᄂᆫ 포교 관리자 又ᄂᆫ 본사 주지의 副書롤 첨부훔이 가훔.

제14조 제9조 제1항 又ᄂᆫ 제10조에 위반한 자ᄂᆫ 백원 이하의 벌금 又ᄂᆫ 과료에 처함

제19조 조선총독은 필요가 有한 경우에 在하여ᄂᆫ 宗敎類似한 단체와 認한 것에 본령을 準用함도 有함

전항에 의하여 본령을 준용할 단체는 此를 告示함

〈부칙〉

제16조 본령은 대정4년 10월 1일부터 此를 시행함

제17조 명치39년 통감부령 제45호는 此를 폐지함

제18조 명치39년 통감부령 제45호 제1조, 제2조 及 제3조에 의하여 인가를 受한 자는 본령 제2조에 신고를 하며 又ᄂᆫ 제3조의 인가 혹은 제9조의 허가를 受한 자로 간주함. 단 본령 제2조에 해당 하는 자에 在하야ᄂᆫ 同條 제1항 제2호의 사항, 본령 제3조에 해당하는 자에 在하여ᄂᆫ 동조 제1항 제2호 제4호의 사항, 본령 제9조에 해당하는 자에 在하여ᄂᆫ 동조 제1항 제3호 제5호의 사항, 竝 포교 담임자의 氏名 及 이력을 具하여 본령 시행일부터 3월 내로 조선총독에게 신고훔이 가훔.

제19조 본령 시행에 際하여 現에 종교 선포에 종사하며 포교 관리자를 置하며 又ᄂᆫ 종교의 用에 供하는 교회당, 설교소, 강의소의 類를 관리하는 자로서 전조에 해당치 아니하는 자는 본령 시행일부터 3월 내로 제2조 제3조 又ᄂᆫ 제9조의 사항을 具하여 조선 총독에게

신고함이 가함

전항에 의하여 제9조의 사항을 신고한 자는 본령에 의하여 허가를 受한 자로 간주함

12 『동아일보』, 1920년 7월 22일

13 『조선일보』, 1936년 6월 14일(석간)

14 大浜徹也, 「淫祠邪教と類似宗教」, 『歷史公論』7(第5卷 7號), 1979.7, 83쪽.

15 上揭文, 83쪽.

16 上揭文, 83쪽. "함부로 길흉화복을 說하고 또는 祈禱符呪 등을 행하며 사람을 현혹하여 이익을 도모하는 자에게 1일 이상 3일 이하의 구류와 20錢 이하의 벌금을 과한다.

17 『高麗史』 42권 17.

18 大浜徹也, 上揭文, 84쪽.

19 武田道生, 「天皇制國家體制たおける新宗教彈壓-新宗教淫祀邪教觀おてがかりとして-」, 『論集日本佛教史』9, 雄山閣出版社, 1988, 235쪽 참조.

20 宗教及之二類スル行爲ヨナス者ノ行動通報方ノ件 "神佛基督教ノ教宗派二屬ヒズシチ宗教類似ノ行爲ヨナス者 及神佛基督二屬スル宗教教師ノ行動二シチ公安其他風俗等二關シチハ特二注意ヨ要 スル者有之候節ハ御調査ノ上其都度御通報 相成樣致度依命此段及通牒候也"

21 '似而非'는 벽이단론을 전개한 『孟子』 「盡心章句」(下)에서 보이며, 진리와 유사하지만 진리가 아닌 것을 지칭할 때 주로 쓰였다. 가령 '似義而非義'라든가 '似德而非德'라는 용례가 그것이다.

22 『조선일보』, 1932년 6월 14일(석간)

23 『동아일보』, 1932년 6월 16일.

24 『조선일보』, 1936년 6월 14일(석간), "民衆을 欺瞞搾取하는 邪教團體 一齊彈壓" 참조.

25 村山智順, 최길성 · 장상언 공역, 『조선의 유사종교』, 계명대출판부, 1991, 15-6쪽 참조

26 총독부의 힘을 빌어 무라야마가 추진한 조사자료의 전국적 규모에 있어서, 그 후에 그와 비교될 수 있는 조사연구가 없다는 점 때문에, 무라야마의 연구를 높이 평가하는 경우를 오늘날에도 볼 수 있다. 이는 현재 한국 사회의 체계적인 조사 연구의 필요와, 목적 조사의 관계에 대한 균형잡힌 안목이 결여된 데서 비롯된 혼돈을 반영한다. 이처럼 조선총독부는 오늘에 이르기까지 참으로 다양한 면에서 한국 사회에 혼돈을 주고 있다.

27 朝鮮總督府警務局, 「最近朝鮮治安狀況」, 嚴南堂, 1966, 107쪽 참조.

28 재등실문서 916, 「제우교취의서」, 1920년 2월(강동진, 상게서, 255쪽, 재인용)

29 강동진, 『일제의 한국침략정책사』, 한길사, 1980, 169~171쪽에 보이는 재등실의 조선인 면회자 빈도실태표를 확인하면 알 수 있다.

30 『현대사자료』26, 조선(2), 651쪽

31 박경식, 『일본제국주의의 조선지배』, 청아, 1986, 209-210쪽 참조.

32 『조선일보』, 1925년 1월 11일, "甲子後의 보천교".

33 『동아일보』, 1925년 1월 12일, "糞교 중에 준동하는 시국대동단".

34 『조선일보』, 1925년 1월 18일(석간), 2월 12일(서간), 3월 6일(석간), 5월 17일(석간), 6월 27일(석간) 참조.

35 『매일신보』, 1925년 1월 10일, "內鮮融和의 시국대동단…"

36 『동아일보』, 1925년 9월 4일자와 1925년 9월 21일자를 참조.

37 일제의 성미제 탄압에 대해서는 『의암손병희선생전기』, 257~268쪽을 참조할 것.

38 「반민특위재판기록」, 『여암문집』하, 295-297쪽 참조.

39 천도교의 분열에 대해서는 村山智順 上揭書, 59-66쪽을 참조할 것.

40 고려혁명당 사건에 대해서는 『新人間』359, 360호, 1978년 7 · 8 · 9호

에 실린 최익환의 「고려혁명당」上 · 下를 참조할 것.

41 오심당 사건에 대해서는 『新人間』352호(1977년 12월)에 실린 「비밀 조직 오심당 사건」을 참조할 것.

42 『개벽』(신간 제1호), 1935.11.1, 62쪽 참조.

43 『동아일보』, 1921년 6월 22일, 10월 7일, 1922년 2월 21일, 10월 26일 참조.

44 『동아일보』, 1925년 1월 16일, 조선일보, 1925년 3월 2일 참조.

45 이영호, 『보천교연혁사』上 , 보천교중앙협정원 · 총정원, 1935년 記, 1945년 發, 69~71쪽 참조.

46 『동아일보』, 1921년 4월 26일, 4월 30일, 5월 13일, 5월 14일, 8월 6일, 10월 30일 등의 기사와 조선일보, 1921년 2월 19일, 4월 12일, 5월 13일, 5월 19일, 6월 6일 등의 기사를 참조할 것.

47 『조선일보』, 1925년 1월 18일(석간), 2월 12일(석간), 3월 6일(석간), 5월 17일(석간), 6월 27일(석간) 참조.

48 『매일신보』, 1925년 1월 10일, "內鮮融和의 시국대동단…"

49 일제의 이러한 탄압 정책은, 천도교가 해방 이후에 당하게 된 급격한 교세의 감소에까지 영향을 미쳤던 것이다. 예컨대 해방 이후 정부가 수립됨으로써, 한국 사회가 천도교의 혁신 운동에 크게 의지해야 할 시점이 지나는 순간, 사회 · 문화 운동에 역점을 두었던 천도교는 현대 사회에서 종교단체가 준비해야 할 요건이 미비한 상태여서, 결과적으로 교세를 확보하지 못하고 말았다.

일제 총독부 당국은 한말 이래 발흥한 수많은 종교를 기성종교가 민심의 구제에 무력할 때 기성종교를 종합하여 종교적 사명을 부흥시키는 역할을 한 것으로 규정하고 이들을 유사종교^{類似宗教}라 명명하였다. 천도교 역시 동학 계열의 유사종교와 마찬가지로, 조선총독부 학무국 종교과^{學務局宗教課}가 아닌 경무국^{警務局}의 관리와 단속 대상이 되었다. 특히 교도 300만을 일컫는 천도교의 존재는 일제의 식민 통치에 있어서 가장 비중 있는 사회 세력으로 인식되었으므로 천도교의 미세한 동향조차도 일제 당국에 의해 철저히 파악되고 있었다. 특히 천도교의 2차례에 걸친 분화, 즉 1922년의 교단 개혁을 둘러싼 신·구파 분화, 1925년의 교주제 부활을 둘러싼 신·구파 분화를 일제 당국은 정치적 성향이 각기 다른 분파의 교단 주도권 장악 다툼으로 이해하고 있었다. 일제는 천도교 세력을 4파로 분류하여 최린^{崔麟}을 중심으로 결집한 신파는 인도의 스와라지 운동을 모방해 합법적·불복종 경향이 강하고, 이종린^{李鍾麟}을 중심으로 결집한 구파는 비타협적 사회운동에 앞장서고 있으며, 오지영^{吳知泳}을 중심으로 결집한 천도교연합회파는 급진적 공산운동의 성향이 농후하며, 오영창^{吳榮昌}이 이끄는 육임파^{六任派}는 고루한 순종교의 틀을 고수하는 세력으로 파악하고 있었다.

제7장 일제하 천도교 탄압 사례

1. 조선총독부의 천도교에 대한 관찰

일제 총독부 당국은 한말 이래 발흥한 수많은 종교를 '기성종교
가 민심의 구제에 무력할 때 기성종교를 종합하여 종교적 사명을
부흥시키는 역할을 한 것'으로 규정하고 이들을 유사종교類似宗敎라
명명하였다. 천도교 역시 동학 계열의 유사종교와 마찬가지로, 조
선총독부 학무국 종교과(朝鮮總督府 學務局宗敎課)가 아닌 경무국警務局의
관리와 단속 대상이 되었다. 특히 교도 300만을 일컫는 천도교의
존재는 일제의 식민 통치에 있어서 가장 비중 있는 사회 세력으로
인식되었으므로 천도교의 미세한 동향조차도 일제 당국에 의해 철
저히 파악되고 있었다. 특히 천도교의 2차례에 걸친 분화, 즉 1922
년의 교단 개혁을 둘러싼 신·구파 분화, 1925년의 교주제 부활을
둘러싼 신·구파 분화를 일제 당국은 정치적 성향이 각기 다른 분
파의 교단 주도권 장악 다툼으로 이해하고 있었다. 일제는 천도교
세력을 4파로 분류하여 최린崔麟을 중심으로 결집한 신파는 인도의
스와라지 운동을 모방해 합법적·불복종 경향이 강하고, 이종린李鍾
麟을 중심으로 결집한 구파는 비타협적 사회운동에 앞장서고 있으
며, 오지영吳知泳을 중심으로 결집한 천도교연합회파는 급진적 공산

운동의 성향이 농후하며, 오영창吳榮昌이 이끄는 육임파六任派는 고루한 순종교의 틀을 고수하는 세력으로 파악하고 있었다. 일제 당국의 파악처럼 천도교의 분화는 당시 민족운동의 분화를 그대로 반영하는 바, 천도교연합회의 탈퇴로 끝을 맺은 1922년의 제1차 신·구파 분화는 사회주의 운동과 민족주의 운동의 분화와 그 맥을 같이 한 사건이었으며, 1925년의 제2차 신·구파 분화는 민족주의 세력이 타협과 비타협으로 분화되는 연장선상에 서 있었다.

(1) 천도교 교파 상황

■ 村山智順, 최길성·장상언 공역, 『조선의 유사종교(朝鮮の類似宗教)』, 계명대출판부, 1991, 59~66쪽

1. 천도교의 4파

손병희가 1905년 말 천도교라 개칭하고 동학교의 재조직을 시도할 때는 교빙(敎憑: 교도라는 증빙) 백만 장을 준비했다고 하고 또한 재조직은 당시 백만을 헤아렸던 일진회원을 중심으로 상당한 교도를 얻었다고 보인다. 그러나 이듬해 1906년 그와 의견이 맞지 않는 이용구, 송병준 등 60여 두목을 제명하기에 이르러, 이·송 일당에 가담한 교도는 오히려 시천교侍天敎를 창립하였으므로 적지 않은 교도의 감소를 본 것은 물론이다. 그러나 그는 바야흐로 자기가 원하는 대로 전횡할 수가 있게 되었다. 그는 오직 교단의 공고, 교세의 확장

에 노력함과 동시에 한편으로는 성미, 기도미의 막대한 수입을 얻어서(성미는 문자 그대로 정성의 표시이므로 양의 다소는 정성의 다소를 뜻하고 따라서 그 다소에 따라 화복이 정해진다고 생각되었다.) 교리강습소 · 보성보통학교의 경영, 그 밖에 教敎 잡지 발행 등의 교화 사업에 착수했기 때문에 입교하는 자가 나날이 증가하여 1911년 경에는 교도의 수가 3백만에 이르렀다.

그러나 1919년 3월 1일 미리 교통을 박인호朴寅浩에게 넘겨서 교적을 이탈한 손병희 및 다수의 간부가 주모자로 되어서 조선 독립의 시위운동을 일으키다 붙잡혀 옥에 갇히자, 탈교하는 교도가 속출하였으며, 천도교는 이에 교단의 중심을 잃고 교 재정의 핍박(교도의 감소는 곧 성미금의 납입에 영향을 주어, 월 1만 수천 원이 불과 이삼천 원으로 감소했다고 한다.)을 받아, 점차 동요 · 분열의 징조를 보이기에 이르렀다. 이리하여 1921년, 1922년에 걸쳐서 중앙 전체를 폐지하고 지방대의제로 고치고 교주의 연원제淵源制를 3세로 그치고 제4세 이하를 기관으로 하기로 정했으나, 이 혁신운동은 당연히 분쟁을 낳아 교내에서 서로 용인되지 않는 두 파의 조류가 나타난 것이다. 1922년 5월 손병희가 형기刑期 중에 죽고 이어서 교주 박인호가 교내 분쟁의 책임을 지고 사직하자 교단의 요직 쟁탈을 둘러싸고 간부 간의 의견의 일치를 보지 못하였다. 이어서 동년 12월 먼저 혁신파의 거두 오지영 일파가 지방 분권을 고집하여 천도교연합회가 분열 창설되고 이어서 박인호를 제4세 교주로 인정하느냐 아니냐를 문제로 하여 교인대회파(승통을 인정하는 파: 오영창 등), 중앙종리원파(인정하지 않는 파: 최린 등) 및 통일기성회파(이종린 등)의 3파로 갈라졌다. 1926년

교인대회 및 통일기성회는 타협하여 중앙위원회로 되었으나 후에 중앙종리원이 출현하였다. 이듬해 1927년 구파종리원이 그 임원 개선을 하자, 이종린파, 즉 통일기성회 측이 독점하게 되었으므로 오영창 등은 이는 우리 교도를 가로채기 위한 합동을 꾀한 것이라고 분연히 결별하여 황해도 사리원에 천도교 중앙총부를 분립했다. 이상이 현존 천도교 4파의 분열 경위의 개략이다. 이후 신·구 양파의 사이에는 합동의 책동도 있었으나 끝내 원만한 타협이 성립되지 않은 채 현재에 이르고 있다.

이렇게 천도교는 간부 간에 협화協和의 정신 없이 분쟁에 분쟁을 되풀이하고 있었으므로 교도의 단결은 자연히 이완되고 교단의 기초도 또한 동요될 우려가 있었다. 그래서 간부는 한편으로는 서로 분쟁을 거듭하면서 한편으로는 교단의 공고, 유지 운동에 노력하여, 우선 1924년 3월 부인단체인 내성단內誠團을 조직하여 부인도 신사회 건설에 충실한 상조자가 되게 하고, 한편 그 지위 향상을 꾀하는 강령 하에 100여 지방지부와 8천여 단원을 결합하였다. 동시에 천도교청년당을 조직하여 교의 전위부대로 삼고 접接, 지방부, 당본부의 민주적 중앙집권제를 취해 이 당 아래에 유소년부, 청년부, 학생부, 여성부, 농민부, 노동부, 상민부의 7부문을 두어서 당세의 확장을 도모하는 한편 조선노동사朝鮮勞動社, 조선농민사朝鮮農民社, 농민공생조합農民共生組合 등의 활동에 의해 사회적으로 진출함과 동시에 교도의 획득에도 노력했다.

한편 교도의 단결과 증가를 꾀하기 위해서는 1923년, 교도 30호戶를 한단團으로 하여 포덕사 1명, 300호를 한 단으로 하여 주간포덕사主幹布德師 1명을 두어 그 결합을 굳건히 하고(당시 주간포덕사의 수는 56명, 따라서 교도는 1만 7천호 내외에 지나지 않았다), 1932년(이때부터는 신파뿐) 이를 고쳐서 포布의 단위를 5백호로 하고 포의 구성을 5단段의 세포 조직으로 하여(25호 이상 宗正 1명, 50호 이상 宣正 1명, 100호 이상 信正 1명, 200호 이상 敎正 1명, 500호 이상 道正 1명) 그 세포 단의 주장자에게는 상당한 교권을 인정하는 것으로 하여, 한층 교도 획득에 박차를 가하기로 한 것이다.

〈신파 천도교 교역〉
중앙종리원(본소 경성부 경운동 88)
    대령 정광조 부대령 최석련   고문 최린
지방종리원
    충청남도 서산 홍주
    전라북도 전주
    경상북도 영천 경주 상주 성주 김천
    경상남도 진주 사천 남해 창녕 부산
    황해도   황주 수안 곡산 신계 해주
    평안남도 평양 강동 삼등 성천 상원 양덕 맹산 영원 덕천
            개천 안주 순천 은산 순안 강서 남포 함종
    평안북도 신의주 의주 용천 철산 선천 곽산 정주 가산
            영변 회천 태천 구성 삭주 창성 벽동 초산 강계
    강원도   춘천 이천
    함경남도 함흥 정평 고원 원산 신흥 동상 북청 이원 단천

　　　　　　　　풍산 갑산 장진 하갈 문천

　　함경북도　경성 명천 길주 종성 성진 청진

　　일본　　　동경 경도

　　만주　　　신빈

　　간도　　　용정

〈구파 천도교 교역〉

중앙종리원(본소 경성부 경운동 88)

　　대령　권동진　　부대령 최준모　경도관정 이종린

지방종리원

　　경기도　　시흥 수원 강화 양주

　　충청북도　음성

　　충청남도　당진 예산

　　전라북도　전주 태인

　　전라남도　완도

　　황해도　　은율 옹진 송화 신천 장연 안악

　　평안남도　자성 신천 철산 용천

　　함경남도　풍산 북청

〈사리원파 천도교 교역〉

중앙종리원(본소 황해도 봉산군 사리원 경엄리)

　　대표법도사　오영창

지방지부

황해도　안악 은율 수안 서흥 신천 해주 평산 곡산 금천

평안남도　진남포 강동 덕천 평양 중화 개천

평안북도　강계 영변 운산 삭주 박천 초산 태천 의주 정주

　　　　　구성 창성 용천

강원도　철원

〈천도교연합회파 교역〉

본부(본소 경성 인사동 258)

　원장　류공삼

지방지부

경기도　경성 가평

충청북도　옥천

전라북도　군산 금산 맹산

전라남도　담양 고흥 순천 여수

경상남도　합천

황해도　미수

평안남도　중화 대동

평안북도　자성 정주

강원도　이천

만주　길림

(2) 경무국의 천도교 관찰

■ 朝鮮總督府警務局, 「최근의 천도교와 그 분열에서 합동으로의 과정」,
『齊藤實文書』10, 1930, 444~447쪽, 498~509쪽.

1. 전언前言

천도교天道教는 지금으로부터 71년 전, 즉 만연萬延 원년(1860년)
경상북도 경주군 출신의 최제우崔濟愚라는 사람이 이조 말엽의 가혹
한 정치와 기독교의 전파를 개탄하고 이에 대항하여 기독교 및 태서
의 학문, 즉 서교西教 · 서학西學에 대해 동양 고유의 교학을 진흥해
야 한다고 하면서 동학東學을 일으킨 것에서 출발한다. 그는 스스로
도道를 하늘로부터 받았다고 하며 유불선 나아가 기독교 교리의 일
부분을 채용하여 설을 세우고 '포덕천하布德天下 광제창생廣濟蒼生'
을 표어로 하여 미래를 말하기보다는 현재 정치에서의 민인의 행복
을 목표로 하는 소위 현세교라 말할 수 있는 견강부회의 교리를 만
들어 종교유사단체宗教類似團體를 창설함으로써 출발을 이루었다. 점
차 교도가 늘어나는 것과 함께 정치에 관여하여 그 비정을 규탄하려
고 획책했기 때문에 당시 관헌의 주시를 받아, 또 당시 전 조선의 유
학자들의 공격과 중상이 심하여 그로 인해 최제우(號 水雲)는 체포되
어 안정安政 2년(1865, 元治元年, 1964의 誤記, 편집자주) 3월 대구 형장
의 이슬로 사라졌다. 그러나 2대 교주 최시형(崔時亨, 호 海月)은 일찍
이 교통教統을 받아 교조의 유지를 계승하여 이조 말엽의 비정에 반

항하여 명치明治 27년(1894년) 전북 고부에 웅거, 동학란東學亂을 일
으켜 일청전쟁의 원인을 제공했다. 그러나 그 후 강원도에 숨어 있
다가 명치明治 31년(1898년) 자수하여 경성에 호송되어 같은 해 6월
단죄되었다. 당시 최시형으로부터 교통을 받아 그 명령에 의해 동경
으로 망명했던 3대 교주 손병희孫秉熙는 명치 39년(1906년) 귀국하
여 동학을 고쳐 천도교天道敎라 칭하고 점차 정치적·민족적 색채를
농후하게 했다. 일한합방 후로 동교同敎 핵심 인물들은 누구나 다 배
일운동의 지도자로 활동하여 대정 8년(1919년) 소요사건은 천도교
도들이 품고 있던 바의 표현 운동으로서 교 내외를 막론하고 소요의
지도자가 되었다. 교주 손병희 이하 주요 간부는 모두 검거되었고
각지 교도 역시 다수가 처형되어 교세는 현저히 쇠퇴하게 되었다.

4대 교주 박인호朴寅浩는 재주가 없고 여기에 교내에 분란과 파벌
이 잇달아 일어나 드디어 당내에 서로 거느려 분열하게 되면서 신파
新派·구파舊派·연합회파聯合會派·육임파六任派 등으로 분립되어
서로 배격하고 공격을 일삼아 여러 번 추악한 장면을 폭로하면서 오
늘날까지 이르렀다. 점차 주변 환경과 시대 풍조의 영향을 받아 신
파는 인도의 '스와라지' 운동을 모방하여 합법적 불복종의 경향을
농후하게 띠고 구파는 비타협적 사회운동 방면으로 진출하였고 연
합회파의 급진적 공산운동의 색채를 현저하게 드러냈으며 육임파는
고루한 순종교純宗敎 영역을 벗어나지 못하는 정세에 있는 등 각파
는 각자의 특색이 점점 선명해지면서 서로 길항·쟁탈하는 등 점차
치열하게 되는 경향이 있었던 바, 올해 10월 갑자기 신파가 합동을
제창하였다. 종래의 경위에 대해서는 불문에 부쳐 합동의 분위기는

급전직하로 진행되었다. 12월 24일에 동교의 인일기념일人日記念日
을 기하여 합동 완성을 발표하는 데에까지 진행되었다.

이리하여 동교同教가 종래의 운동은 헛되이 분란과 파벌을 일삼
아 외부로의 행동에 한 걸음을 나갈 여유가 없었으나 이제 합동을
완성하게 된 지금부터는 동교의 연래年來의 정신을 노골적으로 표현
하게 되어 조선 내 민족운동 전선은 점차 활발히 전개되는 추세가
현저하게 됨으로써 경찰 당국에서는 그 추이와 천도교의 안팎의 행
동에 대해 특히 엄중주의嚴重注意, 사찰査察하는 중이다.(중략)

6. 신구新舊 양파兩派 합동合同에 대한 각방면各方面의 영향影響

(1) 동 교도同教徒

이번의 신구 합동의 제창은 전적으로 비밀리에 획책되었기 때문
에 일반교도에게는 청천벽력으로, 단지 경이의 표현으로서 이를 관
찰하고 큰 기대를 걸지 않았으나 전적으로 합동운동이 점차 진척되
어 인일기념일에 대단결을 고하는 형세를 간취한 교도는 새삼스럽
게 이번 일을 주목하고 자파를 중심으로 하여 각자각양의 기대를 갖
고 있으나 대체로 합동은 당연해서 교도 일반이 환영하는 바이고 특
히 중앙 각 간부가 허심탄회하게 교의 발전을 위해 일신을 희생하여
그를 촉진하는데 매진하고 있는 것은 감복할 수밖에 없고 금후는 이
를 일 계기로 하여 각자 실제로 조선 유일의 강대한 종교단체의 이
름을 더럽히지 않게 교세 확장을 도모하는 것과 더불어 광제창생주
의 실현을 위해 장래에 하나의 새로운 기축을 마련하고 전개시켜야

한다고 한다. 동경종리원에서는 이러한 기운에 편승하여 기념해야 하는 일과 포덕 칠십년(포덕은 開敎의 뜻)을 맞이하여 조선 내외의 여론을 환기하여 민족의식을 격발하여 교도 획득 운동을 이룰 필요가 있다는 종리사 조기간趙基栞의 뜻을 계승하여 천도교청년당 동경부에서는 대표 김형준이 주동자가 되어 "조선 민중에게로"라는 제목의 (별지 제5호), 천도교학생회 동경부에서는 책임자 서연권徐延權이 중심이 되어 "조선학생에게 호소呼訴한다"라는 제목의(별지 제6호) 불온하고 과격한 활판 유인물을 전자는 약 이천 장, 후자는 약 일천 장을 출판하여 선내 각 천도교종리원, 각 부속단체, 각 학교, 한글신문 본·지사 등에 다수 배포했으나 모두 배달되기 전에 차압 처분에 붙여져 사건은 경시청에서 출판법 위반으로 검거했다. 11월 21일 관할 동경지방재판소 검사국에서 송치하여 지금 심의 중이다.

일찍이 본 합동에 관해 일부 지방 구파 교도 중에는 신·구 합동은 최린의 항복에 의해 실현될 수 있다고 했으나 결국은 그들을 위해 교내가 지도하기에 이르러 신파의 운동 전선을 유리하게 전개하는 것에 그치는 결과를 낳게 될 수 있다고 부르짖고 있다. 평북平北 철산鐵山 구파舊派 종리원宗理院 같은 곳에서는 합병 후에 신파를 교의 간부 또는 중심기관 등의 요직에 둘 수 없는 것을 조건으로 하여 합동에 참가한다고 중앙에 제기하는 등의 사례가 있다. 아직 합동에 대해 지방종리원 교도로서 곧바로 귀추가 혼미해서 중앙 또는 다른 지방의 형세를 관망 중인 자도 적지 않다. 금후 각지 교도가 혼연해서 통일되는 것은 상당한 시일을 요하는 문제라 할 수 있다.

(2) 사회단체 방면

천도교의 신·구 합동에 대해 우선 반대 기세를 나타낸 것은 신
간회 경성지회로 신·구 합동은 최린의 간책에 빠지는 것이라 하여
극도로 논란이 되고 있으니, 원래 동회 경성지회는 천도교 구파와
부즉불리不卽不離의 관계에 있었다. 최근 신간회 수뇌부의 전체적 기
세는 천도교 신파의 운동과 마찬가지로 점차 합법적 운동의 경향으
로 옮겨가 종래와 같은 급진 과격한 행동은 헛되이 관헌의 탄압을
초래할 뿐이므로 희생자를 속출하여 이대로 경과하게 되면 신간회
는 더욱 쇠퇴하게 된다고 주장하는 사람들이 다수를 차지하고 있다.
본년 11월 9, 10일 양일간에 걸쳐 개최된 신간회 중앙집행위원회
(전체회의 대행)에서 중앙집행위원 48명을 비롯하여 동同 후보 및 검
사위원 등의 선거를 실시했는데, 모두 합법파의 수령이라 거론되고
있는 김병로金炳魯가 중앙집행위원장이 되었다. 집행위원, 검사위원
으로는 김병로파라고 칭해지는 김호金湖(河東), 김창용金昌容(羅州),
이한봉李漢鳳(江陵), 김상규金商圭(木浦), 황상규黃尙奎(密陽), 신상태申
相泰(金泉), 이용기李容起(京城), 백관수白寬洙(京城), 이항발李恒發(京城),
서연희徐延禧(京城) 등 17명으로 다수를 차지하였고 그 이외에 온건
파가 8명, 태도가 선명하지 않은 사람이 4명이었으며 비합법파에 속
하는 사람은 12명에 지나지 않는 결과를 낳았다. 신간회의 운동 경
향은 점차 합법적·타협적으로 전환하는 추세이므로 급진파의 선봉
역할을 해 온 경성지회 측에서는 올해 봄 집회석상에서 신간회 중앙
집행위원인 박문희朴文禧라는 자가 각 지방지회 앞으로 신간회는 자
치운동에 가담해야 한다는 취지의 통문을 보내고 대중공론사大衆公

論社에 같은 취지를 발표하려고 원고를 송부하려고 했다는 사실에 대해 미리 경성지회가 사실의 유무를 밝혀야 한다고 요구를 하고 있음에 본부가 하등 처치도 강구하지 않고 오늘날에 이르게 된 태만을 책하고 박문희의 제명과 본부의 책임을 추구하였다. 윤주尹柱, 김명동金明東, 김장환金長煥, 황의준黃義準 등은 "박문희가 우리 신간회의 지도 방침에 위반된 행위를 했다는 것은 단지 놀라울 뿐이다. 동시에 본회의 치명상으로서 본 건이 이미 지방까지 알려지게 된 것은 본회 운동의 대타격"이라고 통렬히 논하고 간부에게 압력을 윽박질렀고, 결국 조사위원調査委員에게 맡기는 것으로 되었다. 동월 19일 중앙집행위원회에서는 "박문희의 의지는 자치운동을 실현화시키는 데 목적이 있는 것이 아니라 단지 일종의 연구 재료로서 이론을 전개한 것으로 보고 그러나 동지의 충고에 의해 중지되었으므로 단지 견책에 부칠" 것을 결정했다. 그 자리에서 박문희가 "내가 만약 실행하려는 작정으로 행하였다 하더라도 인도의 스와라지 운동과 같은 것인 이상 반드시 주의의 타락은 아니다."라고 밝힘으로써 형식적인 견책에 결과를 보았다. 또한 대행 회의 석상에서 본부로부터 "단체 혹은 개인에 있어서 그 지도 방침이 본회의 근본 지도 방침과 서로 어긋나더라도 민족 당면의 이익을 위해 투쟁전선을 전개할 때에는 공동전선을 형성할 수 있다."라고 의안을 올리자 경성지회 이관구李寬求 등 다수는 "이것은 명확히 천도교청년당(신파)과 연락한 문제일 것이다."라고 주장하며 반대하는 자가 나왔기 때문에 철회되는 등의 사례가 있는데 신간회 중앙본부의 대세는 대체적으로 이제 합법 타협 운동의 경향이 특히 현저하게 되었다.

　한편 천도교의 신·구 양파의 합동은 더욱 최린파의 운동을 유리하게 전개하는 형세를 보였다. 또한 좌익 전위분자를 포함한 조선청년동맹 내에서도 김재한金在翰 일파는 "현하 조선 사회운동의 정세에 있어서는 과정적·시간적 전술로 이론적·관념적·공허적 방면으로부터 실천적·현실적·방편적 수단으로 공민권 획득·자치운동 제창으로 방향 전환하는 것을 조선민족의 전면적 슬로건으로 내세워 노동자·농민을 장악한다."라고 말한 것으로 보아 합법·타협운동에 합류하지 않을 수 없다고 생각한다. 좌익 사회주의자들이 도저히 이와 같은 미온적 점진주의에 만족할 것으로는 생각되지 않는다. 그들은 신간회와 더불어 그 내부에 분해작용을 야기시켜 주의운동에 종래의 인텔리겐차로부터 순무산 대중으로 기반이 변화해가고 있는 사회사조에 합치해야 한다고 생각하고 있다. 일찍이 물산장려회物産獎勵會, 근우회槿友會는 자연스럽게 신파의 운동 경향에 물들어 가고 기독교 방면에서는 윤치호尹致昊, 박희도朴熙道 등을 중심으로 하여 신우회信友會 라는 단체를 결성하고, 각파 합동전선을 전개했던 동아일보를 비롯한 민족주의자들이 이미 신파 천도교와 기맥을 통하여 스와라지 운동을 시인하고 있는 낌새도 있다. 올해 여름부터 조선 각지에서 동아일보 지국 주최의 지방 발전 좌담회라고 하는 것이 실시된 것이 이미 운동에 한걸음 나아간 것으로 일컬어지고 있다. 한편 경성의 김윤경金允經을 이사장으로 하는 수양동우회修養同友會는 조만식曹晩植, 김병연金炳淵 등 서선지방 민족주의자 다수를 망라하였는데 실상은 상해 안창호安昌浩 일파一派의 홍사단興士團의 조선내 별동단체로 볼 수 있다. 천도교 신파의 운동에 합류하려고 준비 중이라는 정보가 있다.

또한 현재 외유 중인 동아일보 중역 김성수金性洙는 내년 봄에 돌아온 후 이 운동에 자금을 얻어 일제히 가두운동을 개시할 것이 아닌가 하고 말하는 등 일반 사회단체의 최근 경향은 대체적으로 신파가 매년 해 온 운동에 대해 유리하게 전개되며 신·구 양파의 합류는 이 운동의 확대 강화를 가져올 것으로 생각하고 있다.

(3) 일반 민심

조선 내 일반 민심의 경향은 대체적으로 일본 통치를 시인하고 그 지도하에서 관민일치官民一致·내선동화內鮮同化의 혜택을 입어 정치적 경제적 사회적 방면에서 착실히 민의民意의 창달을 꾀하여 장래에 내선일체內鮮一體의 정화를 실현하고 있는 듯하다. 그 과정에서 지방자치제, 공민권의 획득, 선거법의 실시 등을 요망하여 이미 그 일부는 실현되고 있다. 앞서 천도교 신파의 운동은 이 사조에 투합하는 듯하고 일부에서 천도교의 연화軟化라고 하거나 혹은 사회적 방면으로부터 순종교적純宗敎的 영역으로 복귀한 것이라 말하고는 있는데 최린 일파의 운동은 일찍이 신·구 합동 후라 하더라도 지속 확대될 것이다. 고로 그 자치운동의 실체는 앞서 말한 바의 일반 민심의 경향과는 근본적으로 차이가 있는 것으로 그들의 운동은 일시적으로 민족 독립운동을 민족 자치에 두는 것일 뿐이다.

2. 일제의 천도교 요인 포섭 공작 - 최린과 자치운동

일제는 1920년대부터 문화운동을 표방하면서 유화책을 시행하는 동시에 민족운동에 대한 분열 공작을 본격화하는 이중적 통치정책을 구사하였다. 최린은 일제 공작정치의 1차 포섭 대상이었다. 가장 비중 있는 사회 세력인 천도교의 지도자 중 일제 당국은 일본 와세다대학을 유학한 최린崔麟과 정광조鄭廣朝(손병희의 사위)의 동향을 예의주시하고 있었다. 최린은 33인의 독립선언서 서명자 중에는 가장 젊은 축인 42세의 나이로 3 · 1운동 사전 준비의 실무 역할을 완벽하게 수행함으로써 일약 영향력 있는 민족지도자로 부상했다. 그는 1922년 손병희가 죽자 이후 교단 주도권을 장악하는 데 성공하였고 교도의 90% 이상을 장악한 천도교 신파의 '도령道領'으로서 자치운동自治運動을 주도했다. 그런데 최린의 자치운동은 사회주의 및 민족주의 운동 계열로부터 늘 일제의 공작 하에 일제의 자금을 통해 진행되고 있다는 의혹을 불러일으켰고 결과적으로는 민족운동 분열의 일 계기로 작용하였다. 결국 최린의 자치운동은 1930년대 이후의 친일 행각으로 연결되었다. 그는 해방 후 반민특위에 의해 '친일 반역자'로 지목받아 체포되었으며 또다시 북한 인민군에게 체포되어 납북, 1958년 병사했다.

■ 華峰, 1930.11. 「천도교신파 도령 최린에 관한 보고」, 『재등실문서』 16,
217~221쪽.

조선 지방자치권의 확충안을 장차 재가하셔서 더욱 공포公布의
기일期日이 다가오고 있는 것으로 관찰됩니다만, 이것은 조선인으로
하여금 국법이 허가하는 범위 내에서 그 권리를 주장하고 행정에 참
여하게 하는 것으로서 식자의 기대와 환희는 적지 않는 것이며 민심
에 끼치는 영향도 지대한 것임을 간취看取할 수 있겠습니다. 그와 더
불어 조선 통치가 나아가야 할 도정을 밟고, 점차 향상·안정되게
하는 것이므로 이것은 참으로 각하가 국가에 충실하고 조선을 사랑
하시는 지극한 정성이 나타난 것이며, 시대를 통찰하시는 명견明見
과 노력의 결정에 대해서는 깊이 감명받은 바 있습니다. 이와 같이
기뻐해야 할 때에 만약 다른 암흑·불행한 일이 있지 않을까 냉철히
살펴보는 것은 사물의 이치에 따르는 것이라 생각됩니다.

천도교 신파 수령 소위 동교 도령道領 최린崔麟은 조선에 있어서
정치적으로 그 향배를 가장 주목해야 할 존재이며 저 대정 8년(1919
년) 3월 1일 독립을 선언한 33인 중 한 사람인데, 그 후 그는 독립이
도저히 불가능한 것임을 깨닫고 나서는 음으로 양으로 내정 독립,
즉 홈 룰(home rule) 획득 운동의 준비에 노력을 계속 기울이고 있었
습니다. 그는 독립운동이 거두이자 천도교의 3세 교주 고故 손병희
의 직제자이고 교내에서 가장 중요한 사람이며 천도교가 신·구 양
파로 분열된 이래 진보적 분자를 규합하여 강력한 세력을 이루고 신
파의 수령이 되었으며, 지난해 세계를 유람하여 피지배 민족운동의
실황을 자세히 보고 조선이 나아가야 할 길은 내정 독립에 있다고

하여 신파의 중심 세력인 청년당원에 이 주의를 불어 넣어 그 결속
을 굳게 하여 신파 전체의 지지를 얻고 있습니다.

원래 천도교는 확연한 종교 교리를 갖고 있는 것이 아니며 이조
말기의 학정으로 도탄의 괴로움에 견딜 수 없었던 서민을 선도하여
이조를 전복하려고 한 폭민인 두령 최제우, 전봉준의 잔당이 후일
정치적 활동의 길이 막히게 됨으로써 종교의 가면을 쓰고 비밀로 집
합한 것입니다. 그들은 조선 근세사상 유일의 혁명당원으로 볼 수
있는 무리이며 금일에 있어서도 정치운동의 목적을 가지고 기회가
도래함을 기다리고 있는 것입니다. 왕년의 독립운동에도 그 중심이
되었던 바 정치운동은 그 교도가 암묵적으로 약속하고 있는 존립 목
적입니다.

이번에 천도교의 신·구 양파는 손병희가 교통을 이어 받은 인일
기념일인 다음달 24일을 기하여 여러 해에 걸친 알력을 잊고 더욱
대동단결을 하기 위해 합동한다고 합니다. 게다가 종래 감정적으로
자치운동에 반대해 온 구파도 이것을 지지하여 동同 교도 삼백만(스
스로 부른다)의 대중은 통제, 훈련하에 이 운동을 표면화하여 대담하
게 할 것으로 생각됩니다. 그 기세에 편승하여 최린은 최근 그 세력
이 큼을 호언할 수 있는 것입니다. 일찍이 그는 수완가이자 명예를
좋아하고 일을 도모하기를 좋아합니다. 현 동아일보東亞日報 사장 송
진우를 설득하여 약간 상통하는 바가 있어, 소위 자치운동을 찬성시
키고 같이 조선 최대의 언론기관이자 민심의 귀추를 파악하는 동지
同紙 십만의 독자(自稱)와 아울러 여론으로 하여금 이것에 화합하게
하려고 하는 계획에 성공하고 있는 것입니다. 동아일보는 순전하고

중정中正한 기운이 아닌 바, 언론기관 본래의 사명의 궤를 벗어나 이천만 조선 민의의 표현이라 자칭하면서 그 대변자를 사칭하여 독립사상의 고취나 반통치적 소론을 주장하는 것을 본래 임무로 삼아 그 존립이 허가되는 범위 내에서 당국과 타협하고 있습니다. 또한 역시 제국帝國으로부터 분리하여 완전한 독립을 이루는 것을 제일보로 삼아 이 운동을 옳다고 하고 동사同社의 자본주 김성수金性洙도 최린과 목적을 같이 하는데 해외를 시찰 중입니다. 그의 거대한 자산을 본 운동에 필요한 운동비로 제공하겠다는 약속도 하고 있다고 합니다.(이하 생략)

■ 花峰, 1931.2. 「조선자치운동에 관한 보고서」, 『재등실문서』, 255~256쪽.

최린 씨가 최근 소문의 중심으로 되어 있는 것 같은데 원래 그 진위는 별개의 문제지만 본부 혹은 중앙으로부터 돈 4만원을 몰래 받았다고 하는 것이 그 내용입니다. 그것을 가지고 과분한 생활을 하고 운동비로도 사용하여 더욱 자치운동의 기치를 들고 있다고 전해지고 있습니다. 명백한 사실이라고 합니다. 본회 위원인 박문희朴文熺라는 사람이 최근 돈 7천 5백원을 소지하고 있었는데 그 제공처를 알 수 없어 힐문한 결과 신간회 중견분자를 매수하여 자치파로 끌여들이기 위해 최린 씨로부터 받았음을 자백하였습니다. 이와 더불어 종로서원의 말(앞서 기록한)에 의하면 최 씨의 자치운동은 그 정체가 폭로되어 세간은 이에 귀를 기울이고 있지 않다고 합니다. 합동 후의 천도교에 있어서도 동씨가 우두머리가 되어야 했는데 이 문제 등으로 인해 내쫓겨났다고 하며, 나아가 김양영 씨金兩英氏의 처인 나

혜석羅惠錫과 작년 말부터 동래東萊에서 동거함으로써 인격조차 더 럽히고 사회로부터 매장되었던 것 같다고 합니다.

■ 姜東鎭,『日帝의 韓國侵略政策史』, 388~395쪽 부분 발췌

　당국이 민족운동에의 대응책으로서 이용하려 했던 종교는 불교·기독교·천도교 기타 이른바 유사종교의 네 가지였다. 그 중에서도 당국이 가장 눈독을 들인 것이 천도교와 기독교였다. 그 이유는 ① 3·1운동의 많은 민족대표가 이 두 종교와 관련을 가지 민족주의자였고 ② 3·1운동 후에도 신자가 불어나고 있었으며 ③ 배일적인 민족주의자가 이 종교단체들에게 많았고 ④ 천도교가 반외세反外勢 반봉건적 투쟁으로 유명한 '동학당'을 이어받은 것이었으며 ⑤ 기독교도 외국인 선교사와의 관련으로 대외對外 선전 대내對內 선전에 중요한 자리를 잡고 있었기 때문이다.(388~389쪽)

　3·1운동에서 가장 큰 몫을 했던 천도교에 대해서는 아주 강경한 태도로 임했다. 즉 천도교와 그것을 분열시켜서 만든 청림교靑林敎·제우교濟愚敎 등 이른바 '잡교雜敎'에 대해서는 "내지의 유력자를 고문으로 앉히고, 당국의 방침에 따라 포교하겠다고 서약시키며, 이에 따르는 자에게는 상당한 편의를 주고 만약 따르지 않을 때에는 엄하게 단속하며 경우에 따라서는 해산을 명한다."는 방침을 택했다. 특히 청림교·제우교의 분립, 이탈로도 아직 민족주의자가 많이 남아 있는 각지의 천도교에 대해서는 일단 분열시킨 뒤 그 속에 어용세력을 만들고 그것을 이용해서 완전히 어용화시키는 방침을 쓰기로 돼 있었다.(390쪽)

천도교에 있어서도 1920년 재정난 타개책으로서의 인원 정리와 '교헌敎憲개혁'을 둘러싼 의견 대립을 이용해서 분열을 빚게 하고는 마침내 천도교를 신·구 양파로 갈라 놓았던 것이다. 그 후에도 당국은 최린을 시켜 더욱 분열을 거듭하게 해서 천도교를 신·구 양파에 더하여 '연합회파連合會派'·'육임파六任派'의 4파로 쪽가게 했고, 신파의 두목격인 최린을 밀어 주도권을 휘어잡도록 획책했다.

둘째는 3·1운동 후에도 신도가 불어나는 종교에 대해서는 내부 공작과 아울러 직업적 친일분자를 시켜 교도의 일부를 밖으로 끌어내어 비슷한 새 종교로 갈라서게 해서 약체화를 노렸던 것이다. 이를테면 민족주의자 세력이 강한 천도로부터 일진회一進會의 잔당 등 친일파를 시켜 일부 신도를 매수·유인해서 청림교·삼성무극교·제우교 등으로 갈라지게 했으며(391~392쪽) 총독부는 종교단체의 어용화를 통해서 민족주의자의 축출 공작을 펴나가는 한편,「문화운동」을 적극적으로 밀어붙이고 나갈 준비단계로 타협적인 민족주의자의 회유·포섭 공작에 손대기 시작했다.(393쪽)

당국은 민족주의자의 동조를 얻기 위한 각개격파식의 회유공작과 더불어 민족에게 영향력이 있는 저명한 민족주의자 몇 명을 포섭해서 그들에게 '민족개량주의民族改良主義'를 선전 유포시키기로 방침을 세웠다. 이렇게 해서 등장한 것이 이광수李光洙·최남선崔南善·최린崔麟이었다.(393쪽)

간접사격間接射擊으로 설설 조선인 사이에 열망熱望이라든가 신용 있는 인사와의 사이에 양해를 얻도록 일을 꾸미는 외에 좋은 방책이 없다고 생각되와 여쭙는 것입니다. 여기에는 이번 가출옥한 위인들 중 특히 최린이 안성마춤의 친구입니다. 소생도 그와는 말 없이도 마음이 통하는 바 있으니 웬만큼 이야기가 될 승산이 있습니다. 이러한 터에 정鄭(천도교 관계인사)과 함께 전번에 귀지貴地(서울)에 놀러 갔을 때도 하루저녁 잘 놀아 두었습니다. 뭐니뭐니해도 천도교도 따위를 채찍질 쳐서 저쪽으로(敵으로) 돌린다는 것은 큰 바보짓이라고 말씀드리고 싶습니다. (「재등실에게 보낸 阿部忠家 서한」1921년 6월 26일. 394쪽)

최린은 천도교의 분열에 간여하고 나중에는 '자치론'을 앞세워 민족주의자의 대일 타협화를 부채질하는 데에 크게 한몫 했다.(395쪽)

- 「반민특위 재판기록」, 『여암문집如菴文集』(하), 295~297쪽, 331쪽.

문 : 중추원 참의로 들어갈 때 그 경위를 간단히 말씀하시오.

답 : 거기에는 다소 곡절이 없는 것도 아니나 그것을 말씀한다면 구구한 변명같이 되어 말씀드리기 거북합니다.

문 : 재판이란 것은 피고의 변명을 듣자는 것입니다. 물론 그 변명을 그대로다 채택하는 것은 아니고 여러 가지로 종합하여 판정하는 것이지마는 하여간 사실을 사실대로 말씀하는 것이 좋습니다.

답 : 그때 나의 심경이라든지 또는 그 경위를 사실대로 밝히려면 우원宇垣이를 이 자리에 증인으로 부른다면 잘 알 것이지마는 우원이 이 자리에 없으니 어찌 할 수 없는 일입니다. 다만 거기 있어서 아까도 말씀드린 바와 같이 그때까지도 본인은 관념이나마 과부로

자처해 오던 터에 그런 일을 당케 되니 그때에 최린崔麟이 택할 길이
세 가지밖에 없었습니다. 하나는 해외로 도망하는 길, 하나는 자살
하는 길과 그리 안 되면 그들의 포로가 되는 길, 이 세 가지입니다.
그런데 해외로 도망을 한다든지 자살하지 못한 원인은 집에 늙은 부
모가 계시는 까닭이었습니다. 저의 선친이 독자이시고 또 제가 무매
독자인데다가 집이 가난해서 제가 아니면 늙은 부모를 봉양할 사람
이 없었습니다. 이미 나라에 불충한 사람으로서 부모에게 불효한다
는 것이 인정에 차마 하지 못하였습니다. 죽지 못하고 도망하지 못
한 것은 원인이 여기에 있습니다. 그 두 길을 떠나고 보면 일본놈들
에게 항복하는 도리밖에 없었습니다. 그리고 그때의 심경을 말씀드
리면 그때 중추원 참의가 되고 난 뒤에 어떤 중추원 참의로 있는 한
사람이 찾아와서 감상이 어떠냐고 묻기에 아무 감상도 없고 그저 적
의 군문에 항복한 감상밖에 없다고 대답했더니 그 사람이 그것을 수
첩에다 적어가지고 갔습니다. 이것이 그때나 이때나 변하지 않는 나
의 심경입니다.

문 : 지금 조사한 바에 의하면 그 당시 김대우金大羽가 권고해서
참의가 되었다는데요?

답 : 그렇지 않습니다. 최린이가 일개 총독부의 소관小官인 김대
우의 권유나 들어서 그리 할 최린이 아닙니다. 미안한 말이나 그
것은 최린을 너무 과소평가하는 것입니다. 우원이 직접으로 권고하
여 된 것입니다. 김대우는 그 당시 중추원 서기관으로 있었습니다마
는 그 문제에는 아무런 관계가 없었습니다.

문 : 그때 우원일성宇垣一成이가 직접으로 권고할 때에 그것을 거

부하지 않았습니까?

　답 : 물론 처음에는 거절했습니다마는 그의 강요에 마침내 항복하고 말았습니다.

　문 : 검찰부에서 조사한데 의하며 그 당시에 우원이가 당신의 신변을 보장할 수가 없다고 그랬다는데 그 보장할 수 없다는 말이 무슨 말입니까?

　답 : 그때 우원이가 말하기를 "우리 같은 사람은 당신의 처지를 잘 알고 있으므로 그렇게 하고 싶지 않지마는 나의 부하들이 법을 가지고 빙자하는 때에는 당신의 신변을 나로서도 보장할 수가 없고 또 앞으로 동양에 큰 풍운이 일어날는지도 모르고 그리 된다면 세상이 퍽 험악해질 터이니 지금 그렇게 해 두는 것이 무방할 것 같다."고 하였습니다. 저는 그 사람이 비교적 솔직한 사람이라고 생각하였습니다. 그래서 하는 수 없이 그렇게 된 것입니다.

　문 : 몇 번이나 권고했습니까?

　답 : 4, 5번 됩니다.(295~297쪽)

(마) 일제의 천도교 박해

　4264년(서기 1931년) 일본이 소위 만주사변을 일으켜 대외적으로 중대한 결의를 하게 되자 그들은 먼저 국내 치안의 확보를 기코자 소위 불온단체 및 인물의 숙청 공작을 시작하였으니 이 대상으로는 조선에 있어서는 천도교와 최린 씨가 첫 목표이었습니다. 이리하여 그들은 살장참마殺將斬馬 격으로 먼저 지방교회부터 착수하여 각 지방에서는 무고히 교도들을 납치·구타하며 강제로 탈교계脫敎屆를 내게 하며 심지어 그 지방에서 살지도 못하게 월경을 시킬 뿐 아니라 교회당을 폐쇄하는 등 갖은 박해를 하였습니다. 이렇게 폐쇄된 지방이 남한만 하여도 상주, 경주, 울산, 통영, 남해, 사천 등 각처이었고 전국을 통하여 기십 군이 되었으며 중앙기관은 매일 이 보고 접수에 분망하였습니다. 이와 같이 일제는 천도교를 박해할 뿐 아니라 필경은 해산까지 시키려 하였던 것입니다. 그러나 천도교는 역사적으로 견고한 단체일 뿐 아니라 한편 그들이 미국과 통한다고 보는 기독교에 대한 견제책도 될 것이라는 견지에서 해산보다는 일차 회유로서 거세책을 강행하게 되어 이에 일제 독수는 다시 천도교의 수령이요, 민족의 지도자인 최린 씨에게로 내리게 되었습니다.(331쪽)

3. 일제 경찰의 천도교 활동 탄압

일제 시기 천도교는 중앙과 지방 경찰의 집중적인 감시 대상이었다. 천도교에서 주최하는 행사에 일제 경찰이 배석하여 감시하는 것은 예사였고 3·1운동을 주도한 만큼 독립운동과 관련된 사건들이 발생할 때마다 이에 관련되었을 것으로 추정되는 천도교인들은 수시로 체포되는 수모를 겪어야 했다. 이러한 일제의 탄압은 교세 약화의 일 계기를 제공했는데, 특히 3·1운동 직후인 1920년대 초반 각 지방에서의 천도교 탄압으로 이탈자가 속출하여 교도수가 상당수 줄기도 했다.

천도교 탄압에 관련된 유형을 분석해 보면 첫째, 중앙교단의 운영에 대한 간섭을 들 수 있다. 1910년대에는 데라우찌(寺內) 총독이 직접 손병희를 불러 일제의 시책에 맞도록 천도교단을 운영할 것을 협박하였다. 그리고 경찰 당국은 천도교단의 재정 조달책인 성미제誠米制의 폐지를 요구하기도 하였다. 둘째, 천도교 지도자들에 대한 감시를 통해 그들의 활동에 일정 정도 압력을 가하는 수단으로 삼기도 했다. 셋째, 지방에서의 탄압은 인신 구금과 교당 폐쇄를 경찰이 자의적으로 시행하는 등 그 탄압의 정도가 중앙보다 심했다. 넷째, 천도교가 주도하는 사회운동에 대해서도 철저히 간섭하고 탄압했다. 조선농민사朝鮮農民社와 천도교청년당天道敎靑年黨 등에 대해서는 강연을 금지하거나 당가黨歌가 불온하다며 수정을 요구하는 등 탄압의 강도를 한층 높였다.

(1) 1910년대 일제의 탄압과 성미제 탄압

■ 『義菴孫秉熙先生傳記』, 257~268쪽.

천도교에 대한 첫 탄압은 이미 합방 전해부터 시작되었다. 23세의 젊은 의사 이재명李在明이 매국 원흉 이완용을 자상刺傷한 사건이 발단이 되어 천도교 간부의 구속에까지 이른 것이다. 교회의 간부 양한묵, 오상준 양인兩人이 이완용 자상사건의 모의에 가담하였다고 혹독한 고문을 받고 나온 일이 있었다. 그 전부터 천도교를 불온단체시 해 오던 일인日人은 이 사건 이후 더욱 더 천도교와 그 간부들에게 감시의 눈길을 쏟고 있었다. 그 후 천도교에 대한 직접적인 탄압이 가해지기는 합병되던 그날부터 이루어졌다. 오랜 준비 끝에 그해 8월 15일에 창간호를 발행한 천도교회월보의 간부 4명이 북부경찰서(현 종로서)에 구금되는 사태가 벌어졌다. 동사同社 주간 이교홍李敎鴻은 한국 병합을 반대하는 서한을 각국 영사에 보내어 병합의 부당함을 개진하고 각국의 성원을 요청하였다가 일경에 체포된 것이다. 그는 일단 심문을 받고 석방되어 나왔으나 다시 9월 2일에 기타 간부 3인과 함께 또 다시 구속되기에 이르렀다. 그들은 합방에 반대하고 외국에 청원하는 것은 어디까지나 개인의 의사요 천도교회월보사나 천도교의 의사가 아님을 밝혔으나 집요한 일경은 천도교 탄압의 구실을 발견하기 위하여 맹렬히 그 배후를 추궁하였으므로 사세가 자칫하면 교조인 선생에게까지 미칠 형편이었다. 선생은 그 전부터 앓아오던 족종足腫의 치료를 위하여 3일 후인 7월 5일에는 대한의원에 입원하고 말았다. 간악한 일경 앞에서 합방을 찬성한다고 거짓말 할 수는 없는 일이요, 그렇다고 병합 반대 의사를 명백히 함으로써 천도교 탄압의 명분을 주고 싶지도 않은 난경을 타개하려는 심산이었다. 일경은 십 일 후인 구 월 중순에는 마침내 천도교 간부에 대한 소환 심문을 행하였는데 이 기회에 천도교 간부를 철저히 내사하여 불온한 맹아를 꺾어 버리려 하였다. 교회 임원 김완규金完圭 등 수명의 간부가 경무총감부에 구속되어 문초를 받은 후 수일만에 몽방蒙放되어 나왔다. 교회의 조직과 운영, 재정 상태, 교인의 동태, 그리고 간부의 신상 등을 문초한 후 협박을 가하여 앞으로 천도교도는 일체의 정치적 불온한 행위와 의사를 삼갈 것이라는 그들로부터의 다짐을 받은 후 석방한 것이다. 결국 이 사건으로 말미

앎아 천도교회월보는 앞으로 정치적 견해를 일체 표명할 수 없게 되고 오로지 종교인의 교양과 계몽을 위하여 기사를 게재하도록 하는 제재를 받고 얼마 후 다시 발간의 허가를 받게 되었다.

천도교에 대한 일제 침략자의 간섭·탄압은 그 이듬해인 1911년에 더욱 가혹하여졌다. 극성스런 일인의 보호를 받으면서도 날로 쇠잔해지는 시천교侍天敎에 비하여 불온한 민족주의 사상을 품은 천도교도들의 세력이 일증日增함에 두려움을 나타낸 일제는 4월 1일에 이르자 선생을 제2헌병분대에 출두시켜 여러 모로 협박을 가하였다. 이번 문초는 항간에 유포된 낭설을 들어 선생을 곤경에 몰아넣으려는 것이었으나, 그 이면은 교세 확장에 있어 중요한 역할을 하고 있는 성미법誠米法을 폐지시키려는 의도에서였다. 오전 11시에 출두한 선생은 동同 분대장 村田多忠 중위中尉로부터 갖가지 위협을 받았는데 그 골자는 터무니없고 부당한 것이 한둘이 아니었다. 첫째는 선생의 사생활과 거동이 교오존대驕傲尊大하다는 것이다. 선생이 매양 출입할 때에는 쌍두마차를 굴려 거리에 그 위풍을 과시하고 집안에서는 많은 하복下僕과 처첩을 거느려 그 교오함이 왕과 같으며 그 호사함이 극에 달하였다는 것이다. 그리고 성인라 자칭하여 교도 간에 일종의 교령을 발하여 연호도 포덕연호布德年號를 사용하고 있으니 그 참람됨이 심하다는 것이다. 둘째는 교도들로부터 매주 백미白米 오합五合씩을 거두어 들이는데 마치 정부에서 조세를 징수함과 같이 강제성을 띠었다는 것이다. 그리고 성미는 천주天主에게 바치는 것이니 남에게 매각함은 불경스러워 금지하고 교회의 용도에만 충용充用하니 역시 참월僭越된 소행이 아니냐는 것이다. 셋째는 우매한 신도들은 가입시키려는 수단으로 허위를 날조한다는 것이다. 즉 천도교에 가입하는 자는 어떠한 관헌이라도 힘을 미치지 못할 것이요, 또 현 교도들의 수가 3백여 만이니 전 조선 성년 인구 1천 4백만 명 중에 그 3분의 2를 교도로 삼으면 조선의 운명은 손바닥을 뒤엎는 듯 다반사의 일이 되리라고 하면서 포교에 힘쓴다는 것이다. 선생은 일문일답을 통하여 항설巷說의 허황된 근거를 반박하고 참된 교지와 교세의 현황을 설명하면서 일제의 간악한 탄압의 손에서 벗어나려 노력하였다. 오랜 문초 끝에 일 헌병은 선생에게 자중할 것을 말하고 교도 간에 유포되는 조화미신造化迷信을 신칙申飭토록 요구하였다.

그리고 성미제도는 강희降熙 3년(1909) 각령閣令 제2호에 위반되므로 포덕布德 52년, 즉 그 해 2월 9일에 발포한 천도교종령 제3호의 기부행위를 중지토록 명하였다. 그는 결국 앞으로 이런 일을 다시 하지 않겠다는 서약서를 제시하며 날인捺印을 강요하였다. 선생은 천도교 해산까지도 초래할지 모를 일제의 탄압을 미연에 방지하기 위하여 본의는 아니나마 이처럼 각서 내용이 모호模糊함을 다행으로 여기며 날인하고 돌아왔다. 선생의 신변을 근심하던 교회 간부와 가족들은 무사히 돌아온 선생의 모습을 보고 적이 안도의 기쁨을 감추지 못하였다. 선생은 교회 간부들을 불러모아 당국에서 강경하게 요구하는 성미제 폐지에 따를 대책을 숙의케 하였다. 성미법은 교회 재정의 가장 중요한 재원이었으며 따라서 이의 폐지는 교회 재정의 고갈을 의미하는 것이었다. 일진회원一進會員들의 축출 후 한때 곤궁에 빠졌던 재정 상태도 이 성미법 시행으로 점차 회복되어 오늘

의 교세를 이루었는데 이를 폐지함은 실로 교회에 크나큰 손실을 초
래하는 것이었다. 물론 당시의 재정 상태는 풍부한 것이었다. 성미
가 각 교구에서 수검되지 않더라도 당분간 교세를 유지할 만한 여력
은 아직 있었다. 그러나 성미제의 무기한 폐지는 반드시 다른 재원
을 확보確保해야만 되는 것이었다. 따라서 간부들 간에 진지한 논의
가 거듭되었으나 별다른 묘책은 안출되지 못하였다.

선생은 당국에 대한 약속도 있는지라 일단 성미법 폐지에 관한
고시告示를 지방 각 교구에 발송하여 이를 당국에 보고토록 하고 차
차 시일을 두고 사후의 대책을 논의하기로 하였다. 그리하여 4월 중
순에는 각 교구에 통첩通牒을 발하여 성미법을 폐지토록 하였다. 이
후 교회에서는 정액제 성미법을 중지하였으나 교도의 자발적인 성
금과 헌납을 계속 받아들여 사실상 성미제에 대신하게 되었고 3년
후에는 무기명 성미제를 실시하여 전일의 융성함을 조금도 잃지 않
게 되었다. (이하 중간 생략)

선생은 일인日人에 대하여, 특히 그들 고관에 대하여는 힘써 오기
와 존대尊大함을 잃지 않고 의연毅然한 태도를 유지하려 하였으니 당
시의 총독 寺內와 대면할 때의 유명한 일화는 이를 잘 나타내는 것
이다. 그해 12월에 총독이 사람을 보내어 선생을 면회코저 한다기
에 선생은 역시 쌍두마차에 올라 남산 총독청사에 이르렀다. 때는
마침 엄동이라 선생은 외투를 입은 채 안내인을 따라 총독실에 들어
섰다. 넓고 높은 방에는 윤나는 탁자가 놓여 있고 서가와 그 위에는
무슨 보고서철報告書綴 등이 난잡하게 끼여 있어 썰렁하기만 하다.
탁자 옆 화로에 몸을 움츠리며 불을 쪼이고 있던 총독은 일어나 선

생을 맞이하고 옆 소파에 앉기를 권한다. 대머리에 눈꼬리가 가늘게 치솟고 검은 살결에 무뚝뚝함을 나타내는 이자의 표정에는 전형적인 왜놈 무골의 표한慓悍함이 스며 있다. 그는 이윽고 표정을 누그리며 천천히 말을 꺼낸다.

"손 선생!"

"……."

"손 선생은 적어도 백만대단百萬大團을 거느리는 대표자요, 일본 내지에까지 다년간 유람한 분인데 조선사람들은 그렇게 예의 지킬 줄을 모르나요?"

당돌하게 묻는 그 말에 필시 꼬투리를 잡으려는 심사 있을 듯하나 마음에 떠오르는 바가 있어 시치미를 떼며 대답한다.

"무슨 말씀이신지요? 내가 무엇이 예의에 어그러지는 일이라도 있었던가요?"

"참 모르시는 말씀, 누가 외투를 방 안에까지 입고 들어온단 말이오?"

"아! 그 말씀을 하시려구. 우리 조선 풍속에 매사는 간주인幹主人이라. 주인 시키는 대로 하는 것이 예의입니다. 조선 사람들은 예의를 모른다 하나 그래 예의를 잘 지키는 일본 사람들은 방 안에서 외투를 미리 입고 앉아서 손님을 대하는 것이 예의란 말이오?"

아까부터 화로 옆에 움추린 그자도 역시 외투를 입은 채였다.

"하하하, 그것은 다 우스개 말입니다. 오늘은 참 날씨가 매우 찹니다."

"네! 날씨가 매우 차군요. 그래서 나도 외투를 입은 채로 방에까지 들어왔고 각하도 방에 앉아 화롯불을 쪼이면서 외투를 벗지 않으셨을 것입니다."

"아 참 혹한입니다."

"각하께서 친히 부르신다기에 왔습니다. 무슨 급한 일이라도 있으신가요?"

날씨 이야기나 싱겁게 꺼내는 수작이 무슨 말하기 곤란한 일을 앞에 둔 어린아이 희롱 같기도 보여져 선생은 용건을 말하려고 물어본 것이다.

"아, 별 일 없습니다. 이렇게 만나는 기회를 가져야 서로 친해질 것이 아닙니까."

선생은 이내 정색하고

"이 자리는 공청 아닙니까. 서로 친하기 위하여는 자리를 따로 하는 것이 좋지 않을까요. 그리고 백만대단의 대표자 말씀을 아까 하셨는데 3인의 장長도 장이오, 10인의 장도 장이라. 내가 잘났다는 말도 아니오 위해 달라는 말도 아니나 적어도 3백만의 장인데 이번뿐 아니라 별다른 일 아니면 오라 가라 하는 것은 좀 생각할 일이 아닐까요. 나 개인은 아무렇게 대해도 좋지마는 기관의 대표자 대하는 예의가 이래서야 되겠습니까?"

선생은 천천히 그러면서도 한마디 한마디 힘주어 말하였다. 총독의 얼굴은 일그러지며 힘써 웃음을 띠려는 듯하였다.

"손 선생 잘 알겠습니다. 그것일랑 허물 말아 주시오. 서로 친근하려고 그런 것인데 다음부터는 제가 있는 관저에서 뵈이도록 하겠습니다."

"오늘 말씀하실 것은….."

"딴 일이 아니고요 내 자신이 천도교를 연구하는 가운데 다소 의심 나는 점이 있기로 한마디 묻고 싶어서 오시란 것입니다. 달리 생각지 말아 주시오."

"……"

"…저 갑오 동학란 말입니다. 내가 생각하는 바로는 종교 신자로서 총을 메고 창을 들고 사람을 죽이고 한 그 일이 마땅치 않아 뵈는데… 거 어떻습니까?"

결국 이자가 묻는 것은 동학혁명 재기再起 때에 가장 선명히 표방되었던 척왜斥倭의 창의倡義를 지적함이 분명하다. 동학의 후신인 천도교가 왜인 섬멸의 기치를 지금도 계승하고 있는지 그자로서는 궁금한 일일 것이다. 선생은 의연하게 대답하였다.

"각하께서 그것은 잘못 생각하셨습니다. 갑오년은 그만 두고 지금이라도 그런 일을 하게 되면 해야지요. 천도교는 본래 나라와 백성을 떠난 종교가 아니니까요."

총독은 흠칫! 놀라는 표정으로 선생을 다시 한번 바라보더니

"분주하신데 미안합니다. 그만 돌아가 보십시오."

"이왕 왔던 길이니 말씀하실 것이 있으면 허물 말으시고 더 하십시오."

"오늘은 이만 합시다."

듣던 것보다는 유하게 나온 그자. 그리고 생각보다는 싱겁게 끝난 이번 대면은 혹시 앞으로의 홍책의 복선이나 아닐는지 일말의 불안감마저 느끼며 선생은 다시 마차에 올랐다.(이하 중간 생략)

경술국치庚戌國恥가 이루어지고 얼마가 지난 후의 일이다. 하루는 정무총감부에 근무한다는 일인 형사 하나가 선생을 방문하였다. 정중히 인사를 마친 그는 선생과 가족의 안부며 계절에 관한 화제를 수다스레 끝낸 후 말머리를 돌려

"천도교가 생긴 지 그리 오래 되지 않은 줄 아는데 지금 조선에서 가장 큰 종교가 된 것을 저는 늘 이상히 여겨 왔습니다. 그러다가 요즘 우연한 기회에 천도교 책을 보게 되었는데 내용이 퍽 흥미로워 교리를 알고 싶어 선생님을 찾아뵙게 되었습니다."

"종교는 아는 것이 아니고 믿는 것이니 열심히 교회에 나오면 자연 교리를 알게 될 것이오."

선생은 가볍게 대답하였다. 그러자 그는 내방來訪의 본색을 이내 드러내며 다구쳐 선생께 물었다.

"천도교회에 용담유사龍潭遺詞라는 책이 있다는데 모두 몇 편으로 되어 있습니까?"

"8편으로 되어 있지요."

선생은 일일이 손을 꼽으면서 용담가龍潭歌, 안심가安心歌, 교훈가敎訓歌, 도수사道修詞, 권학가勸學歌, 몽중노소문답가夢中老少問答歌, 도덕가道德歌, 흥비가興比歌가 하며 일러주었다. 그자가 용담유사의 편수를 묻는 데는 까닭이 있었다. 유사 8편 중 안심가에는 왜인격퇴倭人擊退를 읊은 구절이 나오므로 이것을 들어 트집을 잡으려는 것이다.

배일 감정이 극렬히 나타나 있는 안심가를 천도교경전으로 삼는 이상 천도교는 항일 색채가 농후할 것이요. 따라서 일경은 매양 천도교도의 항일 동정을 살펴왔고 선생에게도 꼬투리를 잡으려 한 것

이다.

그자는 선생을 찾기 전에 이미 시천교侍天敎의 대종사 김연국金演局에게도 찾아가 똑같은 수작으로 용담유사의 편수를 물은 일이 있었다. 그때 김연국은 일경의 묻는 의도를 알아차리고 용담유사는 7편이라고 대답하였다. 물론 안심가 내용이 문제될까 두려워하여 일경의 비위를 맞추려는 것이었다. 비열한 기지로 호도糊塗한 김연국과는 달리 사실대로 의연히 대답한 선생에게 그자는 다소 불쾌한 표정으로 대어들 듯이

"한 종교의 경전으로 어떻게 남의 나라를 모욕하는 수가 있습니까?"

이 말에 선생은 조금도 표정을 누그리지 않고 대답하였다.

"당신이 지금 듣고서 알기나 내가 오늘까지 보고 알기나 피차에 마찬가지가 아니오. 안심가를 내가 지었다면 나보고 질문할 법도 하오마는 대신사大神師께서 이미 지어 놓으신 것을 우리 후인들이야 그저 보고 외우는 것일 밖에 도리가 없는 것 아니오."

"그러면 선생께서는 우리 일본이 그렇게 되기를 바라고 계십니까?"

"이거 무슨 소리요…. 세상 일이 어데 생각이나 말과 글로서 그렇게 되라 해서 되는 줄 아오? 어디서 이 따위 소리를 하는 거요."

선생은 큰 소리로 꾸짖듯 말하였다. 선생의 흉중을 털어 보겠다고 유도하는 그자의 속셈이 뻔히 들여다 보였다.

"선생 같으시면 그렇게 생각하고 말 것입니다다만 시골 농민들은 어디 그렇게 되겠어요, 이것을 가지고 쑤군거리며 돌아다닐 테니 치

안에 방해가 될 염려가 없지 않습니다. 선생께서 이것을 이렇게 보지 않도록 미연에 조치를 해 주셔야 되겠습니다."

"어 그것은 안 될 말이오. 치안 문제는 당신네 책임이고 우리로서는 교조가 보라고 내놓으신 글을 이제 와서 보지 말아라, 이것은 안될 말이오. 나로서는 감히 못할 일이오. 당신네가 금하려거든 금해 보시오."

단호히 잘라 말하는 선생에게 더 이상 그 이야기를 끄낼 수 없게 된 그자는 어물어물 딴 이야기로 화제를 돌리더니 얼마 후 돌아가고 말았다.

1916년 3월 말일에는 선생이 다시 일경에 호출되어 장시간에 걸쳐 심문을 받은 일이 있었다. 본정本町경찰서(현 중부서) 사법계의 호출을 받은 선생은 이미 해결을 본 지 수년이 지난 재산 소유권의 소송 관계를 필두로 교회의 운영과 그 간부의 동태 그리고 교유인사交遊人士와의 불온한 정담에 이르기까지 추궁하면서 일본의 시정施政에 찬성할 것과 총독부에 협조하도록 은근히 회유하려 하였다. 물론 선생은 오로지 교회운동에만 전념할 몸임을 강조하고 정치에는 일체 관심도 없거니와 간여도 하지 않을 것임을 표명하였다.

(2) 천도교 운영에 대한 감시와 탄압

■ 『東亞日報』, 1920년 7월 22일

"족생簇生하는 종교에 대하여―종교당국의 처치는 엇더한가―텬도교 처리가 가장 어려움다고"

　요사이 사회 각 방면에 여러 가지 생기는 것이 만하 각기 각 계급에 대소 단톄의 설립되는 것이 거의 뒤를 이어가는 현상이라. 이러케 만히 생기는 여러 긔관의 작이 요사이 가치 고르지 못할 일긔에다 각기 무사히 장성하여 갈는지 적지 아니한 의문이며 또한 념려되는 일이라. 각디 단톄 당국자의 견강한 분투와 사회의 심후한 원조를 기다림이 만커니와 그 중에도 특별히 사람의 주목을 잇끄는 것은 종교宗敎를 표방하야 새로히 종교 일홈을 세우는 단톄가 또한 만히 이러나는 것이라. 그런데 이 여러 가지 이러나는 이 종교 중에는 이삼 특별한 것을 제한 외에는 텬도교 종류의 분파로 나온 것이 뎨일 만코 두어 종류는 이전에 잇든 것을 새로히 중흥코져 활동하는 모양이나 가장 괴괴한 것은 가짜 조선사람인 일본인이 교주이라던가 하는 무당조합도 무슨 교이라 일홈을 지엿다 하는대, 또 종교의 내용이 과연 종교의 실질實質을 구비하는지, 엇더한 것이 조코 조치 못한지, 종교 이외에 또 무슨 다른 목뎍이 있는지 그것은 도모지 상관할 필요가 업는 일이나 작년 삼월에 텬도교의 교주이하 주요한 사람이 독립운동의 주창이 된 모양이얏음으로 비록 텬도교가 종교단톄로 정치운동을 행한 것은 아니나 총독부 당국과 기타 일본인 편에는 졸연히 텬도교의 처치가 큰 문뎨가 되야 일시는 텬도교의 존재도 위태하리라고 전하는 전도 세상이 들렷스나 총독부에서는 포교규측을 덕용하고서 종교로 인뎡하지도 아니하고 엇더케 하는 세상인지도 알 수 없는데 또 요사이와 가치 성풍하는 종교단톄가 이러나서는 그 장래가 엇더케 될는지 그 일에 류행하는 해산이나 당하지 아니할는지 이에 대하야 종교행정에 관계 잇는 총독부 모 당국자의 말을 드른즉 "원래 종교는 총독부에서 종교로 인뎡하면 포교규측에 의지하여 종교를 선포케 하지마는 그러치 아니한 것은 종교 행정에 표면으로 종교라 인뎡치 아니하는 고로 따라서 포교규측의 뎍용도 밧지 안코 보통의 집회결사이니 맛찬가지로 보아서 경찰 편의 손에만 맛겨 버리고 종교과에서는 직접으로 상관치 아니하는데 텬도교에 대하야는 아직 불교이나 예수교와 가치 종교로 인뎡치 아니 하엿으나 조선에서 생긴 종교로는 력사도 잇고 신자도 만흔 고로 이를 불교이나 예수교와 갓치 인뎡할는저 아니할는지 이에 대하야는 총독부 당국에서 오랫동안 조사도 한 바 세상에서는 여러 가지 풍설을 전하는 모양이나 총독부 편에서는 아직 구톄뎍으로 그 방침을 강구하기에 이르지 못하얏스며 기타 종교의 명칭을 부친 단톄에 대하야는 아직 종교로 인뎡하기에 이른 것이 별로 업는 고로 아직 그대로 경찰의 취톄에 맛겨두어 보통 집회이나 결사를 취톄하는 것과 가치 되고 종교과에서 직접으로 상관하지 아니한다." 하는데 사실이 이와 가트면 총독부의 종교에 대한 방침은 아직 별로히 변동이 업슬 듯하더라

■ 『東亞日報』, 1924년 4월 5일

"종지선전금지宗旨宣傳禁止 - 종로서의 무리와 일반의 분개"

텬도교에서 금 오일 주야를 통하야 텬일긔념식을 성대히 거행한다 함은 별보한 바와 갓거니와 다시 비행긔를 리용하야 간단한 텬도교의 종지宗旨를 인쇄한 조회를 공중에서 뿌리고자 한단 계획이 일

우엇섯스나 소관 종로서에서 허가를 하지 아니함으로 하는 수 업시
중지를 하얏는데 비행긔로 온건한 종교의 선전문서를 뿌리지 못하
게 하는 종로서의 처사에 대하야는 다만 텬도교 편뿐이 아니라 일반
의 불평이 놉다더라.

■ 『朝鮮日報』, 1924년 5월 25일

"천도교선전문 칠 천 매를 압수-당국 긔휘에 촉하야"

텬도교련합회天道敎聯合會 션뎐부에서는 근자에 인내텬쥬의의 교
리를 각성하라는 텬도뎍 션뎐문 칠천매를 인쇄하야 일반교인에게
배포하랴고 할 지음에 그 션뎐문 중 뎐도교회 혁신공약장革新公約章
이라는 세 가지 죠목 안에서 뎨 엿새 죠항이 당국 긔휘에 촉한다 하
야 경찰 당국에서 그 션뎐문 뎐문을 압수하얏다더라.

■ 『中外日報』, 1928년 11월 30일

"종리원宗理院의 간판을 순사가 무리철회無理撤回 – 일반 주민은 극
도 분개, 순천順川 봉명면鳳鳴面 천도교"

평남 순천군 봉명면 상리順川郡 鳳鳴面 上里 유지 청년 십여명이 지
난 가을에 자각도덕 텬도교에 입교하야 십여 명의 부를 그 면 텬도
교 종리원에 갓다 부치고 일뎡한 장소에 모혀 텬도교종리원天道敎宗
理院이란 간판을 부친 다음 교리강습도 하고 야학도 하며 또 포덕도
하야 참으로 텬도교촌이 되다십히 하야 곳 청년 그들은 불미한 행동
은 일체 금하고 미신迷信도 타파하야 신문화를 수입하고 새 시대를
순응하는 청년이 늘어가는 중이라는 바 신경과민한 경관은 전긔 상

리 텬도교인 중 중요한 김병긔金炳基 씨를 순천 경찰서 봉명鳳鳴 경찰관 주재소駐在所로 호출하야 명령하는 말이 텬도교간판天道敎看板을 관의 허가업시 붓첫스니 곳 떼라고 하얏스나 김병긔 씨는 주저타가 수일 동안을 그대로 두엇던 바 지난 십사일에 봉명경찰관주재소 소위 주임이라는 경관이 와서 주인主人도 찻지 안이하고 텬도교 간판을 떼여 버렷다는데 자유신교自由信敎인 텬도교 간판을 일개 순사가 그가티 무리하게 떼여 버림으로 그곳 교인들은 분개함을 참지 못한다 하여 뎍극적 대책을 강구하여 금후는 그런 무리한 일이 업도록 사회의 의론을 환기하리라더라.

(3) 천도교 지도자에 대한 감시와 탄압

■ 『中外日報』, 1928년 10월 9일

"김경함 씨金庚咸氏 체포逮捕 후 류한일劉漢日 소재 탐색"

시내 경운동慶雲洞에 잇는 텬도교 포덕과 대표위원天道敎代表委員 김경함金慶咸 씨가 얼마 전에 시내 종로 경찰서 고등계원의 손에 테포되어 신의주新義州서로 압송되자 엇더한 단서가 잡히엇슴인지 지난 삼일 오전에 신의주 경찰서 고등계 福原, 김金 량 형사가 립경하야 종로서원의 응원을 어더가지고 시내에서 대활동을 개시하는 일변 텬도교 종리원을 비롯하야 전긔 김경함 씨가 류숙하는 시내 궁뎡동宮井洞 십삼 번디와 박인호 씨의 가택까지 엄밀히 수색하는 동시에 해외로부터 들어온 서신 등을 압수하얏다 함은 긔보한 바어니와 그 후 신의주에서는 계속하야 련루자를 검거하랴고 목하 대활동 중인 바 동 사건의 련루자인 텬도교 종법사宗法師 류한일劉漢日 씨가 얼마 전에 시내에서 종적을 감추어 행방불명이 되엇다고 목하 신의주서에서는 전선 각디 경찰에 수배를 발하고 거처를 엄중 탐색하는 동시에 톄포에 대활동을 개시하엿다.

■ 『朝鮮日報』, 1930년 11월 8일

"천도교종리사天道敎宗理師 정주定州에서 검거檢擧"

천도교天道敎 중앙종리원中央宗理院 상무종법사常務宗法師 김진팔金鎭八씨가 저간 지방地方에 잇다가 지난 이 일二日 오전 십일시十一時 부산행 렬차釜山行列車로 상경上京코져 정주역定州驛에 나간 것을 돌연突然히 정주서定州署에서 인치引致하야 극비리에 엄중히 취조 중인데 취조한 내용을 알 수 업다 한다.

(4) 천도교의 독립운동에 대한 감시와 탄압

■ 『朝鮮日報』, 1921년 9월 2일

"당국과 천도교 간부—태평양회의에 대하야 감상들이 엇더흐냐고"

팔월 삼십일 오전 십시경 경기도 경찰부에서는 텬도교 대도쥬 박인호朴寅浩 동 대종사장 뎡광조鄭廣朝, 동 도사 오지영吳智泳, 동 경성교구장 장효근張孝根, 동 청년회장 뎡도준鄭道俊, 동 총무 박사직朴思稷 제씨를 불너다가 동 고등계로부터 젼긔 제씨에 내흐야 긍히 개최

될 태평양회의太平洋會議에 대ᄒ야 "감상이 엇더ᄒ냐"고 무른바 "젼
긔 졔씨는 딕답하기를 우리 등은 다만 종교 신자이니 종교나 연구할
따름이요 그러한 정치적 회의에 대하야는 여하한 감상이 업다"고 ᄒ
얏는딕 또 뭇기를 "만일 태평양 회의가 개최될 당시를 지음하야 젼
일과 갓치 명치에 관하야 젼년과 갓치 무신 일이 잇다던지 기타의
무신 행동이 잇는 경우에는 그 대비가 담부를 하겟냐고 ᄒ는지라" 이
에 대ᄒ야는 대답하기를 "그 무릅에는 도져히 담부ᄒ기가 어려운 것
이 가령 명치 면에 관한 무신 회동이 잇다 ᄒ더라도 우리 텬도교회
에서는 우리가 담부를 한다 홀 수가 잇겟지만은 단지 개인의 행동으
로 여하한 일이 잇슬 것은 알 수도 업스며 또는 담부하겟다고 대답
할 수도 업다." ᄒ얏다는딕 당국에서는 다시 말하기를 여하간 ᄋ모
쥬록은 원만하게 지내는것이 조타고 운답ᄒ얏다더라.

■ 『朝鮮日報』, 1921년 9월 3일

"경기도지사京畿道知事 천도교 간부에게 계고戒告를 여與ᄒ 이유"

팔월 삼십 일 오전 십시경 경기도 총감부에서 텬도교 대도쥬 박
인호朴寅浩 동 대종사 명광조鄭廣朝 씨 이외 간부 오인에게 대하야 시
국에 대하야 감상을 물엇다 홈은 작보에 임의 보도ᄒ 바 잇거니와
다시 경기도 당국의 회람을 도른즉 ᄋ래와 갓더라.

"이 사실은 경기도 지사가 텬도교 간부에 대하야 계고戒告를 ᄒ 것
인대 그 리유는 텬도교 자체에 대하야 그런 것이 안이라 근대 세상
에서 떠드는 태평양회의에 대하야 회의에 잇는 배일파 조선인들이
그것을 기화로 삼고 각종 류언비어를 전파하야 민심을 선동하는 동

시에 사람을 모집홀 렴려가 잇고 또 상해 가졍부가 자금이 군색하야 유지ᄒ기 곤난한 이여에 태평양회의로 기회를 삼어 무삼운동을 ᄒ야 가졍부의 면목을 유지하고 가졍부의 존재를 계속하되 그 방책으로는 조선문제가 태평양회의에 올나 최초의 목뎍한 바를 여의ᄒ게 달홀 뿐 안이라 일변 사람을 보내여 그 회의에 참석케 ᄒ고 또 진정서를 뎨출ᄒ게 되얏다는 말을 죠선 안에 전파케 하야 민심을 동요케 함에 노력ᄒᄂᆫ 일방으로 그 자금을 모집하기에 열심ᄒ되 조선 내의 민심은 이왕보다 각성한 바 잇셔 용이 하향 응치 안이하야 그 결과를 엇지 못하얏슴으로 다시 최후의 슈단으로 조선 내에서 뎨일 교도가 만코 또 금젼이 만은 텬도교의 단톄를 움직여 보랴 한다는 말이 잇슴으로 경기도 지사가 텬도교의 중요한 간부를 쳥하야 이 운동에 유혹誘惑되지 말나는 계고戒告를 한 바 텬도교 간부 일동은 재작년 소요 이래로 비상히 근신을 한 뿐 안이라 그네들의 사상이 온건 착실하게 되야 결단코 그럴 리가 만무할 줄로 밋으나 혹 엇더한 동기로 인하야 그 교도 중 일부분이 거게 관계ᄒᄂᆫ 일이 잇슬는지 알 수 업슨즉 그러한 예에는 텬도교 자톄에 매우 불리익됨은 고사하고 당국에셔도 단연 계칙戒飭ᄒ기를 바라노라."고 ᄒ 의미이라더라.

■ 『東亞日報』, 1927년 10월 18일

"천도교연합회天道教聯合會 간부 3인 검거-종로경찰서의 응원 어더 시내에 순천順天 경관 활동"

전라남도 순천順天경찰서 죽하竹下 경보부와 김金형사는 십육일 밤에 입경하야 즉시 종로경찰서의 응원을 어더 작일 아츰까지 텬도교련합회 간사幹事 이외의 두 명을 잡어다가 류치장에 검속을 하고 계속하여 모 방면으로도 활동하여 그 련루자 수사에 활동 중인데 사건은 비밀에 붓침으로 알 수 업스나 매우 중대한 듯하더라.

■ 『中外日報』, 1928년 4월 17일

"개천천도교회价川天道敎會 종리사검속취조宗理師檢束取調-박련양이라는 청년과 불온사상不穩思想 선전宣傳햇다고"

평남 덕천군 잠상면 번석리德川郡 蠶上面 番石里에 본적을 둔 박련양朴連陽이가 지난 이월에 개천价川 텬도교종리원에 가서 일 개월 동안이나 잇스면서 거짓 텬도교인이라 하고 다시 덕천 텬도교청년당원이라는 거짓말을 하야 이에 속은 개천 텬도교종리원에서는 얼마간 신임하다가 결국 아조 밋지 못할 청년인 줄 알고 박련양을 내여보내고 말엇다는데 그러나 이 청년은 그동안에 개천 북면 디방으로 돌아다니면서 화전민동맹을 조직하고 ○○○○을 반대한다는 뜻으로 ○○위원을 선뎡하는 일변 례의 불온한 사상을 선전하얏다 하야 개천경찰서에서는 개천 텬도교 주임종리사 리씨를 비롯하야 사오인을 검속한 후 엄중히 취조 중이며 린근 각 경찰서에 수배를 돌리여 주범이라 인증하는 박련양을 톄포하고자 형사가 대활동이라는데 덕천德川경찰서에서는 지난 십일일 전긔 박련양의 집을 수색하야 다수한 불온문서를 압수하얏다 하며 박련양의 종적은 알수 업다더라.

■ 『中外日報』, 1928년 10월 3일

"천도교청맹원天道敎靑盟員 체포 호송-국경 신의주 경찰서로"

　시내 종로서 고등계鐘路署 高等係에서는 삼십 일 밤에 아연 긴장된 가운데 형사가 출동하야 시내 궁정동宮井洞 모씨의 집을 포위하고 류숙 중에 잇는 텬도교청년동맹天道敎靑年同盟원 김경성金庚成을 톄포하는 동시에 가택을 수색하야 약간의 서류를 압수한 후 즉시 종로에서 류치하얏다가 일 일 아츰에 신의주서新義州署로 압송하얏는데 사건의 내용은 절대 비밀에 부침으로 알 수 업스나 여하튼 모 중대 사건의 관련임은 틀림업다더라.

■『朝鮮日報』, 1930년 2월 7일

　"전주서全州署에서 천도교인을 수색-엇던 계획이 잇다는 정보로 수처數處에서 가택을 수색"

　지난 일一 일日 전주경찰서全州警察署에서는 고등계원 수인이 전주군 이동면 화산리全州郡 伊東面 華山里에 잇는 텬도교종리원天道敎宗理院의 가택을 수색하고 다시 사 일에 니르러 동 청년당원靑年黨員 수 명의 가택을 수색한 사실이 잇다는 바 전하는 바에 의하면 동당에서 모종의 계획을 한다는 정보가 잇서서 수색한 것이라는데 아모 것도 증거를 엇지 못하얏다더라.

(5) 천도교의 사회운동에 대한 감시와 탄압

■『中外日報』, 1928년 2월 1일

　"선교宣敎 포스터를 출원법위반出願法違反으로 문뎨 삼는 경찰"

동아일보사 단천지국 긔자 리성규(李成奎. 28) 씨는 방금 천도교청년당 단천부 상무위원으로 잇는데 그는 한 이십여 일 전 갱지 삼백 매에 무진력戊辰曆을 등사하야 당원 급 교도에게 배부하고 또 종리원 사무실 벽에다 부치엇는데 그것이 출판법 위반이라 하야 지난 십팔 일부터 단천 경찰서의 취됴를 밧다가 이십일 일 검사국으로 호송 되얏다는데 그 문뎨의 무진력의 좌우변엔 천도교의 표어 다수가 씌여 잇섯다더라.

■ 『中外日報』, 1928년 4월 7일

"「동학당東學黨은 조선혁명당朝鮮革命黨 그럼으로 불온하다」 텬도교 청맹 개칭 불허가"

텬도교청년동맹天道敎靑年同盟에서는 동회 결의로 총동맹의 명칭을 텬도교청년동학당天道敎靑年東學黨으로 개칭하랴고 하얏으나 종로서에서는 동학당이란 것은 이전 혁명당에 일흠인 고로 자못 불온한 바 잇다고 허가를 하지 아니하얏다더라.

■ 『中外日報』, 1929년 4월 12일

"천도청년당가天道靑年黨歌 불온타고 압수"

시내 경운동慶雲洞에 잇는 텬도교天道敎 청년당靑年黨본부에서는 얼마 전에 동당의 당가黨歌를 지어가지고 등사하야 일반 당원들에게 배부하랴 하얏스나 소관 종로서 고등계鐘路署高等係에서는 당가의 내용이 극히 불온하다는 리유로 삽 일 오후에 등사한 당가 전부를 압수하는 동시에 출판 허가를 마트라고 명하얏다더라.

■『朝鮮日報』, 1923년 4월 4일

"『개벽開闢』이 또 압수-발행 삼십사호"

언론잡지로 유수한 잡지 개벽開闢은 금번에 내용이 매우 충실하다더니 재작 일一 일日에 발행 즉시로 전부 압수되얏는 고로 이제부터는 림시호를 발행하기로 착수하얏다더라.

4. 천도교 민족운동의 탄압

(1) 3 · 1운동

천도교 민족운동의 중점은 3 · 1운동이었다. 천도교는 3 · 1운동의 준비와 초기 발발 단계에서 각계의 독립운동 움직임을 하나로 결집해 내고 운동의 원칙을 수립하고 전국적 조직을 이용하여 시위를 확산시키고 자금을 제공하는 등 주도적인 역할을 수행했다. 뿐만 아니라 3 · 1운동 당시 독립선언서에 서명한 33인의 대표 중 천도교인은 모두 15명이었다. 이들은 1910년대 천도교를 이끌던 핵심 지도자들로 각 기관이나 연원의 대표로서 참여했다. 지방 교단 차원에서도 3 · 1운동에 적극적으로 참여하였는데 주로 교도가 많은 경기도와 그 이북 지역을 중심으로 조직적으로 시위에 참여했다.

피해의 정도로 볼 때 가장 대표적인 사건은 경기도 수원에서 발생한 제암리 학살 사건이었다. 1919년 4월 5일 천도교인을 중심으로 일어난 만세시위에 대한 보복으로 일제 수비대는 4월 15일 제암리의 주모자들을 교회에 집결시킨 뒤 집단 학살을 자행하였다. 총 22명이 희생되었는데 이 중 천도교인은 15명이었다. 3·1운동 이후 지방과 중앙의 천도교 지도자들이 체포되고 일제가 동학 유사단체의 창설을 지원하고 교단의 재정 자금을 독립자금이라는 명목 하에 압수하는 등 탄압의 강도를 높이자 천도교단은 교단 존립의 위기 상황을 극복해야 하는 과제를 안게 되었다.

■「손병희선생취조서孫秉熙先生取調書」,『3·1운동비사運動秘史』, 72~75쪽.

문 : 당신은 천도교天道敎에 관계하고 있는가.

답 : 나는 9년九年 전까지 동교 교주의 직職을 가지고 있다가 퇴직하고 지금은 단지 교인의 한 사람으로 있다.

문 : 당신은 금번 조선민족朝鮮民族의 대표로서 선언서宣言書 및 공약장公約章 등을 인쇄한 일이 있는가.

답 : 그런 사실이 있다.

문 : 그러면 어디서 어느 정도로 인쇄하였는가.

답 : 그 인쇄한 것은 최린崔麟이라는 사람에게 위임하였으니까 자세한 것은 알 수 없으나 보성학교普成學校 내에서 경영하고 있는 보성사普成社에서만 수천 장을 인쇄한 줄로 안다.

문 : 그 인쇄물은 이것인가?(이때 押收 證第三號를 제시함)

답 : 그렇다. 지금 보인 것이 틀림없다.

문 : 이 선언서는 누가 기안起案하였는가.

답 : 선언서의 기안은 최린이가 잘 알고 있고 나는 인쇄가 다 된

후인 오후 팔八시경 최린이가 한 장을 가지고 와서 비로소 보았다.

　문 : 이 선언서는 배포하였는가.

　답 : 그렇다. 금일 오후 이二시경 최린은 나에게 선언서를 일반에게 배포한다고 하였다.

　문 : 어떠한 방법으로 배포하였는가.

　답 : 그런 일은 잘 알 수 없으나 빠고다공원에서 배포한다고 하였다. 그때 나는 명월관지점明月館支店에 있었다.

　문 : 당신은 어떠한 목적으로 이 선언서를 인쇄하여 일반에게 배포하였는가.

　답 : 그 목적은 선언서에 있는 바와 같이 국권國權을 회복하여 한국독립韓國獨立을 계획한 것이다.

　문 : 그러면 금후 어떠한 방법과 수단으로 국권을 회복하려고 하는가.

　답 : 우리들은 조선민족 대표자와 일본정부와 협의하여 평화롭게 목적을 수행하려 한다. 만일 불행하게 일본정부가 이것을 용납하지 않을 때에는 어디까지든지 계속하여 그 운동 목적을 수행할 작정이다.

　문 : 국권을 회복할 목적으로 선언서를 발표하였다면 그 목적에 대하여 행동을 할 동지는 몇 사람인가.

　답 : 그것은 선언서 끝에 씌어 있는 성명姓名, 즉 나 외에 삼십이인三十二人이다.

　문 : 그러면 삼십삼三十三 명이 국권을 회복할 목적을 세운 데 이르기끼지의 동기는 어떤 것인가.

　답 : 근래 동경에서는 유학생이 한국 독립에 대하여 정부에 의견

서를 제출하고 또 경성에서는 괴상한 폭발사건이 있을 뿐만 아니라 조선에 있는 학생은 요즈음 국권 회복의 의견서를 총독부에 제출한다는 풍설이 있어서 이러한 일을 학생의 신분으로 함부로 일으켜서는 성과成果를 거둘 수 없다고 생각하여 나는 본년本年 일월 이십 일 一月二十日경에 권동진權東鎭·오세창吳世昌·최린崔麟 등을 자택으로 불러서 학생인 소년들이 그 목적을 수행한다 해도 되지 않을 뿐만 아니라 오히려 세간의 안녕을 어지럽게 할 뿐이어서 지금 여기에 상당한 동지가 있으면 우리들이 정식으로 그 의견서를 정부에 제출하는 것이 어떠냐고 말한 일이 있다. 그때에는 그것으로서 서로 헤어졌다가 그 후 십일十日쯤 지나서 삼인三人이 내게 와서 그 동지에 상당한 사람이 있고 특히 그 가운데는 야소교도도 있다고 말하여 그것이 동기가 되어 국권을 회복할 목적을 세우고 금일까지 진행하여 온 것이다.

문 : 그러면 국권 회복의 목적을 세워 선언서를 인쇄하고 오늘 빠고다 공원 내에서 일반군중에게 이것을 배포하고 당신들은 명월관에 회합하게 되기까지 이르게 된 것은 전부 당신들의 발언으로 된 것인가.

답 : 그렇다.

문 : 당신들은 또 국민대회의 이름으로 국권회복에 관한 격문을 각도로 발송하고 배포한 사실이 있는가.

답 : 그런 일은 하지 않았다.

문 : 그대들은 정식으로 정부에 그 의견서를 제출하려 하였다면 어째서 학생 기타 소년배少年輩를 선동할 기세를 취하였는가.

답 : 그 선언서를 일반에 배포하려고 한 것은 우리 국권을 회복할 목적으로 이것을 진행하면서 일반 군민郡民에게 알릴 필요가 있었고 학생을 선동하였다고 하는 말은 나의 동지 중에서 하였는지 알 수 없으나 결단코 그런 생각을 가지고 있지 않았다.

문 : 그러면 국권 회복을 목적으로 활동하는 데 있어 그 비용은 현재나 장래에 무엇으로 지출하려고 하였는가.

답 : 그것은 전부 동지들이 부담하기로 하였다.

문 : 국권 회복을 할 목적에 대하여서는 그 선언서를 인쇄하여 배포하고 달리 또 행동을 취한 일은 없는가.

답 : 누군지는 몰라도 이 선언서를 시내와 시골에도 배포하였을 줄로 생각하나 기타는 아직 알 수 없다.

문 : 본일 무엇 때문에 명월관지점으로 회합하였는가.

답 : 본인은 나의 동지가 빠고다 공원에서 모이자고 하였으나 동지들에게 들으니 학생이 공원에 회합한다고 하여 이미 선언서를 배포하고 또 일본정부에 대하여 의견서를 내고서 축배를 든 것이다.

문 : 그 정부에 보낸다는 의견서는 무엇인가.

답 : 총독부에 제출한 것과 같다. 그 제출한 날자는 재작일이다.

문 : 그 의견서는 어떤 사람으로 하여금 제출케 하였는가.

답 : 나는 판단 못하니 최린崔麟에게 물으면 알 것이다.

문 : 그런데 어찌하여 이태왕李太王 전하 국장이 있을 때 일으켰는가.

답 : 전에 국장이 있을 때는 선選하였고 뒤에 있을 계획을 하자니 그 순서가 금일까지 이르렀다.

■ 「강계교구 모금사건」, 『新人間』355호(1978년 3월호)

1. 모금 운동의 개요

1919년 3월 1일 역사적인 기미항일독립운동의 열풍이 나라 삼천리 강토를 휩쓸고 지나간 직후 미처 그 열화가 식기도 전에 평북 강계江界를 중심으로 한 천도교인들은 보다 계속적인 독립운동을 전개하기 위한 운동 자금을 모금했다.

당시 강계 대교구장인 이정화李晶和 선생은 김명준金明埈 교훈과 같이 1919년 3월 5일에 상경, 천도교중앙총부에서 박인호朴寅浩 대도주를 만나 3월 1일의 독립 의거에 대한 상세한 내막을 듣고 의암성사를 비롯한 교회의 중요 간부들이 구금되었음을 확인했다. 이 자리에서 박인호 대도주는 의암성사의 뜻을 받들어 조국의 독립을 위해서 국내에서의 활동은 물론 우리나라의 대표자를 불란서 파리의 강화회의와 중국 상해에 파견하고자 해도 만세 사건 후 교회의 가산이 관헌에 의해 모두 압수되었기 때문에 운동 자금에 많은 곤란을 받고 있으므로 이정화 교구장에게 즉시 관할 교구로 내려가 운동 자금 모금에 최선을 다하라는 지시를 내렸다.

이에 이정화 교구장은 강계대교구를 중심으로 관내 교인들에게 박인호 대도주의 뜻을 전달하고 비밀리에 모금하는 한편, 이미 대교당 건축비로 받아 두었던 성금을 관헌의 눈을 피하기 위하여 관의 명령대로 모두 되돌려 준 것처럼 영수증을 받아 두는 등 치밀하게 모금운동을 전개했다. 그 결과 당시 돈 17,765원 60전이라는 거액을 모아 그 중 1만원은 중앙총부로 보내는 한편 나머지 일부는 강계

지방의 독립운동 자금으로 썼다.

2. 사건의 발단

이 모금 운동은 사실상 관헌의 이목을 피해서 성공리에 끝났다. 그러나 이 사실이 관헌에 발각된 것은 어느 교인댁 부부싸움에서 발단되었다. 자성군 장토면 호상동慈城郡長上面湖上洞에 사는 교인이 부부싸움을 했다. 그때 부인이 "교회나 독립운동 자금으로 쓰는 돈은 잘 내면서 왜 집안 살림에 쓰는 돈은 안 주느냐?"고 하면서 언성이 높아졌다. 이 부부싸움의 소문이 일본 헌병대에 알려진 것이다. 그러자 헌병대에서는 강계교구 간부를 비롯한 관련 교인에 대한 일제 검거를 실시, 드디어는 경리 책임을 맡았던 백인옥白仁玉 씨의 집을 가택수색한 끝에 증거 서류를 압수하기에 이르렀다.

헌병대가 백인옥 씨의 집을 수색할 때 마침 중요한 증거 서류가 나오자 백인옥 씨는 이를 얼른 뺏아 입에 넣고 삼켜 버렸다. 이 때문에 백인옥 씨는 헌병대에 끌려가서 갖은 악형 끝에 하반신을 못쓰고 불구가 되어 고생하다가 8·15해방의 감격이 채 가시지 않은 1945년 8월 20일에 세상을 떠나고 말았다. 이 외에도 이 사건으로 고문에 못이겨 죽은 교인이 2~3명이나 된다.

3. 재판 경위

일경은 이 사건을 애초에 내란죄로 다스리려고 시도했다. 그러나 3·1운동을 주도한 민족대표 33인에 대한 죄목도 내란죄가 될 수 없다는 논의가 있었기 때문에 강계에서의 모금 운동을 내란죄로 다스릴 만한 명분을 내세울 수 없었으리라는 것은 미루어 추측할 수 있는 일이다.

그리고 또 한 가지는 관련자 전원이 한결같이 돈을 갹출한 이유를 의암성사의 차입비로 냈다고 주장했다는 사실이다. 차입비 치고는 자그만치 1만여 원이란 금액이 너무나 엄청난 액수이기 때문에 일경은 이를 믿으려 들지 않았지만 모두들 끝까지 "의암 선생은 내 몸과 같은 분이다. 그래서 재산을 다 바쳐서 낸다고 하더라도 아까울 것이 없다는 생각에서 각자 정성껏 내었을 따름이지 액수의 다과가 문제되지 않는다."고 우겼다. 오직 천도교인이었기에 가능했던 이들의 결속된 행동은 비록 독립운동 자금으로 모금했다는 일경의 굳은 심증에도 불구하고 증거 불충분으로 인하여 내란죄로서의 구성요소가 빈약하다는 이유로 이 사건을 평양 지방법원으로 내려보내는 한편 대부분의 피검자들을 면소免訴하고 이들을 방면시키기에 이르렀다. 그리고 평양 지방법원에 이첩된 교인들도 결국 무죄 석방되어 압수했던 돈 전액도 모두 찾았다.

■『東亞日報』, 1920년 5월 1일

"강계사건江界事件 예심결정-칠 명은 디방법원 그 외는 면소방면"

작년 삼월에 조선독립 시위운동이 이러나매 이에 관련하야 평안북도 강계군에서 독립운동비로 천도교에서 금 일만칠천칠백육십원 육십전을 모집하야 손병희 이하의 독립운동을 도웁고자 독립선언서를 다수히 인쇄하야 각 방면에 배포하였음으로 경성 디방법원에서 내란죄로 고등법원에 보내여 고등법원 예심판사 楠常藏 씨가 기록과 의견서를 조사하고 동원검사 草場林五郎 씨의 의견을 드러서 각 삼십 일에 예심이 결뎡되얏는데 피고 리뎡화, 김명준, 양재학, 조윤학, 김정준, 최경주, 한봉주는 내란죄가 아니라 하야 관할재판소를 평양 디방법원平壤地方法院으로 변경하야 일건 서류를 그리고 넘기고 피고 문여필, 김문벽, 김경준, 리병긔, 장세준, 장세호, 김세훈, 허봉하, 리병운, 이윤호, 리득수, 리승주는 면소되야 방면하였다.

■ 3·1운동과 천도교 성미: 『한민족독립운동사자료집韓民族獨立運動史資料集』 9, 406~407쪽.

피고 등은 금년 3월 1일 이래 조선독립운동을 하고 전도全道에 걸쳐 폭동을 야기시킨 수괴首魁 손병희가 주재하는 종교 유사단체인 천도교 수뇌부의 주요 직원 및 지방에서 유력한 교직敎職을 가진 자들로서, 금년 2월 이래 수괴 손병희의 명命을 받고 연속적으로 조선의 독립을 도모하기 위해, 즉 제국 정부의 일부인 조선총독부의 철폐를 꾀하고 조선 전토全土의 참절僭竊을 꾀하여 조헌朝憲을 문란케 할 목적으로써 수괴 손병희의 내란 모의에 참여하거나, 또는 이에 필요한 경비라 하여 각 지방의 교도로부터 금전을 모집하였으며, 수괴 손병희가 수감되자 다시 피고들은 손병희의 뜻을 이어받아 또 다시 각도로부터 특별성미금이라고 빙자하여 조선독립에 관한 비용으로 지방 교도로부터 독립이 성공하는 날에는 천도교도들을 중용하겠다고 부르짖으며 금전을 모집하고 있던 자들로서 각 피고들의 범행 사실을 열거하면

1. 피고 정광조鄭廣朝

제1, 피고 정광조는 내란 피고자 사건의 수괴인 천도교 교주 손병희의 양자로서 현재 천도교 중앙총부의 대종사장직大宗司長職에 있는데, 악부岳父 손병희로부터 깊은 총애를 받고 평소 그의 행동은 일일이 그림자와 같이 따라다녀 거의 일신동체一身同體와 같다. 일日·한韓 병합倂合 이래 항상 배일사상을 가져 이번 손병희의 조선독립운동 사건에 시종 관계한 일이 있다. 대정大正 8년 2월 28일 오후 1시경 경성부京城府 제동齊洞 손병희의 집 객실에서 피고 정광조鄭廣朝 김영륜金永倫 오상준吳尙俊 황석교黃錫翹 노헌용盧憲容 외 도사道師 십수 명이 집합하여 조선독립운동에 관해 손병희 등과 그 모의에 관여하고 조선 각지에서 폭동을 야기시켜 조헌朝憲을 문란케 한 자이다.

제2, 피고 정광조는 전기前記 내란에 관한 모의에 참여하였고, 다음 3월 1일에 손병희는 조선 독립을 선언하여 체포되었으므로 천도교 내의 독립운동에 일대 좌절을 가져왔으나, 조선 독립을 계획할 것은 이때로서 좋은 기회를 놓쳐서는 안 된다 하여 손병희의 뜻을 계승하여 보관중인 현금과 각 은행의 예금 등은 모두 관청에 차압을 당해 독립운동의 목적을 관철하려면 우선 먼저 상당한 비용을 예비하는 것이 필요하다고 하여 금년 3월 15일 경 중앙총부에서 도사道師 기타 교구장 등 집합한 자 십수 명에 대하여 각자에게 사정을 알려 독립운동 자금에 곤란을 받고 있으니 특별 성미라는 명목 하에 각 교도로부터 돈을 모으고 당해當該 관헌에 발견되지 않도록 극히 비밀리에 각 교도로부터 1인당 3원 내지 10원씩을 모집하도록 명해 현재 돈 3만원을 모집한 자이다.

제3, 피고 정광조는 조선독립운동을 하는 데에는 해외의 배일排日 조선인 등과 연락을 취할 필요가 있음을 깨닫고, 4월 15일경 피고 홍일창洪一昌을, 4월 26, 7일경에는 김천일金天一이라는 자를 북간도에 파견하여 북간도에서 배일사상을 고취하여 조선독립운동에 힘쓰고 있는 이동휘李東輝와 연락케 하고, 손병희의 의도를 관철하도록 돈 3천원을 피고 이동구李東求에게 주어 그것을 파견한 것이다.

제4, 피고는 자금을 조달하고 또 손병희의 뜻을 계승하여 독립운동을 계획하고 있었으나 만일 관헌에게 발각당할 것을 두려워하여 항상 천도교 안에 출입하고 있던 종로경찰서 근무의 고등계 형사 순사보 신승희申勝熙를 매수해 두는 것이 무엇보다 필요하다고 생각해 대정大正 8년 3월과 4월 중 2회에 걸쳐 피고 박노학朴魯學을 경성부 제동 옛 손병희의 집으로 불러 그 사정을 밝히고 1회 200원을, 1회는 100원을 박노학에게 주어 이것을 은폐하려고 한 것이다.

제5, 피고 정광조는 금년 3월 5일경부터 5월 3일에 걸쳐 제2항의 범행을 하기 위해 각도 교구가 천도교 중앙총부에 납입한 매달의 성미와 대정 8년 상반기 성미대誠米代 중에서 일부를 조선독립운동의 비용으로 충당하기 위해 이를 사사로이 횡령하여 일부를 소비한 자이다.(이하 생략)

■ 김선진金善鎭, 「제암리학살사건의 조사연구」, 『신인간』 403호(1982년 11월호), 41~43쪽, 47쪽.

이 지방에서의 만세 함성이 멎은 후 일본군은 또 다시 복수의 칼을 뽑아 들었다. 그러니까 1919년 4월 15일 오후 2시 30분경 수비

대장 아리다 중위가 인솔하는 1개 소대 30명의 일본군 수비대가 사
이다와 한국인 앞잡이 조희창을 앞세워 제암리로 들이닥쳤다. 수비
대들은 먼저 제암리를 완전 포위하고 한 사람도 마을 밖으로 빠져나
가지 못하게 한 후 조희영으로 하여금 '사이다가 훈시를 한다'는 구
실을 붙여 마을 주민들, 특히 마을 남자들은 한 사람도 빠짐없이 모
이게 하였다. 모인 장소는 마을에 있는 초가집으로 된 감리교 교회
당이었다.

당시 교회당에 모인 인원수는 어린이 1명을 포함해서 23명인데,
그 중 15명이 천도교 신자였다. 감리교 신자 및 기타가 8명이었다.

그 명단은 다음과 같다.

천도교 신자(15명) : 안정옥, 안종엽, 안봉순, 홍순진, 안유순, 안
종환과 그의 아들, 안무순, 김정헌, 안명순, 안관순, 안종린, 김덕용,
안경순, 안상용.

감리교 신자 및 기타(8명) : 안종락, 안종후, 안진순, 안필순, 조
경칠, 강태성, 노경태, 홍원식.

당시 이 지방에는 천도교 신자가 많았고, 감리교는 이 지역에 들
어온 지 몇 년 되지 않았기 때문에 제암리와 그 주변을 합해서 15호
가 있었다고 한다. 그리고 감리교 교당(초가집)은 안종후가 카톨릭에
입교 후 사재를 들여 지은 것으로 알려지고 있다.

그런데 여기서 주목할 것은 한인 순사보 조희창의 행동이다. 제
암리 주민들이 호출 당해 교회당으로 모일 때 이 마을 주민 조경칠
역시 교회당으로 들어가려 했다. 이때 조희창이 달려와 조경칠의 앞
을 가로막으며 못들어가게 했다. 그러자 조경칠은 좋은 말을 해 준

다는데 왜 나만 못 들어가게 하느냐며 조희창을 밀치고 안으로 들어갔다. 그런데 조경칠과 조희창은 먼 친척간이었다. 때문에 학살 음모를 알고 있었던 조희창으로서는 친척인 조경칠만은 그래도 살려주려 했던 것 같다. 이 사실 한 가지만 보아도 왜병들은 제암리 주민들을 몰살하기 위한 치밀한 사전 계획이 있었다는 것을 알 수 있는 것이다. 주민들이 모두 들어가자 수비대들은 교회당을 완전 포위하고 출입구와 창문을 큰 못으로 박아 도망가지 못하게 한 다음 사이다의 지시에 따라 일제히 집중사격을 가하여 살육하기 시작했다. 교회당은 순식간에 아비규환의 수라장으로 변했다. 갇혀 있는 주민들은 있는 힘을 다해 필사적으로 밖으로 뛰쳐나오려고 안간힘을 썼으나 수비대의 총탄에 맞아 그 자리에 쓰러지고 말았다. 그 중에서도 네 사람은 교회당의 흙벽을 뚫고 현장에서 탈출하여 도망갔으나 안종엽, 김정헌은 수비대의 총탄에 맞아 즉사하고, 뒤이어 도망치던 안경순 역시 수비대의 총에 맞아 쓰러진 것을 수비대가 쫓아가 칼로 목을 쳐서 죽였다.

이러한 생지옥 속에서도 네 사람 중의 단 한 사람인 노경태만이 실로 구사일생으로 탈출하는 데 성공, 목숨을 부지할 수 있었다. 그는 왜병의 총격을 무릅쓰고 왜병에 쫓기며 필사적으로 도주하고 있었는데, 마침 뒤쫓던 왜병의 각반 끈이 풀어져 다시 고쳐 매는 사이에 위기를 모면, 산 속으로 숨어 목숨을 건질 수 있었던 것이다.

수비대들은 교회당 안이 잠잠해지자 죽음을 확인한 후 석유를 뿌려 불을 질러 시체를 확인할 수 없게 만들었다.

뿐만이 아니었다. 이런 참극이 벌어질 줄도 모르고 강태성의 부인(김은희)은 우물에서 물을 길어 머리에 물동이를 이고 집으로 가고 있었는데, 이를 본 수비대가 달려들어 군도軍刀로 목을 쳐서 처참히 학살하고 말았다. 이때 머리와 물동이는 앞으로 떨어지고 몸체는 붉은 피를 뿜으며 뒤로 쓰러졌다고 한다. 참변을 당한 김씨 부인은 결혼한 지 1년만에 비명에 간 것이다.

또 홍원식의 부인 김씨도 남편이 왜경에 끌려가 고문당한 자리가 채 낫지도 않은 불편한 몸으로 교회당으로 갔는데, 조금 후 남편이 교회당에서 죽었다는 소식을 듣고 경황없이 달려가다가 수비대가 쏘아대는 총탄에 맞아 즉사했다.

또 한 가지 천인공노할 일은 아무것도 모르는 어린이까지 무참히 참살했다는 사실이다. 천도교 전교사 안종환은 인간 도살장으로 가는 줄도 모르고 어린 아들까지 안고 교회당으로 갔다가 감금되어 죽게 되자 안고 있던 어린 아들만은 살려 보려고 창밖으로 내보내며 "나는 죽어도 좋으니 이 어린 것만은 제발 살려주시오." 하고 피맺힌 애원을 했다. 그러나 수비대는 조금도 사정없이 이 어린 아이에게까지 군도로 내려쳐서 창자가 쏟아져 나와 죽게 했다. 진정 목불인견의 참사가 아닐 수 없는 것이다.

그러니까 이날 제암리에서 참살당한 주민은 어린이까지 합해서 천도교인 15명, 감리교 신자 9명, 합계 24명이 된다. 수비대들은 밖에서 죽인 시체까지 끌어다 모아놓고 다시 그 위에 짚을 쌓아 불을 놓았다. 그래도 무엇이 부족했던지 왜병들은 부락 집집마다 돌아다니며 불을 질렀다. 이 방화로 제암리 33채의 가옥 중 '고꾸레미'에 따로 떨어진 2채만을 남기고 31채가 모두 불타버리고 말았다. 이렇게 해서 두렁바위 마을은 삽시간에 아비규환의 생지옥으로 화해 버리고 말았다. 마을 전체를 태운 연기와 재는 비명에 죽어간 시체를 태운 악취와 함께 때마침 불어오는 바람을 타고 30여 리 밖에 떨어져 있는 마을에서까지 알 수 있을 정도였다고 하니 당시의 참상이 어떠했는지 충분히 짐작하고도 남음이 있다.

그들의 만행은 이것으로 그치지 않고 타다 남은 시체를 끄집어내어 작두로 목을 잘라 진열까지 하였다니, 왜병들의 잔인무도한 행위에 치를 떨지 않을 수 없다.〔김순남(84), 전동례(85) 증언〕

그 뒤 유족들은 불탄 유골을 한자리에 모아 향남면 도이리에 묻었다.('발안을 중심한 만세시위' 33쪽)

지금까지 일반적으로 제암리에서 희생된 선열들이 대부분 기독교인으로 알려져 있었다. 그러나 본인이 조사 추적한 바로는 어린이까지 합쳐서 제암리와 고주리의 희생자 30명 중 21명이 천도교인이고 나머지 9명이 감리교인이었다는 사실이다.

그런데 그렇게 와전된 이유는 첫째, 희생된 장소가 감리교회당이었다는 점과, 둘째로, 3·1운동 이후 천도교에 대한 일제의 탄압으로 이 지역에 천도교인이 존속할 수 없었다는 점이다. 실지로 본인이 이 사건을 조사하기 위하여 12년 동안, 전에 이 마을에 거주하는 안경순, 안상용 유족과 김순이 할머니를 찾아뵈었을 때 "3·1운동 당시는 우리도 모두 천도교를 믿고 있었지만 그 후 이 지방에 천도교가 없어지고 살아오는 동안 너무나 고통이 심해서 감리교로 개종했다."는 말을 하는 것을 분명히 들은 바 있다.

(2) 고려혁명당 사건

고려혁명당高麗革命黨은 1926년 4월 5일 중국 길림에서 이동휘李東輝와 최동희崔東曦의 주도로 만주의 정의부正義府 계열, 러시아에서 온 주진수, 이규풍과 국내의 천도교연합회, 형평사衡平社가 연합하여 결성된 통일전선체적 성격의 정당이었다. 최동희는 최시형의 장자長子로 천도교단 내에서는 오지영의 천도교연합회 계열과 연관을 맺고 있었다. 고려혁명당의 간부로 활약한 천도교인으로는 고려혁명당 책임비서인 이동구李東求를 비롯하여 이동락李東洛, 김봉국金鳳國, 홍병기洪秉箕 등이 있었다. 천도교연합회는 고려혁명당과의 협의하에 만주에서 한인촌 건설을 목표로 1926년 전북 익산의 천도교인 2백여 명을 길림에 이주시키기도 하였다. 그러나 고려혁명당원들은 그해 12월에 체포되었고 그 재판은 당시 조선사회에 커다란 파장을 일으키며 연일 신문에 보도되었다.

- **최익환, 「고려혁명당」 상·하, 『신인간』 359·360호 (1978년 7·8, 9월호)**

문 : 고려혁명당이 처음 조직된 것은 1926년 4월 5일 천일기념일인데, 당이 조직되게 된 배경에 대해서 말씀해 주시기 바랍니다.

검암 : 1925년을 전후하여 서간도에 참의부參議府, 남만주에 정의부正義府, 북만주와 북간도 일대에 신민부新民府가 조직되어 비교적 활발하게 독립운동을 전개하게 되었지요. 그 외에도 여러 독립단체들이 많이 활동했는데 문제는 이들 독립 단체가 무조직적이고

산만했기 때문에 이들 단체들을 유기적으로 묶어서 효율적인 항일
전선을 펼 수 있는 핵심 단체를 조직하여야 한다는 필요성에 입각해
서 고려혁명당을 조직하게 되었습니다.

　문 : 아까 고려혁명당은 정의부화 형평사, 그리고 천도교의 삼각
연합으로 이루어진 조직이라고 말씀하셨는데 조직되기까지의 경위
에 대해서 말씀바랍니다.

　검암 : 아까 말씀드린 바와 같이 만주지방에 있어서의 유기적이
고도 조직적인 항일독립운동의 필요성에 따라서 정의부의 정이형鄭
伊衡 등 몇 동지들이 항상 핵심 단체를 조직할 것을 논의하던 때였습
니다. 때마침 저의 선친과 이규풍李奎豊 주동수朱東壽 씨 등이 노령露
領 연해주 지방으로부터 들어오고, 또 국내에서는 고려혁명위원회
의 주요멤버였던 김봉국, 이동락, 이동구, 송헌宋憲 씨 등이 들어오
게 되었죠. 이렇게 되자 정의부의 양기탁梁起鐸, 현정경玄正卿 고할신
高轄信 곽종대郭鐘大 오동진吳東振 씨 등과 함께 1926년 3월 3일에 처
음으로 양기탁 씨 집(吉林省 新開門 內)에서 각계각층을 망라한 연석
회의를 열어서 이 문제를 논의하게 되었습니다. 그 후 한달을 두고
토의한 끝에 4월 5일에 길림성 영남반점嶺南飯店에서 정식으로 고려
혁명당을 발족하게 되었습니다.

　문 : 이동구, 송헌 두 분은 형평사의 간부라고 기록된 곳도 있었
는데 이런 것을 보면 이분들은 천도교연합회의 중요 직책을 맡고 있
는 천도교인이면서 형평사의 간부직을 겸직하고 있었다고 보아도
무방할 것 같아요. 그리고 또 한 가지 해월신사의 장남 되시는 최동
희 선생에 대해서도 두 이름으로 기록된 문헌이 많은데 이에 대한

확실한 말씀을 해주시는 것이 좋을 것 같습니다.

검암 : 저도 기록을 더듬다보니까 저의 선친 이름이 최동희崔東曦라고도 나오고 최소수崔素水라고도 나오는데, 저희 선친의 아호가 소수素水였습니다. 그리고 이 사건에 관련된 이동구李東求 씨도 이동욱李東旭이라는 또 하나의 이름을 갖고 있는 데 앞으로는 기록에 통일을 기해 주었으면 하는 것이 저의 소망입니다.

문 : 고려혁명당의 당원 수와 활동 상황에 대해서 말씀해 주시기 바랍니다.

검암 : 고려혁명당이 항일 투쟁의 큰 포부를 안고 출범은 했으나 불행히도 1년도 채 되지 못한 그 해 12월에 중요 간부들이 거의 모두 일경에 체포되었기 때문에 제대로 기능을 발휘할 기회가 없었지요. 그러나 비록 길지 못한 기간이었지마는 그동안 만주 일대를 두루 다니면서 선전 계몽 활동을 펴서 1,500여 명의 당원을 포용하고 있었다는 점으로 미루어 보아 매우 활발한 움직임이 있었다는 것을 알 수 있어요. 해방 후 이일심 씨의 말에 의하면 당원이 3천여 명이라고도 하였습니다만 확실한 숫자를 파악하기는 곤란한 것 같습니다. 그리고 정의부는 사실상 당시 고려혁명당의 정치이념을 실현시키는 행정기관과 같은 역할을 하고 있었기 때문에 정의부 자체의 독립군들이 곧 고려혁명당의 당군으로 활약하였지요. 저의 선친께서는 당의 외교 섭외 부문을 담당했기 때문에 중국 국민당 최고회의에 가서 장개석 등 수뇌부와 접촉하면서 고려혁명당의 활동 기반을 마련하는데 부심했지마는 중요 간부들이 일제히 검거되는 바람에 모두 무위로 끝나고 말았습니다.

문 : 다음은 중요 간부들의 체포 경위를 말씀해 주세요.

검암 : 당시 이동락 씨는 조직 책임을 맡고 있었는데 이분이 중요 임무를 띠고 하르빈으로 가기 위해 장춘長春 서정曙町이란 곳에 있는 동아정미소東亞精米所에서 유숙하던 중 1926년 12월 28일 오전 11시 30분에 왜경에게 체포되었습니다. 체포 당시 이동락 씨는 당의 중요 간부 명단과 취지서와 선전문 등을 갖고 있었기 때문에 이것이 발단이 되어 중요 간부들 대부분이 잡히는 몸이 되었지요.

문 : 이 사건이 드러나게 된 발단부터 말씀해 주시기 바랍니다.

검암 : 고려혁명당의 조직 책임을 맡고 있었던 이동락 씨가 장춘에서 일본 영사관 경찰에 체포될 당시 휴대하고 있던 당칙黨則과 당원명부, 취지서, 선전문 등이 압수되어 만주와 국내에서 여기에 관계된 천도교와 정의부, 형평사의 간부진들이 속속 체포되었습니다. 일경은 이 사건의 주모자들을 체포하기 위하여 초기에는 보도관제를 실시하였기 때문에 지상에 알려지기 시작한 것은 이동락 씨가 체포된 20여 일 후인 다음해(1927) 1월 20일경부터였습니다. 그 후 약 2년간에 걸쳐 이 사건에 대한 보도가 계속된 것을 볼 수 있는데 이런 점으로 미루어 당시 이 사건이 국내외에 많은 충격과 관심을 불러일으켰던 것이 사실입니다.

■ 『中外日報』, 1928년 3월 10일

"고려혁명당 공판엄중한 경계리에 개연開延, 연긔에 연긔만 거듭하야 오던 중 방청객쇄도 경찰안섬섬警察眼閃閃"

연긔! 또 연긔! 연긔만 거듭하는 고려혁명당高麗革命黨 사건은 작

년 십이월 구일에 신의주디방법원新義地方法院 데일호 법정에서 데일
회 공판이 열니엇던 바 피고 두 사람이 재판장의 심리에 대하야 공
술을 거절하고 일대 파란을 일으키여 재판은 이 때문에 결국 중지되
고 말았다가 데이회로 지난달 팔일에 동법원에서 다시 本多 재판관
과 리李, 市井 량 배석판사와 임林 검사檢事 립회, 김병로金炳魯 씨와
삼 변호사의 렬석으로 개뎡되엇던 바 처음부터 문뎨 만턴 이 공판은
또다시 파란이 일어나서 드듸어 검사로부터 간수가 부족하다 하야
응원 간수를 더 청하는 등 일대 혼잡을 일우다가 결국 형무소에서
응원 간수 네 명을 청한 중에 두 명만이 오고 두 명은 안이 온 까닭
을 공판이 연긔되고 말앗던 바 그 후 이 사건은 긔보한 바와 가티 지
난 구 일 오후 십이시부터 다시 신의주 디방법원 데일호 법뎡에서
本多 재판장과 市井 , 리李 량 배석판사와 本島 검사 립회 하에 데삼
회로 공판이 계속되는데 법뎡에서는 멀리 경성으로부터 온 리인李仁
김병로金炳魯 양씨와 당디 리히덕李熙德 최창됴崔昌朝 등 사씨의 렬석
으로 개뎡되엇는데 피고 등의 친척과 각 단톄의 관계인이며 기타 방
문객이 물밀듯 하는 군중 속에는 전과 가티 정사복 경관은 법뎡 내
외 요소와 군중 속에 석기여 경계를 엄중이 하얏더라

(3) 1934년 천도교 신파의 오심당 사건

1931년 만주사변 이후 일제는 민족운동에 대한 탄압의 강도를 더
욱 높였다. 사회주의자만이 아니라 민족주의자, 심지어는 타협적 태

도를 보이는 인사들에게까지 감시와 탄압이 이어졌다. 자치운동을 운운하여 세인의 눈총을 받고 있던 천도교 신파에조차 탄압과 위협을 가했는데 대표적인 것이 1934년의 오심당吾心黨 사건이었다. 오심당은 천도교청년당 내 핵심 간부들로 구성된 결속력 강화를 위한 당 내 비밀조직이었다. 일제 당국은 3개월 간에 걸쳐 천도교청년당 간부 230여 명에 대한 취조를 마친 뒤 71명만을 불구속하는 이례적인 조치로서 이 사건을 마무리지었다. 이러한 과정을 통해 일제의 오심당원 체포의 진정한 목적이 천도교 신파를 일제의 확실한 통제 하에 두기 위해 일종의 위협을 가하는 데 있었음을 알 수 있다.

■ 「비밀조직 오심당사건」, 『신인간』 352호(1977년 12월호)

포덕 75년(1934년) 9월 19일부터 21일(조선일보는 19일로, 중앙일보는 21일로 기록되었음)까지 양일간에 걸쳐 오심당吾心黨 당원의 일부인 230명을 일제히 검거했다. 일본 식민통치하에서 평남경찰부平南警察部는 '나리도미'라는 고등과 과장의 진두지휘로 평양경찰서의 협력을 받아 형사대를 총동원 19일 새벽을 기해 검거에 나섰다. 원래 천도교청년당파(新派)를 중심으로 전국적인 지하조직이 있었으나 이때 검거된 당원은 노출된 지방에 한해서 행해졌다. 즉 서울을 비롯하여 평양, 강동, 중화, 성천, 순천, 은산, 양덕, 강서, 안주, 맹산, 진남포, 경기지방, 선천, 의주, 정주, 구성, 영변, 곡산 등지에서 검거되었다. 함경도 일대와 기타 지방에서는 노출되지 않아 검거되지 않았다.

일본 경찰이 비밀조직인 오심당을 탐색하게 된 것은 우연한 동기에서 이루어졌다. 평남 안주에서 이 해 8월에 일본 경찰은 어떤 천도교인의 불온 언동 사건을 취조하다 발견한 것이다. 원래 오심당의 조직은 10년 이상 천도교를 독실히 믿어 온 사람으로 청년당원 간부의 엄격한 추천에 의하여 한 군에 2~3명 정도로 국한시켜 조직했다. 때문에 비밀이 누설될 수가 없었다. 특히 조직에 가입시키되 한 사람이 한 사람만 추천하게 되었으므로 자기가 추천한 이외의 사람은 아무도 모르게 되어 있다.

일설에 의하면 일본 경찰이 천도교에 밀정을 잡아넣어 탐색했다고 하나 확실치는 않다.

230명에 달하는 많은 당원을 검거하여 각군 경찰서에 유치시켰던 일본 경찰은 의외에도 규모가 큰 데 놀라 그 중요 인물만 평양으로 압송 집중적으로 취조하는 한편 국제여론(조선독립운동에 관한 여론)을 두려워한 나머지 당원들은 2~3일 후에 석방하고 71명만을 추려 조사하였다.

당시 중요한 당원으로 평양에 압송되었던 간부의 이름은 다음과 같다. △서울=김기전(金起田=40) 조기간(趙基栞=46) 김도현(金道賢=37) 김병준(金秉濬=48) 정응봉(鄭應琫=55) 박래홍(朴來弘=사망) 박사직(朴思稷=미상) 김이국(金履國=35) 최응수(崔應洙=사망) 이현재(李鉉哉=미상) △평양=김길수(金吉洙=미상) △강동=이도순(李道淳=미상) △의주=백세명(白世明=35) △곡산=김영환(金永煥=38) △의주=최안국(崔安國=54) △은산=유경운(劉景雲=47) △정주=백중빈(白重彬=43) △순천(順天)=최중희(崔重熙=미상)

일본 경찰은 3개월간에 걸쳐 일단 취조를 마치고 이 해 12월 20일에 71명에 대하여 불구속이란 특별 조치로 평양지방법원 검사국으로 송치하였다. 불구속으로 송치한 것은 유례가 없는 일로서 그들은 이 사건을 처리하는 데 국제 여론을 참작하여 정치적으로 해결에 유의한 것 같다.

■ 『조선일보』, 1934년 12월 21일

금년 팔월 중순부터 구월 중순까지 평양·안주安州 등을 중심으로 평북도와 황해도 일부에까지 천도교의 검거 선풍이 휩쓸어 일시 세상의 주목을 끄을든 소위 천도교 오심당사건은 그간 신문기사 게재 금지 중이든 바 금 이십 일 해금이 되었다. 사건은 대정 12년 경에 현재의 천도교청년당의 전신인 천도교청년회의 중앙간부 수 명에 의하여 퇴세를 만회하며 조선민족의 절대적 ○○을 목적으로 하고 조직된 것으로 당시에는 불불당不不黨이라고 하였는데 소화 4년 말에 오심당이라고 개칭하고 당의 쇄신을 도모하여 열심히 동지의 획득과 자금 모집에 노력하야 경기도·황해도·평남북도·함남 각 도에 이백 수십 명의 다수 당원을 얻게 되였다. 그 후 만주사변이 이러나자 사상계의 변천과 당국의 취체가 강화되는 일방 유력한 간부가 병석에 눕거나 또는 사상적으로 전환이 잇서 활동이 곤란하게 되엇섯다. 이 사건의 발단은 평남 안주에 천도교의 소위 불온한 언동이 잇슨 사건을 취조하는 중에 우연히 전기의 사실이 구체적으로 판명되어 관계자는 전기와 가티 이백 수십 명이엇스나 이 조직체의 비합법성에 대한 인식이 박약함으로 결국 그 중에서 칠십일 명을 취조한 후 이십 일에 평양지방법원 검사국에 치안유지법 위반으로 송국하게 되엇다 한다. 종래 천도교는 총독부 정치에 대하여 등지고 잇다가 신파의 최린崔麟 씨가 중추원中樞院에 들어가고 뒤를 이어 다수 간부가 종래의 태도를 고치고 잇서 금후의 그들 태도가 주목되고 있는 이때에 이와 가튼 사건이 잇섯든 것은 주목된다.

(4) 1938년 천도교 구파의 멸왜기도 사건

중일전쟁 이후 일제의 탄압은 이제 노골적인 친일 세력 양성으로 이어졌다. 한국 땅에 존립하고 있던 모든 사회, 종교단체들은 일제를 향한 충성을 확실히 약속해야만 그 기반을 유지할 수 있었다. 1930년대 중반 최린이 적극적인 친일로 천도교 신파 교단을 운영하고 있을 즈음, 구파도 더 이상 일제의 탄압을 피할 수 없게 되었다. 1938년 '독립사상을 선동'한 혐의로 구파의 핵심 지도자들을 체포한 일제는 핵심 간부 5명을 치안유지법 위반으로 구속하였다가 70여 일 만에 석방하였다. 그리고 1940년 4월 신·구파는 재차 합동하였다.

- 「좌담; 멸왜기도 사건」, 『신인간』351호 (1977년 11월호)

최병제 : 일제 치하에서 우리 교회가 불행하게도 한때 신·구 양파로 갈라져 있을 때 구파를 중심으로 해서 일어났던 사건이 바로 이 멸왜기도 사건입니다.

포덕 75, 76(1935년) 년대에 나는 충남 예산에서 총부의 교화관장을 역임하셨던 정환석鄭煥奭 선생님 댁에서 학교를 다니고 있었는데 언젠가 정환석 선생께서 춘암상사 박인호朴寅浩 대도주댁을 다녀와서 하시는 말씀이, 춘암상사께서 말씀하시기를 "때는 무슨 때를 기다리는가. 목침을 베고 가만히 누워 있으면 압록강 건너에서 대포소리를 듣는다."고 하셨다는 것입니다. 그때는 학생 시절이라 그 말씀을 무심히 듣고 넘겼는데, 포덕 77년 8월 14일 지일기념 때 지방에서 두목들이 서울에 올라오자 춘암상사께서 "스승님들께서 전통적으로 안심가에 있는 개같은 왜적놈을 한울님께 조화받아 일야간에 소멸한다고 심고와 기도를 해 왔지마는 이제는 일본놈들이 망할 때가 가까와졌으니 독신교인들에게 기도할 때나 조석으로 식고할 때 반드시 안심가의 그 구절을 가지고 기도하도록 하라."는 밀령을 내렸던 것입니다. 이것이 바로 멸왜기도 사건의 핵심입니다.

이러한 지시가 있자 당시 중앙간부였던 대종사장大宗司長 최준모崔俊模 봉도奉道 한순회韓順會 금융관장金融觀長 김재계金在桂 감사원장監査院長 김경함金庚咸 선생 등 몇 분의 중심이 되어 안심가에 있는 멸왜기도문을 아침 저녁으로 기도하도록 황해도, 경기도, 충청도, 전라도 등 4개 관할 교인들에게 비밀 지령을 내리게 되었습니다.

그러던 중 포덕 78년 7월에 중일전쟁中日戰爭이 일어나고, 그 이듬해 신천 교인 최택선崔澤善에 의해 비밀기도 사건이 누설되어 신천경찰서 고등계에서 일차적으로 황해도 교인에 대한 일제 검속이 시작되었습니다. 그런데 최택선에 대해서는 일부에서 위장교인이라고 알려져 있지만 사실은 한 젊은이가 입교하여 열심히 교를 믿으므

로 그 사람에게도 그와 같은 기도를 하도록 권한 것이 경찰에 밀고
되었던 것입니다. 이것이 발단이 되어 이 해 2월 17일부터 검속을
시작하여 그 달 27일까지 일단 황해도 교인에 대한 검속을 종료하
면서 용담유사 7권을 압수당하고 연원대표인 홍순의洪順義 선생까지
체포되었습니다. 이렇게 되자 신천교인 김정삼金鼎三 동덕이 2월 28
일에 상경하여 총부에 이러한 사실을 알리자 그때야 비로소 이런 사
실을 안 중앙에서는 3월 1일에 긴급히 간부회의를 개최하게 되었는
데, 이것은 당시 이 사건이 완전히 연원 계통을 통해서 이루어졌기
때문에 중앙의 총부 직원들도 비밀 멸왜기도 사건의 진상을 알 수
없었다는 것을 뜻합니다. 이렇게 되어 3월 4일 오후에 최준모·한
순회·김재계·김경함 선생 등 중앙간부 네 분까지 검속되어 사리
원경찰서로 압송되었습니다. 그러니까 경기도는 한순회 선생을 통
해서, 충청도는 최준모 선생을 통해서, 전라도는 김재계 선생을 통
해서, 황해도는 홍순의 선생을 통해서 각각 연원 조직을 통한 비밀
지령에 의해서 멸왜기도 사건이 이루어졌기 때문에 4개 도의 교인
이 모두 체포 구금된 것입니다.

그리고 이때 일경의 고문 여독으로 죽은 사람은 중앙간부인 김재
계 선생과 논산교인 손필규孫弼奎, 해남 교인 이강우李强雨 씨 세 분
이었는데, 특히 손필규 씨는 일경이 아무리 가혹한 고문을 가하여도
"내 것을 잃고 내 것을 찾자는 데 무엇이 잘못이냐?" 하고 절개를
굽히지 않았다고 합니다.

일경이 이처럼 많은 교인들을 검속했으나 4월 그믐까지 거의 모
두 석방하고, 단지 최준모·한순회·김재계·김경함·홍순회 5인

만을 치안유지법 위반과 대정大正 팔년제령八年制令 제7호 위반으로
해주검사국에 송치하고, 포덕 79년 4월 30일에 총독부 경무국은 사
건의 전말을 일괄 발표하기에 이르렀습니다. 이렇게 되자 이 사건이
백일하에 드러나 각 일간지에 크게 보도까지 되었습니다.

　그런데 한 가지 묘한 일은 일경이 우리 교인들을 잡아 가두고 웬
일인지 모르지만 안심가에 있는 멸왜기도 문구를 계속 읽으라고 한
일입니다. 그래서 처음에는 주저해서 외우다가 나중에는 신바람이
나서 그냥 계속 외웠다고 하는데, 이때 춘암상사께서 비밀 지령을
한 바로 문제의 멸왜기도 내용은 "무궁한 내 조화로 개같은 왜적놈
을 일야간에 멸하고서 전지무궁하여 놓고 한汗의 원수까지 갚겠습
니다."였다고 합니다.

　그리고 또 한 가지 말해 둘 것은 3월 4일에 최준모 선생이 일경에
잡혀갈 때 한순회 선생에게 귓속말로 말하기를 "이 문제가 70일만
에 해결이 날 것이니 아무 걱정 말고 다녀오자."고 했다는 것입니
다. 그래서 바로 그 70일이 되는 날 밤 9시에 청수를 모시지 못한
채 심고를 드리고 있으려니까 간수가 그냥 자라고 하자 "한울님도
거짓말을 하시나?" 하고 생각했는데 조금 후에 나오라고 해서 나가
보니 법무국장과 경무국장(三橋)이 서울에서 해주까지 내려와 이 사
건을 기소유예로 처리하고 이들을 석방하게 했던 것입니다. 이때가
바로 5월 12일 오후 11시경입니다.

　그런데 일경이 이분들을 석방하게 된 원인은 당시 중일전쟁 수행
상이 사건을 확대하는 것이 여러 모로 불리하다는 정치적인 배려 때
문이었다고 봅니다.

■『東亞日報』, 1938년 5월 1일

"천도교구파 불온사건不穩事件-불온문특별기도문不穩文特別祈禱文, 일반신도에게 배포, 특별희사금特別喜捨金도 모집"

천도교구파검거사건天道敎舊派檢擧事件에 대하야 금 삼십三十 일 총독부 경무국에서는 다음과 같이 발표하엿다.

〈경무국발표〉

천도교구파불온계획음모사건天道敎舊派不穩計劃陰謀事件의 진상眞相 : 금일 황해도黃海道 경찰부警察部로부터 송치된 천도교구파불온계획음모사건의 개요는 다음과 같다.

관련자 : 김재계金在桂, 최준모崔俊模, 한순회韓順會, 김경함金庚咸, 홍순의洪順義

불온문관계 : 김재계, 최준모, 한순회 등은 천도교에 의한 조선의 주권 획득을 몽상하고 조선을 일본제국 통치 하로부터 이탈, 독립시키려는 의사로 소화 8년 9월 이후 누누이 모의한 결과 조선에서 일본의 정권을 구축하고 조선의 독립을 기원하는 의미의 불온문을 작성한 후에 이를 독신자에 교시하야 매일 식후 이를 읽게 하여써 교도의 독립사상을 찬몽하고 그 정신적 결합을 도하고저 결의하엿다. 그리고 각각 이를 실행하고 홍순의는 김재계로부터 이를 받어 다시 이에 말을 부치어 황해도 내에 배부, 교도를 지도하고 비밀히 이를 실행하엿다.

특별희사금모집特別喜捨金募集 : 소화 12년 8월 10일경 최준모, 김경함, 한순회 등이 모의한 결과 이번 지나사변의 전파는 예측하기 어려워 구파 천도교 연래의 염원念願인 국권회복國權回復의 호기도 이를는지 모르므로 이 경우의 활동 자금에 충당하기 위하야 특별희사금이라는 명목 아래 이를 모집하기로 하고 전조선을 사四 구에 나누어 전기 간부들이 각기 모집 담당 지역을 정하야 이래(洪順義) 등과 함께 유력한 독신교도로부터 비밀히 324원三百二十四圓을 모집하야 그 중 120원百二十圓은 간부幹部들이 맘대로 생활비生活費에 영영 소비하엿다.

특별기도관계特別祈禱關係 : 종래 천도교 구파는 특별기도라 칭하고 조선을 일본의 통치하로부터 회복, 독립시키는 의미의 기도를 행하여 왓는데 소화 십이년 십이월 십이일 김재계, 최준모, 한순회 등은 소화 13년도 특별기도 실시에 대하야 협의함에 잇어서 종전대로 한다면 관헌의 취체 탄압을 받을 것을 고려하야 동양평화의 기초가 하로바삐 확립되기를 기원한다는 문구를 표면에 위장僞裝하기 위하야 이를 부가하고 한편 교도에 대하여서는 이는 관헌을 기만하는 수단에 불과하므로 소지素志에 동요를 일으키지 안토록 지도하고 홍순의는 최준모의 지시를 받아 이를 황해도 배하교도配下教徒에 교시, 격려하엿다.

제8장 일제하 보천교 탄압 사례

1. 보천교의 성립과 교세의 확장

창교주 차경석(車京石; 1880-1936)의 본명은 수홍輸洪, 호는 월곡月谷이다. 그는 동학농민전쟁 당시 정읍 근방의 농민군을 이끈 접주接主 차치구(車致九; 1851-1894)의 장남이었다. 그는 동학농민전쟁의 재발再發이라 할 수 있는 '영학당英學黨의 봉기蜂起'에 투신하기도 하였고, 일진회一進會 전라도 순회관巡廻官을 지냈지만, 대외적인 비난 여론과 내부 갈등으로 인해 일진회와의 거리를 두어 오다가 강증산姜甑山을 만났다(1907). 강증산 사후(1909) 차경석의 이종누이 고판례高判禮의 기행이적奇行異蹟으로 사람이 다시 모이니(1914), 세간에서는 태을교太乙敎 또는 선도교仙道敎라 불렀다. 경석은 일거에 이들을 보천교의 24방주제로 조직하였다. '보천교普天敎'라는 이름은 1922년 총독부 총무과에 종교단체로 등록(간부 이상호에 의해 등록)하는 과정에서 붙여졌다. 1918년 제주도 법정사 사건 이후에 보천교 운동에 대한 포괄적인 조사가 진행되기 시작했다.

차경석은 24방주제(비밀 조직체로 1918년 경 조직)를 통해 교세를 확장하니, 세간에서는 경석의 전력에 비추어 보천교를 정치적 성향의 비밀결사체라고 보았다. 다분히 정치적 실체였다는 것이다. 일 관헌에 의한 차경석의 첫 번째 조사(1914)는 '대사상大思想과 신통묘술 新通妙術로 신정부新政府를 건설한다' 는 이유였다. 그 뒤 1915년에는 '조선독립을 음모하고 황제되기를 도모한다' 는 이유로 조사하였다.

갑자기 불어난 교 조직은 일경日警의 경계와 탄압에도 불구하고 그 정체가 확연히 드러나지 않음에, 조선 최고의 불온 단체로 지목 되기도 하였다. 1917년부터 차경석은 도피 생활에 들어갔다. 이때 를 '일관헌의 보천교에 대한 탐색기' 라고 할 수 있다.

보천교의 교세는 '새왕조개창설' 과 맞물린 '차경석의 천자등극 설' 의 확산으로 더욱 급격히 증가하였다. 1919년에서 1923년 사이 의 교인 수는 수백만에 달하였다고 한다(1920년 경만 100만). 더군다나 정읍 대흥리에 웅대한 규모의 보천교 성전 건축이 시작되면서 급속 히 확대(1922)된다. 당시 민족적 좌절감과 패배감에 따른 민중들은 강력한 카리스마가 있는 차경석의 보천교를 민족운동의 구심체로 삼 았다. 현실적 민족운동(3 · 1운동)의 실패에 따라 신비적이고 다분히 복고주의적인 '신왕조 개창운동' 을 하나의 대안으로 받아들였다.

(1) 일제가 관찰한 보천교의 전말

■ 조선총독부경무국, 『최근에 있어 조선의 치안 상황』, 소화昭和 8년 · 13 년(1933 · 1938) 합본合本, 114쪽.

이 종교는 명치 41년(1908)경 전라북도 출신 강일순(호 증산)이라 는 자가 이조 말엽 가혹한 정치하에서 신음하고 있는 민심과 민도의 낮음을 이용하여 도교道教에 불교佛教를 가미시킨 훔치교라는 종교 유사단체를 창설하여 '본교를 믿는 자는 재난을 면하고 악질惡疾을 피하여 일가가 행복을 향유하며 소원을 성취한다'고 하며 한일합병 후에는 조선독립을 운운하여 '본교를 신봉하는 자는 조선이 독립되는 날 반드시 영직榮職을 받을 것이다.'등을 주장하며 뒤에서는 포교 헌금 모집에 노력하였다. 제2대 교주 차경석車京錫은 대정 11년(1922)에 교명을 보천교라 고치고 공공연하게 포교 활동을 개시하였다. 당시 천도교가 소요 사건 이후 세력이 약해짐을 틈타, 천도교를 능가하며 점차 교세를 확장하여 한때 교도 백만 명을 불러 모으기에 이르렀다.

그런데 대정 14년(1925)경부터 이 교파 내에 혁신파가 생겨 이상호李祥昊 일파의 제1차 혁신운동에 이어 이달호李達濠 일파의 제2차 혁신운동이 일어나, 탈교자의 속출로 교세가 날로 쇠퇴해져 재정이 궁핍하게 되었다. 따라서 대정 13년(1924)말부터 예산 백만원으로 계획한 성전 기타 건축 공사도 중지하기에 이르러 대 건축물의 착수도 중단되어 우설雨雪을 맞아 자연의 부후腐朽를 기다리고 있었지만 다지다재多智多才한 차경석은 자칫하면 분열시키려고 하는 간부 교도의 결속에 뜻을 두고 재정적인 충실이 교세 회복의 첩경이라 생각하여 1927년(소화 2년)말

(1)종래의 임원을 전부 해직解職시켜 의연금義捐金 기타 납부금의 많고 적음에 따라 순차적으로 임명한다. (2)전 조선 교도를 남북 2파로 나누어 납부금을 경쟁시킨다. (3)교주가 직접 진두에 서서 간부를 지도 격려한다. (4)결원缺員 중인 방주方主 선화사宣化師를 의연

금의 성적에 따라 일제히 방주方主 57명, 선화사 28명으로 임명하여 일반 교도를 자극시킨다. (5)간부 총동원 하에 전 조선 각지로 방주, 선화사 등의 중요 간부를 파견하여 비밀리에 "교주가 등극하는 날 입교자는 치성금致誠金의 많고 적음에 따라 각 관직에 임명시킬 것이다."

　는 등의 허황된 말로 우민을 속여 유혹하는 등 수단 방법을 가리지 않고 의연금의 납입을 독려하여 입교자의 권유에 노력한 결과 교세가 점차 만회하기에 이르렀다. 본소本所의 건물도 완성되어 낙성식을 겸하여 일대 치성제를 소화 4년(1929) 5월 24일 기사년 기사월 기사일에 거행하여 차경석이 등극한다고 몰래 유포하는 것을 경찰이 이를 금지하고 한편으로 각지에서의 미신迷信 유포자를 단속하자, 그 후 교도의 각성과 함께 탈교자가 속출하여 본소本所 재정은 나날이 어려워져, 차경석 이하에 대한 혁신파로부터의 불경죄 등의 고발이 있어 소화 4년(1929) 6월 교주 이하以下는 검사국에 소환되어 며칠 동안 취조를 받는 등의 사건이 있었기 때문에, 소화 4년(1929)말부터 특히 교내 외의 신망信望이 한때 실추하여 교세가 다시 쇠퇴하게 되었다. 소화 8년(1933)에 들어와서도 탈교자가 속출하여 방주方主 이범구李範九 등은 개혁운동에 의해 교주의 추방을 기도하였으나, 꾀가 많은 차 교주는 오히려 이를 배격하며 교내 개혁을 넌지시 말하여 교도를 불러 모아, 뒤에서 등극설을 맹신하게 하여 소화 8년(1933) 3월 봄 치성제 때 종래의 방주제方主制를 고쳐 교주 독재제를 중심으로 하는 정리正理, 부정리副正理 등을 두는 교약제教約制로 고쳐, 지방교도의 획득을 목표로 하여 비밀리에 조선 독립 실현을 암시하였으나 소화 7년(1932) 가을 이후 전 조선에서 단발, 색의 등의 실천을 제창하며 일어난 자력 갱생 운동에 의해, 보천교의 보발제保髮制에 저촉, 각지에서 교도 대 비교도들의 싸움이 발생하였다. 그리고 이 운동으로 농민의 자각에 의해 탈교자가 속출하는 경향이 있었으므로 교세 확장에 고심하였다. 소화 7년(1932) 말 이 교도들의 수는 전 조선적으로 1만 5천 777명이었다.

(2) 3·1 운동 전후의 보천교

■ 보천교의 국권회복운동 : 이영호李英浩 기記 『보천교연혁사普天敎沿革史』(上, 下, 續), 보천교중앙협정원普天敎中央協正院 · 총정원總正院, (1935 記) 1945 발發 (이하 '보천교연혁사')

▷(상)1장 후-2장 전 : 1914년(甲寅) 5월 초에 본리 거주인 헌병 보조원 신성학申成學과 단곡리丹谷里 장성원張成元 양인兩人이 소장에게 무고誣告하되, 대흥리 차車 모某는 신통묘술神通妙術이 있어서 공중을 향하여 금전을 부르면 청구하는 대로 나오며, 큰 사상이 있어 매월每月 삭망朔望마다 음식을 풍부히 하여 부자를 회집하니, 그 집에 가서 보면 실증實證이 있으리라 하니, 정읍 천원川原 삼가리三街里 고부古阜 사처四處 헌병憲兵이 14일에 연합하여 심야에 본소를 포위하고 동정을 정찰하되, 등촉이 없고 인적이 적요한지라(마침 그 밤에 본소에서는 致誠祭를 거행하지 아니하였도다). 헌병이 본소에 들어와서 가

족 전부와 역정役丁까지 한 사람씩 끌고 나가 난타, 심문을 하다가 교주와 아우 윤덕輪德을 포박하여 교주는 정읍에 구금拘禁하였다가 그 익일에 석방하고, 윤덕은 고부에 구금하였다가 9일 만에 석방하였으나, 이 뒤에도 우右 양인兩人의 무고誣告로 인하여 헌병소장이 혹 심야에 수색하며 심문하기를 수 차 하였다.

▷(상)2장 전-3장 후 : 1915년(乙卯)이라. 전일 금구인金溝人 김송환金松煥이 그 처妻와 더불어 와서 문하門下에 의탁을 청請하거늘 교주께서 허락하였더니, 그 뒤에 차차 그 부모와 가족 전부가 와서 한 가족과 같이 동거할세, 하간夏間에 그 처가 사태死胎로 인하여 사경에 이르렀는데, 교주께서 의약으로 극력 치료하여 갱생한 일도 있었으나 송환은 포교한다고 칭稱하고 외출하였다가 돌아올 때는 반드시 의복衣服과 화사한 물품을 많이 사오니, 그 행동은 미우나 그 성질이 본시 악독한 줄 알기로 … 송환은 그 부父의 회보를 듣고 전주 헌병대장에게 직입直入하여 고왈, 정읍군 입암면 대흥리에 거주하는 차車 모某의 소위所爲를 헌병장이 아느냐, 불구에 조선을 독립하여 자기가 황제皇帝 된다 하고, 농촌 우민愚民을 유인하여 금전을 사기하며 음모를 도모하나 정읍분대井邑分隊와 천원川原 파견소派遣所는 다 그 매수한 바 되어 별일을 행하더라도 불문할 터이니 헌병대장이 만약 일찍 저지 아니하면 반드시 정부 위험危險의 우려가 있으리라 하니, 헌병대장이 듣고 대경하여 즉시에 정읍 분대장에게 공문을 발송하니, 분대장이 공문을 보고 통변도 알지 못하게 대마大馬를 타고 천원에 직래하여 소장과 보조원을 소집하여 신발을 단속하라 하고 공문을 보이며 질책왈, 너의 관하에 이런 일이 있어도 알지

못하고 타처에서 먼저 발각이 되어 공문이 오니, 너희들은 뭣하는 이고 하며 인솔하여 와서 본소를 수색하며, 교주에게 질문하되 실증이 없으므로 일 없이 돌아가다.

■ 일관헌日官憲의 보천교 운동의 탐색 : 『동아일보』

『동아일보』, 1921년 4월 26일

"선도仙道를 표방하는 비밀단체 대검거"

원래 선도교는 4년 전에 제주도 의병 사건의 수령인 전라도 정읍 대흥리 차경석을 교주로 삼아 은밀히 국권 회복을 도모하되, 교도가 5만 5천 명에 달하면 일제히 독립운동을 일으키고자 하는 일종의 배일 음모 단체로서 주모자는 조선 전국을 돌아다니며 교도 모집에 분주하되 특히 산간 지방에 있는 사람들을 모아서 세력이 매우 성대하였다. 원산경찰서에서 체포된 교도는 100여 명이나 그 실제 수는 수만 명이라. 이 교도는 '독립적립금'으로 많은 돈을 냈는데, 그 신조를 믿으면 병에 걸리지 않고 죽은 선조의 신령을 볼 수 있으며, 차경석은 신선의 술법에 능통하여 천지간 모든 일을 뜻대로 하고 항상 구름을 타고 다니는데, 목하 지리산에서 360명의 제자를 양성하는 중이며, 준비되는 대로 금년 7월 경에는 조선 전국에 일제히 독립운동을 일으켜 지금으로부터 30년 후인 3월 15일에 교주 차경석은 조선의 임금이 될 터인데, 그때에는 교도는 모두 고관대작이 되어 행복한 생활을 할 수 있다는 것을 미신하는 중이라 … 교주는 신선이 되어 어디로 갔다가 선도교 기도일에는 집에 돌아오나, 사람의 눈에는 보이지 아니하며….

『동아일보』, 1921년 4월 30일

"태을교 두목 검거"

평양경찰서에서 채선묵, 김규당을 검거하여 … 동교同敎의 교조 강증산은 오는 을축년(1925)에 다시 살아나서 황제가 될 터인데, 그렇게 되면 동교 신도 중 유력한 사람을 관찰사·군수 등의 요직에 임명할 터이며, 일반 신도들에게도 다수 이익을 얻게 할 터이라 권유하고, 또 금년부터 오는 을축년까지 다섯 해 동안에는 세계가 크게 어지러워서 각국이 다 자기 나라 진정에 전력을 다하고 타국에 간섭할 틈이 없을 터이므로, 그때에 강증산이 강림하여 조선 독립이 완성될 터이며, 내년에는 전 세계에 악한 병이 유행하고 채소 같은 것도 모두 그 독기를 받아서 사람이 이것을 먹으면 모두 병들어 죽게 될 터이므로, 동교 신도에게는 금년 9월까지 악한 병에 걸리지 않도록 예방약을 제조하여 분배할 터이며, 각 도에 정리장·부정리장, 각 군에 정포교장·부포교장을 두고, 각 면에 정정의·부정의를 두어 신도 모집을 계획코저 한 것이라더라.

『동아일보』, 1921년 5월 13일

"국권 회복을 목적으로 하는 태을교도 대검거"

국권 회복을 목적하고 비밀리에 운동 중이던 태을교도들을 검거하였는데 … 태을교를 믿으면 병이 낫는 것은 물론이요, 이 뒤에도 이러한 재액에 걸리는 일이 없으리라고 말하여 입교케 하고 … 태을교의 내용 목적은 국권을 회복코자 함이라 말하고, 태을교의 두목 차경석은 금년 중에 황제가 되려고 운동 중인즉 … 두목 차경석은 관통貫通공부라는 신술神術을 연구 중인즉, 미구에 완성할 때에는 세상 만사를 자기가 하고 싶은 대로 할 것은 물론이요, 공중으로 날아다니기도 할 것이요, 신도 한 사람이 일본 군사를 마음대로 죽일 것이요, 또 두목이 조선 황제가 될 때에는 상당한 관직을 주리라고 말을 하였으므로 … 국권 회복의 운동 자금으로 각각 돈 2만원 씩을 거두어서 ….

『동아일보』, 1921년 8월 6일
"태을교인의 독립운동"
… 박희백은 재작년 음력 6월 경에 태을교에 가입하여 은밀히 조선 독립을 운동코저, 그 교의 교주되는 차경석이가 조선이 독립되면 조선왕국이 되어 계룡산에 도읍하고, 태을교도는 모두 큰 벼슬을 한다는 허무황당한 말을 전파하여 교인을 모으고, 담뱃대에 태극과 칠성을 새기어 한국을 기념하고 제단을 모으고 칠성에게 조선이 독립되기를 기도하였으며, 작년 음력 3월 경에는 신자에게 다수한 금액을 거둔 것이라더라.

『동아일보』, 1921년 10월 30일
"무과 출신으로 독립운동"
강원도 양양군에 사는 김홍식은 … 육군 참위가 되었으나 미구에 군대가 해산되매 향리 양양군으로 돌아가서 무한한 불평을 품고 있더니, 그 후 몇 해 후에 일한병합이 되매 더욱 불평을 품고 지내던 중, 재작년 3월 중에 조선 각지에서 독립운동이 일어나매 기회를 보아 독립운동에 참가코저 하는 중, 태을교도 백남구와 상의하고 수만의 교도를 모으고, 수백 원의 돈을 모집하여 기회를 보아 독립운동을 일으키고자 하던 중 발각 … 체포되어….

■ 보천교의 국권회복 운동 : 『조선일보』

『조선일보』, 1921년 2월 19일

"독립운동하는 태을교 신자, 오는 21일에 2심 판결"

경북 문경군 수순면 이화리 356번지 강보수姜晋秀(21)는 대정 9년(1920) 9월 이래로 태을교 신자가 되어 教교를 전도하며 조선 독립운동하기를 진력하여, 교를 전하는 말 끝에는 조선 독립사상을 고취하며, 인민을 권고하여 독립을 희망하는 동시에 우리 태을교에 가입하라 하며 책을 편찬하였던 바, 책에도 조선 독립사상과 및 조선 총독정치의 변혁할 취지를 기재하여 인민을 선동한 사실이 발각되어, 경성 지방법원 원주지청에서 징역 8개월에 처한 것을 불복하고 경성복심법원 형사부에 공소를 제기한 사실을 기재하였거니와, 동법원에서는 작일 제2심 공판을 마치고 오는 20일에 판결 언도한다더라.

『조선일보』, 1921년 4월 12일

"선도교도 대검거, 경상남북도 중심으로 한 비밀 결사, 닥치는 대로 체포"

경상남북도를 중심으로 한 선도교仙道敎라는 것이 근자에 발생하여가지고 어느덧 조선 전도에 수만의 신도가 생기어, 그 형세가 범연히 볼 수 없게 된 고로 총독부 경무국에서는 전 조선 경찰서에 달령하여 선도교인이라는 것은 일일이 발견하는 대로 검거하라 한 바, 원산元山에도 이미 10여 명의 선도교 선전 모집원 체포를 계속하여 검거에 착수한 바, 원산서에서는 重村 경부보가 오랫동안 경상남도에 출장하여 가지고 원산 검거대와 호상 체용하여 검거하는 중, 아직까지도 수괴자는 잡지 못하였으나 사건은 매우 복잡한 비밀결사대의 단체로, 아직까지도 선도교의 내막을 공개할 자유가 없다더라.

『조선일보』, 1921년 4월 26일

"훔치교의 일부인 허무맹랑한 선도교-훔치교에서 분리한 선도교, 대정 13년 3월 5일에는 교주가 왕이 된다고 유혹. 교도 100여 명을 일망타진"

3월 말경에 괴이한 조선인이 영흥永興과 정평定平 방면으로 돌아다니며 선도교仙道敎를 선전하며 사람들을 미혹케 하여 금전을 편취한다는 일을 원산서에서는 조선인 순사의 보고를 받고 즉시 谷川 서장은 그 부하에게 명하여 소굴을 탐지케 하고 ○일밤 ○참○○에 안변군安邊郡 위임면衛任面 ○산역○山驛 여인숙, 배승재 가에서 돌아앉아서 서로 협의하던 배승재 이하 이원유李元有, 이치홍李致洪, 신만순申萬順, 안병철安秉철, 송신관宋信官, 정약칠鄭若七, 송남섭宋南燮 등 팔명을 체포하였는데, 사건은 점점 ○○○ 4월 ○일까지 덕원군德源郡 풍하면豊下面 이성린李성隣, 영흥군永興郡 홍인면洪仁面 이진후李震厚

이하 연루자 ○여 명을 ○○○하였는데, 重村 고등주임은 선도교의
발생지인 전라북도에 출장하여 구체적으로 사건의 진상을 탐구한
후 일 건서류를 작성하였는데, 거기에 의하건대, 그 선도교는 훔치
교의 분리한 일파로 대정 7년(1918)에 제주도濟州道 의병사건 괴수
인 전라북도全羅北道 정읍군井邑郡 대흥리大興里의 차경석車京錫을 교
주로 한 국권 회복을 목적으로 하고 벌써 교도가 15만 5천 명에 달
한 고로, 조선독립만세를 호창하는 일부 배일 조선인의 ○○ 독립단
체로 무슨 일을 계획하는 것이라. 주모자 등은 조선 전국에 통하여
교도 모집에 분주한 바, 경찰의 힘이 잘 미치지 못하는 산간 벽촌으
로 다니며 우민을 공교한 말로써 속이어 미혹케 하는 그 교의 세력
이 무서울 만한 정도에 이르렀던 것을 원산서에서 탐지하여 겨우 체
포한 것이 100여 명에 불과하나 조선 전국에 있는 그 교도 수는 수
십만이 될지라. 이 같은 주모자 등의 감언에 혹하여 선도교의 신도
가 된 이상에는 '독립적립금獨立積立金'이라는 명목으로 금전과 물품
을 내는 것인데, 거기에 참가한 교도들은 기쁨으로 금전을 제공한
고로 그 손해액이 참말 놀랄 만한 거액에 달하는데, 선도교인의 어
리석은 신앙 ○○○○ 참말 웃을 만한 바, 선도교를 믿으면 병도 없
고 또 이미 죽은 선조의 영혼을 만나볼 수 있으며, 또 교주 차경석은
신선의 술○ 통하여 우주의 일을 모두 알고 마음대로 하며 늘 구름
을 불러 타고 날아다니며, 지금 전라남도 지리산智異山에서 360명의
청년을 교양하는데 정예한 군기 제조에 종사하므로 근근 준비가 다
되는 대로 ○○년 7월을 기약하여 조선국에서 일제히 독립운동을
일으켜서 대정 13년(1924) 음력 3월 15일에 이르러서는 교주 차경

석은 조선국 왕의 왕위에 즉위할 터이요, 그때에 신도들은 자격과 지식의 정도에 따라 고관高官과 대작大爵을 얻어 행복스러운 생활을 하게 된다고 독신하는 모양이라. ○○○ 차경석의 가정은 지금 본적지에 있어 상당한 생활을 하지만 본인은 제주 사건 이래로 종적을 감추어 행방불명되었는데, 그 지방교도들의 말에 의하면 신선의 술법에 정통한 교주는 선도교의 기도일에는 반드시 집에 돌아오기는 하나 보통 사람의 눈에는 보이지 아니한다 하며, 또 그 단체의 수령들도 다 행방불명이 되어서 용이하게 그 행동을 살필 수 없는고로, 무한한 정력으로 지금 주의를 하는 중이라더라.

『조선일보』, 1921년 5월 13일

"국권 회복을 요망하는 태을교도의 검거. 이 교만 믿으면 만병회춘, 교주는 조선 황제 된다고"

오랫동안 조선 각 지방을 통하여 비밀히 활동하는 강진산姜晉山, 차석정車石井 일파의 창조한 태을교太乙敎(별명은 훔치교) 교도들은 조선 국권 회복을 목적하고 여러 가지 방법으로써 교의 세력을 확장하는 고로, 항상 경무국장의 눈엣가시와 같이 지독한 지목을 받아 온 결과, 마침내 지난 번에 무산경찰서에 검거를 당한 자가 적지 아니하다 함은 이미 보도한 바이어니와, 다시 강원도 이천伊川경찰서로부터 그 관내에 있는 교도 중 김문하金文河 등 14명을 체포하였는데, 요사이 경무국 당국으로부터 발표하는 말을 들은즉, 본래 이 태을교도 중에 김문하라는 자는 시천교 신자로서 오래 전부터 반일 사상을 품고 동지를 규합하기에 전력을 기울여 거사할 기회만 고대하던 바,

뜻밖에 자기 아내가 중병에 걸려 매우 민망하던 즈음, 작년 12월 5일에 이르러 태을교도 신자 이치홍李致弘이라는 자가 찾아와서 김문하를 대하여 태을교만 잘 믿으면 아무리 중병인이라도 다만 일 첩약 쓸 것도 없이 만병회춘될 뿐 아니라, 이후라도 삼재팔난을 면한다고 감언이설로 꾀여 김문하와 기타 두 명을 입교, 다시 지난 2월 18일에 이치홍은 김문하를 대하여 태을교리의 큰 목적은 우리의 국권 회복에 있고, 교주되는 차석정車石井 선생은 금년 안으로 조선 황제가 되기로 내정하고 운동하는 중인데, 즉 일반 신자들은 이때를 당하여 일심으로 협력하여 이러한 목적을 대성하도록 힘쓰지 않을 수 없겠고, 또한 차 선생은 관통공부關通工夫라 하는 신출귀몰하는 신술을 연구하여 오래지 않아서 성공하는 날에는 세상만사를 마음대로 ○계 됨은 물론이요, 공중을 날아다니기를 자유로이 하여 신자 한 사람으로써 백만의 군병이라도 무려히 대적하게 될 터이오, 따라서 ○년 5월 이후부터는 조선 안에 있는 경찰 관리와 일본 군대를 전부 소탕하게 될 터이오, 또 우리 교주가 황제가 되는 날에는 먼저 입교한 교도에게는 상당한 벼슬을 준다고 백방으로 권유함으로써 김문하도 이○영설○ 취하여 쾌히 승낙하였고, 계속하여 박경문과 기타 9명의 입교식을 한 후 지난 3월 ○일부터 그 달 ○칠일까지 행동을 계속하여 국권 회복의 운동 자금으로 각각 현금 12원씩을 추렴하여 이치홍에게 모두 모아 주고, 더욱 더욱 사방으로 세력을 긴○하다가 마침내 검거를 당하였는데, 그 검거된 자의 주소와 직업, 성명은 좌편에 기록한 바와 같다.

『조선일보』, 1921년 5월 19일

"겸이포兼二浦경찰서에 검거된 태을교도의 자백-교도가 55만 7천 명만 되면 조선은 독립, 교주는 왕, 13일 평양지방법원 검사국으로"

겸이포兼二浦경찰서에서는 황주군 청수면黃州郡 淸水面 3가街에 거주하는 태을교 두목 김병준金炳俊과 기 부하 오○○을 검거하였다 함은 이미 보도한 바와 같거니와, 전기 김병준은 평일에도 직업이 없는 자로 태을교에 입참하여 남선 각 지방을 내왕하며 열심히 교도를 모집하다가 이번에 관헌에게 체포되었는데, 취조의 결과 그 자백에 의지하면, 태을교의 목적은 교도가 55만 7천 명이 되면 조선은 스스로 독립이 되고 태을교주는 스스로 인군(王)이 된다고 허왕무계한 말을 한지라, 이에 취조를 마치고 ○나간 13일 평양 지방법원으로 압송하였다더라.

『조선일보』, 1921년 6월 6일

"개안법開眼法과 관통법貫通法으로 ○○ 태을교도 검거-오는 7월에는 옥황상제가 강림하여 괴질로써 조선에 있는 일본인들을 모두 물리치고 교도로써 신정부新政府를 조직한다고"

요사이 훔치교에서는 당국의 주목에도 불구하고 다시 계속하여 개안법이라는 술법을 가르치며, 만일 이 법을 배우기만 하면 옥황상제를 위시하여 기왕 사망한 부모형제를 만나볼 수 있으며, 관통술을 배우면 본년 7, 8월경 옥황상제가 강림하실 때에 다시 이 세상에 초연한 관통술을 배우게 될 터이요, 그때는 마침 괴악한 병이 유행되어 일본 사람들은 모두 재난을 만나 일본으로 들어가게 되므로 우리 태을교도만 남아서 각각 상당한 대관이 되어 일반이 모두 행복을 받으리라는 말을 전파하여 지방 인심을 미혹케 한다 하므로, 요사이 강서경찰서江西警察署에서는 모두 체포하여 검사국으로 보내었다는데, 그 검거된 자의 주소와 성명은 좌기와 같더라. ….

(3) 제주도의 무장봉기

3·1운동(1919) 직전에 제주도에서 보천교도에 의한 '항일 무장봉기'가 일어났다(1918). 이때 교의 근간 조직인 24방주제(1916년 경에 조직)가 탄로났고, 이어 교 간부 및 교도 수백 명이 구속·수감되기도 하였다. 이 사건으로 인해 차경석 이하 전 간부가 수배를 당하거나 체포돼 고문을 당했으며, 고문으로 죽는 자도 있었다. 따라서 본 사건으로 인하여 교 조직이 일 관헌에 의해 파악되었다.

■ 제주濟州 법정사法井寺 사건 : 『보천교연혁사』, (상)6후-7전.

　동년 11월에 제주교인이 성금을 수합하여 면화 포대叺(편자주:포대)에 동봉하여 목포항에 하륙하다 경관에게 발견되어 조사한 결과에 교금으로 판명된지라, 경관이 박종하朴鍾河를 체포하여 엄중 취조하니 박종하의 구술로 인하여 방주 및 교인 중 두령자가 다수 체포되다. 이때 구속된 사람은 박종하, 차윤칠車輪七, 차기섭申基燮, 채규철蔡奎喆, 제선묵蔡善默, 송영대宋永大, 이원유李元有, 이기호李基浩,

손길언孫吉彦, 송범규宋範奎, 이극선李極鮮, 박성배朴聖培, 박선일朴善一, 조학우曹學瑀, 김문진金文振이라. 경관의 엄형 고문은 불가형언이오, 그 중 윤칠은 더욱 교주의 친제임으로 교주의 거처를 조사함에 형독이 더욱 심하고, 그 외 제인諸人에게도 음모 유무를 조사함에 악형이 무수하여 기사자幾死者 누회屢回요, 감옥 사면에 곡성이 난작亂作한지라, 마침내 실증이 무無함으로 12월 회경晦頃에 석방하였으나, 교주 체포령은 각별 엄중하다. 김문진金文振은 출옥 후 수 개월에 형독으로 사망하다.

■ 제주 법정사 사건 : 김정명金正明 편, 『명치백년사총서明治百年史叢書-조선독립운동朝鮮獨立運動(第1卷 分冊, 民族主義運動篇)』,1967, 247쪽.

차경석車京石은 김순열金亨烈에 맞서 선도교仙道敎라는 교파를 만들고, 각지에 전해져서 신도信徒 확장에만 종사했다. 대정大正 7년年, 국권 회복의 미명 아래 차경석車京石 및 경북 영일 출신 김연일金蓮日 등이 서로 모의해 동년同年 9월 19일, 구맹난분회舊孟蘭盆會에 즈음하여 제주도 법정사法井寺에서 교도 약 30명을 소집, "왜노倭奴는 우리 조선을 병합倂合시켰을 뿐 아니라 병합 후에 관리官吏는 물론 상인에 이르기까지 우리 동포를 학대해 곡우酷遇시켜, 실로 왜노는 우리 조선 민족의 구적仇敵되어, 머지않아 불무황제佛務皇帝가 출현해 국권을 회복시키므로 교도들은 제일 먼저 제주도 내內 거주하는 관리를 완전히 살해한 후 상인을 구축驅逐시켜야 한다."며 설득, 10월 4일 밤부터 다음날 5일에 걸쳐 김연일은 그 배하配下를 도내 각지에 보내 신도 33명을 법정사法正寺에 소집하고 스스로 불무황제

佛務皇帝라 칭했다. 그리고 위와 같은 목적을 결행해야 한다고 선언 하고, 그 방법을 협의해 대오를 정리한 후, 부근 각 면面, 이장里長에 게 "일본日本 관리官吏를 소멸하고 국권을 회복해야 하므로 다시 장 정을 거느리고 참가하라. 따르기를 꺼리는 자는 군율에 따라 엄벌에 처한다."라는 의미의 격문을 배포하고, 6일 밤부터 제주성 내로 향 해 행동을 개시하였다. 도중에 전선을 절단하고 또 내지인 의사 외 조선인 2명을 부상시키고 다음날 7일, 중문리에 도착하여 경찰관 주재소를 습격해 방화, 전소시켰다. 이어 폭도 38명을 검거할 수 있 었고, 차경석車京石, 김연일金蓮日 등 간부는 신도信徒들로부터 거둬 들인 수만원을 가지고 그 소재를 감추니, 지금 그것을 알 수가 없 다.(本書에 있어 客年(편자주 : 지난 해) 11월 27일, 경무국의 「高驚 第36610號 太乙敎徒 檢擧에 관한 件」이 첨부된 別冊의 한 내용이다.)

■ 제주 법정사 사건의 원인 : 「제주도소요사건」, 『폭도사편집자료暴徒史編 輯資料 고등검찰요사高等檢察要史』, 265-266쪽.

수괴 김연일金蓮日은 경북 영일군 출신으로 4년 전 승려僧侶로 제 주도 좌면 법정사法井寺에 살면서 항시 교도들에 대하여 반일사상을 고취하고 있었는데, 1918년 9월 19일 옛 우란분회 때 법정사에 모 였던 교도 30명에 대하여 "왜놈이 우리 조선을 병합하였을 뿐 아니 라 병합 후에는 관리는 물론 상인 등에 이르기까지 우리 동포를 학 대하고 있다. 불원 불무황제佛務皇帝가 출현하여 국권을 회복하게 될 것이니, 우선 제일로 제주도에 사는 일본인 관리를 죽이고 상인들을 도외로 구축해야 한다."고 말하여, 그 후 10월 5일 교도 33명을 소집하여 스스로 불무황제佛務皇帝라 칭하여 앞서 선언한 목적을 수행할 것을 말하고, 도대장都大將 이하 군 부서직을 명하여 대오를 편성하고 각 면 이장에게 격문을 배포하여 인민을 인솔하여 군에 종사토록 명하면서, 스스로는 법정사에 머물면서 폭도를 지휘하여 전선電線을 절단하고 주재소를 습격하여 파괴, 소각하고 주재소원을 해치고 혹은 길 가는 일본인을 포박, 구타하여 상해를 입히는 등 2일 간에 걸쳐 인민 약 4백 명을 강제 징발하여 폭동하였음. 원인은 선도교仙道敎에 대한 경찰의 취체가 엄중하므로 김연일은 미리 친교가 있는 그곳 선도교 수령 박명수朴明洙와 통모한 일이 있음. …

■ 「제주도치안상황」, 『사상월보思想月報』(第2券 第5號), 고등검사국사상부高等檢事局思想部』, 1932(8.15), 6-14쪽.

… 합병 후에도 1918년 가을 불교도 김연일이란 자가 불무황제라 칭하여 도내에 있는 왜노관리倭奴官吏를 박멸하고 국권을 회복하고자 칭하여, 선도교도仙道敎徒를 선동하여 도대장都大將 이하의 대오군직隊伍軍職을 임명하고 좌우중면左右中面의 각 이동장里洞長에게 격문을 보내어 수백의 폭도를 모집하고 화승총 · 죽창 · 곤봉 등을 가지고 전주電住 수 개를 쓰러뜨려 절단하고, 중문주재소中文駐在所를 습격하여 공문서 · 집기 · 가재 등을 파괴, 방화한 사례가 있다. 이러한 종류의 반항 내지 배타적 폭동 행위는 도민의 성격으로 지금도 유전, 배양되고 있다고 보아야 하며, 싸움 · 언쟁은 육지에 비하여 항상 수배이고, 상해죄는 매년 도내 범죄에서 수위인 상태이다….

■ 광주지방법원 목포지청검사국木浦支廳檢事局, 『형사사건부刑事事件簿』 (第29號, 1918), 정부기록보존소부산지소 ; 광주지방법원 제주지청, 『수형 인명부受刑人名簿』(1918)』, 정부기록보존소부산지소.

위 자료들에 따른 당시 체포자의 형량과 옥사자는 아래와 같다.

이들의 죄명은 소요보안법 위반이다. 체포자 수는 옥사자를 포함 해 도합 66명, 수형자 총 31명의 형량은 87년 6개월, 벌금형(30원 씩) 받은 자는 15명이다. 옥사자는 박주석朴周錫(1912년 목포 감옥에서 옥사), 강춘근姜春根, 강수오姜壽五, 김봉화金奉和(1919년 대전 감옥에서 옥사) 5명이다. 체포자 66명 중 불기소 방면은 18명이다.

형량의 다순多順으로는 김연일 10년, 강창규 8년, 박주석 7년, 방 동화 · 김상언 각각 6년 등이다. 후에 김연일은 5년 감형으로 1923 년에 출옥했고, 강창규, 방동화 등 주도자급들도 형의 반 정도를 감 형받아 출옥했다.…(이하 생략)

■ 제주 법정사 사건과 교인 구금 및 교금 압수 사례 : 『동아일보』, 1922년 2 월 24일(음)

"독립당獨立黨의 단체로 관헌의 엄중 수색, 종적 잃은 차경석"

차경석은 전기와 같이 교의 간부를 조직하고 교세 확장에 노력하 던 중, 그때는 총독부에서 집회의 자유를 허락지 아니하던 때라 그 와 같이 많은 교도가 모이는 것을 정치 운동의 음모로 인정하고, 무 오년 11월에 전라남도 제주에서 그 교도들을 검거하기 시작하여 목 포에까지 검거의 손이 미치었으나 결국 모두 방면되었고, 작년에 독 립운동이 일어난 후에 그 교도 중 참가한 사람이 있었고, 한편으로는 강일순姜一淳이가 죽을 때 유언하기를 "내가 죽은 지 몇 해 후에 계룡산에 재림하겠다."고 말하였다는 풍실이 있고, 또 차경석이가 천자가 된다는 풍설도 유행하여, 차례로 교도의 검거가 심하였던 터에, 작년 봄에 전주에 모아 놓았던 돈 11만원이 압수되는 동시에 당국에서는 크게 놀라 상해 가정부로 보내려는 군자금으로 인정하고 크게 검거되었고, 차경석은 작년 9월 24일에 함양군 황석산에서 그 교의 임원을 모으고 천지에 제祭를 행한 후에 드디어 종적을 감추었는데, 그 후 검찰 당국에서 크게 수색하였으나 결국 찾지 못했다.

(4) 교세의 급격한 확장

24방주제를 개편한 60방주제(1919년 7월 24방주제를 재편)가 탄로(1920)나자 일경은 이를 '기미만세독립운동'의 재발로 보았다. 60방주方主 밑에는 60명의 방주의 대리, 각기 6명씩의 하부 조직인 6임任, 6임任 밑에는 12임, 12임 밑에 8임, 8임 밑에 15임을 조직하였다. 이 조직은 대개 3년에 걸쳐 형성되었다. 방주 60인, 방주 대리 60인, 6임 360인, 12임 4,320인, 8임 34,560인, 15임 518,400인으로 모두 합치면 교敎 간부만 557,700명이 된다. 1인이 10인을 포교해야 간부가 될 수 있음을 염두에 둘 때, 당시 교인은 600만이 된다. 이때 소환 당하고 구속, 수감된 교도 수는 무려 3만 명을 넘어설 정도였다고 한다.

■ 24방주와 60방주 : 『보천교연혁사』(상)8장 후~11장 전

1919년 7월에 교주께서 강원도 울진군 서면 앞 천동川洞에 있을 때, 송대선宋大善으로 하여금 채규일蔡奎壹, 김홍규金烘奎 2인을 불러 왈, 전의 24방을 다시 60방으로 정하리니, 두 사람은 성적成績이 유有한 사람을 고선考選하여 천보薦報하라 하시니, 두 사람이 명을 받고 물러나다.

1919년(기미년) 9월에 60방주를 선정하여 고천제를 거행하시다. 9월 회일晦日(편자주: 그믐날)에 교주께서 경남慶南 함양군咸陽郡 병곡면瓶谷面 덕암리德庵里 뒤 대황산록大篁山麓에 단소를 정하사 축단 공사를 설비할세, 비료에 침체된 부토는 다 버리고 정토로 3층을 매축하여 백목으로 연폭連幅하여 위장하고, 제수祭需를 정결히 하여 폐백을 풍비히 하고 정성을 다하여 고천하실세, 60인을 3회로 분하여 고천하시니라. 제1회는 10월 5일 임오壬午 참배인은 교중 강령자綱領者 12인을 선택하니, 수화금목水火金木 동서남북東西南北 춘하추동春夏秋冬이요, 제2회는 10월 7일 갑신甲申 참배인은 24절후節候를 응하여 24인을 선정하시다. 수화금목은 교정敎正이요 동서남북 춘하추동은 교령敎領이요, 24방方은 포주胞主, 24절節은 운주運主라 칭하니, 이를 60방주 간부幹部라 칭稱함이라

■ 교도수 : 『보광普光』(第4號), 보광사普光社, 1924.3.27, 8쪽.

"방주제공方主諸公에게 일언一言, '일교인一敎人' 방주 제공!"

나는 포교 16년의 신춘新春을 맞아 우리 교敎의 주석住石이신 제공에게 삼가 일언을 드리나이다. 우리 보천교가 세상에 출생한 지

겨우 16년이 되었소이다. 더 수천 년의 역사를 가진 구종교에 비하여 일순간一瞬間에 불과不過한 단시일短時日에 신중信衆이 이미 3백만을 초과하게 된 것은 종교사상 유래가 없는 위적偉績이외다. 그리고 교황敎況은 날로 융창隆昌하여 주위의 암흑을 깨트리고 선경仙境의 광명을 향하여 보일보步一步 전진하는 기운이 이르렀나이다…

■ **교본소의 규모** : 『**개벽開闢**』(신간 제1호), **1935. 11. 1. 62-66쪽.**

"사멸중死滅中의 보천교"

… 이 집을 들어갈 때부터 나오기까지 1시간 이상이 걸리니, 그 큰 것을 알 수 있고, 공비工費 개산槪産 150만원이라 한다. 처음에 차경석이가 자칭 천자라 하고, 천자의 대권은 황와黃瓦로 이는 법이라 하여 기와장이를 불러다가 황와를 구워서 이었으나, 경찰의 호령號令으로 다시 보통 와瓦로 이는 중이라 한다. 한창 이 집을 지을 때에는 차경석의 전성시대이니 교도 600만이라 호어豪語하고, 만주에서 이 집 짓는 목재를 수입할 때는 대흥리 부근에 임시臨時 정거장停車場까지 생기었다 한다…

■ **교도수와 교본소의 규모** : 장봉선張奉善 편編 『**정읍군지井邑郡誌**』, **1937. 1.20, 19-20쪽.**

〈보천교 본부〉 정주읍 시가로부터 경목선京木線 일등 도로를 1리여 쯤 남행하면 입암면 대흥리에 당當하나니, 십수 년 전까지도 한산閑散하던 일 촌락이 지금은 5, 6백호의 인가가 집단적으로 거주할 뿐 아니라, 정丁자의 가도街道를 획성劃成하여 좌우에 점옥店屋이 포열布列하였고, 남편南便에는 주영벽난朱楹碧欄으로 된 고루거각高樓巨閣이 반공半空에 용립聳立하여 그 구조構造의 웅장함과 장치裝置의 정교함이 실로 일대위관一大偉觀을 정呈하니, 이것이 즉 보천교본부로 대개大槪를 소개하면 좌와 같음.

교사건축敎舍建築 : 대정 14년(1925) 정월에 시공하였더니, 형편形便에 의하여 동년 8월에 중지하였다가, 소화 2년(1927) 4월부터 다시 기공起工하여 익년翌年 무진戊辰에 준공竣工하였는데, 총 공비工費는 확실한 숫자를 견見키 난難하나, 약 100만 원을 돌파突破하였다 하며, 기사년己巳年(1929) 3월 15일에 '천지신명봉안식天地神明奉安式'을 거행하려다가 태극전太極殿의 명칭이 있다는 이유로 경찰 당국의 금지한 바 되었다 한다.

교사敎舍의 제도制度 : 부지敷地 총평수가 2만 평이며, 중앙에 입立한 최대 건물이 십일전十一殿이니, 그 의미는 십무극十無極 '지地', 일태극一太極 '천天'을 응應한 것이라 하며, 일설은 오행五行 중 중앙 '토土'를 응하여 교주가 '토방주土方主'에 당當하였음이라고 한다. 그 구조는 목조木造 와즙瓦葺으로 건평建坪 136평, 높이 87.7척이니, 총 공사비 50만 원으로 5개년의 시일을 요하였다 한다. 목조 건물로는 그 웅장함과 정교함이 반도半島 내內에 최대한 것이라 하며, 전내殿內에 소위 제탑祭塔을 설設하였으니 주위에는 용두용신龍頭龍身을 조각하여 금金을 도鍍(도금)하였으며, 높이가 30여 척이요, 주위가 80여 척이며, 27, 8의 층계가 있어 최고위最高位의 후편에 상부上部는 '천天'을 의미하여 일日, 월月, 성星, 신辰(北斗七星), 하부는 '지地'를 의미하여 방장方丈·입암·내장산을 회화繪畵하였으니, 이것

을 즉 '천지일월성신삼광영화일폭天地日月星辰三光影畵一幅'이라 칭한
다. 실로 조각의 정교함과 장치裝置의 찬란함이 보는 자의 눈을 현현
(현황)케 한다. 그런데 이의 건축 당시에 40여 척의 장량長樑 육본六
本을 요하였으나 조선 내에는 구득할 수 없는고로, 노령露領 만주계
滿洲界에 있는 양증산養甑山에서 이를 구하여 3년의 시일을 걸려 겨
우 운반하였으나, 매본每本에 1,600원의 비용(가격 합산)을 요하였다
한다. 부속 건물로는 정화당井華堂, 팔정헌八正軒, 육화헌六和軒, 삼진
헌三進軒, 태화헌泰和軒, 수정사修整司, 기제실旣濟室, 근성사謹省舍, 동
락제同樂齋, 공수실供需室, 전감소奠監所, 전의소奠儀所 등이 기포碁布
하였고, 주위에 3장丈(30척)여의 석축石築 단원壇垣이 위요圍繞하였는
데, 문門으로는 보화문普化門(石住 2층의 최대 樓門이니, 즉 북에 있어 이를
正門이라 칭함), 대흥문大興門(東), 영생문永生門, 대화문大和門(南), 평성
문平成門(西) 등의 외문外門이 있고, 내부에는 삼광문三光門, 승평문昇
平門, 함평문咸平門, 중화문中和門, 총령원總領院, 총정원總正院, 총의원
總宜院 등이 있다. 보화문 밖 양측에는 휴게소休憩所가 있고, 그 북에
는 종각鐘閣이 있다. 그 거대함은 경주 인경이나 경성의 종로 인경보
다 승勝하다. 교도 매인하每人下에 식시食匙 1개씩을 수합하여 이로
서 주조鑄造하였다 하니, 그 교도수의 과다過多함을 이로 추측하겠
다. 상常히 원근遠近의 지방으로부터 관람觀覽의 객이 부절不絶하다.

- 교 조직의 성립과 규모 : 『동아일보』, 1922년 2월 24일

  "풍설이 전하는 태을교-교주敎主의 사사死와 대분"

  … 차경석은 그해, 10월 24일 동지를 이용하여 24임任이라는 간

부를 만들어 놓고, 그 후 기미년(1919) 10월 13일에 경남 함양군 대황산에서 천지에 제를 지내고 24임을 폐한 후 60간부를 조직하였으니 … 60간부 아래에는 교도 수만 명을 거느리게 하고 … 차경석은 전기와 같이 교의 간부를 조직하고 교세 확장에 노력하던 중, 그때는 총독부에서 집회의 자유를 허락하지 않던 때이라 그와 같이 많은 교도가 모이는 것을 정치 운동의 음모로 인정하고, 무오년(1918) 11월에 전남 제주도에서 그 교도를 검거하기 시작하여 … 삼작년에 독립운동이 일어난 후 그 교도 중 참가한 사람이 있었고, 한편으로 강일순이가 죽을 때에 유언하기를 "내가 죽은 지 몇 해 후에 계룡산에 재림하겠다."고 말했다는 풍설이 있고, 또 차경석이가 천자가 된다는 풍설도 유해하여 교도의 검거가 심하던 터에, 작년 봄에 전주에 모아 놓았던 돈 11만원이 압수되는 동시에 당국에서는 크게 놀라 상해 가정부로 보내려는 군자금으로 인정하고 크게 검거를 행하여, 강원도 일대와 삼남 지방에 수천의 교도가 검거되었고, 차경석은 작년(1921) 9월 24일에 함양군 황석산에서 그 교의 임원을 모으고 천지에 제를 행한 후에 드디어 종적을 감추었다는데, 그 후 경찰 당국에서 수색하였으나 결국 찾지 못하였더라.

■ '새 왕조 개창설' 과 '천자등극설' 로 교세 확산 : 『동아일보』

『동아일보』, 1921년 6월 22일
"갑자년 3월 15일에 차황제의 출현설"
… 전라북도 정읍군에 사는 차車 모某라는 자의 발기로 선도교仙

道敎를 창설하여 세상 사람에게 권유하여 말하기를 선도교에 가입하면 질병을 앓지 아니하며, 죽었던 부모를 만나볼 수 있다 하여 다수의 교도를 얻은 후에, 다시 선도교도 된 사람은 한 사람 앞에 10사람씩 교도를 가입시키되 그 자금으로 10원씩 징수하고, 또 동 교도가 15만 5천명만 되면 일제히 독립운동을 할 터인데, 지금 그 수령되는 차경석 외 360명이 전라남도 지리산 속에서 총기와 화약을 만드는 중인즉, 장래 기회를 보아 독립운동을 일으키되, 오는 갑자년 음력 3월 15일에는 차경석이가 조선국 황제가 될 터이요, 선도교도는 모두 높은 벼슬을 한다는 허무황당한 말로 돈을 수천 원이나 징수하다가….

『동아일보』, 1921년 10월 7일
"갑자년을 기약하고 독립운동, 태을교도 공소"

강원도 양양군 손양면 수여리 191번지 이주범 외 4명은 모두 태을교에 들어서 허무황당한 말을 듣고 조선 독립운동을 하다가 … 이주범은 5년 전에 태극교에 가입하여 신앙하던 중 3년 전에 … 그 교 간부인 백남구와 만났을 때에 그의 말이 "태을교로 조선 독립을 도모하면 오는 갑자년 봄에는 태을교주 차경석이가 조선 황제가 되고, 교주 아래 24절 · 24방위 · 춘하추동 4계 · 동서남북 4방 · 금목수화토 5행 등의 이름으로 60부를 두고, 또 그 아래에는 경례 · 절의 · 교무 · 찰이 · 집리 · 교신 등 6임任이라는 것을 두고, 임 아래에는 12시時라는 것을 두고, 시 아래 8각刻을 두고, 8각 아래에는 15명의 신도를 두어 신도 총계가 55만 7천 7백인이 되면 일제히 독립운동을 시작한다." 하고 운동비로 수백 원을 모은 것이 발각되어 체포된 것이라더라.

『동아일보』, 1922년 2월 21일

"괴교怪敎 태을太乙-갑자년甲子年 4월을 기하여 계룡산鷄龍山에 차황제車皇帝"

… 최근 여항간 무식한 계급에게 불소한 세력을 가지고 있는 종교 단체가 있으니, 혹은 태을교 혹은 훔치교 혹은 보천교普天敎라는 명목으로 전파되는 것이라. 이것은 지금으로부터 10여 년 전에 전라북도 고부군 강일순을 중심으로 일어난 기이한 종교이니, 그가 이 교를 세운 후 삼남 지방에 교도가 편만하고, 그 후 다시 서북지방으로 전파되어 지금은 무려 수십만이라 하며, 헌성금이란 명목으로 수십만 원의 돈을 모은 일이 있었는데, 원래 세상에서 종교로 인정받지 못한 단체이다. 당국에서는 이를 정치 운동을 음모하는 비밀단체로 인정하고 검거가 자못 혹독하여, 수십 년 이래로 강원도와 삼남 지방에서 수백 명의 교도가 잡히어 처형되었고, 작년 봄에는 전주에서 모아 놓은 돈 10만원이 압수되고, 다수한 교도가 체포되었으며, 그 후로도 관헌의 취체가 엄중하게 되었다. 따라서 그 교도를 중심으로 별별 기괴한 풍설이 유행하니, 그 교를 믿으면 그 교의 제2세 교주 차경석이가 갑자년 4월에 황제가 되어 계룡산에 도읍하면 그 교도는 마음대로 고관대작이 될 수 있느니, 세계 만국을 앉아서 볼 수 있느니, 세계 형편을 앉아서 알 수가 있느니, 장생불사를 할 수 있느니, 옥황상제의 얼굴을 보게 되느니, 죽은 부모의 얼굴을 보게

되느니, 생전에 염라국에 들어가서 수명을 마음대로 늘릴 수가 있느니 하여, 그 허무맹랑한 품이 저윽이 학식 있는 사람으로서는 참으로 믿기 어려운 점이 많다. 그런데 전기와 같이 관헌의 압박이 심함에 따라 … 당국의 양해를 얻어 공공연하게 나설 필요가 있다고 하고 경성에 올라와 경성 본부를 설립하고, 당국의 양해를 얻고자 노력 중인데 … 하여간 수백만 교도를 가지고 괴상한 주문으로 소원이 성취된다는 이 괴이한 종교의 내막은 과연 어떠한 것인가?

『동아일보』, 1922년 10월 26일

"자칭 대시국大時國 황제-태을교주 차경석이 국호와 관제를 발표"

전라북도 정읍군에 근거를 둔 태을교의 교주 차경석은 이번에 새로운 국호와 관제 등을 발표하였다는데, 국호를 '대시국大時國'이라 하고 자기가 친히 황제가 되고, 관제는 한국漢國 시대時代의 대신 제도에 의하여 6임任 이하에 28임任, 6판서判書 등을 두고, 13도에는 도지사 대신에 도정리道正理를 두고, 군수 대신에 360의 포장包長을 두고, 그 다음 2,523의 면장을 둔다 하였으며, 국새國璽는 '대시국 황제지새大時國皇帝之璽'라 하였다더라.

(5) 보천교의 확산과 탈갈자

착취만을 낳는 식민 질서를 거부하고, 새로운 사회를 약속한 보천교운동에 조선의 민중뿐만 아니라 지식인 · 재력가들까지도 가세

했다. 이들 가운데 상당수는 미래를 보장받는 대가로 교 운동에 상당한 재정을 뒷받침했다. 소위 1924년에 시작된 '십일전건축十一殿建築'과 '대종조성大鍾造成'은 이들의 전폭적인 뒷받침 없이는 시작도 어려웠을 것이다. 이는 차경석이 천자가 되기 위해 대권을 신축한다는 소문이 설득력을 얻으면서, 아예 전답을 모두 팔아서 보천교 본소가 있는 정읍 대흥리로 들어오는 일명 '탄갈자彈竭者'가 속출로 이어졌다. 이러한 현상을 일제는 '성도운동聖都運動'의 하나로 보았다. 교세의 규모는 한꺼번에 45만 명이 식사할 수 있는 식표를 마련할 정도였다. 재정 규모가 한때 조선 최고였다고 한다.

■ '성도운동聖都運動' : 村山智順, 『조선의 유사종교』, 조선총독부朝鮮總督府, 1935, 944쪽.

이 계룡산 신도내新都內에 이어서 나타난 성도운동지는 전북 정읍군 입암면 대흥리다. 여기는 훔치교의 후신인 보천교에 의해 경영된 곳이다. 정읍의 '정井'은 물의 근원, 즉 물은 만물을 생육하는 것, 따라서 정읍 지방은 만물이 생육하는 왕자가 출현하는 곳, 대흥리大興里는 왕王의 흥기를 의미하는 땅(이 興字는 조선에서는 王家가 發祥한 곳이나 왕비가 발상한 곳의 지명에 관용했다.) 그리고 그 남쪽에는 입암산笠岩山이 있고 '입笠'은 관冠이므로 이 땅에는 반드시 왕이 나오는 곳이라 한다. 그 준비로서 십일전十一殿, 즉 태극전太極殿을 건설하고 대단히 크고 멋있는 왕궁과 유사한 조영을 하여 대왕 흥기의 준비가 착착 진척되기에 이르렀다. 이 사실에 현혹된 민중은 우리 교에 입교하여 치성하는 대신, 재상에 서훈되고, 이하 성심에 따라 감사監司 (도지사), 수재守宰(군수) 등에 임명된다고 하는 포교자의 감언을 확신 하고 입교하는 자가 느는 것은 물론, 재산을 가지고 이곳으로 이주 하는 자가 속출하였다. 이들 이주자 및 번번이 출입하는 교도를 원 객으로 하는 상인이 거처를 짓는 등 이 땅도 호구의 증가를 낳아 한 소도읍小都邑을 형성하기에 이르렀다…(제3장 제3절 (나)敎의 沿革 참고).

■ 탄갈 사례 : 『동아일보』, 1925년 1월 16일

"계룡산으로 이사"

소위 시국대동단이라는 것이 생긴 후로는 훔치교도의 마력이 점 점 더 심하여, 까닭도 모르고 좇게 되는 사람이 점점 늘어가는 중이 라는데, 강화군 안에서도 하도면 덕포리라는 동리가 웬통 그 마수에 걸리어, 수십년을 두고 지니고 있던 전답 등속을 팔아가지고 계룡산 도읍터로 떠나는 사람이 나날이 늘어간다더라.

■ 탄갈 사례 : 『조선일보』, 1925년 3월 2일

"임지任紙까지 매계賣喫코자, 소위 평남 훔치 육임회, 평양 청년들 은 박멸 계획"

상투쟁이 훔치교도의 무리가 소위 개안開眼이니 차천자 등극이니 하여 세상의 웃음과 배척을 받아오면서 또 한편으로는 촌간에 있는 어리석은 사람들을 꾀어서 많은 해독을 세상에 끼침은 이미 세상이 다 아는 바이어니와, 지난 13일부터 동 5일까지 3일 동안을 평양에 있는 보천교 평남 진정원에서 소위 육임회六任會라는 것을 개최하

고, 동원방주 조동우趙東雨와 그 외 이자선李子善 등 40여 명이 모여 비밀리에 회의를 한 바, 금번 회의에는 소위 육임이니 무엇이니 하는 직함을 팔아먹기로 하여, 육임은 1,500원, 12임은 129원, 8임은 15원, 마지막의 15임은 2원까지 파는 … 어리석은 사람들은 이와 같은 무리들의 꾀임에 들어 논과 밭을 팔아다가 이것을 사려 하는 자들이 아직도 많이 있으므로, 근일 당지에 있는 몇몇의 청년들은 크게 분노하여 이러한 음충하고 가증한 무리들을 그대로 둠은 세상에 큰 해독이 될 뿐 아니라 평양의 수치라 하여 박멸 운동을 시작한다 한즉, 멀지 아니하여 이 무리들의 머리 위에 철권의 소나기가 쏟아질 날이 있으리라는데, 차천자 등극 시에 가까이 있다가 무슨 벼슬이나 한자리 할 생각으로 집과 밭을 팔아 가지고 가족 전부가 이사하는 사람이 적지 않다 하며, 또 가족 중 한 사람씩은 대개 그곳을 향해 갔다더라.

■ 탄갈 사례 : 『조선일보』, 1929년 7월 18일

… 소외訴外 채규일蔡圭壹(前 보천교 교도)이가 대정 12년(1923) 2월 15일, 그 전재산全財産 현금 8만 5천원을 피고인 차경석에게 신탁信託한 바, 전기 채씨가 탈퇴 시에 현금 전액 반환 청구를 거절할 뿐만 아니라, 동인同人에 대하여 …

2. 일제의 보천교 운동 탄압과 회유

(1) 일제의 검거 열풍

교금을 독립자금으로 유용한다는 혐의를 받고부터인 1921년경, 교도에 대한 대규모 검거가 시작되었다. 교도들을 처벌하기 위한 특별법까지 만들 정도였다 하니, 3 · 1운동 이후 전국 최대 규모의 검거 선풍이었다고까지 말한다. 상해 임시정부와의 연계설이 나돌고, 조선 독립이 教의 목적이라고 당시 신문이나 잡지는 기록하고 있다. 3 · 1운동 전후의 보천교는 일 관헌의 요시찰 종교 단체였으나, 그 내막이 좀체 파악되질 않았다. 그러다가 1922년대 초반부터 감시와 무자비한 검거, 심문을 통해 그 내막은 서서히 드러났다. 그 과정에서 교도와 일관헌 간의 마찰은 불가피했던 것이다.

- **'독립운동 자금' 탄로로 인한 검거 선풍 : 『동아일보』**

『동아일보』, 1921년 10월 29일

"십만 원의 독립 자금"

전라북도 정읍군에 큰 교당을 짓고 100만 명의 신도가 있다 하는 태을교는 전라북도와 충청남도의 두 경찰부에서 늘 주의를 하여 오던 중인데, 지난 음력 9월 16일에 모처에서 그 교의 간부가 비밀회의를 한다는 말을 듣고, 전기 두 경찰부에서는 미리 변복한 경관을 다수 파견하여 비밀리에 수탐한 결과, 과연 그들은 태을교라는 명목 아래 두려운 큰 음모를 하는 것을 발견하고, 즉시 그 간부되는 최도홍, 김홍규, 고편상, 고태규, 육원익 등을 체포하는 동시에 가택 수색까지 하여 다수 불온문서를 발견하고, 김홍규의 집 마루 밑에서는 지화와 은화를 합하여 10만 7천7백50원을 넣은 항아리 한 개를 압수하였다는데, 계속하여 그 교의 중요한 지위에 있는 사람들을 검거하므로 그들은 거개 달아나서 방금 각처로 수색 중이라 하며, 검거된 최도홍 등의 자백에 의하면 그들은 태을교의 교주라 하는 차경석을 중심으로 하여 여러 간부들이 전라북도 정읍에 굉장한 교당을 짓고 조선 전도에 신도를 모집하는 동시에, 치성금이라 하여 돈을 모아서 대정大正 7년(1918) 경에 이미 그 돈이 십 수만 원에 달하였다하며, 그때의 태을교로 말하면 순전한 신앙뿐이었으나, 재작년에 독립운동이 일어난 후로는 상해 임시정부와 연락하여 조선 독립의 목적을 달성코자 교도에게 모집한 돈을 군자금에 쓰기로 결의하고, 그돈은 김홍규가 보관하기로 되어, 전기와 같이 항아리에 넣어서 마루밑에 파묻어 둔 것이라 하며, 이와 같이 독립운동에 착수한 이후로교내의 조직을 변경하여 교주의 아래에 12명의 제자를 두고, 그 아래에는 다시 60명의 교직원을 두어 복잡한 조직을 꾸미어 가지고, 일후에 조선이 독립이 되면 12제자는 각 대신이 되고, 그 아래의 교도는 모두 유수한 관官에 처한다 하여, 경찰 당국의 눈을 속여 가며여러 가지로 독립운동을 하였다 하며….

『동아일보』, 1922년 2월 24일

"화부회의를 기회로 독립운동 자금을 모집한 일"

평안남도 중화군 유계리 유계요, 용강면 다미면 동전리 박기형

두 명은 … 화성현에서 개최되는 태평양회의에는 조선 독립문제가

해결될 터이요, 동시에 상해 임시정부에서는 임원호, 최준호 두 명

을 태평양회의에 파송키로 하는데, 이에 대한 비용은 태을교도가 전

부 부담하기로 결정되었다고 하면서 수십 명으로부터 운동비를 모

집하였으며 ….

(2) 일제의 회유

일제의 의도 하에 공개(1922)된 교 조직은 본격적 탄압과 회유를
가져왔다. 장기적으로 볼 때 교단 공개는 교세 위축을 낳았다. 교단
의 공개 회유에 따라 반대 급부(일제의 지원)를 기대했던 보천교는 그
들의 약속과는 달리 각 지방 경찰관서에서 탄압이 조직적으로 이루
어지자 당황하기 시작한다. 한편, 일 관헌의 마찰과 일방적 탄압(물
리적 탄압)은 오히려 교세의 확장을 낳기도 하였다.

1922년 교도와 일경이 서로 난투극을 벌였다(전남 고흥). 조선총독
부 경무국에서는 일련의 사건과 관련한 교도들을 소요죄 · 보안법
위반 · 직무방해죄 · 치안법 위반 등을 적용해 구속, 수감했다. 그러
나 '고흥 사건'을 계기로 조선총독부는 보천교의 '사교화邪敎化' 또
는 '사교화詐敎化'를 꾀하기 시작했다. 특히, '고흥 사건'은 일부 일

간지에서 경찰의 소행을 비난하고 나서자, 경찰은 사회 여론기관 및 사회 단체, 일반 민중과의 '분리'를 꾀하기 시작하였다.

■ '보천교의 공개 회유' : 이영호李英浩 기記, 앞의 『보천교연혁사』, (상)27후 - 28후.

1921년 10월에 이상호李祥昊가 경성으로부터 내알하다. 이상호가 체포된 사실과 수금 중 상황을 고하되, 그때 종로경찰서에 구속되었다가 경기도 경찰부로 이송되었는데 藤本 고등과장이 소자小子를 선생先生으로 대우하고 간절히 호유왈, 선생의 말을 들은즉 종교宗敎를 선포하는 사람인데 어찌 함으로 가만히 숨어 포교布敎하느냐고 물으므로 답왈, 관청에서 오교의 사정을 알지 못하고 도처에 만나면 취체取締하며 주야로 수색이 불태不怠하고 압박이 태심함으로 부득이 숨어 포교하노라. 과장왈, 종교는 동서를 물론하고 누가 감히 사랑하지 아니하리요. 그러나 선생의 행동은 숨어서 암중에 행사하니 관청에서도 어떠한 사정이 있는지 알지 못하여 혐의를 받았으나 자금自今으로 선생의 공명정대의 행동을 일거하여 관청의 양해를 얻어서 노골적으로 포교하면 관청에서도 또한 후원할 터이니, 의향이 어떠하오. 소자 답왈, 나는 60방주 중 한 사람이라, 단독이 처단하는 권한이 없으니, 의사가 있더라도 불가능이요, 향 도주道主는 원방에 있어서 회담의 기회가 없으니 어떠하면 좋을까. 과장왈, 만약 선생을 석방하면 가능한 일이 있겠느냐. 답왈, 도주는 쉽게 면회가 불가능하오나, 60방주와는 협의를 할 수 있다. 그러나 60방주는 경

궁지오驚弓之鳥와 같으니, 지금 나의 돌아가는 길에 미행을 붙이지 말라 하고, 석방을 얻어서 왔으니 만일 약속을 위반하면 소자는 감히 이때에 거居하지 못하고 국경을 넘어서 탈주할 수밖에 없습니다 하니, 교주께서 출판물 허가와 관청에 양해 얻음을 재가하시다. 이후에 이상호는 관청에 양해를 얻었다 칭하고 교중敎中 공금公金으로써 경성 동대문 외 창신동에 집을 매수하고, 선포宣布하여도 관청의 취체는 각 지방에서 의연불변依然不變할 뿐 아니라 11월 동지치성제를 거행할 때에 총독부 통역관 西村眞太郎이 경무국 및 전북경찰부 및 정읍 경찰서원 등 50여 명을 인솔하여 각각 권총을 휴대하고 자동차를 타고 맹화열풍猛火烈風과 같이 불의에 본소에 쇄도하여 교주를 체포할 목적으로 본소를 전부 수색하였으나 목적을 달성치 못하고 돌아가다. 그 후에 보천교 간부 6, 7인이 총독부에 가서 경무국장 丸山鶴吉 씨에게 질문왈, 관청에서는 보천교를 양해한다는 괴이한 꾀로 희롱하여 교주 체포할 술책을 사용합니까? 이 같은 소위는 어떤 연고인가? 국장의 답이 평온하고 태도가 온화함으로, 국장의 심리에 감복하여 좋은 낯으로 돌아오다. 그 후에 총독부 양해는 실행되었으나, 이 양해가 하급 관청으로부터 상사에 달한 것이 아니기 때문에 각 지방 관청의 호감을 얻기 불능하고, 개인의 양해는 개인이 구하여 점차 취체를 면하나, 각 지방 관청의 의사가 불일하여 혹 지방은 호감 혹 지방은 악감의 상태에 있다. 이때에 함양경찰서와 거창경찰서가 연합하여 지리산과 덕유산을 대대적으로 수색하여 ….

(3) 일제의 탄압 정책과 보천교 운동의 이중성

보천교는 한때 민족운동의 구심적 역할을 기대했던 민족주의자 및 사회운동가들의 집합 장소 또는 물주가 되기도 하였다. 사회주의자들에게 자금을 지원(金綴洙, 呂運亨, 長德秀, 崔八鏞 등이 관련)하거나 (1922), 독립자금 변출 사건(曺晩植, 韓圭淑, 鄭復奎, 鄭常鐸 등이 관련되었으나, 훨씬 이전부터 이러한 일이 진행되어 왔다는 게 여러 관련자들의 증언이다.) 등이 발생(발각은 1926)하였다. 이때 사회 여론은 보천교에 대한 긍정적 인식이 높아진 반면, 총독부의 보천교에 대한 무력화 공작이 교묘히 이루어진 때이기도 하다. 보천교 역시 시국대동단을 결성(1924)하여 조선총독부의 환심을 사는 듯 하나, 내면에서는 이들 민족운동가들을 지원하기도 하였다. 시국대동단 활동으로 사회 각 단체의 거센 저항에 부닥치기도 한다. 당시 민족운동의 한계에 따른 절망감과 상실감에 따른 보천교 운동이 하나의 대안으로 떠오르던 때이기도 하나, 한편 일제의 탄압에서 벗어나려는 방편으로 일제의 식민 통치에 결과적으로 협조하는 등의 이중성을 보천교 중앙 본소 쪽에서는 갖고 있었다.

■ 사교, 비결 · 미신의 교 등 사회적 매도에 대한 보천교의 입장 : 『普光』(제1호), 1923.10.25, 21-47쪽.

〈답객난答客難(편자주 : 同誌 편집인이자 敎 고위 간부였던 李成英과 외지인의 문답 형식의 대담 글)〉——

객客 : 그러나 갑자 … 등 여러 가지 비결을 믿는 모양이던데요?

답答 : 그것이야 어디 보천교 특유特有의 것인가요. 어디 보천교가 창조한 것인가요. 오백년래來 조선민족의 전통적 신념이 아닙니까. 음양술수자류陰陽術數者流는 더 말할 것이 없거니와 유생儒生도 그런 신념이 있고, 동학東學 북학北學도 떠들던 소리요, 30세 이상된 남자의 태반太半은 그것에 미혹迷惑된가 합니다. 우리 교인도 그 민족의 분자인 이상에 아주 그 신념이 없다고 하겠습니까마는 그것은 민족적으로 있는 것이지 교리敎理는 아니외다. 이 미신이 조선인의 보편적 고유설固有說임을 알면서도 세간에서는 그것을 우리 교에 전가轉嫁시키려 함은 억하심정인지 아마 고의적 곡해曲解인가 보이다.

객 : 서양이나 인도에는 대종교大宗敎가 생겨도 비결은 없는데, 우리 조선에는 그 난데없는 비결秘訣이 생겨서 민족의 양심을 마외하니 참으로 기막힌 일이요.

답 : 여보시오. 비결이라 함은 일종의 예언입니다. 서양이나 인도에는 예언이 없다는 말씀이오? 불경을 보면 석가모니 후에 미륵불이 출세하여 용화회에 설법도생說法度生 … 미륵불 후에 모불某佛 출세 등등 예언이 있고, 기독교 경전을 보면 모세 이하 여러 선지先知의 예언 … 세계 말일末日에 기독基督이 재강림한다 … 등 예언이 많이 기록되어 있으니, 이도 일종의 비결이외다. 불야서佛耶書의 예언이나 조선의 비결이 미래사를 말하기는 꼭 같습니다. 다만 다른 것은 저쪽은 직어直語, 우리는 은어隱語, 저쪽은 종교적, 우리는 정치적인 것뿐입니다. 그러면 은어는 미신이요 직어면 미신이 아닌가요?

정치적이면 미신이고 종교적이면 미신이 아닌가요? 우리 것은 미신 이고 남의 것이면 무엇이든지 미신이 아닌가요? 아무리 사대적事大 的 근성根性이 박힌 민족이라도 이다지 자모자멸自侮自蔑 할 수 있습니까? 내가 비결이 좋다 함은 아니나 ….

■ 권총단 사건의 내막 : 『동아일보』, 1926년 11월 14일

"민족운동 자금으로 30만원 반출"

… 보천교를 이용하여 30만원의 거액을 변통하여 만주에 있는 조선 민족운동 단체로 보내려던 사건의 공판이 열리었다. … 전기 피고들은 모두 다 보천교도들로, 표면으로는 보천교당을 짓는다고 하고 그 자금을 변통하는 동시에, 이것을 기회로 보천교주 차경석의 환심을 사서 또한 보천교의 돈을 끌어내어 만주 방면으로 보내기로 획책하고, 우선 그 수단으로 작년 7월에 만주 모 단체에서 권총 두 자루와 탄환 40여 발을 비밀히 가져 들어와 ….

■ 권총단 사건의 내막 : 『매일신보』, 1925년 11월 19일

"도형사과道刑事課에 검거檢擧된 권총단拳銃團 2명-사건 내용은 절대 비밀, 시국을 표방한 강도인 모양"

17일 밤 경기도 경찰부 형사과에서는 과장 이하 형사가 파동을 개시하더니, 과연 모 방면에서 조선 청년 수 명을 인치하자 모젤식 권총 2자루와 실탄 50여 발을 압수하고, 계속 활동 중인 대범인 연루자가 남선 지방에 있는 눈치를 채고, 형사과에서는 형사를 급파하여 목하 연루자 체포에 몰두 중, ○○ 내용은 비밀에 부치나 두문 ○○

에 의하면 그들은 시국을 표방하○ 금품을 모○○ 사람들이라더라.

■ 교 자금 용처 및 당시 민족 운동가들과의 관계 : 구술 자료

"철수(편자주: 제3차 조선공산당 책임비서였던 김철수) 씨도 부친께 3만 원, 2만원 두 차례에 걸쳐 받았다고 이범재(편자주: 구당) 화실에서 그리고 세종문화회관에서 만나 내게 말했다. 또한 철수 씨가 당질녀에게 "(차 교주께서) 노금을 필급해 주었다."고 했다. 이성찬 선생도 있었다. ⋯ 고당 조만식과 고하 송진우, 안재홍 등도 비밀리에 교본소에 다녔다. 군자금 관계도 목포의 김해배 씨가 보천교에서 돈을 받아 중국 임시정부로 가져갔다는 얘기를 해 줬다. 신석우, 변영체 등도 교본소에 많이 다녀갔다.(편자주: 편자가 당시에 이 돈이 김철수 증언에 나오는 그 돈이 아닌가요 하자) 송진우, 장덕수가 받은 돈은 별도의 돈이다. 철수 씨가 직접 받은 돈도 또 별도이다. ⋯ 이런 군자금은 늘 극비였기 때문에 아무도 알지 못한다. ⋯ 나는 그 당사자의 얘기를 직접 들어 안다. ⋯ 당시 왜놈 형사가 교본소에 늘상 상주했다. 나 어렸을 때도 그랬다. 그런데 어디 함부로 군자금이 어떻고 했겠는가. 한때는 왜놈 경찰이 사오백 명씩 총을 들이대고 와서 모든 것을 차압해 버리는 등 그때는 살벌했다. ⋯ 고당은 권총 사건으로 옥고를 치렀으나 ⋯ 고당은 당시 보천교 간부였다. 외교 담당 차석이었다. 당시 고당이 서대문형무소에 형을 받고 풀려나 1년간 교본소에 있다가 다시 상해로 들어갔다. 상해에서 귀국해 교본소로 왔다가 한 달여 만에 잡힌 것이다. 이때 권총 서너 자루가 발견되고, 그래서 김정곤, 한규숙 등이 고문을 당했다. 조만식뿐 아니라 송진우, 조병욱,

신석우, 홍성렬, 안재홍, 김철수, 백남훈, 이 씨, 허 씨, 전형채, 정순정 등이 다 교인이었다. 이들은 비밀리에 출입하였다. 조만식만 드러나 다시 붙잡혔다.(편자주: 편자가 이러한 자금 내역이 왜 연혁사에는 자세히 나오지 않는지에 대해 물었다. 그러자) 그때는 연혁사를 기記해 놓고 "교인들을 다 죽일 수는 없다"는 것이 교의 입장이었고, 따라서 연혁사는 그런 대목들이 대부분 빠져 있다. 또 당시 그런 얘기가 나오면 당시 관련자들이 죽을 수도 있었다. …"(1991.1.21 부친 차경석이 사망한 해인 1936년에 16세였던 次子 車龍南의 口述)

질문 : 보천교에서 독립운동하던 사람들에게 적지 않은 돈을 주었다는데…."

답 : 3·1운동 당시 48인의 하나인 임규林圭라는 자가 독립운동 자금으로 5만원을 받았다. 임규는 금마 출신이다. 원래 임규의 일가는 금마에서 '아전' 출신이었다. 동학東學과 관련을 맺었다. 즉 일찍 개화가 됐다는 것이다. 임은 와세다 대학 전신이라고 볼 수 있는 '경흥京興의숙'에 가서 공부했다. 그 당시 김학곤이라는 사람과 알게 되었다. 이 자는 '엠엘당 사건' 연루자다. 임규는 왜 33인 가운데서 빠졌느냐 하면 그것은 일본에서 일본 여자를 데리고 와서 살았기 때문이다. 그러나 최남선이 여기서 '3·1운동 선언문'을 지었고, 인쇄 역시 일본인 여자가 데려온 아이에게 심부름을 보내는 등 왜인들의 눈을 속일 수 있었다. 임은 상해 임정 수금책인 소병언과 친했다. 송진우, 장덕수의 선배이기도 한 임은 보천교와 관련을 맺었던 것은 바로 동학 때문이었다. 임은 보천교 차경석에게 돈을 받

아 장덕수에게 주었고, 하와이에 가서 다시 라영균에게 주었다. 다시 라영균이 받은 즉시 영국 옥스퍼드대로 유학했기에, 혹 유학 경비로 쓰지 않았나 추측한다. 실제 라영균 생존시 얘기로 들었으나, 자금이 상해로 전달됐는지에 대해서는 묻지 않았다.

질문 : 교수님께서 보천교 관련 논문을 발표하셨는데, 시각이 '사교적 집단'이었습니다. 하지만 반드시 그런 시각으로만 볼 것은 아니라는 것이 바로 독립운동 자금으로 보천교 교금이(관련 자료를 가리키며) 지출되지 않았습니까.

답 : … 내 얘기하고는 전혀 다르다. 나는 60년대 거의 완벽하게 증언을 기록하여 쓴 글이기 때문에 그럴 수밖에 없었다. 사실 그렇기도 하지만, 즉 증산의 24인 제자들 모두가 동학인들이었다. 그들은 새 정부가 이루어지기를 기대하면서 동학 운동을 펼치다가 동학이 실패하자 실망한 나머지 증산으로 돌아섰다. 삼덕교의 이치복은 그의 아들 치백에게 증언하기를 "증산의 무리들은 좋지 않은 단체이라고 알고 구릿골에 가보니, 증산의 제자들은 모두가 반일反日 단체였다."고 했다 … 대흥리에 왔던 사람은 조경한을 안다. 이정립 선생이 전주 남 노송동 저택으로 조경한 선생을 방문한 적이 있기 때문이다. … (1991.10.19. 전북대 이강오 前 교수 구술)

(4) 일제의 사교화 정책

일제는 민족주의 성향의 엘리트들이 보천교 운동에 동조하는 상황을 제일 우려해 왔다. 이때 총독부에서는 '유사종교' 관련 자료를 방대하게 수집·정리하는 작업에 착수하는 등 보천교 등 여타 민족종교의 '사교화邪敎化' 또는 '미신화迷信化'를 꾀하기 시작하였다. 초기 (대략 1920년대 초)에는 교주 차경석의 부도덕성이나 부정한 태생 등 근거 없는 '사실 왜곡' 정도에 지나지 않았다. 이러한 선전이 효과가 없자 보다 적극적인 보천교 말살책을 택했다. 즉 보천교의 친일을 유도해 놓고, 민족 감정의 이반을 기다리는 등 보천교 운동의 강제적 해산에 따른 민중의 동조나 동요를 사전 차단하는 치밀함까지도 보여 왔다. 보천교 성토를 유도해 놓고 이어 성토를 제지하는 모습 등이 그 사례다.

황석산 고천제(1921)에서 국호國號를 '시時'라 선포하였는데, 이는 천자등극설天子登極說을 더욱 확대시켰다. 천자등극설은 신정부 건설을 목표로 한다. 봉건적 신왕조 개창을 의미했다. 특히 갑자년甲子年 (1924) 등극설은 교도뿐 아니라, 세인世人의 지대한 관심거리였다. 갑자년 등극설이 현실로 나타나지 않자, 이어서 기사년己巳年(1929) 등극설이 유포되었다. 기사년은 성전聖殿 완공 및 십일성전 내 삼광영 三光影 봉안식이 있을 해였다. 이 행사를 경찰은 불허했다. 이를 기점으로 민중들 사이에서 건재돼 온 차경석에 대한 카리스마적 인식은 점차 무너지기 시작한다. 등극설은 포교의 수단으로 하부 구조에서 유포된 듯하다. 내부적으로는 '보천교의 대리통치설'까지 논의된 듯하다.

■ 보천교의 미신 사교적 시각에 대한 차경석의 반론 : 『개벽』제7호, 1921. 1. 1, 29-32쪽.

"미신迷信의 감투를 벗으라"

미신이라 함은 미심이라 하는 이름부터 … 우리 조선에는 아직도 미신의 감투를 쓰고 의기양양意氣揚揚히 돌아다니는 동포가 많다. … 1.혼인婚姻에 관한 미신… 2.장의葬儀에 관한 미신… 3.질병의 미신… 4.복술卜術의 미신 … 5.사주四柱의 미신… 6.길일흉일吉日凶日의 미신 … 7.천체天體에 대한 미신… 8.동물에 대한 미신… 9.사신 숭배邪神崇拜의 미신… 10.정감록의 미신. 정감록의 미신이야말로 조선 전유專有의 미신이라 할 수 있다. 아직도 남도지방을 통행하다 보면 '유진인자해도중출有眞人自海島中出'을 굿에 간 어머니 바라듯 하며, 십승지지十勝之地를 아무튼 가마귀 자라 찾듯 하며, 계룡산을 할아버지 산수山水 보러 가듯 한다. 게다가 태을교, 경천교敬天敎 등은 아주 정감록을 가지고 교지敎旨를 세운 모양이다. 그들은 삿갓을 쓰고 머리를 기르고 승혈만강僧血滿江을 외우고 앉았다. …

■ 진주晉州 비봉산인飛鳳山人, 「정읍井邑의 차천자車天子를 방문訪問하고」, 『개벽』제38호, 1923. 8. 1, 37-41쪽

내가 차 씨를 보려고 정읍에 가기는 금년(1923) 4월 중순경이다. 그 동기로 말하면 4월 초순에 진주에 있는 어떤 보천교 신자 한 분이 나에게 동교同敎에 입교하기를 문問함으로 나는 그이에게 입교를 하면 무엇하느냐고 반문하였더니 그는 쓰다 달다는 말없이 다만 보천교 경남진정원장 노좌대盧左太를 찾아 물으면 지세히 인다 한다.

신앙에 주리고 호기심이 많은 나는 그 길로 노 씨를 찾아갔었다. 먼저 노 씨에게 보천교의 종지와 장래의 할 일을 물었다. 노 씨는 말하기를 종지宗旨는 별 것이 아니다. 이재궁궁利在弓弓이오, 또 장래 할 일은 많이 있으나 현재에는 돈이 많고 사람이 많고도 지식知識이 ○○하여 아무 사업도 착수를 못하는 터인즉 누구든지 상당相當한 인물만 있어서 교무敎務를 잘 볼 것 같으면 자기의 생활이 유족裕足할 것은 물론이고 아무 사업이라도 잘 할 수 있으니 입교入敎하는 것이 좋다 하고 … 내가 차 씨를 보기는 4월 20일 심야다. 진천자眞天子는 아츰에 만사萬事를 재결裁決하지만 가천자假天子니까 사람을 보아도 심야에 보는 것 같다. 당야當夜 12시가 지난 후에 나의 친지인 K 씨는 나를 소개하기 위하여 일부러 나의 여관으로 왔다. 연일 무슨 수나 날 듯이 차천자 면회를 갈망하던 나는 K 씨의 말만 듣고 양심에 허락지 아니하는 일을 하고 면회 준비를 하였다. 즉 깎은 머리에 가작假作 상투를 틀고 망건과 갓을 빌어 쓰고 K 씨를 따라 갔다.(그렇지 않으면 면회를 불허함) 밤은 침침하고 인적은 고요한데 한참 가니까 정결精潔한 10여 간의 초가草家가 있고 그 옆에는 굉대宏大한 와가瓦家가 있다. 그 초가는 차 씨의 수도실이요, 그 와가는 성전聖殿이라 한다. K 씨는 나를 그 성전이라는 곳으로 인도한다. 그 성전은 대문이 꽉 닫히고 평상시에는 아무도 출입을 못하게 한다. 나를 인도하는 이는 담에다가 사다리를 놓고 넘어가게 한다. 나는 어찌된 영문인지도 모르고 엉금엉금 담을 넘어갔다. 그 담을 넘은즉, 약 수십 평의 넓은 마당이 있고, 그 마당 위에는 바로 성전의 정당正堂이 있는데 당상堂上에는 … 차 씨는 아무 말도 안 하고 있다가 침묵沈默한 어조로 나의 온 소이를 말하라 한다.

나는 본래 종교보다도 정치에 취미를 많이 두고 또한 차 씨를 종교적 인물로 보지 아니하고 정치적 인물로 본고로 보천교에 대한 진리 여하는 묻지 아니하고 먼저 시국 문제를 말하였다. 나는 차 씨에게 "현하現下 조선은 인심이 극히 분란紛亂한즉 여하히 하면 통일하겠느냐." 물었다. 차씨는 한참 있다가 말하기를 "세운世運이 다 그러하니까 별로 걱정할 것이 없고 인심을 통일하려면 종교가 아니면 안될 것이나, 종교 중에도 기독교基督敎와 같이 국가의 이용물이 되면 아니된다." 한다. 나는 또 "조선의 문제는 언제나 선결鮮決되느냐?"고 물었다. 차씨는 답하되 "조선 문제는 용이容易히 해결될 것이요, 또 시기가 불원不遠하다." 한다. 나는 다시 "무슨 방법으로 해결하느냐?" 하고 물은즉, 차씨는 아무 대답도 없음으로 나는 또 "장래 조선이 독립되고 보면 무슨 정체政體를 쓰는 것이 좋으냐?"고 물었다. 차씨는 무엇을 생각하는 듯이 있다가 말하기를 "그것은 그때 일반 인심을 관찰하여야 할 것이라." 한다. 여러 말을 하기가 미안하여 나는 최후에 또 "보천교인이 가정패물家庭貝物까지 모두 방매放賣하고 가산을 탕패蕩敗하니 이것이 선생의 명령이냐?" 하고 물었다. 차씨는 말하기를 "한울이 준 재산은 한울 일에 쓰면 관계 없다." 하고 계속하여 묻지 않는 말로 세상 사람이 보천교인의 장발長髮하는 것은 흉凶을 보면서 기독교인의 무정신無精神하게 삭발하는 것은 흉보지 않는 것은 괴이한 일이라 하고, 묵연히 앉아 있다가 또 말하되…. 이싱은 내가 차 씨를 방문한 사실을 기록한 것이다. 최후에 나는 다시 차 씨를 방문한 소위를 말하고 또 차 씨에 대하여 한 말을 부탁하고자 한다. 세상 사람은 차 씨를 일개 미신가요 또한 무식자無識者로서 다만 우민愚民을 유혹하여 금전을 사취詐取하는 자라 한다. 그러나 내가 보기에는 그는 그렇게 무식한 이가 아니다. 비록 현 시대의 지식智識은 결여하다 하더라도 구시대의 지식은 상당한 소양이 있다. 그 외 엄격한 태도와 정중한 언론은 능히 사람을 감복케 할 만하다. 그는 한갓 미신가迷信家가 아니요, 상당한 식견이 있다. 인지소귀人之所歸는 덕지소재德之所在라고 그의 일거수일투족이 우의愚癡하다 할지라도 수만의 군중을 좌우하는 것을 보면, 그리 심상尋常히 볼 인물은 아니다. 그러나 다만 그는 시대의 지식이 없음으로 구식 영웅의 수단과 방법을 많이 쓰고, 또한 구식 영웅의 야욕野慾이 만만하여 자기가 제왕帝王되기를 항상 몽상하는 듯하다. 그를 차천자라 하는 것은 결코 그가 자칭自稱한 것이 아니요 몽매한 교인과 비소鼻笑하는 세인世人이 칭호한 것이지만은 그의 여러 가지 용사用事하는 것을 보면 제왕될 야심이 만만한 것을 추측하겠다. …

■ 일제 학자의 시각 : 村山智順, 『조선朝鮮의 점복占卜과 예언預言』, 조선총독부 근택인쇄부近澤印刷部, 1933, 591-594쪽.

터무니 없는 예언자預言者

보천교도는 태백산록을 돌아다니면서 멀지 않은 장래에 세계 대전이 일어나겠으며, 그때에는 보발자保髮者인 보천교인 외는 살 수 없을 것이라는 말을 하고 다니며 …

속담을 풀어서 신도新都 출현出現을 예언하다

1933년 1월 29일, 보천교인 경남 사람 김 모는 정읍에서 다음과 같은 예언을 선전했다. 작년부터 일어난 만주사변은 점점 악화되고, 가까운 장래에 세계대전이 발발할 것이다. 그때에는 반드시 조선은 독립하고 보천교가 ○○○○를 잡을 것이다. 왜냐하면 이즈음에 전해져 온 속담에 '조지로 왜목친다' 라는 것이 있는데, 이것은 조선을 중심으로 한 인접국 간의 일어나는 일들을 예언한 것으로서, '조지로'는 조지로朝支露를 가리키며, 왜목은 ○○○를 가리키는 것이기 때문에 이들 시국 관계를 예언한 것이다. 이번의 세계 전쟁에는 ○○○○○○. 따라서 조선은 스스로 ○○할 것이다. 그러나 조선에서는 정씨가 계룡산에 새로운 국도國都를 건설하게 되는 성씨姓氏는 실은 우리 보천교주인 차천사車天師(車京錫)의 손자에 해당하는 정동상鄭童孀이다. 차 씨의 손자가 정 씨라는 것은 이상하지만, 실은 차천자 자신이 진짜는 정鄭 씨인 것이다. 그것은 차경석의 어머니 박朴 씨가 옛날에 정鄭 모某에게 강간 당해서 낳은 아들이 차경석車京石이었던 것이기 때문에 차천자는 현재 차성車姓을 이름으로 하고 있지만 사실은 정성鄭姓이며, 따라서 손자인 '동상童孀'은 진짜는 정 씨인 것이다. 정동鄭童○은 현재 행방불명인데, 그것은 표면적인 것이고, 실은 모某 심산深山에 들어가서 밤낮으로 정신 수양과 심신단련을 하는 동시에 ○○의 훈련에 노력하고, 천천히 기회가 오기를 엿보고 있다. 유사시에는 바로 나타날 것이다. 도래할 그날의 아침이야말로, 정동○과 가장 관계가 깊은 보천교도가 새 나라의 중요한 간부가 되고, 대신, 대장 등의 고위직에 임명되고, 일반 신도는 부하로서 부귀한 신분이 될 것이다. 이 구체적 사실에 대해서는 3월 21일(음력

2월 26일) 춘분에 보천교 본부에서 발표할 작정이다.(1933년 3월 조사)

■ **경찰의 사교성 부각 : 『동아일보』**

『동아일보』, 1921년 9월 8일

"선도대왕仙道大王의 제자 이인언은 공소控訴"

황해도 황주군 청수면 석평리에 사는 이인언은 본래 태을교 신도
로서 작년 9월경부터 금년 3, 4월경까지 그 동리 최인준 외 두어 명
에 대하여 대정 30년(1924)에는 전라북도 정읍 읍내에 거주하는 선
도도주仙道道主 차경석車京石이가 대왕大王이 되어 태을교도는 물론
높은 지위에 처하게 될 터이요, 그 밖에 태을교를 믿지 아니하는 자
는 멸망한다고 불온한 말을 하여 드디어 치안을 방해하였으므로….

『동아일보』, 1922년 2월 23일

"풍설風說이 전하는 태을교-거병해원去病解寃의 신조信條"

… 일시 괴상한 병이 유행하여 사람이 무수히 죽을 터인 바, 가만
히 앉았다가도 축축 쓰러져 죽는 사람이 있을 터이라. 나의 가르침
을 따라 주문을 외우고 경문을 읽는 사람은 구원을 얻으리라 하였다
는데 … 스스로 말하기를 옥황상제로 천지공사를 행한다 칭하고, 신
축년辛丑年(1901)부터 그가 죽던 기유년己酉年(1909)까지 아홉 해 동
안 행한 일은 비를 오라 하면 맑은 하늘이 금새 흐리어 비가 오고,
바람이 불어라 하면 금시에 바람이 대작하여 어지러히 티끌을 날리
어 풍운 조화를 마음대로 부리었다는데….

『동아일보』, 1922년 8월 19일

"훔치교도와 대충돌"

… 훔치교를 믿는 자는 병에 걸리지 아니하고 오래 살 수 있으며, 장차 조선에 소요가 일어날 터이나 이 교를 믿는 자는 생명이 안전하여 사회상의 지위를 얻을 수가 있다고 여러 가지 말을 하면서 훔치교에 들기를 권유한 후, 다시 이후 9일 동안 훔치교의 묘술妙術을 세상에 나타내 보인다고 하며….

■ 시민단체의 성토 확산 : 『동아일보』, 1923년 7월 16일

"보천교 선교사가 허탄한 말로 백성을 속이고 돈을 사취"

황해도 안악에 사는 보천교인 박래필은 … 얼마 되지 아니하여 이 세상이 한번은 번복이 되는 때에는 보천교에서 정권을 잡을 터이니, 지금 200원을 낸 사람은 군수를 시키고, 20원 이상을 낸 사람은 면장을 시킬 터이니 이 기회를 잃지 말고 돈을 내라 하여 ….

■ 민족감정의 이반 초래 : 『조선일보』

『조선일보』, 925년 1월 18일(석간)

"보천교 성토, 경찰이 금지"

목포木浦 무목청년연맹務木靑年聯盟에서는 금반今般 보천교를 성토하기 위한 연설회를 개최하기로 하고 지난 16일에 연사 및 연재를 작정作定하여 당국當局에 제출提出하였는데, 당국에서는 무슨 이유인지 연설회 개최를 금지하므로 일반 인사는 당국의 태도를 비난한다

는 바, 예정하였던 연사와 연재는 아래와 같다. …

『조선일보』, 1925년 2월 12일(석간)

"김해金海의 훔치 성토聲討, 엄중한 경계리에 죄악 성토"

기보한 김해청년회金海靑年會가 주최한 보천교 성토 강연회는 예정과 같이 지난 8일에 당시 합성학교合成學校 안에서 열렸는데, 당일은 전全 김해색전대회金海索戰大會임으로 사방에서 모여드는 수많은 군중은 이어 훔치교를 성토한다는 선전문에 많은 흥미를 가지게 되는 동시에, 소위 훔치교가 우리 사회에 얼마나 많은 중대 문제가 된 것만치 강연회장은 수천 명의 군중으로 입추의 여지가 없이 성황을 이루었는데, 당시 경찰서로부터 岡田 박朴 양 경부보 이하 5, 60명의 정복 경관의 엄중한 경계 아래서 다음과 같은 연대로 여러 연사의 열변은 실로 청중에게 과연 보천교가 우리 사회로부터 박멸하지 아니하면 안되겠다는 느낌을 주게 되었다더라. …

『조선일보』, 1925년 2월 18일(석간)

"보천교 군수 첩지帖紙 1장에 3천원, 군위군 천율동의 어리석은 부자, 붉은 비단 군수 첩지에 3천원"

경북 군위군 부계면 천율동天栗洞에서는 300여 호가 ○○ '훔치'에 미쳤는데, 원래에 유명한 부호가 많이 사는 동리이라 많은 돈을 아까운 줄 모르고 자꾸 훔치교에 갖다 바친다는데, 그 내용을 듣건대, 붉은 비단폭에 번호를 쓴 것으로 군수郡守이니 무엇이니 해가지고 품수를 정하여 값을 받는다는 바, 칠곡군수 한 번호에 3천원에

팔았고, 또 군위군수도 근간 나타나리라더라.

『조선일보』, 1925년 2월 26일 ;

"참정권 전에 주먹. 동경에 있는 보천교 임경호에게 동포 30명이 습격하여 소동"

"조선 사람에게도 참정권을 주어서 영원히 완전한 일본의 백성이 되게 하여 달라."는 소위 참정권參政權 운동을 하여 오던 국민협회國民協會와 악수한 보천교에서는 요사이 동경에서 열린 제국의회에 이 청원을 제출하고자 대표 임경호林敬鎬의 일행이 목하 '제국호텔'에 투숙 중이던 바, 동경에 있는 청년 10여 명은 "일부 어리석은 백성의 연명서를 가지고 와서 '전 조선 민중의 의사'이다라고 허무맹랑한 말을 하는 자를 정치한다."고, 24일 오후 7시 30분에 제국 호텔에 몰려가서 임경호와 면회를 요구하였으나 응하지 아니하므로 일장 소동이 일어났는데, 이 급보를 들은 소관 일비곡日比谷 서에서는 연전에 민원식閔元植의 피살 사건도 있었음으로 크게 놀라 경관 수명이 달려가서 돌아가라고 하였으나 응하지 않고, 대표 한 사람이라도 만나보아야 한다고 하였으나 임경호는 역시 면회를 사절함으로 일장풍파가 났었는데, 경관은 즉석에서 주동자 4명을 검속하였다더라.

『조선일보』, 1925년 3월 6일(석간)

"요괴배妖怪輩 '훔치' 성토聲討, 마산馬山에서 대성황-경찰의 심한 간섭 아래 대성황, 요괴배 죄상을 일일이 적발해"

마산에서 각 단체의 연합으로 훔치교 성토를 발기하려고 준비 중에 있다 함은 일찍 보도한 바이어니와, 지난 2일 오후 3시 반 경에 7, 8명의 정사복 경관들의 경계 아래 성토 연설회를 마산 구락부에서 열었는데, 훔치교의 내막과 그 속에 파묻힌 죄상을 알고자 하여 들이밀린 군중은 장내에는 입추의 여지가 없도록 자못 큰 성황을 이룬 가운데, 김종신金宗信의 사회로 아래와 같은 연제와 연사의 열변은 만장의 청중으로 하여금 훔치교는 인간 생활에 무한 독을 끼치는 악마인 것을 깨우쳤으며, 하루라도 바삐 훔치교 적도○ 근본적으로 박멸하지 않으면 아니될 것을 절실히 느끼게 되었다. 다섯 연사의 열변이 끝나자 하태용河泰鏞 군이 아래와 같은 훔치교의 죄악 상황을 보고한 후에 순서에 의하여 일반 청중에게 자유 토론을 공개하게 되자, 미리 경계하기에 신경과민한 경관은 돌연히 연제 없는 연설은 서장이 허락하지 못하겠다는 모호한 이유로 절대 금지를 시킴으로, 수 삼 차 질문은 있었으나 어찌 할 수 없이 중지를 한 후에 이어 실행 조건을 질의하게 되었으나, 흥분된 군중의 앞에서는 위험하다는 이유로 역시 금지를 시키며, 실행위원조차 선거치 못하는 등 무리한 간섭이 있었음으로 청중으로부터 이유를 말하라는 등 일시 공기가 험악하여졌으나, 결국 무사히 폐회하였는데 일반 청중들은 횡포한 경관의 간섭에 분개함을 마지 않았다더라.

⟨강연 및 연사 씨명⟩

 - 내가 본 보천교 정체正體(김상수), 보천교도를 통조痛弔하노라(장재윤), 장발적長髮賊을 토토討하노라(김종신), 보천교 죄악상(최철용), 보천교普天敎와 미망迷忘(하태호)

〈보천교 죄악罪惡 보고報告〉

하나, 민족운동을 방해妨害하며 민족의 위신威信을 농락籠絡케 함.

둘, 종교를 ○○하여 사회 질서를 문란紊亂케 함.

셋, 진화의 원칙을 무시하여 교육의 필요를 절실히 느끼는 현대現代 오인吾人 사회와 천진무구天眞無垢한 아동兒童의 교양을 방해함.

넷, 소위 요술비결妖術秘訣로 민중을 미迷○케 함.

다섯, 허무맹랑한 괴변요설怪變妖說로 농민의 토지와 금전을 도집盜集함.

여섯, 대시국大時國 등극登極을 망칭忘稱하여 허관허작虛官虛爵을 예매豫賣함.

일곱, 간허奸虛한 문자로 교리敎理를 삼아 역사적 현실됨의 민民을 ○하며 세世를 혹惑함.

여덟, 현하現下 사회의 적시敵視하는 각파 연맹聯盟과 결탁하여 그 적시敵視의 근본 조건을 중앙과 지방에서 공연公然히 순설巡說하여 민심을 ○○케 함.

아홉, 순전純全한 ○촌우민村愚民을 농락弄絡하며, 지방 각유지단체各有志團體를 ○○하여 시간상 막대한 손해를 들이게 함. …

『조선일보』, 1925년 5월 17일(석간)

"훔치교의 악조惡兆! 차경석의 집을 짓다가 무너져 일하는 목수의 다리가 부러져"

보천교가 자기의 세력을 확장하기 위하여 시국대동단時局大同團과 야합野合한 후로 사회의 성토는 맹렬하되, 사회의 성토는 여하커나 보천교 본소에서는 귀먹은 중 마 캐듯이 저의 하는 일, 곧 돈 거두기, 제 지내기, 종鍾을 만들어 집짓기 등사로 그 본소가 있는 대흥리 골짜기는 날마다 수백 명씩이 역사하는 중, 금춘에는 그 교주 차경석의 거처할 집을, 곧 차천자의 대궐을 짓는 중, 이제 네 사람은 천자가 된 후 궐을 짓지만 차경석은 집을 먼저 지으며 누에가 고치를 지은 후에 나비가 되는 세음으로 그 집을 필역해 놓고, 금년 음력 6월 1일 곧 차경석의 생일에는 그 새 집에 나타나 좌정한다고 전설이 분운한 중이며, 방금 수백 명의 목수가 공사에 착수하여 지난 11일 상오에 입주立柱를 하는데, 여러 길 되는 원간 기둥을 사방으로 벌려 줄을 메어 세워놓고, 차차 그 기둥에 따라서 집을 짤 모양인데, 뜻밖에 그 기둥이 넘어지면서 벽력 같은 소리가 나더니, 부편수의 다리가 부러져서 곧 군산병원으로 치료시키라고 메어 보냈다 하며, 편수의 다리가 이렇게 부러진 것은 그런 집을 왜 짓느냐는 천벌이며, 패군장의 깃대가 자빠지듯이 그 기둥이 자빠진 것은 곧 차경석의 경영하는 일은 대패할 징조라고 공론이 분분하다더라.

『조선일보』, 1925년 6월 27일 (석간)
"'훔치'와 '굿'을 박멸, 안주 각 단체 긴급회의"

지난 24일 밤 8시 경, 본사 안주安州 지국 내에서 안주성 내에 있는 안주청년회 · 기독청년회 · 면려청년회勉勵靑年會 · 천도교청년회 · 살수구락부薩水俱樂部의 5단체 대표와 『개벽』 잡지 안주지사, 『동아일보』, 『조선일보』 양 지국의 대표자와 긴급 회의가 있었는데, 그 내용인즉 금번 새로 개설된 성내 율산시장栗山市場에서는 율산 주민의 돈을 모아 소위 미신迷信이라 하여 누구나 깨인 사람이면 하지 않는 '굿'을 약 10일 간의 예정으로 막대한 비용을 쓰면서 개최한다는 바, 이것은 개인의 일이면 묵인할 수 있지만 적어도 일반의 복리를 헤아리며 또한 무산자의 돈을 헛된 데 비용해 버릴 뿐이니, 방지책을 방지하지 않으면 안 된다 하여 전기 8개 단체 대표가 발기자들에게 방지의 교섭을 하기로 하였으며, 또 지난 23일 안주성 내 건인리建仁里에 소위 보천교 정교부正敎部의 간판이 나타나며, 안기두安基頭, 안용화安用化 두 명이 동교의 전도 목적을 강구하려 하는 중인즉, 혹세무민하는 이 교를 박멸함이 어떠하냐 하는 토의가 있었는데, 이에 대하여는 감시만 하다가 어떤 행동이 있을 그때에 비로소 처치를 하자는 결의가 있었다더라.

"율산 시장의 굿은 대표가 현장에 출장하여 교섭"

전기 8개 단체의 대표자로부터 지난 25일 아침 8시 경 율산시장의 간부들과 주민들을 찾아 '굿'의 미신적 선전 또는 미신인 것과 그것의 불필요를 들어 방지함을 권유한즉, 그편의 대답은 미신 의미로 '굿' 함은 아니며, 오직 밥벌이다운 흥행으로 율산시장을 성케 하자는 일종의 광고뿐이며, 설사 미신적 선전이 되는 한이 있더라도 이미 돈을 60여 원이나 들여 준비한 것이며, 또 무산자인 우리로서는 다른 영향을 가릴 여유가 없다고 굳은 뜻을 표함으로 각 대표들도 할 수 없이 그저들 나왔다는데, 이에 대하여는 다시 각 단체의 회의가 열릴 모양이라더라.

■ 무지몽매한 보천교 : 『매일신보』

『매일신보』, 1924년 7월 13일

"황당무계荒唐無稽한 망설妄說로 사취詐欺한 보천교도, 조선왕이 된다고 속이고서 미성년자에게 천원을 편취"

전북 정읍군 내장면 교암리 이승일(일명 이완복)의 법률상 대리인 실부 이봉준은 변호사 志賀日俊 씨를 소송 대리인으로 정하고 동군 同郡 입암면 접지리 차윤홍車輪洪(일명 車景錫)을 걸어 이득금 천원 반환청구소송을 전주지방법원 정읍지청에 제출하여, 동지청 대정 13년(1924) 민民○440호로써 이래 2, 3차의 변론이 있었으며, 다시 오는 8월 6일에 재판이 있을 터이라는데, 그 자세한 내용을 듣건대, 원고 이완복은 경성 휘문고등보통학교에 재학중이던 바, 김형일이란 자가 이완복의 원적지인 평남 덕천군 ○양면 좌상리에 와서 그의 실부 이봉준에 대하여 보천교에 입교하기를 감언이설로 꾀임으로, 이봉준은 이것을 믿게 생각하고 이주, 보천교 본거지인 정읍으로 가서 독실히 신교할 뿐 아니라 보천교만 믿으면 학교 공부를 아니하더라도 만사가 여의할 줄 확신하여 갑자기 참담게 공부하고 있는 이완복을 재삼 재촉하여 학교를 그만 두고 귀가하게 한 후, 대정 12년(1923) 10월 10일에 각 가족 전부를 14일에 전기 현주소로 이사하였는데, 동월 20일에 동군同郡 입암면 접지리에 거주하는 조제승, 조극승 두 사람이 이완복을 찾아와서 말하되, "장차 세계가 변경되는 동시에 일본은 큰불로 망하고 조선은 병으로 망하고 서양은 물로 망한다 함은 강증산姜甑山 천사天師의 예언으로 금번에 일본에서 지진

이 있는 것만 보아도 명백하며, 그 후에는 차경석이가 조선의 왕王이 되면 일본인은 전부 귀국한 후 곧 모두 멸망할 뿐 아니라 각국까지 전부 점령할 터이니, 지금 속히 보천교에 입교하여 육임六任이 되면 의식은 물론이요 자못 부귀를 ○○○하리라."고 꾀이며, 취직就職 성심금誠心金으로 돈 2,500원을 내라 함으로, 이완복은 이 말에 솔깃하여 필히 승낙하고 돈은 지금 가진 것이 1,000원밖에 없은즉, 전부를 변통하여 한꺼번에 내겠다 하였으나, 조제승은 그러면 우선 천 원만이라도 맡겼다가 그 잔액을 모두 준비하여 가져온 후 육임六任을 시키겠다는고로, 이완복은 그들의 말과 같이 천원을 줬던 바, 그 후 이완복은 다시 그들의 꾀임에 빠진 줄 깨닫고 입교를 거절하는 동시에 천원의 반환을 수 차 요구하니, 차경석이가 보관하였다 청탁하고 ○○송금 ○○○으로 드디어 기 소송을 제기한 것이라 하더라.

『매일신보』, 1924년 8월 3일

"무지無知한 보천교도 미신으로 사람 죽여, 문둥병 환자를 치료한다고 개미를 먹이고 양잿물을 발라"

원적과 주소가 미상인 보천교도 이순오李順五는 청주군 사주면 봉양리에 사는 남이원이가 문둥병 환자로 신음한다는 말을 듣고 동군同郡 오산면 소어리 이용우라 하는 사람을 중간에 놓고 말하기를 "나는 보천교 신자이므로 문둥병과 같은 것은 보천교의 영험을 빌어 능히 고칠 수 있다."고 하므로 병자인 남이원은 이에 이순오에게 자신의 병을 고쳐달라고 의탁하였더니, 이순오는 이것을 고친다고 7월 20일에 제1회로 소나무 아래 있는 개미집을 흙과 함께 한 말 가량

을 다려 먹이고, 또한 양잿물을 물에 타서 사흘을 끓인 후 여기다가
재를 타서 이것을 남가의 전신에다 칠하여 마치 흙검둥이를 만든 후
에, 일주일 동안이나 두고 보천교의 주문을 외우면서 기도를 올리어
성심으로 병이 낫기만을 축수케 하였으나, 병이 낫기는 고사하고 지
난 30일 오전 오시午時에 드디어 사망하였으므로, 이 소문을 들은
청주경찰서에서는 松本 사법재○○○이 木村 자혜의원 의사를 대동
하고 출장하여 검사한 결과, 중독 치사됨이 분명함으로, 지난 31일
에 전기 이순오는 청주경찰서에 피착하여 여러 가지로 취조 중이나
그자는 사실을 극구 부인함으로 계속 취조 중이라 하며, 木村 의사
의 말을 들으면 개미집(개암이집)을 달여 먹인 것은 별로 관계가 없
으니, 필경 양잿물을 바른 것이 중독된 듯하다고 말하더라.

3. 내부 분열과 시국대동단의 반저항 논리

(1) 교단 내부 갈등

보천교 운동이 본격적으로 쇠퇴하기 시작한 때는 1929년경 이후
다. 그러나 이미 1924년경부터 조선총독부와 적절한 살아남기 '타
협'이 이루어지면서, 민중의 외면을 불러왔다. 시대일보 인수 사건
으로 내분이 격화되자 그동안의 '탄압과 검거'라는 두 가지 과제를
일거에 타결해 보려는 의도로 시국대동단을 출범시켰다. 그러나 일
제의 '대동아공영'과 유사한 점으로 말미암아 민중의 정서와는 요

원했던 것이다. 이 외, 보천교 운동의 쇠락 원인으로는 교리적인 한계와 한시적인 왕위등극설, 그리고 일경의 교묘하고도 집요한 탄압으로 인해 조직에서 간부들이 대거 이탈한 것 등을 들 수 있다.

일제에 의한 내분 조장, 사교적 인식의 확산, 반민족 정서의 조장 등 교 운동과 민중을 유리시킴으로써 일시에 '대안의 세력'에서 '타도의 대상'이 돼 버리고 말았다.

시대일보 인수를 계기(1924)로 표출된 보천교의 내분, 내분 결과 '보천교혁신회 등장'(1924), 보천교혁신회(1925)와 시국대동단의 활동으로 이어지면서 탄탄했던 조직의 와해는 기정사실화됐다. 또한 경찰의 탄압과 언론의 '사교·미신'적 시각에서의 공격은 교내 신식교육을 받은 자들에 의한 내부 반발이 예상되고 있었다.

■ 보천교 혁신운동의 전말 : 『보천교연혁사』, (상)38 전-39 후.

1924년 8월에 이르러 교중에서는 이상호 등의 야심을 알고 중벌의 과科에 부하였다. 상호는 본시 사회 출각자로 교教를 위하여 공공심公共心은 없고 비기심肥己心이 많은 사람이라. 경성 양해 때에도 교주에 대한 체포령과 각 방주의 체포장을 취소하도록 주선함이 없고 자신만 활동하기 편리하도록 운동하였으며, 김홍규 체포사건에도 하등의 주선한 힘도 없이 외도外度에 두고, 교중 공금 4만원 압수 사건에도 하등의 주선한 힘이 없다가 마침내 국고로 편입이 되었고, 또 경성 가회동과 창신동 진정원 가옥 및 대지를 저의 단독 명의로 증명권을 계출하여 자기 소유로 만들었으며, 또 망녕되이 교주 계통을 몽상하다. 전후 소행이 모두 자신의 이익만 도모하다가 중벌로 인하여 반역자로 화化하여 보천교 혁신인이라 자칭하고 교주 성토문과 혁신 이유의 선언서를 인쇄하여 전선 교도에 발송, 선포하여 인심人心을 난동하고 사람이 감히 하지 못할 일을 행함으로 교중敎中에서는 이상호 토죄문討罪文을 전선 교도에게 발부하고 간부 수인이 상경하여 이상호를 정중히 질책하니, 피등은 유도柔道에 익은 사람과 역사力士를 모집하였다가 간부 등을 난타하여 사경에 이르러서 인근 파출소에 급히 고발하니, 경관이 웃어왈, 종교가에 투쟁함은 고래로부터 그런 일이 많이 있다 하고 냉소하였다. 진정원의 건물, 대지 및 비품 등 수만원의 재산은 보천교 소유임에도 불구하고 관계없는 혁신파가 점거함으로, 이를 돌아오게 하기 위하여 서울 지방법원 검사국에 형사고소를 제기하였더니 검사국에서는 죄상을 취조도 아니하고 마침내 기소중지의 처분을 내렸다. 그 후에 이상호는 교중에서 횡령한 금전을 다 소비하고, 이성영도 보광사普光社 인쇄기 및 활자를 매각하여 지나支那로 같이 도망가다.

■ 시대일보사건 : 『개벽』(제50호), 1924. 8. 1, 33-34쪽.

"문제의 시대일보 분규의 전말과 사회여론"

김홍규, 서상현, 문정삼, 이득년, 이상호, 이달호, 이원영 7인을 갑甲이라 하고, 최남선, 진학문 2인을 을乙이라 하여 위 계약의 조항을 체결함.(편자주: 보천교가 時代日報를 인수하면서 낸 계약서)

- 을이 조선총독부의 인가를 얻은 시대일보 편집 및 발행인권을 갑등에게 양도하고 갑 등은 이를 인수함.

- 갑 등은 위의 권리를 인수하는 동시에 을이 전년도에 경영했던 시대일보의 전신인 동명사東明社의 ○○를 ○○하라고 돈 이만원을 을에게 지불함.

- 편집 겸 발행권 명의 이전에 대하여 을은 본 계약 체결 동시에 명의 이전 서류를 작성하고, 본本○사呵○을 병並하여 갑 등에게 제공함.

- 갑 등은 필요한 때는 명의 이전 서류를 당국에 제출할 수 있음.

- 을은 사고 없이 을의 현재 지위를 ○○하며, 또는 임任○○ 퇴사함을 부득不得함.

- 본 계약 체결일로부터 시대일보사 경영에 대한 일절 경비를 갑 등이 부담하고, 을은 타 방면의 재단이 입사入社하게 할 권리가 없음을 약속함.

본 계약서 2통을 작성하여 갑 을이 각 1통씩 보관함.

1924년 6월 2일

갑甲: 김홍규金洪圭, 서상호, 문정삼文正三, 이득년李得年, 이상호李祥昊, 이달호李達濠, 이원영李源永

을乙 : 최남선崔南善, 진학문秦學文

■ 보천교혁신회 : 『동아일보』

『동아일보』, 1924년 9월 17일

"보천교혁신회"

… 보천교혁신회의 발기회를 열고 … 개회사로 보천교가 지금으

로부터 16년 전에 교조 강증산이 교를 창설한 이래로 여러 가지 파
란을 겪고, 그 후 차 교주가 뒤를 이어 비밀히 교를 전파하다가 세상
에 나타나기는 3년 전이라. 그러나 근일에는 교조가 창설한 교리에
는 위반되는 미신과 사설로 인민을 속여 금전을 구취하여 부당히 쓰
고 시대와 배치하는 일을 하기 때문에, 사회의 공격이 자심하여 그
대로 두면 보천교는 금년으로써 운명을 다하겠으므로 우리는 혁신
회를 발기한 것이라고 … 보천교의 과거 내력을 대중 앞에 드러내면
천인공로하리라는 선언서 낭독과 결의안으로 방주제와 이에 의한
계급과 차별을 철폐할 일, 사설邪說 미신을 타파하고 천사天師의 진
체眞諦를 천명할 일, 교재敎財 정책을 근본적으로 개혁할 일, 시대 사
상에 순응할 일, 교인의 생활 기초를 공고히 할 일 등을 결의한 후
폐회하였더라….

『동아일보』, 1924년 9월 29일
"보천교 박멸 운동"
보천교 내막 조사 보고회는 … 소위 보천교의 내막이라는 것은
어느 것을 물론하고 똑바른 정신이 있는 사람으로서는 차마 들을 수
없는 기괴망칙한 사실이었으며, 더구나 30만이나 되는 대다수의 군
중이 이와 같이 맹랑한 교리를 신봉하고 ….

『동아일보』, 1927년 2월 15일
"보천교 내홍, 개혁단측 발표"
〈결의문〉 보천교주 차경석을 교주의 자격을 박탈한 자로 인정함

… 경석은 증산천사甑山天師의 신도로 교주라 칭하여 선교한다 하고, 10여년 간을 부도덕 불합리한 죄악이 많도다. 요괴妖怪의 술術과 화복禍福의 설설說說로 음사淫祀를 난행亂行하고 참결讖訣을 황조하여 교리를 위배하고 사상을 교란攪亂하여 경제를 파멸하였으며, 일반교도의 지식을 우매케 하고 학령아의 입학을 금지하여 현대 교육을 배척하였으며, 국호를 남칭濫稱하고 제제帝制를 찬용하여 치안을 방해하였으니, 이 같은 죄악은 마땅히 신인神人이 공륙共戮할 바라. 어찌 천지에 용容하리요. 이제 우리는 경석의 죄악을 들어 천지에 포고하노라.

증산천사순강甑山天師巡降 57년 2월

보천교 개혁단 간부 일동

■ 보천교의 내분 격화 : 『조선일보』

『조선일보』, 1925년 11월 13일

"차천자車天子 암살음모로 보천교 신구파 대난투"

지난 5일은 음력으로 9월 19일 보천교 교조 강증산의 생일제生日祭임으로 보천교의 본영인 정읍에서는 이날을 당하여 항상 남비남용濫費濫用과 허무한 짓을 함에 대하여 불평과 불안을 품고 있던 혁신파革新派 일동은 교주 차경석과 임경호 외 수명을 암살하고 정읍 본부 교당을 전부 소각하여 철저히 개혁하려고 음모한 것이 발각되어, 지난 음력 20일에 신구파가 정읍 본부에서 충돌하여 대격투를 하다가 정읍경찰서에 검거되어 방금 엄중한 취조를 받는 중이라더라.

■ 보천교의 내분 : 『매일신보』

『매일신보』, 1924년 10월 12일

"보천교 내분內紛 재연再燃, 밤이 늦도록 다투고 나중에는 격투까지 일어나"

한동안 사회의 이목을 소연히 하던 보천교 신구新舊 양파의 충돌은 얼마간 잠잠하더니, 다시 그 다툼의 불길이 일기 시작하였다. 보천교 정읍 본부 차경석 씨의 명령을 받고 왔다 하는 임경호林敬昊 씨 외 14명은 ○작 10일 오후 4시경에 시내 가회동 보천교혁신회 사무소에 찾아가, 우리는 차 교주의 파견을 받아 온 위원인즉 그대들은 소유권이 없는 이 집을 내놓고 나가라 하여 퇴거를 강박하는 한편, 문에 붙인 간판을 떼어내는 등 야단이 났었는데, 불의의 변의 당한 혁신회 측에서는 이에 반항키 위해 '구루마꾼'을 사들여 그 간판을 도로 가져다 붙인 후 2, 3명의 파수를 세워 다시는 떼이지 못하도록 지키게 하는 외에 임 씨 이 외에 14명의 구파에게 나가라 야단을 했으나, 이편은 어디까지 차 교주의 명령이니 못 나가겠다고 하고, 도저히 돌아갈 눈치도 안 보임에 인부를 시켜 그 중 한명을 끌어내고 폭력적 수단을 사용○○○○하여 잠깐 소연하였으나, 큰일에는 이르지 않았고, 밤이 깊어 자정이나 되었을 때에야 겨우 임 씨 일파는 얻은 바 없이 그대로 서대문 이정목西大門二丁目 7번지로 돌아갔으며, 동同 구파는 방금 이후 반항의 대책을 강구중이라더라.

(2) 시국대동단 사건

1924년 보천교혁신회 운동으로 궁지에 몰리자 차경석은 교단 내 성원의 불만을 해소키 위해 한 전기를 모색하다가, 핵심 간부를 일 본으로 보내어 보천교의 취지를 알리는 등 내부의 불만을 대외적인 과시로 덮어 버리고자 했다. 이때 일본 고위 정객들과 만나서 "인의 와 도덕을 숭상하며, 상생을 종지로 한 대동단결을 목적으로 인류 가 대동화합"하는 것을 이상으로 삼는다며, 우선 대동아시아의 화 합과 평화가 있어야 될 것이며, 이는 일본과 조선이 화합해야 할 이 유라고까지 피력한다. 이러한 친일적 유화 제스처는 일제로 하여금 조선에 대한 식민지 정책의 이용물로 보천교를 선택케 한다. 조선 총독부 고위 관리의 권유로 "서양의 세력이 동양을 침입하는 이때 를 당하여 동양 황인종은 상호간 대동단결로써 세력을 공고히 하 자."며 시국대동단을 결성하여, 전국적인 강연회를 개최(1924-1925) 하였다. 시국대동단 활동은 곧바로 각 언론, 사회단체의 '보천교 박 멸운동'으로 이어졌고, 결국 운동은 참담한 실패로 돌아갔다. 보천 교의 사회적 영향력은 극히 감소되었으며, 보천교가 더욱 폐쇄적이 고 골수 신앙으로 국한되어가는 전환점이 되었다. 시국대동단의 활 동은 외형적 항일운동 반대(시국대동단의 강연 논리) 및 대동아공영권과 관계가 있다. 참고로 시국대동단의 주요 멤버는 교인 임경호, 교외 인敎外人인 채기두蔡其斗, 이달호李達濠이다. 총독부가 채蔡, 이李 들을 회유해 보천교 본소 쪽과 갈등을 일으킨 것은 시국대동단 활동이

教의 의지대로 이루어진 게 아니라는 근거이다. 따라서 조선총독부의 술책에 보천교 고위 간부들이 당할 수밖에 없었다는 평이다.

■ 시국대동단 시작과 보천교의 반저항 논리 : 『보천교연혁사』

▷(상) 38 전 : 1924년(갑자년) 6월에 이상호가 경성으로부터 와서 말하되 "시대일보사時代日報社가 현금 자금이 부족하여 폐업의 지경에 빠졌으니, 교중에서 2만원금을 출자하여 이를 속간하면 피아간 좋은 방침이 있다. 이러므로 교중에서 사회사업 기관의 실패됨이 애석하여 이 뒤 계속할 사람이 있을 때까지 원조하여 부지하도록 하리라."는 공공심으로 우금右金을 출자하였더니, 이상호는 그 아우 성영成英을 편집국장으로 총독부에 계출屆出하여 허가를 얻은 바, 이상호, 이종익李鍾翊, 이성영, 임경호가 각자 당군을 지어서 혹은 사장社長 혹은 중임을 탐하여 신문사 기관의 전권을 점거하고서, 서로 쟁투함으로 실패에 이르다. 이때에 丸山 국장局長은 내각개조관계內閣改造關係로 사직 귀국하다.

▷(상)39 후-48 전 : 1924년(갑자년) 9월 19일에 보천교 취지를 선전하기 위해 문정삼文正三, 임경호林敬鎬 양인兩人에게 여비 1,500원을 출급하사 일본에 파견하였더니, 수일 후에 임경호가 혼자 돌아왔거늘, 간부 등이 그 이유를 물으니 경호왈, 우리 2인이 동경에 들어가서 신임 조선정부 총감의 수족인 채기두蔡基斗와 함께 총감總監을 만나 보천교의 취지와 방문한 주의를 설화하니 下岡 총감왈, 그러면 우리 선생님을 방문하여야 될 일이라 하기에 그 선생의 성명을

물으니, 당시 내각內閣 총리대신總理大臣으로 있는 加藤高明이러라. 총감과 함께 수상 관저에 들어가서 수상을 면회하고 보천교의 취지와 주의를 진술하니, 수상도 크게 기뻐하여 왈 조선과 일본 사이에 대해大海가 막히어 구시 선박으로는 교통이 불편하므로 제반 문화·교육상 부동의 유감이 많으니, 만일 금일과 같은 기선이 상고부터 있었으면 조선과 일본은 고래부터 단합, 융화하였을 것이라 하고, 출발기를 묻거늘, 12일 후에 출발할 예정이라고 답하니, 加藤 수상首相이 대경왈, 천장절天長節 축일祝日이 수일 간에 격재한데 축하도 아니하고 돌아감은 어떤 연고인가. 축하를 마친 후 돌아가는 것이 옳다 하기로 부득이 응낙하고 퇴출하여 정무총감의 비서관 小何를 면회하고 일반 축하의 예절을 물으니, 소하왈, 헌상품을 봉정하는 양식이 있다 하기로 헌상품의 정도를 물으니 왈, 다과의 정액은 없으나 최소한도라도 3천원 가치의 물품은 준비하여야 된다 하기로, 임시 축하 헌상품을 진열한 상점을 가서 보니 헌상품은 호피虎皮로 포장하고 정찰을 부쳤는데 최저품이 3천원이라 기록하였더라. 추측컨대 아마도 그 물품을 정부에 봉헌하면 정부에서는 그 물품을 상점에 반환하고 대금을 징수하는 모양인 듯하다 하고 헌상품 대금과 기타 교제비 1,000원을 청구하거늘, 이 뜻으로써 교주께 고告하니, 교주께서 임경호를 부르사 사실을 자세히 물은 뒤에 하교下敎 왈, 군등의 금번 일본의 여행함은 오교吾敎의 취지 선전이 목적이요, 천장절 축하장에 참여하는 것이 목적이 아닌지라 이미 목적한 사람을 면회하여 취지를 설명하였으면 가위 목적은 도달한지라, 다른 요구가 없는 바에 돌아옴이 옳고, 또한 축하식장에 종교가 있는 사람이 참여하는지 아니하는지 알 수 없고, 여비도 부족한데 너 홀로 와서 금전을 청구하느냐, 문정삼에게 전보하여 속히 돌아오도록 하라 명령하시니, 경호왈, 축하식장을 본즉 관료석官僚席과 종교가인석宗敎家人席의 구분이 있는데 금전 부족으로 참여 불능이라고 하려 하니, 조선에서 600만 대중을 옹호한 종교로서 금전 없다고는 할 수 없어서 승낙하고 상점주와 예약을 체결한 바, 문정삼은 일본에 남아 있고 소자小子는 다른 볼 일이 있는 것 같이 비밀리에 돌아왔사오니, 사세 이와 같음에 중지中止 불능이오이다. 교주왈, 사람이 신신이 없으면 세상에 입立하기 어렵거든 항 외국인에게 신신을 잃으면 되겠느냐, 그러면 총정원에 가서 협의하라 명령하시다. 그런데 천장절 축일은 3일 간에 박제하였고, 본소 금고 내에는 헌금 1,900원밖에 없는지라. 김정곤金正坤, 김홍규金洪圭 2인이 경북 김천군金泉郡 정교부正敎部에 출장하여 부장 이병철李炳喆과 상담한 결과에 이병철이 2,000원을 빌려서 임경호에 교부하여 발송하니, 전후 합금이 5,400원이라. 그 후에 문정삼, 임경호 2인은 下岡 총감과 함께 경성에 도착하여 10여일 만에 본소에 왔다가 다시 상경하여 수일 후에 돌아와서 下岡 총감의 말을 전하되, 내가 보천교는 기원紀元이 천근하고 아직 확실한 종교가 되지 못한 이상에 특별한 원조를 할 수 없으나 귀교 내에서 별 기관을 설립하면 극력으로 원조하겠고, 따라서 보천교가 세계적 종교도 될 수 있으니, '시국광구단時局匡救團을 설립 조직' 하라 하고, 小何 비서관은 왈, 조선 사람은 대부분 매사가 유시무종함으로 확신할 수 없으니, 광구단匡救團이라 자칭自稱함은 우리 동양東洋 도덕상道德上으로 보면 너무 무례無禮하지 아니한가 현금 대세가 대동大同이 아니면 평화할 수 없고 더구나 서양의 세력이 점차 동양을 침노하니, 이때를 당하여 동양東洋 황인종黃人鍾은 서로 대동단결로써 세력을 공고鞏固히 하지 아니하면 백인종의 화禍를 면하기 어려운지라, 특히 이전부터 이같은 대세를 추측함으로 임술년 정월에 12계명戒命을 교시敎示하는 중에 친목동인親睦同人이라는 일구一句가 곧 차의요 동인은 곧 대동양 동민족을 지칭함이니, 그러면 '시국대동단'이라 칭하라 하시다. 대동단 조직의 책임을 문정삼, 임경호 2인에게 위임하사, 하교下敎 왈, 조선 13도에 강연사를 선정하는 방법은 매도에 3인씩 합 39인을 정하되, 3인 중에 1인은 오교吾敎 중中 방주方主로 정하고 2인은 교외敎外 사람으로 조행이 방정하고 신구 지식이 유여有餘하고 언어에 연숙한 사람을 선정하여 경성 가회동진정원嘉會洞眞正院에서 입교식을 거행하고, 신도가 된 후에 대동단의 주의와 오교의 진리를 학습하였다가 강연할 때는 준비위원을 선발하여 설비를 완료한 후에 교인 중 강사가 연단에 먼저 올라서 교리를 설명한 후에 외인外人 강사는 대동단의 취지를 설명할지며, 대동단 조직 후에 발회식을 거행하는 날에는 조선·일본·지나支那 및 인도·몽고 등에 있는 각 신문기자를 매사에 이인식二人式 또 사회단체 수뇌자 외 총독부 이하 고등관 전부를 초대하며 발회식 거행 일자를 미리 본소에 보고하며, 또 대동단 취지서를 내가 검열한 후에라야 인쇄할 터이니, 원고를 작성하거든 곧 본소에 부송하라 명하시고, 발회식 준비비, 취지서 인쇄비, 신문기자 및 관리 초대비, 연회비, 강연여비 등을 청산하여 2만원금을 출금하시다. 이때에 이달호가 경성진정원장으로 재임 중인 바, 문정삼, 임정호가 일본으로부

터 경성에 온 후로 임경호의 사저인 경성부 냉동冷洞에 잠복하고 진
정원에는 내왕이 없음으로 의심이 생하여 2인의 동경서 한 행동과
비용 내용을 탐사하니, 정삼은 이로 인하여 병이 나서 10여일 간을
신음하다가 본소에 돌아오고, 경호는 채기두와 공모하여 보천교의
흥망은 불고하고 금전만 편취할 뿐이며, 또 보천교 대중을 배경하고
당국의 친밀과 신용을 얻기 위하여 교묘한 수단으로 이달호에게 선
물을 주어 매수하여 3인이 일신되어 중앙 명령에도 불구하고 발회
식 일자도 통지하지 아니하며, 취지서도 검열을 받지 아니하고 인쇄
하며, 강사 등도 교 간부 중에서는 1인도 채용하지 아니하고 저의
단원 중으로 임의 선정하며, 각지 강연 일지도 보고하지 아니하고
본소 명의를 도용하여 각지의 통지를 발하였더라. 이와 같은 행동을
본소에서는 전혀 알지 못하고 경성으로부터 어떠한 보고가 있기를
나날이 고대하였더니, 이때에 경북 지방에 신도를 둔 간부가 포교
차 대구진정원에 도착하니, 교도가 모여서 인산인해를 이루는지라,
집합 이유를 물으니 답왈, 명일은 시국대동단 강사가 대구에서 강연
한다 하여 각지 교도가 강연을 듣기 위하여 모였다 함으로 간부는
생각하지 못한 일이라, 어떠한 일인지 생각하는 때에 다른 지방으로
부터 강연을 들은 교도가 대절 자동차로 진정원에 와서 간부에게 질
문왈, 금번 강연에 대동단주의大同團主義는 추호도 없고 11단체 연명
의 강연을 함은 어떤 연고이냐 하니, 간부 답왈, 강사 등이 11연맹
의 강연을 할진대 그 당장에서 어찌 방축放逐하지 못하였느냐 하니,
교도 등이 분개한 공기가 긴장하는 중에 강사 등이 대구역에 하차함
으로 구타의 난장판을 연출하니, 강사 등은 경관이 보호하여 일본인

이 경영하는 전중여관田中旅館에 들어감으로 교도 등은 여관을 포위하고 강사를 호출하니, 강사 등이 전율戰慄하여 여관 주인으로 진정원에 통지하되, 교도의 공기가 험악하여 임의로 출입하기 불능하니 아등我等도 금후로는 전일과 같은 언론을 하지 아니하고 대동단의 본주의로 선전할 터이니, 교도를 위무하여 진정원 왕래의 편의를 주어 달라고 요구함으로, 당시 경북진정원장 민영성閔泳晟이 강사를 불러와서 기만의 죄를 책하고 익일翌日 강연을 순조로이 거행하다.

- 1924년(갑자년) 12월 말末에 각지에 순회 강연한 강사 등과 및 임경호, 이달호가 본소에 모이니, 교주께서 임경호를 불러서 전일 기만의 죄를 질책하시니, 경호왈, 그때에 小河가 말하되, 현금 제국의회의 기회가 절박하였으니 귀교에서 대동단 강연을 속히 거행하면 금번 국회에 하강 총감이 조선 총독으로 승임陞任될 징조가 있다 하면 총감이 부임한 지 수개월에 600만 대중을 옹호한 보천교와 악수하여 조선 민심을 안정하겠다는 소이이요, 또 총감이 총독만 되면 보천교도 장래 유리하리라 하기에, 생각하건대 교리敎理로 강연하기를 결정한 바에 일자를 속히 정하여 강연하는 것이 피차에 유리하겠기로 발회식 강연 일자를 보고도 못하고 대동단 취지서 원고의 검열도 받을 여지가 없어 그리 되었습니다 하고, 전일 대동단 설립 및 강연비로 불도한금 3만원 지출한 결산서 보고를 하기에, 그 내력을 검열하니, 모호한 점이 많으나 이미 소비된 것을 어찌 할 수 없음으로 그만 방치하였다.

- 1925년 을축乙丑이라. 정월 14일에 교주께서 간부 3인과 대동단원 9인으로 보천교 교리 및 대동단 취지를 선전하기 위하여 일본

에 파송할세, 여비로 5천원은 임경호에게 그 다른 비상 예비비로 2 만원금을 김홍규에게 각각 보관하라 하시고, 교주께서 친히 제인諸 人에게 훈시하시되, 금번 여행은 오교吾敎에 대하여 중대한 책임을 짊어졌으니, 제군은 마땅히 신중한 태도와 공명정대한 언동으로 외 국인에게 수치를 사지 말며, 또 소리小利를 보고 대의大義를 잊지 말 며, 재물의 권리를 서로 침해하지 말며, 무용의 물품을 사지 말며, 만일 서로 합의하지 아니한 일이 있더라도 서로 사양하고 참으며, 화평의 뜻으로 용무를 완전히 보고 속히 돌아옴을 명하노라.

그런데 동경에 도착하여 대동단원 9인과 임경호 등이 김홍규의 보관금 전부를 분배하여 가지자는 의사로 김홍규를 협박하나 홍규 는 이를 응종하지 아니하니 피등은 매일 4, 5회씩 식당에 출입하여 금전만 소비할 의사뿐이요, 용무 진행은 염두에도 두지 아니하니, 이달호가 중간에서서 조화한다 하고 각인이 나누어 활동하도록 하 는 것이 좋다고 권유함으로 부득이 피등의 요구대로 채기두 3,500 원, 고희준高義駿 1,500원, 김창환金昌煥 · 오태환吳台煥 각 1,300원, 이풍재李豊載 · 은성하殷成河 각 1,200원 그 외 6인은 각 700원씩으 로 분배하니, 합계금 14,200원이라. 당시 조선 내에 일반 사회에는 오교를 친일파라 지목하여 공격이 비상하고, 관청의 취체는 더욱 엄 중함으로 이 상황도 통지하고 또 일본 조선에는 이미 주의를 선전하 였으니, 만주와 몽고 등지에도 주의를 강연하기를 下岡 총감과 협의 하기 위하여 본소에서 전병직田炳憲을 동경에 보낸 바, 비상예비금 을 소비하고 용무 진행상 지장이 적지 아니함을 보고 본소에 돌아와 서 말하되, 만주 강연의 일은 下岡 총감의 말이 수삭 후에는 귀임할 터이니 그때에 협의하자 하더라 하고 만 원을 은행위체銀行爲替로 다시 보냈더라.

당시 대의사代議士 수백 명을 양도兩度 초대하고 연회석상에서 보천교 취지와 및 대동단주의를 강연하니, 대의사 등도 면면히 보천교 및 대동단의 장래를 축복하고 대의사 中荒川五郎은 연설하여 왈, 전일에 조선 내에 누구를 물론하고 정객과 접촉하면 반드시 요구 또는 욕망하는 바가 있더니, 지금에 보천교의 취지와 대동단의 주의에 대하여 연일 탐문하여도 무구무욕하고 불요불굴하니, 이와 같은 단체와 악수하여 일선日鮮 문제를 해결하지 못하면 조선과 일본은 영원히 분리될 줄 확신하노니, 회석 중 제언諸彦은 특히 주의하여 보천교와 악수하여 일선 문제 해결의 신념을 확립하기 원한다 하였다.

동경에 체재하던 중, 전前 총리대신 淸奎, 조선의 전 정무총감 水野鍊太郞, 전 경무국장 丸山鶴吉, 대만臺灣 전 경무국장 條塚秀雄 외 수인의 발기로 우리 특파원을 초대하는 만찬회를 3월 1일에 개최한다는 선전지 수천 매를 인쇄 살포하는데, 선전문 내용은 '보천교와 악수하여 일선 문제를 해결하지 아니하면 우리의 생각에는 영원히 해결 불능하겠다. 유지有志 제씨諸氏는 참여비 7원을 휴대하고 참석하기를 바라노라.' 하였다. 그런데 하강 총감은 이를 막기 위하여 초대를 받음이 불가하면 현정회와는 동정이 없으리니, 생각하여 처리하라 함으로 여관에 돌아와서 홍규는 일행을 대하여 왈, 우리의 주장한 뜻은 일방적의 동정을 얻자는 목적이 아니요, 대동양 대동주의를 목표하는 바인데, 혹 정당은 악수하고 혹 정당은 배척할 필요가 없으니 초대에 응하는 것이 옳을 듯하다 운하니, 대동단 일행은 전부 불가를 주장하고 下岡 총감도 또한 극력으로 참석을 막음으로 하는 수 없이 생각하니, 3월 1일까지 동경에 있고서 초대에 불응하면 실례가 되기 때문에 2월 29일에 동경을 출발하여 본소에 돌아오니, 전후前後 비용이 35,000원이라. 그 후에 채기두蔡基斗 등은 경성 황금정黃金町 시국대동단 간판 아래에 사무 집행한다는 구실로 교중 금전을 많이 소비하였다.

그런데 시국대동단 선전하는 동시에 전선全鮮 사회와 일반 민중은 보천교를 친일파라 지명하여 각지 강연장에서는 비상한 모욕도 하며, 교의 간판을 파기하기도 하며 혹은 교도를 무례하게 구타하며 혹 청년 무리가 교도와 충돌할 때에 경관은 교도만 억제하고 암영 중에 피등을 원조하여 무수한 난타를 받게 하고, 유혈이 땅을 적시어 삽시간에 무법천지로 화하는 일이 있으니, 이로써 볼진대 관청과 사회 사람이 서로 손을 잡아 보천교를 박멸하려는 정책이 현실상 노출되니, 가위 한심寒心한 처사라. 각지에 발생한 사실을 다 듣기 불능하나 그 한둘의 예를 말하자면 부산과 제주도에서는 좌기左記와 같은 실증의 일이 있은지라. …

▷(상)49후 : 1924년 (갑자) 제주도는 관청이 단독제도가 있음으로 육지 행정법과는 큰 차이가 있는지라. 보천교 포교는 비밀리에 선전한 지 10여 년에 실로 수만인의 교도에 달하였으나, 관청의 취조가 극히 엄중하여 독신자와 포교에 열심하는 교도는 일일이 체포하여 구류 · 벌금 · 늑삭 · 고문 등을….

▷(상)51후-56전 : 대동단의 본 주의는 대동양을 한 가족과 같이 동인종 간에 전쟁의 참살을 피하고 서세의 침해를 방지하여 평화 시

대를 건설하자는 목적으로, 다액의 금전을 소비하고 정신상 고로를
인내하면서 선차에 조선, 일본의 취지를 선전하고 정부와 협력하여
대대적으로 장래 사업을 경영한 것인데, 오호라 강사가 그 사람이
아니므로 주의 선전을 오무하고 의견이 불일치하여 마침내 관민 간
에 동정도 얻지 못하고 고립하니, 원조가 없게 된 보천교는 일반의
어육이 되고 말았다. …

　4월 경에 채蔡, 고高 양인이 와서 말하되, 총감이 교주 선생의 면
회를 청한다 하거늘 교주왈, 서로 면회하는 것이 급무가 아니니라.
정치가와 종교가가 명분은 다를지라도 인민을 교화하는 성의誠意는
같은지라, 대동단 강연 후로 현금 조선 민심이 비등하여 발전상 큰
장애가 있으니, 이 해결이 최급선무이니라.

　채기두왈, 下岡 총감이 도동 중에 加藤 수상이 문왈, 조선 보천교
를 악수하였다 하면 보천교주를 면회한 일이 있느냐. 下岡 총감이
답하여 이르되, 아직 면회치 못하였습니다. 수상왈, 그러면 교주도
면회치 아니하였는데 무엇을 보고 어떠한 의견으로 보천교에 악수
를 하였느냐고 비상한 면책을 받은 고로, 교주를 면회하여 제반사항
을 협의하며 장래 방침을 수립하겠다 하더이다.

　교주왈, 시기가 상조하니 추기秋期에 면회하기로 연기를 하라하
니, 채·고 양인이 부득이 상경하였다가 수일 후에 다시 와서 왈, 총
감이 말하되 교주가 공석으로 면회를 불원할진대, 사석으로 중간에
회견 장소를 정하고 일야간 비밀리 회견하여 협의하는 것이 어떠하
며 대동단 선전 이래로 보천교에서는 적지 아니한 교재敎財를 투자
하여 동양을 대표적으로 선전함은 나도 지극히 환희歡喜하고 정부에

서도 조선 민족 중으로 보천교가 자발적으로 동양 평화를 주장하니,
나도 어디까지나 찬성, 동정하지 아니할 수 없다 하여, 강원도 지방
에 수십만 평의 대삼림大森林을 무상 불하할 방침을 정하였다 하기
로, 실지 상황을 조사하기 위하여 시찰한 결과 시가 60만원 되겠는
데, 이를 매도하자면 조선 사람은 매수 불능일 듯하므로 일본日本 수
위首位의 부호가 岩崎에게 불하 즉시 매도하여 반액 30만원은 기밀
비로 사용하고 30만원은 대동단 사무소 경비에 충당할 양으로 下岡
총감과 단단 약속을 정하였으니, 무엇보다도 이 사건이 선결 급무인
고로 면회를 청함이요, 교주 선생과 한 번 회견한 다음에 교주 명의
로 청구가 있으면 이 사건은 상위가 없이 성취되겠다 운운하다.

■ 시국대동단의 반저항 논리와 '대리통치설' : 『동아일보』

『동아일보』, 1925년 1월 25일
"분교 중에 준동하는 시국대동단(1)-기괴奇怪 중 기괴, 망측罔測
중 망측, 시국대동단時局大同團"
이제는 어떻게 하여서라도 여지껏 속이어 오던 어리석은 교도들
을 꾸준히 그대로 속이어 어름어름 하여 볼 작정으로 자치自治를 꿈
꾸고 있는 국민협회國民協會와 손목을 마주 이끌어 조선과 일본과를
더욱 ○○화 시키자는 조건을 비롯하여 관민일치官民一致 · 사상선도
思想善導 · 대동단결大同團結이라는 5가지 조목 아래에 '시국대동단'
이라는 것을 조직하게 되었다.
〈시時 자는? 국局 자는?〉 '시時' 자는 그네들이 꿈꾸는 대시국大時

國이라는 '시' 자를 떼어붙이고, '국局' 자는 국민협회의 나라 국 자
는 아니라고 할지라도 의미만이라도 같은즉, 관계가 없다 하여 결국
그와 같은 자를 떼어다 붙이는 동시에 '대동大同'이라는 것은 먼저
5가지 조목 중에 있는 대동단결이라는 대동을 떼어다 붙인 것이라
한다. 그리고 그 시국대동단이라는 단체를 이루게 됨에 대하여는 검
고도 검은 그 흑막 속에 잠기어 있는 여러 가지 복잡한 내용이 있으
며, 그 시국대동단이라는 것을 조직한 이후에 일어난 실로 말할 수
없는 기괴 망측한 사실이 한두 가지가 아니라는데, 그 원인과 현상
을 말하기 전에 우선 알아둘 것은 소위 자칭 천자 경석의 위인과 포
교布敎한 지 14년이나 되도록 일반 교도들을 여지없이 속여 내려오
던 보천교의 캄캄한 내막을 대강 들어볼 필요가 있다. … 차경석은
… 강일순의 제자가 되었다는데, 당시 강일순의 제자가 모두 아홉
사람으로, 차경석이 맨 끝제자로 있다가 강일순이 죽으매 여러 제자
들은 그럭저럭 흩어져 버리고 … 차경석이 역시 강일순을 옥황상제
라고 하여 오늘날 보천교의 첫 기둥을 세운 것이라고 한다….

『동아일보』, 1925년 1월 15일
"분교 중에 준동하는 시국대동단(4)-옥황상제玉皇上帝 대노大怒"
더욱이 기괴한 것은 군함을 만드느니 인경懸鍾을 만드느니 하여
가지고, 각지에 있는 교도들로부터 그릇, 숟가락 등속을 모아 작년
9월 중부터는 우선 인경을 먼저 만들기로 하고, 동짓날 그 인경을
울려가며 등극을 한다고 하던 것이 … 대정 11년(1922) 중에 이르러
당국에서는 "종교로 인허하여 줄 터이니 간판을 내어달아도 좋다."

고 하자 교명을 고쳐 비로소 보천교普天敎라 일컫게 되었다. … 등극할 때는 점점 다가오는데 제가 생각하여 보아도 그것은 다만 한 몽상에 지나지 못하고 … 그와 동시에 일반 사회의 비난과 타매는 나날이 높아갈 뿐이므로, 어떻게 해서라도 사회에 대하여 눈가림을 좀 하는 동시에 후원자를 얻어서 공공연하게 얼굴을 들고 밖에 나오고자 하는 한편, 한층 큰 힘으로 어리석은 교도들을 그대로 꾸준히 속여 나가 볼 작정으로 지금까지의 오해를 풀고 당국과 연락을 취하여 그 힘을 빌어 보고자 하는 마음을 가지고 있었다. 그리하여 차경석이 … 지금 형편으로 보아서는 조선이 독립하여 보기는 절대로 어려운 일인즉, 차라리 일본 정부의 양해를 얻어가지고 우리 편의를 취하는 것이 옳다. … 그러나 보천교 간부 사이에도 융화주의자와 비융화주의자가 있어서 일상, 서로 반목과 질시를 하여 오던 중 … 각 파유지연맹의 채기두와 … 차경석의 총애를 받고 있는 임경호와 문정삼 등이 교섭하여….

『동아일보』, 1925년 1월 16일
"분교 중에 준동하는 시국대동단(5)-이상호의 실각失脚과 임경호의 간계"

이제 그들이 꽁무니를 맞대어 가지고 소위 시국대동단을 조직하게 된 원인을 듣건대, 앞의 소개한 바와 같이 친일親日 · 배일排日 두 파가 일상 서로 노려오던 중 배일파라고 하는 총령원장 이상호李祥昊의 일파가 시대일보 사건에 상관하게 되자 의외의 적지 않은 돈만 허비하였을 뿐 아니라, 일반 사우측社友側의 반대, 각지 분 · 지국장의 배척을 따라서 각 사회단체에서도 이곳 저곳에서 성토회를 열고, 보천교 박멸의 기념을 올리어 이상호 일파의 처지가 궁하게 됨에 항상 이상호 일파를 못 먹겠다고 으르릉거리고 있던 임경호, 문정삼 등 친일파들은 다시 없는 기회로 하여 주둥이를 모아 가지고 차경석에게 그들을 먹여대기 시작하였다.

〈혁신파革新派 박멸책撲滅策〉 그렇지 않아도 이상호 일파, 즉 여러 간부 중에서도 가장 신지식이 풍부한, 현 사회에 이해를 가지고 있는 그들에게 대하여 항상 적지 않은 의혹과 불만을 품고 있던 차경석은 역시 그것을 유일한 기회로 하여 마침내 그들의 직첩을 거두고 쫓아내게 되었으나, 영문도 모르고 그들은 역시 쫓기어 나와 가지고도 그래도 차경석 그에게 대하여는 오히려 원망을 가지지 아니하고, 다만 그것이 모두 구파의 꾀임이라고만 믿는 동시에 보천교의 현 제도를 개혁할 필요가 있다고 하여 다시금 혁신파를 조직하게 되었다. 이러할 ○ 차경석 이하 임경호 일파는 더욱 더욱 미운 생각이 생기어 혁신파 그것을 박멸코자 여러 가지로 골머리를 앓고 있었다.

〈채蔡 선생과 악수〉 아무리 골머리를 앓고 있을지라도 당국과의 중간에 서 가지고 모든 것을 교섭하여 오던 그들을 하루 아침에 잃고 나니 벌써 … 없을 뿐 아니라 저희들의 힘으로써 더욱이 조선 안에 있어서는 좀체로 그들을 헐어 볼 수가 없음을 깨닫게 됨에, 이리저리 헤매다가 끝끝내 채기두 일파와 손목을 마주 잡게 되었다.

〈송병준宋秉畯의 소개로 상투쟁이 일본에〉 어쨌든 그와 같이 채기두 일파와 꽁무니를 마주대고 일어나기는 일어났으나, 조선 안에 있어 가지고는 당국의 양해를 얻기는 고사하고 우선 무엇보다도 눈엣

가시가 되는 혁신파를 박멸하기가 좀체로 어려운 까닭에 어찌 할 줄을 모르고 기회만 엿보고 있던 중, 마침 有吉 총감總監이 갈리고 下岡 총감이 오게 됨에 … 송병준 외 몇몇 그 편에 유력한 소개장을 얻은 후, 각파유지연맹 편에서는 전기 채기두와 김명준이 건너가고, 보천교 측에서는 차경석의 오직 하나인 임경호와 문정삼 등 상투쟁이 둘이 건너가기로 하였다. 그러나 건너갈 때 비용이 없어서 쩔쩔매다가 이리저리 8천 원 돈을 만들어 가지고 동경으로 건너가서 제국호텔에 보따리를 내려 놓고는 밤낮으로 헤아리지 아니하고 발바닥에 창이 나도록 이집 저집 여러 정객政客의 문지방을 넘나들면서, 下岡 정무총감을 찾아가 보는 동시에 헌정회 본부까지도 찾아가 보고 …을 하면서 소위 '양해' 라는 것을 얻었다 한다.

『동아일보』, 1925년 1월 17일
"분교 중에 준동하는 시국대동단(6)"
… 일반 교도들에게 선전하기를 저희들이 일본에 들어가 정객의 두목을 찾아보고 말하기를 '방금 조선의 추세로 보아서 도저히 일본과 합치될 수 없다. 그런 까닭에 그만한 양해를 가지고 조선의 정권은 조선 사람의 손에 돌려보내는 것이 … 정당한 일이라.' 라고 한 결과, 이제부터는 그 권리가 우리 조선 사람의 손에 돌아오게 되는데, 그 권리를 차지한 단체는 저희들 보천교도라고 떠드는 동시에, 더욱이 가소로운 것은 차경석이 장차 천자로 등극할 터인데, 이번 일본 정부와 교섭한 결과 등극하기 전에 얼마 동안은 조선 총독이 된다. 그리하여 관공서의 삼분의 이는 교도가 차지하고, 나머지 삼분

의 일만 일본인에게 맡길 터라는 허무맹랑한 소리를 하여, 한동안은 쓸쓸하던 정읍 일대에는 다시 상투쟁이로 가득차게 되었다 하며, 등극 당일, 즉 동짓날에는 교도를 모아 양쪽으로 갈라세우고 차경석이 그 가운데로 지나가면서 등극날이 오늘인데 등극을 못하게 된 것은 여러 가지 사정이 있는 중, 더욱이 옥황상제의 말씀으로 때가 아직 조금 이르다는 까닭에 오늘 등극을 미루어 오는 입춘날, 즉 음력 내년 정월 열이튿날은 기어이 등극할 터인즉 그리 알라 하고, 또는 보천교를 반대하는 사람에게는 전부 사형선고를 내려 등극하는 날에는 모두 없애 버릴 터이라고 한다 … 당국을 등에 업게 됨에 이제는 마음놓고 곱이나 사곱이나 되는 허무맹랑한 소리를 연해 드러내놓게 되어 … 방금 정읍 일대에는 남부여대하여 가지고 들어가는 봇짐꾼이 끊일 날이 없어, 상투쟁이 거지의 세상이 되어간다고 한다 … 일선융화를 부르짖다가 당시 청년들의 벽력 같은 꾸지람에 기운이 막혀 연단을 내리었고 … '일본과 조선이 합병한 것은 대단히 좋은 일이었다.'는 것과 따라서 '일선융화를 철저히 하여야 된다.'는 것과 '동양삼국이 대동단결하여서 잘 살자.'는 것 등 수작을 하게 됨에, 이것에 분개한 일반 청년들이 말끝마다 질문과 공격을 하매….

■ 시국대동단의 전말과 일경의 방관과 보호라는 양면성 : 『조선일보』

『조선일보』, 1925년 1월 11일

"갑자후甲子後의 보천교(둘)"

… 갑자년의 섣달 보름이 돌아오도록 무엇인지 바라지 못할 희망

을 가지고 있었다. 이때를 당하여 소위 보천교의 간부는 남모르게 속을 태우며 백방으로 ○○○ 넘길 흉계만 연구하고 있었다. 마침내 보천교보다 더욱 한층 곤경에 빠져 지푸라기라도 붙들고 싶어하는 단체가 있었으니, 바로 '각파유지연맹各派有志聯盟'이다. 이 단체는 세상 사람의 공박은 자심하고 경비는 군졸하여 유야무야 중에 없어지고 말았다. 한편에서는 ○○이 노름이라도 야바위를 꾸며서 교도들을 속여야 할 보천교가 있고, 한편으로는 어떻게 해서라도 운동비를 마련하여 동경의회가 열리는 기회에 한번 떠들어 보리라는 각파유지연맹이 있으며, 두 단체 사이에는 서로 연락이 있었다. 한편에서 떠들고 싶으나 돈이 없는 사람이 있고, 한편에는 떠들기에 필요한 약간의 비용은 있으나 떠들 사람이 없어서 걱정 중이던 단체가 있으니 … 결국 이 두 단체가 어우러져 소위 '시국대동단時國大同團'이다. 특별히 '시국時國'이라는 글자를 놓아 '대시국大時國'의 말로 붙이고, 또 취지서에는 '보천하민중普天下民衆'이라는 글귀를 적어서 '보천교普天敎' 밑에 있는 민중이라는 뜻을 붙였다. …

『조선일보』, 1925년 3월 19일
"양도대회兩道大會 또 금지禁止, 전라북도와 함경남도에서"
〈전라북도〉 지난 9일 오후 8시에 전북청년대회 개최의 건에 대해 전주·군산·익산·김제·남원 다섯 청년회는 발기 단체가 되어, 전주청년회관에서 준비회를 열고 일자는 금월 28, 9일 양일로 정한 후 대회 소집 규정까지 통과하였다 함은 이미 보도하였거니와, 지난 준비대회에서 대회 소집 절차는 전주청년회 간부에게 일임하였으므로 19일 오후에 동 간부 일동 위원회를 개최한 후 도내 각 청년회에 소집 통지문을 발송하기로 결의하였던 바, 小澤 전주경찰서장은 돌연히 위원 일동과 면회를 청한 후 전북청년대회는 도 당국의 지휘도 있을 뿐 아니라 서장 개인으로도 절대로 금지한다는 선언을 함으로 대회는 부득이 금지당하였다더라.

〈함경남도〉 함남청년대회는 마침내 금지되고 말았다. 위원 편에서는 간담회라도 열려고 하였으나 이것도 역시 금지되고 말았다.

전주청년회에서는 13인의 조사위원을 선정하여 보천교에 대한 죄악을 절실히 묘사한 후, 보천교를 성토 또는 박멸키로 결의하였던 바, 小澤 서장은 청년대회 금지를 선언한 후 보천교 성토도 도저히 허가할 수 없다고 명언하였다더라.

■ 시국대동단의 활동상 비호 : 『매일신보』

『매일신보』, 1925년 1월 10일

"내선內鮮 융화融和의 시국대동단, 각파유지와 보천교 악수, 내선인 정신적 결합을 공고히 하고 대동단결하여 문화 향상이 목적, 재작일 백수白水에서 발회發會"

각파유지연맹各派有志聯盟과 보천교普天教 측의 각 유지가 발기한 시국대동단은 ○○ 8일 오후 5시부터 시내 욱정 백수라는 요리집에서 성대한 발회식을 가졌다. 시내 각 신문, 잡지 기자 50여 명을 합하여 출석자가 80여 명에 달하였는데, 개회 벽두에 보천교의 최고간부요 동단同團의 발기인의 하나인 임경호 씨가 등단하여 인류의 생生의 요구에 대한 근원으로부터 인류애의 본의를 연역적으로 말한 후에 '내선의 정신적 결합의 필요'를 역설하고 단에서 내려오고, 채기두蔡其斗 씨가 뒤를 이어 아래와 같은 취지와 강령을 낭독하였다.

一. 내선인의 정신적 결합을 공고케 할 일

一. 대동 단결하여 문화 향상을 기할 일

〈성립 경과, 보천교 교리 해원상생解怨相生과 각파유지연맹의 목적이 부합〉 그 다음 고희준 씨가 등단하여 동단의 성립 경과와 이번에 '각파유지연맹'과 보천교와 악수한 이유를 설명하고, 계속하여 보천교에 대한 세상의 오해를 일소키 위해 동교의 교리인 해원상생 네 글자에 대하여 간단 명료한 설명을 마치고 단에 내려왔고, 조선신문사 부사장 권용 씨가 내빈을 대표하여 내선 융화를 도모하여 발전된 국경을 ○○함과 같이 내선인의 정신적 경계선을 ○○하지 않으면 아니되겠다는 소이연을 역설하여서 축사로 대신하였고, 발회식은 이에 끝을 맺었는데, 이윽고 식당이 열리며 본사 지배인의 내빈을 대표한 인사가 있었고, 주객이 흥금을 열고 즐거움을 다한 후 동 10시에 산회하였다.

〈각지에 선전 강연, 금 10일 출발, 전선 각지에〉 시국대동단이 발회식을 거행하였음은 ○○ 보도와 같거니와 동단에서는 15명의 집행위원을 선정하고 그 취지를 일반에게 적절히 알리기 위해 선전대 8대를 조직하여 가지고 10일부터 다음과 같은 일정으로 전국 각 처에서 강연을 행한다더라. …

4. 조선 총독과 총독부 경무국장의 보천교 본소 방문

일제는 강온 양면 전술로 보천교를 농락하는 등 궁극적으로 보천교의 자괴를 유도해 타종교나 사상 단체의 탄압 구실을 만들기 위한 수순을 밟아 나갔다. 일제의 집요한 탄압은 보천교 운동의 흐름을 바꾸어 놓았다. 예컨대 반저항 사회단체인 시국대동단의 결성을 낳았고, 이는 일제의 식민 통치에 적절히 이용당했다는 측면이다. 적절히 이용당해 준 것에 대한 답례 차원에서 조선 총독(齋藤實)이 보천교 본소를 방문(1926)했다. 뒤에 보천교 측에서도 총독 방문에 대한 사례로 60방주제 폐지(1927년에 다시 부활)를 결정하는 등 차경석이 직접 상경해 답례 차 '총독 면회'를 원했으나 거절당하였다. 이 일이 있은 후부터는 이전의 당당한 태도를 일시에 버리고 일제에 철저히 의지하는 등 일제의 대조선 정략에 이용되고 말았다. 대외 교섭 범위도 기껏 정읍경찰서장이나 전주경찰서장이 상대가 될 정도로 격하되었다.

총독의 방문은 더욱 민족 감정의 이반으로 나타나, 내부의 극심한 분열을 초래케 한 원인이 되었다. 또한 총독의 방문은 총독부 경무국에서 보천교 조직을 완전히 파악하고 있다는 증좌이기도 하다.

■ 下岡 총감과의 밀접한 관계 : 『보천교연혁사』

… 총감이 귀임 후 … 이때 경무국으로부터 여행권을 정읍경찰서

에 송부하여 본소에 전달되었다. 교주께서는 채기두의 말이 사리에 불합하나 또한 중간에 전할 말로써 참됨과 거짓됨을 판명하기 불능하니, 총감과 직접 면담하면 판명되겠다 생각하시고 회견을 승낙하사, 회견 장소는 영등포역으로 정하였던 바, 총감의 사정에 의하여 경성부 마포로 장소를 변경하고 약속일에 출발하여 마포에 도착하니 총감이 통기하되 근일 마포 부근은 독립단 잠복의 형적이 있고 또한 신문기자와 불량배가 많이 출현하니 위험하여 왕래가 부자유하고 총감 관저에서 회견함이 좋겠고, 또 총감 관저가 한적하여 외인外人의 출입이 없으니, 심히 불안천만이오나 관저에서 잠시 휴식하기로 약속을 정하였다 함으로 교주는 이를 허락하고 … 교주 국장을 대왈, 금반 면회 후에는 한 자리에 회담이 쉽지 아니할 터이니 서로 심복인心腹人 한 사람을 금야 면회석상에서 지정하여 이 자리에서 서로 앎이 어떠하오. 중간에 많은 사람이 어떠한 말을 대리라고 전하더라도 이 지정한 사람이 아니면 진실한 일이 아닌 것으로 약속 정하자 하니, 국장도 찬성하고 어떤 사람을 지정하느냐 하기로 교주는 시측한 문정삼으로 정하고, 국장은 田中 고등과장으로 지정하다. 국장이 문왈, 어느 때에 돌아갈 예정이냐 답왈, 명일 새벽에 출발이니라 하니 국장이 만류 왈, 명일은 내가 사관에 왕하여 고로를 사례할 터이니 수일 간 머물러서 친절하게 담화도 하며 또 나는 교주에게 대하여 협의할 일이 한둘이 아니라 이르거늘, 교주 답왈, 명일에 출발은 변경이 불능하니 만일 협의할 일이 있으면 밤을 달하더라도 듣기를 싫어하지 아니하겠다 할 때에 밤 12시에 달하였는지라, 총감이 자동차로 영인迎人을 보냄으로 담화를 중지하고 관저에 가서 총감과 인사 후에 어떠한 말도 없이 묵묵히 앉았더니, 양구에 총감 왈, 어떤 일이든지 청구할 일이 있거든 사양하지 말고 청구하라 하거늘, 교주왈, 추호도 청구할 일이 없다 하니 재중인在中人이 왈, 야심하니 총감도 취침하여야 되겠다 하여 일제히 일어나서 퇴출하여 숙소에 왔다가 익일 아침에 출발, 귀환하다. 돌아오는 도중에 차 안에서 신문기자 조준호趙俊鎬가 질문왈, 경성에 즉위식卽位式 거행하기 위해 왔느냐고 조소嘲笑하고 무례한 폭언이 태심하니 좌우 시측인侍側人이 그 무례함을 질책하여 서로 투쟁하거늘 교주께서 이를 정지하기 위하여 조준호를 기차 내 식당에 인도하여 회유懷柔, 관대寬待하여 유감이 없도록 하여 보내시다.

■ 조선 총독의 교 본소 방문과 차경석의 총독 면담 실패 : 『보천교연혁사』, (상)69 전 - 71 전.

1926년(丙寅年) 3월에 齋藤 조선 총독이 남선南鮮 시찰視察 도중 본소本所에 와서 교주와 면회한 후에 미성未成한 신건축을 시찰하고, 즉일 출발한 그 후에, 교주는 총독이 당지에 유가留駕함을 감사히 생각하여 즉시 회사回謝하고자 하나, 을축년乙丑年(1925) 총감 면회 당시 중도 차중車中에서 무례한에게 곤욕을 받은 일이 있어서 왕래 불편함으로 미리 총독의 형편을 맞춰 출발할 모양으로 정읍경찰서에 교주가 총독 면회될 만한 기회를 물어 달라 한 바, 총독부의 회답이 어御의 간의懇意는 감사하오나 지금은 면회의 좋은 기회가 없다 함으로 후일 기회를 기다리고 있더니, 불행히 교중에서 총독부의 교섭원으로 출입하던 수방주水方主 문정삼文正三이 중병에 걸려 쾌차하지

못함이 5, 6개월이 되었다. 같은 해 9월에 이르러 문정삼이 겨우 행
보함으로써 교주께서 문정삼, 원약제袁若濟 양인兩人을 경성에 보내
어 경기도 경찰부 고등과장 東忠紀에게 의뢰하여 교주로부터 총독
에게 반례할 의사로 총독에게 면회할 방법의 소개를 청구하였던 바,
총독은 12일 중에 도동渡東하심으로 면회 불능이라 전함에 부득이
부府에 돌아오는 날을 기대하였더니, 부에 돌아온 후 곧 군축회의軍
縮會議 일본 전권대사가 되어 양행洋行하고 군축회의의 임무를 완료
한 후에는 사직하고 귀국을 해 버려 심히 유감 천만이라. 이를 각 사
회에서는 중상적中傷的 방법으로 희롱하여 무근지설을 유포하되, 총
독이 보천교 본소에 일차 간 것이 체면을 손상하였다. 보천교에서는
이를 기화로 하여 교도에게 조선 총독이 조회朝會하려 내來하였다고
선전하고 금전을 착취하여 을축년에 창시한 신건축 공사를 준공하
게 되었다고 운운하였다. 그러나 이것은 조선 내 관민간官民間에 주
지周知하는 바, 보천교에서 포교 이래로 제일의 곤란을 받기는 병인
丙寅(1926), 정묘丁卯(1927) 양년兩年에 비함이 없음이라.

■ 보천교 운동에 대한 총독부의 입장 : 『조선일보』, 1925년 3월 18일

"보천교의 죄악罪惡은 총독부에서도 인정"

근래 중노衆怒의 대상이 되어 사회 민심을 요란케 하는 소위 보천
교에 대한 총독부 당국의 태도가 극히 애매 불철저하다 하여, 당국
자의 태도에까지 비난 공격을 하는 사람이 많은 것은 천하가 다같이
아는 바이어니와, 너무도 세상 민심이 소란함에 깨닫는 바 있었는지
경무국 고등과에서 등한히 부칠 문제가 아니라 하여, '보천교도의

불온不穩 언동言動의 사실'을 각도 경찰부에 엄명 조사한 결과 이미 세상에 나타난 것만으로도 엄청나게 전율할 사실도 많고, 또는 심한 것은 촌간벽지에서 무식순결한 농민으로 겨우 한두 마지기의 토지를 가지고 근근히 생명을 부지하는 잔맹의 목숨을 악착스럽게 빼앗는 사실이 비일비재라 하여, 이와 같은 모든 악행 조사서를 100여 장이 넘는 한 책으로 작성하여 놓은 후 보천교 책임자를 경무국으로 호출하였으므로, 보천교에서는 소위 총령원장總領院長이라는 임경호가 새 훔치교군인 고희준, 채기두를 대동하고 지난 16일 오전에 고등과로 출두하여, 薄田 사무관으로부터 장시간 엄중 취조 겸 주의를 받았다는데, 경무국에서도 지금부터는 보천교에 대한 태도를 선명히 하는 동시에 범죄 사실이 발행되는 대로 엄중히 처벌할 방침을 취하기로 결정하였다 하며, 이에 대하여 어떤 경무국 고관은 아래와 같이 말하였더라. "종래의 보천교도 그자들이 제 마음대로 돌아다니면서 당국의 양해 혹은 원조가 있는 것처럼 떠들기 때문에, 세상으로부터 부당한 오해를 맺게 되어서 실로 당국에서는 원통하기 그지없다. 그나마 그자들의 하는 행동이라든지 주의主義가 다소간 총독부의 시정에 유익하다든지 또는 조선 민중에게 유리한 것이 있겠다 하면 다소 오해나 비난도 일시는 달게 받겠지만, 당국자가 아무리 어둡다 하더라도 보천교 덩어리의 죄악 여하는 이미 자세히 아는 바인즉, 무슨 까닭으로 조금이라도 용서할 가치가 없다. 그자들의 소위 간부라는 사람들은 거의 날마다 우리에게 와서 호의好意를 요구하는 것도 사실이지마는, 당국은 당국의 방침이 있는고로, 종금 이후로는 조금도 용서치 않고 단언한 처치를 할 작정으로 이미 각도에 엄명도 하였고, 16일에는 그자들을 불러서 엄중히 설유도 하였더니, 다시는 그러한 일이 없게 하겠다고 맹세까지 하였은즉, 여하간 장래 행동을 기다리는 수밖에 없고, 또는 이와 같은 당국의 방침을 어떤 기회를 얻어서 일반 공중에게 성명도 할까 한다."

■ **경무국장 방문** : 『**동아일보**』, 1928년 10월 10일

"淺利 경찰국장이 보천교주 차천자를 방문"

남도 각 방면을 돌아다니는 경무국장 淺利 씨는 지난 7일에 … 차천자의 대궐로 비밀리에 방문하였다는데, 회견은 약 30분간이었으며, 차천자는 최고 간부, 즉 신하격인 인물 약 50명을 내세워 의관을 정제한 다음에 군대식으로 이열종대로 진을 벌려 경례를 하는 등 산해진미를 준비하여 환대하였다는 바, 방문한 내용은 절대 비밀이라더라.

5. 보천교 운동의 소멸과 그 이후

1929년에는 '삼광령三光靈 봉안식奉安式'이 무산되는 등 대수난기라고 할 수 있다. 보천교에서는 이 봉안식을 계기로 그동안 침체된 운동을 다시 활성화하고자 하였으나 '내란 음모'라는 채규일의 밀고로 등극 운동, 자금에 대한 조사와 함께 교 간부들이 소환돼 심문을 당하였다. 물론 봉안식은 무산됐다.

그동안 시국대동단 강연 활동으로 일제의 비호를 받는 듯 했지

만, 시국대동단에 대한 사회 각 여론이 악화되자 '규탄 방조' 또는
표적수사로 교 조직을 소진시켰다. 이 사건으로 교 본소의 건물들
이 경매에 들어가는가 하면, 1,000여 호에 사는 5천의 교도들은 아
사 직전에 처하기도 하였다.

1933년에 보천교에 대한 일경의 주된 탄압 이유는 '사이비종교'
의 혹세무민이었다. 정읍경찰서에서 주로 담당을 하였다. 이때 보
천교를 해체하기 위한 수순에 들어갔고, 이어 '벽곡壁穀'으로 굶어
죽는 자도 나왔다. 1933년 이후 이들은 각기 뿔뿔이 흩어져서 소규
모 비밀 회합을 해 오다가 그 가운데 일부는 반국가 단체로 몰려 전
멸당하였다. 수순대로 보천교 조직에 일격을 가할 수 있는 사건만
을 색출, 결정적인 단서로 발본색원하기 시작한 때는 1929년 경부
터였다.

■ 보천교 옥새玉璽 사건과 '삼광영 봉안식'의 실패 : 『조선일보』

『조선일보』, 1929년 7월 2일
"정읍경찰 아연 활동, 보천교도 40여 명 검거. 중요 간부 내란죄
로 송국送局, 소위 등극 준비의 음모 발각"
정읍경찰서에서는 5월 이래 보천교에 대하여 엄중 경계 중이던
바, 수일 전부터 맹렬한 활동을 개시하여 보천교 간부 40여 명을 검
거하고, 엄중 취조도 한 결과 중대한 계획이 발각되어 즉시 검사국
으로 넘기었는데, 검사국에서는 그들을 내란죄內亂罪로 기소하였는

바, 그 내용은 소위 등극登極 준비準備라고, 내각內閣을 조직하고 각 대신을 임명하여 그 명부名簿와 불경不敬한 인장印章을 새겨 천장 속에 감추어 두었던 것이 발각된 것으로, 그 같은 검거를 보게 된 것이라더라.

『조선일보』, 1929년 7월 9일

"미신의 굴窟-정읍井邑, 대흥리에서 본사 특파원 조강희趙岡熙 발신-단말마의 최후 사술詐術, 차경석의 소위 등극설. 자상천답自相踐踏으로 필경 내홍이 부절不絶, 경찰에 검거, 취조되기까지"

정읍 대흥리에 근거를 두고 있는 보천교普天敎에 대하여 금춘 이래 경찰의 손이 뻗치어 경계를 거듭하는 한편, 정읍지청 검사국의 활동까지 보게 되어, 동교 소위 간부 40여 명에 대하여 내란죄內亂罪로 엄중 취조 중이라 함은 이미 본보에 보도한 바이어니와, 이제 그 내용에 대하여 다시 자세히 묘사한 바에 의하면 실로 의외의 사실이 새로이 폭로되어 오랫동안 두고 일반의 말거리가 되던 소위 '대시국 차천자大時國 車天子'의 운명도 가위 풍전등화의 단말마에 빠져있음을 알 수 있겠더라.

〈궁여窮餘의 일책一策으로 소위 '삼광령봉안三光靈奉安', 어리석은 자에겐 등극이라고 수십만원 사취음모詐取陰謀〉여러 해를 두고 된다 된다 하던 소위 등극설도 필경 실현되지 아니하고, 일반 교도도 점차로 분리되어 대세를 막을 수 없을 뿐더러 차경석을 배반하고 쫓기어 나간 무리로부터 세상에 여러 가지 비밀이 폭로되게 되매, 차경석은 그 요술의 생명이 길지 못함을 깨닫고 최후의 수단으로 건축물의 준공을 좋은 기회로 하여 표면으로는 '삼광령봉안식三光靈奉安式'을 거행하기로 하고, 부하로 하여금 미리 '기사년己巳年(1929) 기사일己巳日 기사시己巳時 설說'을 선포하게 하였었다. 그리하여 성즉 군왕君王이요 패즉 역적이라는 격으로 소원 성취가 되면 마지막 연○에 상당한 돈을 모으게 될것이요, 만약 사불여의하면 새로운 방침을 강구하여 방향을 전환하기로 하였던 것이다. 그리하여 종래로 오직 감시만 하고 있던 경찰도 물○○반 간섭이 없으리라 하여, 수만원 어치의 제수를 장만한다, 수십만 명의 교도를 소집한다 하여 최종의 연극을 성대히 꾸미고 있었던 바, 천만 뜻밖에 경찰로부터 집회 금지를 당하게 되어, 사방에서 구름같이 모여든 팔만여 명의 교도는 헛되이 돌아가게 되고, 수십만 원을 예상하였던 돈도 겨우 5만원 밖에 구경하지 못하게 되었다.

〈최후의 비명悲鳴 동경東京에 특파特派〉 그리하여 차경석은 모든 계획이 수포로 돌아가매, 초조하던 나머지 궁여일책으로 연전에 시국대동단의 묵은 기억이 새로워 당시 칙사로 활약하던 모某를 다시 끌여들여, 당국 취체에 대한 완화책을 강구한 결과, 다시금 시국대동단과 동일한 취지로써 당국의 양해를 얻음이 유일한 묘책임을 깨닫고, 내면 운동으로 방향 전환을 선물로 하여 동경으로 특파하여 중앙 정부와 및 일반 정객의 손을 빌기로 하여, 만여 원의 운동비를 주어 일본으로 보내게 되었다. 그리하여 채 모는 지금까지 동경에 체류하면서 여러 가지 책략을 부리고 있는 중이라 한다.

〈증전曾前의 부하部下 비밀을 폭로暴露〉 이와 동시에 차경석에게 밀려나온-그 전에 차경석의 수족이 되어 부림을 ○든-문 모文某, 이

李 모 등은 혹은 경성으로 혹은 전주로 출몰하면서 차경석의 행동을 폭로하는 한편으로, 지금까지 세상에 드러나지 아니하였던 여러 가지 음모, 즉 등극登極에 대한 제반 준비와 절차 또는 일반 교도에 대한 수단 방법 등과 내부적으로 극비밀에 부쳐 있는 소위 옥새 대신 명부大臣名簿, 각 도 각 읍 ○○ 수령의 사령장 등에 이르기까지 역력한 증거를 폭로하게 되었다. 그리하여 10여 년을 두고 감사하던 경찰에서는 필경 가만히 있을 수 없게 되었고, 따라서 … 그리하여 전북도 경찰부에서는 비로소 근본적 취조 방침을 정하고, 금춘 이래 대활동을 개시하여 이번으로써 보천교에 대한 철저한 조사를 완성하고자 혹은 물증 확보에 또는 내부 비밀의 탐사에 대하여 노력하였으며, 또는 현재 계속 활동 중에 있다.

〈채蔡 모의 내란죄內亂罪 고발과 8만원의 사소私訴를 제소提訴, 정읍 법원 아연俄然 활동〉 한편 채규일은 경성에 가서 고등법원에 차경석의 범람한 죄상을 들어 내란죄內亂罪로 고발하는 동시에, 교도로부터 받아서 맡겨 둔 돈 8만 5천 원을 반환하면 속았던 교도에게 도로 반환하겠다는 '임치금반환청구소송'을 일으키게 되었다. 그리하여 임치금반환소송은 단순한 사소로서 진행되는 한편, 내란죄 고발을 접한 고등법원에서는 죄목이 죄목인 만치 도저히 그대로 방치할 수 없는 사건이므로, 즉시 정읍지청 검사국에 명령을 발하여 차경석의 내란죄에 대한 사실을 극비밀 중에 취조하기 시작한 것이다. 그리하여 그동안 보천교의 현 간부, 소위 방주니 육임이니 하는 자들 혹은 2, 3인 혹은 1, 2인씩 순차로 소환하여 엄중 취조를 진행 중인바, 그동안 불린 자가 40여 명에 달하였고, 지금도 계속 소환되는 중이요, 이미 분열되어 나간 자 중에도 이상호李祥昊 등도 불러 차경석의 천자天子 야심 유무와 기타 등극登極 준비에 대한 여러 가지 취조를 하였다는 바, 이로 인하여 정읍 검사국에서는 긴장 상태에 있는 중이요, 취조는 비밀히 엄중히 하여 한 사람 당 6, 7시간 이상에 달하는 장시간 심문이라.

〈거두巨頭 차경석 불원간不遠間 소환召喚〉 그리하여 검사국에서는 취조의 진행에 ○아 필경 문제의 장본인 차경석을 취조할 필요가 있다 하여 불원간 차경석을 소환할 모양이라는데, 물론 비밀에 속한 일이요, 또는 차경석의 … 보천교는 오래간만에 일망타진의 운명에 빠질 것도 의심 없는 바이요, 경찰의 조사에 의하여 얼마나 교묘한 음모를 하고 있었는지 비로소 정체가 나타나게 되리라 하며, 만일 내란죄에 대한 물적 증거가 드러나는 날이면 대검거를 보게 될 것도 예상할 수 있다.

보천교에서는 사건이 중대한 만치 검사국의 활동과 경찰의 취조가 준엄하여진 이래로 대흥리와 정읍 읍내 사이에는 매일 한 시도 사람의 연락이 끊일 사이가 없이 전전긍긍하는 중, 이른바 본보의 기사로 인하여 더욱이 공포에 쌓이어, 음력 6월 1일의 치성제일을 앞둔 지난 3, 4일에는 각 처로부터 전보가 답지하고, 진정원장이 회집하여 선후책에 대한 구수 발의가 있었으며, 사건의 무사하기를 각 처로 맹렬히 운동하는 등 정읍 일대는 실로 소연하기 짝이 없더라.

『조선일보』, 1929년 7월 25일
"검사국 취조取調를 '등극登極' 대代의 출세出世라고, 어리석은 교

인도 속지 않을 말을 지어내서 교인을 속이는 차경석=추태백출醜態
百出의 차경석"

전북 정읍군 입암면 대흥리 보천교주 차경석은 전자에 자기 부하
로 있는 채규일 일파가 내란 급 사기죄로 경성 고등법원에 고발한
결과, 차경석 이하 동교 신구 간부들이 차례로 심문을 당한다 함은
이미 보도한 바, 지난 22일에는 차경석과 채규일 양인이 검사의 심
문을 받고 자기 집으로 돌아갔으며, 23일에는 전前 총정원장으로 있
던 문정삼文正三을 심문할 차례라는 바, 사실은 극비밀極秘密에 부쳤
으나, 새어나오는 말을 종합하면 차경석이가 3년 전에 중국 봉천奉
川에서 나는 황옥黃玉을 중가로 사다가 전기 채규일을 시켜 경성 부
근에 사는 보천교인 김해영金海英에게 옥새玉璽를 새기라 하매, 채규
일은 그곳에 가서 옥새를 새기어 가지고 다른 종이에다 도장을 찍어
서 그것은 자기가 가지고 옥새만은 차경석에게 주매, 또 북주北主 한
규숙韓奎淑을 시켜 '일대자일一大子一' 이라고 새긴 천자검天子劍을 만
들어 놓고는 내용으로 기사년(1929) 기사월 기사일 기사시를 고대
하는 중에 수년 전에 차경석이가 사소한 과실로 전기 채규일에게 출
교 명령을 내리매, 채규일은 하는 수 없이 보천교에서 나왔으나 다
시 보천교라는 이름을 얻게 된 일이며, 훔치교 발기인뿐이던 차경석
을 보천교 중앙성사中央聖師로 올려놓은 일 등 원훈元勳인 자는 채규
일인데, 이제 뜻밖에 퇴교자가 되고 보매 실로 분함을 이길 수 없다
하여, 그 교도를 다 헤쳐 버리려고 전기와 같은 고발을 한 것이라는
말이 있고, 또 옥새를 만든 당시에 그 인을 찍은 종이를 증거로 경무
국에 제출하여 범죄 사항을 자세히 말하였음으로 주목에 주목을 더

하던 경찰서에서는 범죄의 목적물이 소연함으로 인하여, 차경석에 대하여 점점 엄중한 심문을 계속하여, 차경석의 처지는 곤란할 뿐 아니라 자기의 은밀한 계획이 여지없이 탄로가 되매, 자기 몸이 이 다음에 어떠한 법률의 구속을 받을지를 각오하였든지, 지난 10일에 처음으로 검사의 심문을 받고 집으로 돌아가서는 동교 내 중요 간부들을 모아놓고 정감록鄭鑑錄에 말하기를 "진사辰巳에 성인출成人出'이라 하였기에 나는 6월 16일에 등극식登極式을 거행하려 한 것이 경찰의 금지로 그 일은 못 되었으나, 이제는 사법관청에서 나를 출세케 하니 참 이상하도다. 그런즉 내가 이제부터 3년만 출세하고 그 후는 도로 집에 들어앉을 터인즉, 너희들은 겁내지 말고 분투를 가하여 우리의 목적을 도달하도록 노력하라."고 설명하여 일반 간부들의 마음을 안정시킨 후에 검사국 출입을 하는 중이라 하며, 곤룡포袞龍袍에 대하여는 어느 방면으로 흘러나오는 말을 되풀이하면, 정읍경찰서에서 본월 상순경에 차경석의 집을 수색하여 곤룡포를 발견하여 압수했으나, 당국에서 절대 비밀에 부친다 하며, 지난 22일에는 차경석과 채규일 양인이 합석하여서는 무릎 맞춤을 하며 검사의 심문을 받았는데, 검사와 차경석 간에 문답은 아래와 같더라.

검사 : 네가 지은 십일전十一展은 즉 관궐官闕이 아닌가?

차경석 : 궁궐이 아니라 보천교 본소로 지었습니다.

검사 : 일반 교도에게서 가져온 돈은 다 네가 직접 받은 것이 아닌가?

차경석 : 일반 교도에게서 내가 돈을 직접 받지 아니하였습니다.

이렇게 변명을 하였으나 전날 심문에는 교도의 금전은 다 자기가 받았다고 자백했으매, 같은 검사 앞에서 한 입으로 한 사건에 대하여 두 가지 말을 하였다고 일반은 조소 중이더라.

■ 경찰의 보고서 : 『경찰정보철警察情報綴-평고비밀문서平高秘密文書 제839호』

〈평고비제平高秘第839호, 소화10년(1935) 7월 26일, 평강平康경찰서, 경성지방법원검사 正殿(0517쪽)〉

선도교仙道教의 불온계획不穩計劃에 관한 건건 수제首題의 사건에 대해서는 신사실新事實 발견에 관한 도도都度 보고報告를 하였는데 현재까지 판명된 상황은 아래의 기록과 같다.

기記

평강경찰서平康警察署

1. 선도교仙道教의 기원 및 조직(0518-0525쪽)

이 교教는 소화昭和 3년(1928) 월일月日 미상未詳 경 황해도 금천군金川郡 이하 미상未詳 원보천교도元普天教徒 당당 39세인 김홍원金洪圓에 의해 황해도黃海道 군군 미상未詳 덕업산德業山에서 처음 종교유사宗教類似의 도도道로서 포교布教를 시작했으며, 다른 종교처럼 신앙의 대상이 될 수 있는 것이 아니라 단지 어느 시기에 교주로부터 주문해석을 들으면 그때 교도는 불식장생不食長生하고 신선神仙이 되어 영원히 행복을 얻는다고 하며, 교주가 세상에 나올 때까지 이를 은도隱道(편자주: 秘密의 道)로서 일반인들에게 그 내용의 발표를 금하고, 김홍원은 스스로 부교주副教主 또는 소선생小先生이라고 칭하였으며, 따로 교주 김통원金通円(편자주: 가공의 인물로 사료됨)을 추대하고, 원보천교에 입교하였을 때 지인知人인 이용규李龍奎, 서인환徐仁 煥, 배수겸裵洙謙(전부 黃海道人)을 권설勸說 가담加擔하게 하여, 이에 처음 이 도의 중심을 확립하기에 이르렀으며, 이후 김홍원은 직접 포교에 종사하는 것이 아니라 오로지 이용규, 서인환, 배수겸에게 신자의 획득에 노력, (편자주: 신도를) 모집하게 하고, 교도의 수를 먼 저 1,080명으로 정하고 입교자 일인당 교 경비로써 입교금 명의의 일금 10원을 징수하기로 하였다. 이 제1기 계획이라고 할 수 있는 1,080명의 모집은 소화 6년(1931) 봄경에 거의 달성하기에 이르렀 는데, 교도 모집 중 "어느 시기에 교주로부터 주문의 교수해석教授解 釋을 듣고 그 결과 교도는 불식장생 신선이 된다."는 취지를 말하고, 책임상 장차 교의 중앙부中央部가 되어야 하는 토지, 가옥을 선정, 설치해야 한다는 필요성에 의해 이용규가 주동이 되어 (편자주: 朝) 조선朝鮮 고래古來의 정감론鄭鑑論에 기초하여 평강군平康郡 현내면縣 內面 이목리梨木里의 평원平原을 그 땅으로 선정하고, 이 이목리를 신 비적으로 보이기 위해 당지當地의 지세地勢를 공자孔子의 본관本貫 곡 부曲阜와 동일하다고 칭하고, 미류정美流淨 또는 비산비야非山非野 등 이라 부르며 소화 6년(1931) 봄 이래 당해 장소에 선식鮮式 가옥 9채 를 축조築造하여 교도 수명數名의 이주를 준비 중인 바이다.

당시우우當時遇遇

주소는 아래와 같다

본적 : 황해도黃海道 봉산군鳳山君 기천면岐川面 어사리御史里

이홍구李洪九. 명치明治 33년 생. 이자는 조선총독부 앞으로 선도 교仙道教가 평강군 현내면 이목리에 가옥 십 수 호를 축조한 다음 모

某 음모를 계속 꾀하고 있어 멀지 않아 국가에 분명히 대과를 범할 것이니, 속히 그 화근의 제거를 청하는 뜻의 별지사본(昭和 6년 10월 2일 江高 第 2498호 回覽下達)과 같이 투서를 했으므로, 당시 황해도 및 당서當署에서 이에 대한 내사內査에 착수한 바, 평강平康 평원平原에 이주 중인 교도 등은 이미 황해도 거주 신자信者로부터 통신通信을 받고 관官에 발각될 것을 알고 신축 가옥을 방기放棄하여 소재가 불명하며 이 활동이 전부 잠행적潛行的으로 되어 표면화된 교의 목적, 즉 불온적不穩的 계획의 유무 등은 일체 알 수 없었는데, 그동안 동교同敎의 간부들은 그 거소居所를 옮겨다님으로써 비밀리에 교의 확장, 입교자 획득에 노력하여 파생적으로 인제麟蹄, 회양淮陽, 화천서 華川署 관내管內에서 불온언동不穩言動을 그 내용으로 사취詐取 사건을 야기하고, 그때마다 신변의 위험에 빠져 피아彼我 도피 장소를 바꾸었으나 뜻하지 않게 함경남도 안변서安邊署 관내 삼방三防주재소가 폐지되어, 현삼협現三峽주재소 및 고산高山주재소 간의 몇 리 사이에 경비가 불철저함을 찰지察知하여 선도교仙道敎 활동의 본거지를 안변군 위익면衛益面 재천리載川里에 두고, 동소同所를 중심으로 포교에 노력함에 동시에 평강 평원으로 교도를 이주시켜야 할 시기를 엿보며 비밀리에 준비하는 동안, 교도가 더 늘어나서 일대 잠재 세력을 얻었으므로 교명敎名의 선정, 포교 지역 및 계급의 설정 등을 필요로 하기에 이르렀다. 이에 교주敎主, 부교주副敎主, 내부內部, 재무財務, 통신원通信員, 포교포布敎布, 교도敎徒 등의 계급을 정하고, 각 도道의 수지受持 책임자 및 책임자 하에서 활동하는 교 간부 등을 배치하고(본년 5월 6일자 平高 제839호 仙道敎의 불온계획에 관한 것과 같음) 차

차 통제가 있는 국체國體의 체계를 구비하고, 단지 교명만 그대로 지정하여 입교 권유자에 따라 불식장생하는 교, 신선이 되는 교, 1,080명의 신도 획득을 목적한다는 점에서 천팔교千八敎, 신선교神仙敎, 선도교仙道敎 등 여러 가지 교명으로 불렀으나, 교주 및 최고 간부들은 유불선儒佛仙의 고어를 인용하여 이를 선도仙道라 정하였다. 더구나 점점 더 교의 확대를 꾀하여 교를 대중적인 교로 만들려는 구실하에 입교금을 반감하여 5원円으로 하고 교도 모집 예정 수를 10배로 늘려서 1만 8천명으로 하고, 그 예정 수에 달했을 때 교주는 평강군 현내면 이목리에 와서 교도들에게 처음으로 교수를 할 계획이었다.

2. 선도교仙道敎의 목적 및 불온계획不穩計劃(0525-0531쪽)

선도교의 불온계획 찰지察知에 대해서는 전게前揭 소화 6년(1931) 이래 계속 유의 내사에 노력하여 쉽게 그 단서를 얻어, 본년 4월 2일경부터 현내면 이목리 부민部民 중 동리同里 송어평松魚坪 부근으로 최근 각 방면에서 비밀리에 교신자들이 이거移居하여 매일 야반夜半이 되면 노래를 부르고 기도를 한다는 소문이 있으며, 그 간부라고 생각되는 사람은 금화金化 세포洗浦 방면에서 야음을 틈타 내관來管한 뒤 즉시 입거立去하는 모양이고, 음력 3월 15일에는 천지개벽天地開闢하여 우리들의 세상이 된다는 뜻의 풍평風評을 하는 자들이 있다는 취지를 탐지하여 내사한 결과, 전게 송어평 내에 금화金化, 금성金城, 화천華川 방면에서 불식장생교不食長生敎 및 증산교도甑山敎徒 수 명이 이주하여 음력 3월 15일에는 무슨 일인지(부근 도민은 대정

大正 8년(1919)의 소요사건과 같은 것이라고 생각)를 일으키려 하고 있다는 것을 추측하여 계속 엄중 내사를 속행續行함과 동시에, 일제히 검거 준비를 갖추어 잠행하고 부근 일대를 검색하니, 이미 이주한 자 외에, 음력 3월 15일에 선도교주仙道敎主가 무슨 일을 일으키면 이에 가담함과 동시에 행동을 할 수 있다는 의사 하에 동일同日 이목리 평원으로 내왕한 황해도 영원寧遠, 강원도 인제군麟蹄郡의 신도 21명을 검거하여 취조한 결과 불온계획의 전모를 언급했으며, 검거자는 전부 동교同敎의 중위中位 이하의 자 또는 일반 교도들이므로 그 전모를 분명히 알게 되었다.

1) 선도교는 본년 음력 3월 15일에 교주를 평원군 현내면 이목리로 모셔서 불식장생의 術術을 받아 신선이 되어 교사敎師의 지시에 따라 현재의 세상을 아등我等 선도교주仙道敎徒에 의해 통치한다는 것으로써, 그때에는 상당한 사상자死傷者가 나오는 것을 막을 수 있다는 것이다.

2) 교사가 나와서는 8명의 제자에게 먼저 비술秘術을 전수해 주고 각국各國으로 파견시켜 외국에서 설교하게 하고, 그 다음에 72명의 교도들에게 비술 전수를 시키고, 그 다음에는 600명의 교도를 이주시켜 비술을 전수해 주면서 시일市日 등을 이용하여 이목리에서 성인이 나왔다는 풍평이 나게 하여 군중을 모아 그 자리에서 '비로소 우리들은 지금까지 종교라고 말하여 왔으나 진짜의 목적은 조선을 독립시키기 위한 것이다.' 라고 선언한다. 이에 대해서 조선인이라면 어느 누구도 이 일에 반대하는 자가 없으니 반드시 성공한다.

3) 교주의 거병을 듣고서 현재 세계에서 가장 문명국인 미국은

조선의 독립을 원조한다.

4) 머지않아 러일전쟁이 일어날 때 우리 교주는 러시아의 승리로 일본과 분리를 꾀하여 조선을 독립하게 한다.

5) 선도교는 불식장생하며, 그 결과 신선이 되는 자 등에 대하여 공중에 교도들이 살 수 있는 국가를 만든다.

등의 말을 하면서 교도를 입교시켰음이 판명되고 피권유자被勸誘者는 전부 이를 맹신하는 하고 있음을 관취觀取하였다.

그러나 교주 및 교 최고 간부의 진의眞意는 다른 데 있고, 전기前記의 언동은 다만 신자 획득의 한 수단에 지나지 않는 것이라고 사료된다. 일반교도는 전기의 언사言辭를 교의 참 목적으로 확신하고 있으며, 무엇인가 기회를 얻으면 자기가 믿는 바에 대하여 불온한 행동으로 나설 가능성이 충분히.

이 점에 대하여 당서當署에서는 특히 유의, 엄중 경계 중이며, 단지 구체적 불온계획은 간부급이 체포되지 않았으므로 목하 상세하게 판명이 되지 않았다.

3. 포교의 수단 방법(0531-0532쪽)

포교에 종사하는 자는 통신원通信員 및 포교사布教師로서 원칙적으로는 책임 지역을 정해 두고 비밀리에 포교를 하므로, 옛 친구와 지기를 수手○으로써 서로 섞여 신자의 획득에 노력하고 특히 먼저 보천교普天敎 등에서 교의 수련을 받았으므로 탈교脫敎하는 자들을 가끔 만나 입교시켰으며, 입교 자격은 남자로서 15세 이상에 달하는 자가 되어야 하며, 기타 교칙 등을 설교하는 권유에 사용되는 언사는 전게 불온언동不穩言動 '1, 2, 3, 4' 등과 같다.

4. 포교 상황 및 신자의 분포 상황(0532-0533)

구속 교도 등의 진술에 의하면 선도교의 신자는 소화 9년(1934) 12월 말에 약 7천 명이었으며, 본년 3월 15일에는 1만 8천 명에 이를 예정이었으며, 전라남북도, 충청남북도, 경상남도를 제외하고 전 조선 각도에 미쳤는데, 그 중 황해도, 강원도가 가장 많은 수를 점하고 있었다. 입교를 위해서는 입교식을 하며, 이를 오행규모五行規模라고 칭하는데 5명이 한 조가 되어 축문祝文을 기록하게 하고, 그 나머지 여백에 입교자의 성명을 열기列記하고 천지신명에게 선도교 입교를 맹세하게 하고, 단, 오행규모와 상취象取하여 오종五種의 과실 및 오색五色의 과자를 준비하게 하여 교를 신비스럽게 의식하게 하는 것에 힘을 기울였다.

5. 선도교의 사취詐取 행위(0533-0535쪽)

선도교는 간부의 생활비 및 전게 제2항의 목적 달성에 필요한 경비에 충당하기 위하여 창설 이래 입교금 명의로 1인당 10원 혹은 5원을 징수하여, 그 금액 추정이 4만원(신자 7천명 예상)에 이르고 있으며, 경비 부정 연출책撚出策으로서 소화 9년 이래 특성금特誠金 또는 Sympa(Sympathizer의 의미와는 다른 것 같음)라 부르며 교도에 대해서는 멀지 않아 불식장생하는 자 등은 금전이 불필요하며 자산 전부를 교에 바치고 욕망을 버리라고 하며 그 대상代賞으로서 교에서 생활을 보증하며, 교사敎師 하로 이주하라는 등의 감언甘言을 하고, 최저 30

원 이상 1,000원 이하의 금품을 사취하여 그 합계액이 수만 원數万圓에 이르는데, 이들 출금자出金者 등의 생활 급변急變에 의해 범죄 사실이 발각될 것을 두려워하여 출금出金 신자를 움직여 인모人募라 칭하고, 함남咸南 안변군安邊郡 위익면衛益面 재천리載川里 및 평강군 고삽면高揷面, 동군同郡 현내면, 동군 남면南面으로 이주하게 하였다.

6. 평강군 내에서 선도교의 활동 상황(0535쪽)

기보旣報(署長會議時 携行提出)와 같음. 별지別紙 선도교 계책

총독 각하에게 드리는 보고서(0537-0538쪽)

소생은 10여 일 전에 아래와 같이 상서를 올린 바, 현재 아무런 소식이 없어서 이에 다시 보고합니다.

강원도 평강군에서 북으로 약 3리 정도 가면 이목梨木시장이 있으며, 거기에서 서남쪽으로 반리를 가면 황해도 농민이라 칭하며 내년부터 농업에 종사한다는 명목 하에 십여 명이 돈을 빌려 가옥을 건축 중인데 9군데는 완성되고 1군데는 기둥만 세운 것을 본 사실을 탐지하였는데 농가가 아닙니다. 10여 장소가 전부 완성된 후에 통원通圓 선생과 홍원弘圓 선생이 나타나서 1,080명에게 재술才術을 교수敎授하여 역적 음모를 함으로써 머지않아 국가에 대과를 범할지도 모른다는 걱정으로 10여 일 전에 총독 각하에게 상서하였는데, 현재 아무런 소식이 없는데 아무쪼록 국가의 대과를 면하길 바랍니다.

일본인이 이와 같은 사실을 탐지하여 보고를 하면 각하로부터 기만원의 상금이 내려지지만, 그러나 소생小生은 조선인이므로 이와

같은 사실을 보고해 소식이 없어도 유감스럽게 생각하지 않으며, 국
가의 안강安康을 기원합니다.

　소화 6년(1931) 9월 22일

　황해도 황주군黃州郡 주남면州南面 이양리梨陽里

　이재원李載元

　조선총독각하朝鮮總督閣下

　…

선도교 획책劃策 상황(0541-0552쪽)

　선도교의 최고 교주는 당 49세인 김통원金通圓(편자주: 가명인 듯함)
이라 칭하는 자로서 금강산에 거주하고, 소교주小敎主는 당39세의 김
홍원金洪圓이라 칭하는 자로서 소화 3년(1928) 봄 황해도 곡산군谷山
郡 면面 미상未詳 광동廣洞에 거주하다가 그 후 황해도 신계군新溪郡 고
면古面 화개산상華蓋山上의 공가空家에 전거轉居한 뒤, 다시 소화 4년
(1929) 경 경성 삼각산三角山으로 이주하여 금일에 이르렀다고 한다.

　본교의 목적은 (旣 取調者의 供述) 교도에게 불식장생의 비술을 전
수시켜 신선이 되는데, 교도가 신선이 되면 신선은 만왕萬王의 왕이
므로 조선은 선도교 지배하가 된다(독립의 뜻). 이때 교도에게 특별히
시혜를 하여 '머지않아 미·일 전쟁이 일어나는데, 이 교를 믿어 난
을 면함과 동시에 미국이 승리했을 때, 일국日國과 절연絶緣하여 본
래의 조선국이 된다.'는 등 최후의 목적은 조선을 본교에 의해 독립
을 이루게 하는 것에 있다고 한다.

　이 수단 방법 등은 아직 최고간부를 체포하지 못했으므로 명확하

지 않으며, 평강군 현내면 이목리 내에 선경仙境을 건설하고 교주를 맞이하여 시일市日 등을 이용, 군중의 이목리 집회를 책동하여 조선 독립을 선언하는 집회로 하는 것에 대해 아무도 이 거사에 반대하는 자가 없다 하고 있다.

그 특기特期는 수설數說이어도 본년 3월 15일이 제1회 예정일이 라는 것은 상당히 믿을 수 있는 것이다.

선도교에 입교를 시키기 위한 언사言辭에 따라 명칭이 바뀌고, 입 교금 또는 지방에 따라 5원, 10원 등 2종류가 있으며, 관련 있는 예 정지는 전부 강원도 평강군 내 이목정으로서 동소同所에 나올 수 있 는 교도를 모이게 한 결과, 본군 내에서는 선도교 내 각파가 각각 다 른 형태로 활동을 하고 있었다.

동 취조에 의해 밝혀낸 이 교의 활동 상황 개설槪說은 황해도 금천 군인金川郡人이라 자칭하는 김용규金龍奎와 이용규李龍奎는 직속 제자 장명호張命浩, 서인환徐仁煥과 함께 소화 6년(1931) 봄경 현내면 이목 리 장지포長池浦를 중심으로 교도를 이주시켜 초가 9채를 축조하고, 동년 봄경에 거주하였는데 황해도 및 평강서平康署의 수사 착수를 알 고 가옥을 방기放棄하여 도주하면서 강기호康基浩, 엄낙규嚴洛奎 두 사 람을 연락 포교의 초석礎石으로 삼고, 부근 원야原野에 거잔居殘하며 강康, 엄嚴 양씨는 그 후 시일의 경과로 경찰 당국의 교에 대한 조사 추궁 완화를 기다려 소화 7년(1932) 봄 경부터 현내면 상원리 산모동 내山幕洞內 거주하며, 과거 같은 보천교도 등에게 선도교 입교를 획책 하여 현내면 상원리上元里 황봉춘黃蓬春의 입교를 보기에 이르렀다.

그때 상원리 내에서 이용규의 교를 전수받고 회양군淮陽郡 난곡면

蘭谷面 송리松里 선도교 통신원通信員 강필구姜弼九의 권유를 받아 입교한 김명칠金明七, 황봉춘은 입교 후 김명칠이 선도교 간부가 되었음을 알고, 이에 사사師事하여 양씨가 함께 입교 권유에 노력한 결과 상원리 내에 수 명의 교도를 얻기에 이르렀다.

그 후 황봉춘은 오로지 강기호와 행동을 같이 하여 그의 본적지인 황해도 방면의 권유를 담당하고, 김명칠은 전적으로 강필구와 같이 행동하며 강원도 내에서 입교 권유를 꾀하고 인접隣接 부부인 금화金化, 화천華川 방면의 포교를 담당하였다.

금화군 원북면遠北面 법수현리法首峴里에서 김창현金昌鉉, 김여천金汝千 등의 간부를 얻고 더구나 김창현, 김여천 등은 금화군 내 및 화천군 상서면上西面 방면에서 상당한 수의 입교자를 얻기에 이르렀다.

회양군 난곡면蘭谷面 내 강필구 하의 포교사布敎師 김병삼金炳三은 인족姻族 관계에 있는 당특서면當特西面 화암리化岩里 거주 현 주거지 평강읍平康邑 서변리西邊里 김청金淸의 아들 김창걸金昌杰을 움직여 그 일족 전부를 입교시키고, 김창걸은 또 화암리 오학봉吾學鳳 등을 통하여 평강군 서면西面 화암리민 30여 명을 목전면木田面 사흘리沙屹里, 직동리直洞里, 중삼리中三里 등에서 입교 권유를 위하여 양씨는 연락을 유지하고, 김창걸은 평강읍 서면리 내에서 교도 11명을 얻고, 오학봉은 자기의 처 고향이 복계福溪 부근이어서 복계리福溪里, 상갑리上甲里, 나매리羅梅里 내 용전동龍田洞 방면에서 입교자를 권유하였다.

이에 의해 먼저 김병삼의 권유에 의해 상원리 김명칠 편으로 입교한 금화군 원동면遠東面 거주 김석형金錫亨은 인족 관계에 있는 김병삼, 김창걸 등과 연락을 하며 금화군 내의 포교를 맡고 김창현, 김여천과는 다른 입장에서 검거된 김몽현金夢鉉 등의 일가 6명, 윤동길尹東吉, 윤명길尹明吉 등을 입교시켜 이에 전 주거지住居地 화천군 상서면에서 이목리로 이주시켰다.

김석형은 작년 말 이래 직접 유불랑留拂浪 역전으로 이주하여 오로지 김병삼, 김창걸 등과 연락하여 기입교자旣入敎者들을 이목리 방면 거주를 획책하고, 본년本年 2월 금화군 원북면遠北面 수대리水垈里 정용흥鄭龍興을 고삽면 근남리近南里 성후城後로 이전하게 하였다.

이상과 같이 이용규로 시작되어 강필구, 김병삼, 김명칠 등을 통하여 지역 주민을 주 대상으로 하는 소위 교의 주류라고 말하는 자들로서 타도他道에서 입교 권유를 하여 현재 평강군 내를 발판으로 입교 포교에 종사하는 소위 타유파他流波들이다.

그 주요 인물은 소화 9년(1934) 지난 10월경 고삽면 세포리, 대곡동리大谷洞里에 거주하다가 안변군 위익면衛益面 학천리鶴川里로 은신을 한 장호환張浩桓, 장지환張沚桓 및 평강군 남면 학전리鶴田里 거주 김동우金東禹 등의 일파 및 평안도 계동 김형필金亨弼 등으로써 장태환, 장지환, 김동우 등은 전부 이용규로부터 직접 입교를 권유 받았으며, 그후 김동우는 고삽면 서하리로, 장태환을 제외한 장지환 등은 남면 학전리 평안도 부락에 이주하였는데 김동우는 다시 학전리로 이주하였으며, 이들의 학전리 이주에 앞서 학전리에는 평안도인으로서 이용규의 스승인 간부 김형필이라는 자가 거주하고 있었으며, 이에 남면 학전리를 중심으로 평안도인에 의한 선도교 간부의 합체合體가 이루어져 김형필이 그 최고 지휘자가 되고 장태환, 김동우는 그 아래에서 활동하기 시작하였으며, 활동지는 평안도, 황해도였으며, 함께 학전리 내에서 이민里民의 입교 권유에 힘써 부민部民 전체의 가입에 이르렀으며, 음모 발각을 막기 위해 본년 1월경부터 학전리민을 안변군安邊郡 위익면衛益面 재천리載川里 내로 이주를 꾀하여 안변 이주 후 빈집에는 평안도 방면 입교자를 불러들여 거주하게 하였다.

이 교의 최고 간부 이용규 및 그 부하 서인환, 장명호, 차봉남, 김형식 등은 다시 황해도, 평안도 및 도내 양양襄陽 방면에서 입교 권유 활동을 하여 입교자를 이목리 방면으로 이주시키는데 노력하고, 또 그 이주를 빨리 하기 위하여 교의 목적 달성 기일을 본년 3월 5일 또는 4월 15일 혹은 5월 5일로 칭한 결과, 관외管外 교도들이 그 설說에 따라 관내로 이주하는 자의 수가 계속 증가하였다. …

■ 제주도의 '강승태' 사건 : 광주지방법원제주지청, 『형사사건부刑事事件簿』(1940年 刑公合 第2號), 정부기록보존소부산지소

… 위 강승하姜承河(昇泰)에 대한 불경不敬 · 사기 · 강간치상 · 육해군형법 · 보안법 · 의사醫師규칙 위반, 강석구姜錫龜에 대한 불경 · 보안법 · 육해군형법 위반, 김창규金昌圭에 대한 불경 · 보안법 위반, 김태휴金泰休에 대한 불경 · 보안법 위반 · 범인은닉, 양창언梁昌彦 · 오병표吳秉杓 · 이두표李斗杓 · 김창호金昌豪 · 현시화鉉始化 · 김문일金文一 · 강종욱姜宗旭 · 문두칠文斗哲 · 이성예李聖裔에 대한 불경 · 보안법위반, 오정숙吳禎淑에 대한 보안법위반 · 수렵규칙위반 · 총포화약취체령 시행규칙위반, 장원국張元國에 대한 보안법위반 · 범인은닉,

고무생高戊生에 대한 불경 · 보안법위반 · 범인은닉, 고두만高斗萬 · 김인옥金仁玉 · 양기현梁琪鉉에 대한 보안법 위반, 각 피고 사건에 대하여 당 원은 조선총독부 검사 松本孝義 관여로 심의하여 판결함은 다음과 같다.

〈주문〉

피고인 강승하는 징역 6년 및 벌금 200원을, 피고인 강석구는 징역 4년을, 피고인 김창규는 징역 2년 6월을, 피고인 김태휴는 징역 3년을 피고인 양창언 · 오병표 · 이두표 · 김창호 · 현시화 · 김문일은 각각 징역 2년 6월을, 피고인 강종욱은 징역 2년을, 피고인 오정숙은 징역 1년 및 벌금 50원을, 피고인 이성예는 징역 1년 6월을 , 피고인 양기현은 징역 1년을, 피고인 장원국은 1년을, 피고인 고무생을 징역 1년 6월을, 피고인 고두만을 징역 10월에 각각 처함. 피고인 강승하 · 오정숙에 있어서의 위 벌금을 완납하지 못할 때는 각각 금 1원을 1일로 환산한 기간을 노역장勞役場에 유치留置한다. 단, 미결구류 일수 중 피고인 고두만에 대해서는 위 본형에 상당한 일수를, 이외의 각 피고인에 대해서는 각각 300일을 위 본 형에 산입함. 소송 비용은 피고인 등이 연대 부담한다.

〈이유〉

제1- 피고인 강승하는 1895년 중문면 하예리 빈농貧農 강영호姜英鎬의 서자로 태어나 성장하면서 약 2년간 한문을 수학하고, 농업에 종사하였는데, 1918년경부터 보천교를 믿게 되어서 그때 보천

교 본부에서 선교宣敎하기 위하여 제주에 온 강석호姜錫鎬 · 신백근辛
百斤 · 김시산金時山 등으로부터 가까운 장래에 정도령鄭道令이라는
진인眞人이 나타나서 천하를 통일하고, 등극하면 보천교의 독신자는
신선이 된다는 교시敎示를 받아 이를 깊이 믿었는데, 1931년경부터
는 눈이 어두웠으나 보천교를 계속 믿고 있으면 정도령 진인이 나타
나는 날에 눈이 뜨게 될 것이라고 믿고, 보천교에 대해서 치성금으
로 몇 차례에 걸쳐 합계 16,650원을 제공하였는데도 그 효력이 없
었던 차에, 그간에 동 피고인은 한약의 조제 판매 행상을 하고 또 점
쟁이 정鄭 모某에 사기師祈하며 기도와 무격巫覡 방법 등을 전수받았
고, 또 의생醫生 우문규禹文圭에 따라 한법의漢法醫 견습을 하여 그 지
식이 있는 터에 점치고, 기도하고, 부적 · 주술 · 한약 의료 등을 하
면서 생활하였는데, 그 천성과 언동이 사람들을 매료시켜 기만한 짓
에 능하고, 때때로 복점占卜을 탁托하여 황당무계하고 기묘한 예언
을 하고, 또 의료醫療를 사칭하면서 점차 무지한 하층 민중에 신용이
넓어지는 것을 기화로 여기에 '보천교 교리'와 '음양오행설', '팔괘
역법八卦曆法', '풍수설' 등에서 얻은 지식을 경經으로, 소위 '왕도성
쇠예언서王都盛衰豫言書'라 칭하는 정감록鄭鑑錄의 비결, 미신 전설 등
을 위緯로 하여 보천교를 모방하여, 1938년 경 무극대도교無極大道敎
라는 것을 창안하여 스스로 교주敎主가 되어 1924년 2월 21일, 22
일 두 날 밤에 보천교의 개조開祖 강증산姜甑山을 현몽現夢하여 그로
부터 경서經書 5권을 받았고, 이어서 1930년 축문祝文 구송口誦 수도
중 강증산의 영靈이 나타나서 "너희는 앞으로 10년간 대성할 때까
지 맹목盲目하여 한 마음으로 수도하라는 신명神明을 받아 다음해

1931년부터 맹인盲人이 되었으므로 확실히 영통靈通을 받은 것이라고, 일찍이 황하黃河의 물이 인도에 도달하여 적시니 불교가 나왔고, 중국에 도달하여 적시니 유교가 나왔고, 근세에 조선에 도달하여 적지니 선도仙道가 나올 시운時運에 있으니, 그 교주는 나 강승하姜承河(姜昇泰)이다. 예로부터 후천 5만년의 대운大運을 받은 종교를 일으킬 사람은 강성姜姓 중에 여덟 번째 사람이라는 말이 있는데, 생각하면 태고로부터 강성姜姓은 담제신농씨炎帝神農氏로부터 강증산姜甑山까지가 일곱 번째이고, 여덟 번째 사람은 바로 강승태姜昇泰(姜承河) 자신이다. 그러므로 나의 어머니는 임신중에 ○○의 대화를 현몽하여 나를 낳았으니 나야말로 지상 대도사회大道社會를 건설할 사람이다." 하고, 1936년 1월경부터 1937년 12월 경까지 사이에 제주도 내 12개 면에서 포교에 종사하여도 신도 9백여 명을 모집하고, 그 중에 간부 수백 명을 정하여 ○○의 칭호를 주었고, 또 오황부인五皇婦人 선녀선동仙女仙童 등 수명을 교주인 피고인 신변에 두어 황당무계한 불온한 말로 농弄하고 교도들을 조종하여 헌금 명부에 성금의 자취 등의 명칭으로써 금품을 거출하게 하여, 그들에게 착취하면서 오황부인 선녀 등과 은근히 정을 통하여 사회를 속여오던 차에

(1) 1936년 1월 27일 오후 9시경 안덕면 동광리 강위경姜渭慶 집에서 무극대도교無極大道敎를 창설할 것을 협의하는 석상에서 교의敎義의 설명으로써 동인 및 서귀면 동홍리 고창길高昌吉 · 허창규許昌圭에 대해서 "오는 1940년 3월 경진년 경진월 경진일 경진시에 제주도 남방 자려도紫鹿島에서 정도령 진인이 나타나서 부하 군졸 1천 수백 명을 인솔한 홍선紅船에 홍기紅旗를 단 대을선大乙船을 타고 중

문면 대포리에 상륙하여 교주 강승태와 협의한 후에 충청남도 계룡산에 가서 조선을 독립시키고, 천자로서 등극하여 세계를 72개국으로 나누어 전 세계를 지배할 것이고, 그때 가서는 각국의 왕은 물론 일본의 소화천황昭和天皇이라 하더라도 1940년에 한하여 폐제廢帝되어 한 개 왕후王侯로서 정천자鄭天子 밑에 조공할 것이고, 우리 무극대도교는 국교國敎가 되어 교도는 그 성의에 따라 성인반열聖人班列에 올라, 후천後天 5만년의 영락榮樂을 입어 천성당天聖堂, 만성당萬聖堂, 영당靈堂에 봉축奉祀하게 될 것이다."고 황당무계한 말로써 금상천황폐하에 대하여 불경 행동을 하고, 또 정치에 관해서 불온한 언동으로 치안을 방해하였으며 …

… 모두 교의敎義의 설명이라 하여 전기 (1)과 같은 취지의 말을 하고, 금상천황폐하에 대하여 불경 행위를 하고, 또 정치에 대하여 불온한 행동으로 치안을 방해 하였음.

제2- 1936년 8월 6일 표선면 토산리 김창규金昌圭 집에서 강서降書라 칭하고 '동방황성락東方皇星落'이라 작구作句하여 같이 있었던 김창규, 강석구姜錫龜, 김태휴金泰休 등에 대하여 수일 전 동쪽 하늘에 황제皇帝를 지키는 별이 떨어지는 것을 보았는데, 이는 일본 황제의 운이 쇠비하여 앞서 말한 정천자鄭天子가 출현하면 왕후의 자리로 떨어져 조공朝貢하여 올 징조라고 설명함으로써 금상 천황폐하에 대하여 불경 행위를 하였고

제3- 1937년 1월 26일 안덕면 동광리 양기현梁琪鉉 집에서 강서라 칭하여 '홍기가 반천하니 일본 나라가 망하고(紅氣半天日家亡) 서불이 지나가 머문 손자들이 망실하다(徐市過處回孫失)'는 시구詩句를

만들고는 (1) 위 집에서 피고인 현시화玄始和, 양기현에 대하여, (2) 동년 1월 하순부터 3월 상순까지 사이에 위 집에서 강석구, 김창규, 김태휴, 고석호高碩浩에 대하여, (3) 동년 4월 1일에 위 집에서 전기 부성진夫性珍에 대하여, (4) 동년 8월 중 위 집에서 강태방康泰方과 수 명에 대하여 위 구절을 설명하면서 "1937년 1월 26일 오전 2시경 하늘이 반분하여 붉어지는 것을 목격하였는데, 이는 가까운 장래에 일본국이 멸망하는 징조다. 그리고 일본의 제1대 천황은 중국의 진시황秦始皇 때 불로불사의 약초를 구하기 위하여 왔던 서불(徐市:徐福)로 서불은 명을 받아 동남동녀童男童女 5백명을 거느리고 불로불사의 약을 구하려 제주도에 왔다가 또 일본으로 건너가 제1대 천황이 된 것인데, 이후 일본은 서불의 가문에서 역대 전손하여 왕을 계승하여 현재 소화천황昭和天皇에 이르렀는데, 현재 일본인은 모두 서씨의 자손들이다. 일본 제국의 운運이 어찌 천양무궁天壤無窮이라고 하지만 영구히 계속하지 못함은 천지 음양의 원리로 보아 도저히 있을 수 있는 일이다. 지금 일본의 운이 쇠미하여 서불徐市의 자손에서 나온 임금은 소화천황으로 끝나고, 1940년부터는 왕후의 지위로 내려앉아 정천자에게 반드시 조공하여 온다."고 말하며 금상천황폐하에 대하여 불경 행위를 하였고

제4- 1937년 7월 31일 오전 2시경 전기 양기현 집에서 같이 있던 피고인 강석구 외 11명에 대하여 "지나사변支那事變(중일전쟁)이 발발한 것은 이미 내가 미리 알고 있었던 것으로, 이 전쟁은 금후 일진일퇴一進一退로 싸우며 1940년까지 계속되지만 결국은 일본의 패망은 운명에 있고, 그때 정도령 천자가 출현하여 일본이나 중국을

평정하게 될 것이다."라고 말하고, 다시 동일 오전 5시경 위 집에서 강서라 칭하여 "일본 모기가 호경에서 넋이 통곡할 때(日蚊胡境魂哭時) 로서아 벌은 중국 쇠망에 동정하네(露蜂支那衰亡情) 미국 파리는 선심하면서 스스로 곡하지 마오(米國蠅善心自哭莫) 중국 온 천지는 하루살이로 날이 개었네(支那萬里日靑)"란 시구를 만들어 같이 있었던 김태휴 외 수 명에 대하여 말하기를 "지나사변의 발발은 일본이 이미 쇠운이고 서불의 자손인 일본이 그 조상의 나라인 중국에 화살을 쏘았지만, 중국은 큰 나라이고 또 로서아가 중국을 원조할 것이요 당연히 패배할 것이니, 패잔 멸망하는 일본군인의 넋이 방황하며 통곡할 것이고, 그러나 로서아도 중국에 동정하며 원조하여 한번은 일본에 이기지만 결국은 망할 것이고, 미국은 선심善心으로 어디에도 붙지 않고 중립을 지키려 하지만, 이 역시 멸망할 것이니 중국도 중일사변에 이겼다 하더라도 결국 정도령의 출현으로 온 나라가 하루살이가 날아다니는 것 같이 망하게 될 것이다."라고 설명하면서 군사軍事에 대해서 유언비어를 하였고….

■ 희천 사건, 영변 사건, 평강 사건 : 『조선일보』

『조선일보』, 1935년 11월 10일(석간)

"차경석을 위시 보천교 간부 취조取調-최근 포교 방침이 바뀌면서 모종某種의 혐의嫌疑를 받아"

정읍경찰서에서는 지난 8일 오전 9시 경부터 보천교주 차경석을 위시하여 동교 중요 간부들을 모두 호출하여다가 취조하였는데, 사

건의 내용은 비밀에 부치나 탐문한 바에 의하면 최근에 이르러 보천
교의 포교 방침에 변화가 생겨 어떤 중요한 혐의를 받게 된 점이 있
다 하여 그와 같이 된 것이라 한다.

『조선일보』, 1936년 7월 25일

"평북平北경찰과장 아연 긴장, 희熙·영寧 양군兩郡서 활동. 내용
은 보천교 사건과 적색비사사건赤色秘社事件, 금후도 확대될 형세"

평북도 고등과에서는 수일 전부터 무슨 단서를 잡아가지고 암암
리에 활동 중이던 바, 21일 동과同課 末永 경부와 百瀨 경부보 등 두
명을 대동하고 두 반으로 나누어서 평북 희천熙川과 영변寧邊 방면으
로 급행하였는데, 자세한 내용은 알 수 없으나 탐문한 바에 의하면,
'희천사건熙川事件'은 전북에서 검거하기 시작하여 전 조선적으로
대검거 선풍이 일어난 '보천교 사건'으로, 희천에 근거를 둔 전기
보천교도가 동교의 재흥을 도모하기 위하여 활동하다 발각된 것이
라는데, 자세한 내막은 출동대가 돌아오지 않으면 알 수 없으나, 하
여간 사건은 확대할 모양이라더라. '영변사건寧邊事件'은 경북 모 단
체와 연락이 있는 비밀결사秘密結社 사건으로 전기 영변에 지부 형식
으로 근거를 두고 모종의 계획을 획책한 사건이라는데, 전 조선적으
로 사건은 점차 확대될 모양이라 한다.

『조선일보』, 1937년 8월 20일(석간)

"표면은 종교적 이면은 정치적-평강서 경성으로 호송차 중에서
김중섭金重燮과 일문일답"

기자는 송국되는 일행과 기차에 동승하고 총참모 김중섭과 사이에 다음과 같은 일문일답을 하였다.

기자 : 선도교의 주지主旨는 무엇인가?

김 : 종국終局의 목적은 조선 독립운동으로 우선 선도교 기치 아래로 많은 교도를 획득하기에 노력하여 소화 10년(1935)부터 본격적 활동을 시작하려고 하였으나, 그만 실패하고 말았다.

기자 : 당신이 교주教主라는 말이 있는데, 대선생大先生이 따로 있고 당신은 소선생小先生이 되었으니 무슨 연고인가?

김 : 자기가 교주로 자처하면 일하기에 곤란한 점이 많아, 일의 대부분은 내가 계획하고 실행한 것이다.

기자 : 보천교를 나온 이유는?

김 : 보천교에는 대정 12년(1923)부터 육임六任의 직함을 맡아가지고 5년간 있었으나, 교의 내부가 부패하고 나의 사상과 배치되는 점이 많아서 탈퇴하고 말았다.

기자 : 이목 평원을 근거지로 선택한 것은 어떤 연고인가?

김 : 공자孔子 탄생설에 의하여 그곳을 본부로 정하면 교운이 뻗쳐 목적을 달성하리라는 생각에서이요.

기자 : 서울서 부청과 정거장 훈련원 세 곳을 밀회 장소로 정하였다는데, 그 방법 여하?

김 : 매월 15일과 말일에 나누어 순찰부장 서인환徐仁煥, 재무부장 이용규李龍奎 세 사람이 만났는데, 만나서 한 것은 주로 금전 수수와 경과 보고를 간단히 하였을 뿐이다.

기자 : 모집한 돈은 전부 얼마나 되며, 건축 사업을 한 것은 무슨

이유요?

　김 : 건강이 좋지 못하여 잘 모르겠다. 경찰에 물어보아 주라.

　〈특보 : 선도교 사건 16명 중 7명만 금일 송국. 외면外面은 종교단
체이나 이면은 독립운동, 여당餘黨 9명은 ○一日에〉

　선도교 사건의 송국자 16명 중 김중섭(41) 이하 7명은 19일 아침
6시 14분 평강서 川端 경무주임과 水上 수사주임 등 13명 서원에게
호송되어 오전 11시 30분 경성역에 도착하여 곧 경성지방법원 검사
국으로 넘어갔다. 그들은 長崎 사상 검사의 취조를 받은 후에 서대
문형무소에 수용되었는데, 나머지는 21일 제2차로 오게 되었다 한
다. 그리고 19일 송국된 피의자의 성명은 다음과 같다.

　— 경성부 북아현정町 3번지 소선생小先生 김중섭金重燮(41)

　— 만주국 간도성 화룡현 토산자土山子 외무外務 김형식金亨植(37)

　— 상동 김상국金相國(41)

　— 황해도 송안군送安郡 송안면 용정리 차봉남車鳳南(39)

　— 황해도 곡산군 청계면淸溪面 문양리文陽里 김인갑金寅甲(57)

　— 경성부 ○○정町 원○숙元○淑(44)

　— 강원도 이천군伊川郡 안○면安○面 ○성리○城里(40)

　그리고 이 선도교는 이미 보도한 바와 같이 표면은 종교의 간판
을 걸고 '조선독립운동'을 계획하는 단체라 한다.

　〈검거 경비經費만 만여원萬餘圓. 부하고심막대部下苦心莫大, 富田 평
강서장平康署長 담談〉 평강 경찰서 富田 서장은 대개 다음과 같이 소

감을 말하였다. "소화 6년(1931) 경부터 이목리에 선도교도들의 이주하는 자가 생기게 되었는데, 우리 서에서 주목하기 시작한 것은 소화 8년(1933)부터 소화 10년(1935) 4월 15일을 기하여 간부를 일망타진할 예정이었으나, 이 기미를 알아차린 그들이 경성 또는 만주국으로 도망하여 그동안 만여 원의 경비를 써가며 금년 4월까지에 간부 전원을 체포하고 오늘로 송국을 보게 되었는데, 그동안 부하직원의 고심과 노력에 대하여 무어라고 말해야 좋을지 모르겠다."

선도교 간부의 항일은 종교단체로서의 활동이었으나, 그 단체에 깊이 뿌리 박힌 사상은 조선 독립운동이었었다고 볼 수 있다.

6. 교의 재정과 교 운동 금지 후의 교 재산

경찰은 보천교 본소 내에 상주하면서 감시를 해 왔다. 교 측에서는 이러한 극적인 탄압을 일시 모면할 생각으로 경찰에 대한 교금 지출을 허락하였다(당시 교인들의 증언). 총독부 간부에 의한 교금의 강제 모금 사례도 있었다. 차경석 죽음 이후 교 재산, 교본소 건축물 유지를 위해 지역 유지들이 매입하려 하니 총독부에서는 교 운동의 부활을 우려해 철거의 뜻을 굽히지 않는다.

■ 교금 갈취사례 : 『보천교연혁사』

▷ (상)51 후 - 52 후 : 대동단의 본 주의는 대동양을 한 가족과

같이 동인종 간에 전쟁의 참살을 피하고 서세의 침해를 방지하여 평화 시대를 건설하자는 목적으로 다액의 금전을 소비하고 정신상 고로를 인내하면서 선차에 조선 일본에 취지를 선전하고 정부와 협력하여 대대적으로 장래 사업을 경영한 것인데, 오호라 강사가 그 사람이 아니므로 주의 선전을 오무하고 의견이 불일치하여 마침내 관민 간에 동정도 얻지 못하고 고립하니, 원조가 없게 된 보천교는 일반의 어육이 되고 말았다. 이와 같이 언사상반한 당국자의 심리를 의심하던 때에 下岡 총감의 수족인 채기두, 고희준이 와서 동경에 체재 중인 총감의 말을 전하되, 지금은 어떠한 곤욕을 받을지라도 수 개월 간만 참으면 국회 종료 후에 즉시 귀임하여 만사를 해결하겠고, 또 압수금에 대하여는 국고로 편입한 지 시일이 이미 오랜지라 지불하기 불능하니 장차에 그 이상의 가치를 가진 조선 내에 목삼림木森林을 불하하여 경비에 충용하도록 하리라 하더이다. 이는 전자에 교주께서 채, 고 2인에게 말하사대, 당초에 정부에서 우리 교금敎金을 압수하여 국고로 편입할 때에는 오교의 양해 전이라 부정한 금액으로 취급取扱한다 하였지만 지금은 정부에서 오교를 이미 양해하는 동시에는 교금으로 판명된 것이니, 교중으로 출급하는 것이 경위에 적당할지라도 하강 총감에게 말이 미처 이 돈을 반환하도록 하라 하였더니, 그 답이 이와 같음이러라. …

▷(상)54 전 – 55 후 : 오후 9시 경에 총독부 앞에 도착하니 사절이 국장 관사로 안내함에 채기두, 고희준 등이 현관에 나와서 영입하여 三矢 의무국장醫務局長, 田中 고등과장高等課長, 田中 통역관 등과 처음 대면 인사를 마친 후에 三矢 국장이 말하되, 각지 보천교도

의 불온 선전과 유언비어가 많아서 황실皇室에 저촉되는 언론과 행동이 있을 때는 단연코 용서하지 아니할 터이니, 금후로는 특별 주의하여 이와 같은 언동이 없도록 교도에게 명령하라는 엄중한 경고적 언론을 하여도 교주는 사실이 무근이기 때문에 변명할 필요도 없어서 한 말로 답이 없이 태연히 청취함이려니, 국장이 어구를 전환하여 왈, 시국대동단에 대하여 제일회는 실패로 돌아갔으나 그것을 폐지하기는 불능함이요, 계속하여 아니할 수 없으니 조직을 하자면 자금의 필요가 있음이라, 차 교주가 자금을 얼마나 제공하겠느냐고 묻거늘, 교주왈, 지금 보천교에서는 교회당敎會堂 건축 공사를 진행 중임으로 금전의 여유가 없다 하니 국장왈, 금전이 없다 함은 허언이요, 보천교에서 큰 돈의 적립이 있는 줄 아노니 어디까지 제공하겠느냐. 교주왈, 금전만 있으면 대동단은 성립이 되겠느냐고 질문하였다. 국장왈, 금전만 있으면 대동단뿐 아니라 어떤 일이든지 경영하는 대로 될 수 있다. 교주왈, 나는 어떤 일을 물론하고 그 사람이 있어야 성공할 줄 생각하노니, 그 사람이 없으면 금전만으로는 도저히 불가능이라 하니, 국장왈, 현금 세계는 황금만능시대이니 대동단 조직 비용을 제공하라. 교주왈, 대동단은 나의 대동단이요 정부에서 창립한 대동단이 아니니, 아我에 관한 사업을 계속하든지 중지하든지 권한이 아我에 있거늘, 국장이 어떠한 의사로 이와 같이 무례하게 권유함인가. 국장은 불고체면하고 금전 제공에 협박왈, 교중에 거액이 있음을 아는데 금전이 없다 함은 허언이로다. 교주왈, 군자는 사람을 대하여 허언을 아니한다 이르나니라. 이와 같이 2시간 권유하다가 국장도 자기 주장이 성립되지 못할 것을 각오하고 곁에 있는 채기두와 고희준을 가리켜 왈, 대동단을 만일 중지하면 이 두 사람의 생활이 곤경에 빠져서 곤란을 겪을 것이다 이르니, 채, 고 2인이 부끄러워서 낯을 돌리어 다른 데를 향하다.

▷(하)7장 전 ─ 8장 후 : 십일전十─殿 봉안식이 1929년 3월 15일에 있을 예정이었으나 일경의 간부 체포 및 구금으로 열리지 못하고 많은 수의 교도가 전전긍긍하고 있었다. 이때 일경은 10일 경에 순사 10여 명을 교 본소에 들여보내 경찰서 출장소라는 간판을 내걸고 주야로 감시, 방훼하였다. 이때 1929년 3월 23일에 군산일보 기자 黑木과 고등계 주임 平湯信이 와서 이병철李柄喆에게 비밀히 회담하기를 청함으로 현 성전聖殿 동제실에서 주식酒食으로 환대하더니 黑木왈, 전일 서장의 말대로 실행하였으면 금일 봉안식 금지령을 당하지 아니하였을 것을 귀하의 교제 수단이 민몰하지 못함으로 이 경우를 만났다 하니, 이병철이 그 이유를 물으니 黑木왈, 기부금 5백원을 청함은 신문 광고비뿐 아니라 자기와 서장이 평분하자 약속함으로 이와 같이 하였으면 원약제袁若濟도 무사히 석방할 계획이더니, 지금이라도 봉안식을 거행하고자 하면 전에 서장의 감정을 해하였으니 5백원으로는 불능할지라. 보천교에서 1만 원 금을 제공하면 서장이 5천 원 平湯 주임과 내가 각 2천원, 경무주임이 1천원으로 분배하고 즉시 봉안식이 거행함을 얻으리, 금전을 아끼지 말고 1만원 제공하기를 승낙하라고 독촉하고, 平湯 주임을 돌아보면서 그러하면 아니되겠느냐고 서로 말하다. 이병철은 묵연히 이를 승낙하지 아니하고, 설사 봉안식 거행함을 얻는다 할지라도 현재 1만원의 금전이 없으니 후일 말하자 하고 가탁하고 돌아가게 하였다. 교도가

해산 후 수일 간에 중로中路에서 소식을 듣지 못하고 봉안식에 참배하려고 새로 들어오는 교도가 많이 있었다. 교도 등은 또 해산 당하여 돌아갈 짬에 전일과 같은 모양으로 교주 선생에게 배알하기 위하여 본소 문전에 집합한 바, 平湯 주임 및 경찰부 幾世僑 고등과장이 와서 교도의 배례까지 금지하고 교도의 본소 내에 들어감을 방지하니 부득이 전부 해산하다. 당일에 幾世僑 과장이 이병철을 대하여 왈, "총독부 관리에게는 7만 원 금을 주어 봉안식을 운동하면서 우리들에게는 수천 원씩만 주었으면 봉안식도 무사히 거행하고 만사가 편리하였을 것인데 여태까지 교주의 체면을 보아 편의를 주었지만, 지금 이후로 교주도 개인별로 취급하여 털끝만큼이라도 용서가 없을 것이요, 또 교주도 취급할 필요가 있으면 경찰서나 경찰부에서라도 소환할 터인 위령하지 말고 곧 출두하라. 만일 양병 혹 유고를 청탁하고 불응하면 그 사실을 조사하여 용서하지 않고 구인하겠다."고 위협하고 돌아가다. 이때에 경찰 측으로부터 교주 등극설을 너무 주장함으로 교중에서 질문하되, "우리 교도가 만일 이 같은 말이 있었으면 지방마다 관청이 있는데, 어찌 한 사람도 등극설 선포한다는 실증적 조회가 없지 않느냐." 경관이 답왈 "그러함으로 왈, 유언비어라 한다." 하더라.

이때에 수만 원 금의 손해를 입을 뿐 아니라, 수십 명의 경관이 10여 일을 있어서 숙식한 비용만도 700여 원에 달하였고, 돈신록敦信錄 교부장부를 전부 등사하여 봉대자奉帶者의 거주하는 지방 관청으로 조회하여 무조건으로 취체하며, 단발 구류의 선풍이 전선 각지에 일어나다. 그러나 세력과 권리가 없는 교도로서는 원통한 사정과 시비를 호소할 곳이 없어서 감히 성이 나되 말을 하지 못하였다.

■ 교금 압수 사례 : 『조선일보』, 1929년 7월 22일

"소위 차천자검은 하물何物"

문제의 인물인 대시국천자를 몽상하는 보천교주 차경석은 채규일 일파의 밀고로 방금 내란죄로 정읍지청 검사국에서 거간 수 삼차 취조를 거듭한 후, 한편 가산家産은 차압 경매되었다 함은 본지에 기보한 바와 같거니와, 10여 년 간 비밀 일관주의로 우부를 속여 오던 모든 계교가 차차로 세상에 폭로되어 가는 중, 지난 15일에는 천자의 옥새玉璽와 같은 귀한 ○물인 '천자검天子劍'을 발견하였다는데, 이 칼은 은제품으로 길이가 약 4촌 오푼쯤 되며, 그 가운데에는 '일대료일一大了一'이라는 문자文字를 새겼는데 그것은 즉 '천자天子'의 해자解字요, 천자만이 가지는 칼이라더라.

■ 차경석 이후의 교자금 : 이영호 기, 앞의 『보천교연혁사』 (속)7전-12전

1936년 3월 10일에 성사주聖師主의 병세 더욱 심하사 회춘의 힘이 없으므로 성모주聖母主 명에 의하여 병탑을 정침으로 옮긴 후 하세下世하시니, 즉 신시申時라. 부고 및 전보를 각 도 정리소正理所 군교약소郡教約所 포정布正 집지인에게 발송하다.

- 14일에 대감을 필하옵고 상오 3시에 입관, 8시에 성복하고 집사를 분정하다.

- 16일에 정읍 삼산리三山里 고직동庫直洞 대사모大師母 묘지국내墓地局內에 권폄 지地를 정하다.

이상호李祥昊, 송심옥宋心沃, 문정삼文正三이 내조하다. …

동월 18일 상오 8시에 영구를 봉행하여 발인을 거행할새 문하제
인門下諸人 간부 자제 100여 명이 상여를 모시고, 광소壙所에 이르
니, 건대환巾帶環으로 곡종자 200여 인이요, 일반 남녀 교인 및 외인
곡종자가 수천여 인이라. 총독부 경무국 보안과 神島 경부, 전주경
찰부 고등과 安藤, 양성순梁星淳, 정읍경찰서 고등계 福浪 주임 이하
경관 50여 명이 출동하여 경계 속에서 무사히 안장하다.

동월 19일에 협정원 각사임원各司任員 및 각도各道 정리正理, 부정
리가 모임을 개최하고 전진할 교무 사항을 협의하려는 중에 본군 경
찰서에서 말하되, 전주경찰부 지휘로 당분간 회의를 정지하라는 전
화가 있다 하여 금지하다.

동년 4월 6일에 협정원장 각 사장, 각도 정리 · 부정리가 초산정
楚山亭에 모임을 개최하고, 교무 진행 방침을 협의하다.

동월 15일에 경북 포정布正 변용의邊用義, 이종건李鍾建 2인이 그
도 정리소로부터 와서 말하되, 대구 경관의 말 내용에 보천교의 존
폐 문제가 결정되기 전에 출동이 불가하니, 각각 집에 돌아가라 하
기로 부득이 돌아왔다 하였다.

동원 16일에 충남 정리 홍영우洪泳佑가 그 도 정리소正理所로부터
와서 말하되, 당지 경관이 상부 공문이라 칭하고 나에게 보이되, 보
천교 교무 집행은 일절 금지하고, 정리소, 교약소敎約所 간판을 철폐
하며, 성의금 취급자는 무허가 청기부율請寄付律로 처벌한다 하기로
부득이 돌아왔다 하였다. 본군 경찰서에서 수호修好 경리經理 두 사
장을 전화로 호출하기로 두 사장이 서署에 들어가니, 전주경찰부 양

성순梁星淳 부장과 尾琦 본교계원이 정읍서에서 와서 치성금 수합 금지를 선언하다.

동월 21일 상오 5시 30분에 전주 경찰부 경관 약간명과 정읍경 찰서장, 각 주재소 경관 70여 명이 자동차를 타고 본소에 들어와서 내외 간부를 수호사에 불러 모아 출입을 금지한 후에, 문외에서 파수하고 본소에 분입하여 실내 실외의 모든 집물을 빠짐없이 조사하여 장원과 한지를 철창으로 착굴穿掘하고, 빈청에 돌입하여 혼상을 열어보며 병풍을 철거하고 유장을 흩고 들어가서 수색을 하여 공용문서를 전부 압수하여 본서에 수송하고, 하오 5시에 금족당한 간부를 풀어 보내고 나머지 경관은 차차 풀어 돌려보내고, 권창하權昶夏, 김金 형사刑事, 천원주재소 경관은 수호사修好司에 유숙하다.

동월 22일 상오 7시 30분에 권창하가 본서 전화로 협정원장을 불러 수호·경리 두 사장을 대동하여 본서에 들어간 후 경관 4인이 자동차로 와서 수호사에서 유숙하는 천원川原 소장 大山으로 더불어 본소에 바로 들어와서 빈청과 사당과 교주 자부子婦 방을 수색하여 창벽과 천정과 장판까지 파열하되, 얻은 바가 없고 수호사에서 유숙하다. 하오 3시에 협정원장과 두 사장이 와서 말하되, 경찰부 고등 과장이 총독부 정한 방침 중에는 보천교의 포교, 집회, 성의금 합 삼 조 금지령을 선언한다 하더라. …

동월 20일에 정읍경찰서로부터 협정원장 김홍식金鴻植을 전화로 불러서 말하되 귀교에서 금후로부터는 신건축 교실을 보호할 능력이 없는지라, 여하하게 거대한 건물을 후폐, 전복함이 불가하니, 당국에 위임해서 부지하게 함이 어떠하오. 답왈, 중대한 문제요, 공중의 일이니 나의 한 사람이 처단할 바가 아니로다. 서장이 또 왈, 당지에 사는 다수 교인이 생활의 대책이 없으리니, 각각 그 고향으로 돌려보냄이 어떠하오. 답왈, 이는 각인의 의사에 있는지라. 누가 능히 그 거유를 권하고 금하리요. 나도 역시 좌이 대사로 위계爲計라. …

동월 23일에 정읍서장이 수호 · 경리 두 사장을 전화로 불러내어 신건축 교실을 당국에 제공하라고 위협하다.

동월 24일에 정읍서 부장 권창하가 와서 교재와 각 도 정리소, 교약소 건물 문부와 교중 부채를 검사하고, 신건축의 개금開金을 압수하여 순사 강제영姜濟永에게 위임하다.

동년 6월 6일에 권창하, 강제영 2인이 협정원장 각 사장, 각 도 정리, 포정 24인을 경찰서 자동차에 나누어 싣고 정읍서로 들어가서 淺川 서장이 '보천교 해산', '신건축 포기', '삭발' 3조건을 선언하고 부종자는 엄중 처벌한다고 위협하다.

동월 8월에 정읍 경원 수십 인이 본소에 돌입하여, 구 성전聖殿 내의 제기와 정문正門 상의 금은으로 일월장日月狀과 같이 동서에 주괘柱掛한 것과 삼광영三光影 화본족자畵本簇子와 도금으로 주성한 제단을 전부 훼철하여 실어갔다.

동월 15일 경부터 정읍서에서 신건축 경매를 행하다. 군내 유지사회측有志社會側에서 상의하되 오픔 군내에서 이러한 거대의 건물이 있음은 조선사상에서도 일대 생광인즉, 우리가 합자매수하여 그 자리에 두고 병원을 설립하든지 학교를 설립하자 하고 당국에 교섭하니, 서장이 말하되, 우리 정부에서 보천교 신건축을 경매, 훼철하려 함은 보천교인의 심리를 근본적으로 박멸할 방침이니, 철거하지 아니할

자는 100만 원을 입찰하더라도 줄 수 없고, 단 만원이라도 철거할 사람에게 낙찰하여 주겠다 함으로 유지 측에서도 부득이 단념하였다. 그 후에 신건축 내에 십일전을 위시하여 종각의 교종까지 전부 관청에서 강제 경매하여 수 개월 간 훼철하고 원장을 파괴하되, 그 경매 가액은 보천교인으로는 다소 알지 못하고, 철거하지 못한 것은 다만 유허뿐이라 알지 못하는 촌인들은 그 당을 개간하여 화서禾黍를 심어 먹더니, 유지자有志者가 지나며 보고 도성은 아닐지라도….

7. 보천교 운동의 위축과 소멸

1929년 신로 변경 시도와 일경의 탄압이 쇠락의 한 원인이었는데, 1932년에 유교식으로 신로를 변경하자 신구파로 갈려 대립하게 된다. 1936년 3월 차경석의 죽음으로 교무 집행이 금지 당하고, 이어 5월에는 경찰에 의해 교회 건물 관리를 실시하였고, 6월에는 정읍경찰서장이 보천교 해산을 선언하였고, 이어 십일전 등 건물 포기를 일방적으로 제시하였다. 그리고 마침내 그 씨앗까지 말리려고 교 본소를 철저히 훼손하니, 수년 후에는 교 본소 자리는 밭뙤기가 되고 말았다.

보천교 운동의 소멸은 기존의 종교, 사상단체에도 큰 부담이 되지 않을 수 없었다. 즉 농촌진흥운동에도 저해한다는 이유로 보천교운동을 말살하고, 따라서 학무국과 협력하여 공민종교까지도 통제를 강화케 하였으니, 조선의 종교, 사상 단체의 활동을 억압하기 위해 보천교는 하나의 '본보기'가 된 셈이다.

■ 일제의 보천교의 말살책 : 『조선일보』

『조선일보』, 1935년 2월 10일

"불교를 중심으로 사대四大 종교 선택 결정-60여 개 유사類似 종교 단체는 통제 정리, 당국의 종교 부흥復興 운동"

총독부에서는 사상 선도와 정신문화의 통제책으로 종교 특히 '불교의 부흥을 중심으로 한 종교 통제'를 단행하게 되어, 학무국에서는 종교별로 각 종교 당국자의 의향을 청취하고 있다는데, 종교의 부흥과 통제의 근본 방책은 대체 다음과 같다고 한다.

현재 총독부에서 공인한 종교로 불교, 기독교, 신도神道 등이 있고, 천도교天道敎 등 기타 종교는 전부 종교 유사단체로 취급하여, 먼저 말한 것은 학무국 사회과에서 취체 · 감독하고, 다음 말한 것은 경무국 보안과에서 취체 감독하여 왔다.

그런데 문제되는 것은 종교 유사단체가 현재 64, 5종 있는 중 4, 5 종교단체를 제외하고는 거의 미신적 행동에 의하여 순전히 민심을 미혹迷惑시키는 상태이므로, 이번 종교 통제에 있어서 이에 대한 근본 방책을 수립하고, 종교 부흥운동의 중심적 종교로는 불교, 기독교, 신도, 천도교 등의 4대 종교를 인정하고, 그 이외의 종교 유사단체는 근사한 것으로부터 합동을 시키는 일방, 보천교普天敎 기타 민심의 미혹을 끼치는 단체는 단연 엄중한 취체를 하여 정신문화의 통제를 할 터이다.

　이 밖에도 최근 소위 비상시국이라는 명목 하에 또는 민심의 소요와 불안을 이용하여 여러 가지 종교 유사단체가 발호하고 있는 때에, 총독부에서는 재래의 종교 유사단체까지 단연한 취체를 하여 합동과 해소를 기도하려 한즉 앞으로 복잡한 종교 전선에는 대이상이 생길 것으로 주목된다.

『조선일보』, 1936년 6월 10일

　"전조선 유사종교類似宗敎에 불일중不日中에 대철퇴大鐵槌-보천교 · 증산교 · 동화교東華敎 등 종교적 행사의 철폐를 단행"

　저번에는 일본 내지에 있어서 王仁三郎의 대본교大本敎가 철저한 복멸을 당하는 등 사상통제思想統制의 대선풍이 불기 시작한 지 이미 오래 되는 이때, 전북 정읍을 근성根性으로 하고 전 조선에 5만의 신도를 가진, 죽은 차천자車天子(편자주: 1936년 3월에 사망)의 보천교와 1만의 신도를 가진 조천자趙天子의 무극교無極敎, 3천의 신도가 있는 강증산교姜甑山敎와 2천의 신도를 가진 동화교東華敎에도 전북 경찰부가 중심이 되어 드디어 불일 내로 전 조선에 일제히 철퇴를 내려, 신도의 집회는 물론 포교 · 수금收金 등 일체의 종교적 행사를 금지할 것은 물론 각처에 걸려 있는 간판까지도 철거 명령을 내려, 오랫동안을 두고 깊이 뻗치고 있는 뿌리를 한꺼번에 빼어 버릴 작정이라고 하며, 이와 같이 탄압을 내리는 이유로는 전기 제 파의 신교가 모두 농촌진흥운동에 대하여 반대적 역할을 하는 데 있다고 한다.

『조선일보』, 1936년 6월 14일 (석간)

"민중을 기만 · 착취하는 사교邪敎 단체 일제 탄압-보천교를 위시하여 유사종교는 초멸剿滅코, 공인종교 통제도 강화"

전북 경찰부에서는 수일 전에 보천교에 대한 대탄압을 시작하여 당국의 유사종교 취체 강화책이 드디어 발동하여 큰 '센세이션'을 일으키고 있다. 그런데 경무국에서는 유사종교의 취체책에 대하여 다시 간부회를 열고, 금후의 방침까지 결정하였다는데, 경무국에서는 학무국과 협력하여 '공인종교'의 통제를 강화하는 한편, 유사종교의 취체에 대하여는 보천교류의 사교에 대하여는 일절 집회와 헌금 등을 엄금하여 전부 해산시켜 소멸케 한다. 또 그 외의 유사종교에 대하여도 엄중히 감시하여 치안상 또는 민중을 기만, 착취하는 등의 행위가 있거든 단연히 처치를 할 터이라 한다. 그리하여 일찍 宇垣 총독 금간판인 심전개발 운동의 전면 ○전○에 있어서 종교의 통제와 부흥에 일대 운동을 일으킬 터이라는 바, 이것이 조선 내의 사상 방면은 물론 사회 각 방면에 미치는 바, 영향이 매우 클 것으로 주목되는 바이다.

제9장 일제하 대종교 탄압 사례

1. 일제의 대종교 탄압과 본사의 이전

대종교는 홍암 나철에 의해 1909년 중광重光되었고 이어 1910년 4월 7일 '대종교大宗敎'로 교명이 개칭되었다. 창교로부터 한민족의 독립 의지를 강하게 표명했던 대종교는 일제의 가혹한 통제를 받아야만 했다. 일제는 대종교를 항일 구국 운동의 비밀 결사체로 판단하여 치안 경계 대상으로 단속하였다. 대종교는 1915년 조선총독부령 제83호 「포교규칙」에 의거하여 종교 활동을 인정받으려 하였지만 종교로 인정되지 않았다. 신도神道, 불교, 기독교 등과 같은 공인종교 이외의 유사종교는 총독의 재량에 의해 종교적 활동이 허가될 수 있었다. 그러나 조선 총독에 의해 허가되지 않은 종교는 탄압의 대상이 될 수밖에 없었다. 1915년 12월 21일 나철은 「포교규칙」에 준하는 신청서를 총독부에 제출했으나 총독부에서는 대종교가 신교神敎가 아니라는 이유로 접수를 기각하였다. 일제는 대종교를 종교로는 인정하지 않고 오로지 독립 결사체로 인정하여 치안 경계 대상으로 삼았던 것이다.

한편 중광 이후 계속된 일제의 대종교 탄압으로 대종교는 1914년 5월 본사를 간도 화룡현 평강상리사 삼도구로 이전하였다. 대종교가 본사를 이전한 가장 큰 이유는 일제가 대종교를 항일구국운동의 비밀결사체로 판단하여 압박했기 때문이었다. 만주는 역사적으로 한민족의 고토故土일 뿐만 아니라 지리적으로 한국과 인접하여 독립운동 전개의 적지適地였다.

(1) 일제의 대종교 감시와 단속

1915년 「포교규칙」이 발령되기 전까지 일제는 한국인의 종교 활동을 보장하는 구체적인 법적 장치는 마련하지 않은 채 경찰의 치안 유지 활동의 일환으로 종교 활동을 감시하고 방해하였다.

■ 대종교 감시 : 대종교총본사大倧敎總本司, 『대종교중광60년사大倧敎重光六十年史(이하 '대종교중광60년사')』, 개천 4428(1971), 179쪽.

　일정日政은 한국인이 이와같은 단결로 한국인의 공동 목표를 위하여 일정한 솔하率下로 집결되는 것을 증오憎惡·멸시嫉視하였지마는 만약 이를 강압적으로 해산시킨다면 타교로 전입轉入하든지 불연不然이면 비밀단체를 조직할까 두려워하여 해산만은 중지하고 더욱 감시를 철저히 하였다. 일제는 중앙총부中央總部는 물론 지방교구地方敎區에 항시 헌병을 파견하여 감시케 하며 매일의 재산 상황을 보고케 함은 물론 간부의 일거일동과 교도敎徒의 일상 출입까지도 자유를 속박하고 강연·집회·출판 등을 정지시키었다.

■ 대종교 단속 : 『대종교중광60년사』, 177쪽.

교회당敎會堂 · 설교소說敎所 · 강의관講義館 등은 허가 없이는 일절 설립하지 못하도록 하고 교회당 건축을 청원하면 고의로 시일을 천연遷延하여 여하한 구실을 붙이든지 일년이 지나도 건축 허가를 하지 않았으며 특히 전도회傳道會 · 부흥회復興會 · 기도회祈禱會 · 예배禮拜 시에는 밀정을 밀파하여 감시하고 혹 설교시에 '신앙의 자유'란 언사가 나오면 연행連行하거나 형사刑事나 밀정이 뒤따르며 감시하였다.

■ 대종교 해산의 저의 : 『대종교중광60년사』, 180쪽.

일제에 의해 대종교 해체설이 비등沸騰할 때 일본의 『太陽』 잡지가 이에 대한 논설을 실었으니 곧

"대종교는 그 제창된 것이 오래 전 일이요 그 나라에 있어서는 가장 오래된 고교古敎라 하겠고 또 그 신도가 많다고 하나 수중手中에 촌철寸鐵이 없으니 설사 불궤不軌한 행동이 있다고 하더라도 두려워할 것이 아니오 또 그때 해산하여도 늦지 않거늘 구태여 이제 강제로 해산시켜 종교에 간섭하였다는 원망과 비방을 들을 것이 없다."고 주장主張하였다는 것으로 보아도 일제의 대對 대종교정책大倧敎政策의 일단을 엿볼 수 있다.

(2) 유사종교의 굴레로 탄압

일제는 1911년 「사찰령」으로 불교를 가시적으로 통제하기 시작했으며, 같은 시기 「경학원규정」으로 성균관을 폐지하고 유교의 비종교화를 꾀하였다. 이어 1915년 8월 16일 조선총독부 부령 제83호 「포교규칙」을 발령하여 공인종교와 유사종교를 구분하여 신도, 불교, 기독교의 공인종교는 그들의 지배 하에서 관리하고 공인종교 이외의 민족종교는 헌병 경찰의 무력 하에서 탄압하였다. 「포교규칙」 제15조에 의하면 종교 유사단체의 종교 활동은 조선 총독의 재량에 따라 포교규칙의 준용을 받을 수 있었다. 이는 유사종교를 준인정하는 조항인 듯하지만, 총독에 의해 허가되지 않은 종교는 곧바로 탄압 받는다는 사실을 전제한 것이다. 실제로 신도, 불교, 기독교 이외의 비공인종교는 유사종교, 사교, 사이비종교의 굴레로 지칭되는 무력적인 탄압과 취체를 받아야만 했다. 결국 대종교는 종교법안 대신 「보안법」이나 「집회취체에 관한 경찰령」에 의해 강력하게 통제되었다.

1915년 12월 21일 나철은 「포교규칙」에 준한 신청서를 총독부에 제출했으나 대종교가 종교가 아니라는 이유로 접수가 기각되었다. 이에 1916년 8월 15일에 나철은 寺內正毅 총독에게 종교의 자유가 인정되지 않고 대종교가 종교로 인정받지 못하는 상황에 대해 항변하는 글을 보냈다. 그러나 대종교는 유사종교의 굴레로 치안유지와 보안 질서 확립 차원에서 철저하게 탄압받았다.

■ 대종교의 불인정 : 『대종교중광60년사』, 185 - 6쪽.

한번 종교통제령宗教統制令이 내리자 남도본사南道本司에서는 망지소조罔知所措하여 즉시 청호총사青湖總司에 연락하고 대종사大宗師께 그 처리 방안을 품의稟議하였다. 이에 대종사께서는 '예측했던 시기가 내来하였으니 지성해결至誠解決함이 가可하다.' 생각하고 급거 귀경歸京하여 동년同年 12월 21일자로 신교포교규칙神教佈教規則에 준準한 신청서를 총독부에 제출했다. 그러나 총독부 측은 고의적으로 일반 유사종단類似宗團으로 보아 오던 군소群小 신앙단체信仰團體는 모두 서류를 접수하고 오직 대종교大倧教만은 신교神教가 아니라는 이유로 신청 서류를 각하할 뿐 아니라 교내외教內外 활동을 못하게 함은 물론 심지어 대종사의 수도행修道行까지 저지하는 한편 구속한다고 위협해 왔다.

■ 나철이 총독에게 보낸 글 : 『대종교중광60년사』, 249 - 50쪽.

여與 조선총독朝鮮總督 사내寺內 서書

(前略) 을묘乙卯 시월 일일 귀부령貴府令 83호발八十三號發 신교神教 · 불교佛教 · 기독교지포교규칙의급基督教之布教規則矣及 동년同年 십이월 이십일 〈본교의기신교규칙本教依其神教規則〉 이정신청而呈申請 즉자귀부퇴각왈則自貴府退却曰「종비신교불가수倧非神教不可受」 경술庚戌 팔월 십일 귀부령발제1호고시貴府令發第一號告示 유왈有曰「보호각종교保護各宗教 편자유신교의便自由信教矣」 급 금년及今年 삼월 일日 위교주자爲教主者 욕발수도지행欲發修道之行 즉사소영경찰서則使所營警察署 구지왈拘止曰「대종교인大倧教人 불허자유不許自由」 금 오월 십일

진서어각하陳書於閣下 청결거취請決去就 즉우사경찰서칙又使警察署 설
유왈說諭曰「불가서류不可書類」(下略)

단제강세사천삼백칠십삼년병진팔월십오일檀帝降世四千三百七十三年
丙辰八月十五日

대종교도사교大倧敎都同敎 나철羅喆

조선총독朝鮮總督 백작伯爵 寺內正毅 각하閣下

■ 대종교 박해 : 『대종교중광60년사』, 181쪽.

드디어 일제는 '대종교는 종교 유사단체'라 하여 종교로 인정하
지 않는다 하고 이에 대대적인 박해를 가하기 시작하였던 것이다.
집회 · 설당說堂에 대한 불허는 물론이오 "대종교인은 자유가 없다."
하고 교주 이하 중요간부의 사생활과 출입 거조擧措를 물샐 틈 없이
감시하고 또 헌병 · 경찰을 미행시켜 자유를 속박하는가 하면 교우
敎友들의 가두검색街頭檢索이 혹심酷甚하였고 특히 쟁송爭訟이 있을
시는 대종교인은 불문곡직不問曲直하고 취소처분取訴處分하는 학대虐
待를 자행하였다.

(3) 대종교 본사 이전

대종교는 1911년 6월 경부터 이미 만주에서의 포교 활동을 시작
하였다. 한일합방 이후 국내에서의 포교 활동이 금지되자 나철은
1914년 본부를 간도 화룡현 평강상리사 삼도구로 이전하여 포교

활동을 전개하였다. 당시에 대종교는 국내외 4개의 교구로 나뉘어 운영되었다. 남도본사구는 전라, 경상, 강원, 경기, 충청, 황해 지역이었으며 본사는 경성에 있었고 책임자는 강우였다. 동도본사구는 동만, 노령연해주, 함경도 지역이었으며 본사는 왕청현에 있었고 서일이 책임을 맡았다. 서도본사구는 남만, 중국, 평안도 지역이었으며 본사는 상해 위치했고 이동녕과 신규식이 관장했다. 북도본사구는 북만, 흑룡강성 지역이었으며 본사는 노령 소학령에 있었고 책임자는 이상설이었다.

대종교가 본사를 만주로 이전한 이유는 첫째, 일제가 대종교를 항일 구국 운동의 비밀 결사 조직 단체로 판단하여 압박했기 때문이며 둘째, 독립운동의 역량을 키우기 위해서는 지리적으로 인접한 간도가 적격이었으며 셋째, 역사적으로 한민족의 고토故土인 만주를 항일 독립 운동의 근거지로 인식했기 때문이었다.

나철은 국내에서 종교 활동을 전개하였지만 제2세 교주 김교헌은 취임 후 모든 활동의 실질적인 중심을 만주로 이전시켰다. 대종교의 만주 포교 활동은 일본인에게 위협적이었다. 일본인들은 대종교를 독립 결사체로 인정하고 치안 경계 대상으로 여전히 인식하였다.

■ 본사 이전 : 『대종교중광60년사』, 303-4쪽.

개천開天 4373년 병진丙辰(西紀1916) 4월 13일 교통전수教統傳受의 영선靈選을 받은 무원종사茂園宗師는 홍암신형弘巖神兄 조천익월朝天翌月인 동 병진 9월 1일 경성京城 남도본사南道本司에서 제2세 도사교

都司教로 취임한 다음 대교大敎 수난기受難期에 처한 중책을 통감하면서 일정日政의 침해로 국내에서의 포교佈敎가 불가능할 것을 예측하고 총본사總本司 소재지所在地요 또 대종교우大倧敎友들의 활동무대인 동만東滿 화룡현和龍縣으로 정사년丁巳年 봄에 옮기시어 우선 동삼성東三省과 연해주沿海州의 중·아 양령兩領을 중심으로 교세 확장에 착수하였다.

■ 대종교 활동, 「독립신문」 상권, 대한민국 2년 1월 1일, 천경화, 『한국인 민족교육운동사연구』, 백산출판사, 1983, 419쪽.

(이상 생략) 그 다음 대종교가 내래來하야 나철羅喆, 백순白純, 박찬익朴贊翊, 서일徐一, 계화桂和 제씨諸氏가 선교에 대전력大專力하야 청파青坡에 북도본사北道本司와 하동河東의 동도본사東道本司를 치치置하고 각처各處에 시교당施敎堂을 설설設하야 교도가 몇천 명에 달달達하는데 벽촌궁항僻村窮巷에 무무노농無貿老農이라도 한배검이 누구신지 지知케 됨은 대종교의 효력이 적지 안타.

2. 만주에서의 대종교 활동과 수난

만주로 이전한 대종교는 민족교육을 통해 독립의식을 고취시키고 독립 인재를 양성하는 데 진력하였다. 대종교는 종교와 교육을 구분하지 않고 철저하게 항일 독립운동을 전개하였다. 대종교에 의해 각종 학교가 건립되고 무장 항일단체가 구성되었다. 대종교인은 곧 항일 애국지사라는 등식이 성립할 정도로 민족운동에 가담하였다.

만주에서의 대종교 활동을 눈여겨 본 일제 당국은 대종교를 독립 결사체로 인식하고 치안 경계의 대상으로 파악하였다. 일제는 만주에서의 대종교 활동을 압박하기 위하여 중국에 압력을 가하였다. 이로 인해 1914년 11월에 화룡현 지사로부터 대종교 해산령이 내려지기도 하였다.

이러한 가운데에서도 대종교는 독립 의지를 굽히지 않고 항일 운동을 지속적으로 벌여 나갔다. 그러던 중 기미 독립선언서보다 앞서 1918년에는 김교헌 외 39인의 명의로 무오 독립선언서가 발포되기도 하였다.

(1) 대종교의 민족운동

당시 만주에서의 종교, 독립운동, 교육, 사회활동 등은 완전히 구별될 수 없는 것이었다. 민족주의자는 교육자인 동시에 종교인이었다. 대종교는 독립의식 고취와 독립 인재 양성을 위해 교육에 전력하였다. 대종교는 화룡현에 청일학교靑—學校, 동창東昌학교, 숭신崇信학교, 동일東—학교 등을, 연길현에 봉명鳳鳴학교, 문영文英학교 등을, 왕청현에 명동明東학교, 광동光東학교, 창동昌東학교 등을, 혼춘현에 진동進東학교를 각각 설립하였다.

민족교육과 더불어 실질적인 무장 반일 투쟁이 대종교 지도자들에 의해 전개되었다. 윤세복이 조직한 흥업단興業團이나 서일에 의

해 조직된 중광단重光團이 대표적이다. 특히 서일이 주도한 중광단
은 의병 조직으로서 3·1운동 이후 정의단正義團으로 계승되었고,
여기에 김좌진이 합세하여 명실공히 무장 군사 단체로 발전하였으
며, 1919년 12월에 북로군정서로 개칭되기에 이른다.

■ **동창학교 : 사단법인 애국동지원호회愛國同志援護會, 『한국독립운동사韓
國獨立運動史』, 256쪽.**

한일 합병후 봉천성 환인현성桓仁縣城에 이주한 밀양의 윤세용尹世
茸, 윤세복尹世復 형제와 예안의 이원식李元植(東夏) 등은 조국 광복의
대업을 달성하기 위하여서는 교육 사업의 필요성을 절감하고 그 환
인현 성내에 동창학교를 설립하였다.

그러나 이주 한인의 생활이 어려웠기 때문에 도저히 자제를 교육
시킬 수 없는 실정이었던 고로 학교 당국은 부득이 학생의 기숙비와
피복비를 공급하고 심지어는 가정생활까지도 보조하면서 교육을 장
려하지 않을 수 없었다.

이러한 동정이 왜적에게까지 알려지게 되어 일 영사관에서는 회
유와 위협 등 여러 가지 수단과 중국 관헌에게까지 교섭하여 결국에
는 동창학교 폐교령을 받게 되고 윤씨 형제와 교사들의 축출령까지
내리게 되어 학교는 폐교되고 간부진은 이산하였다.

■ **윤세복의 활동 : 천경화, 『한국인 민족교육운동사 연구-일제하 만주·노
령·중국본토·미주지역을 중심으로(이하 '한국인 민족교육운동사 연구')』,**

백산출판사, 1933, 187쪽.

또한 윤세복은 1910년 대종교가 항일의 성격을 띤 종교임을 깨닫고 입교하여 대종교의 교세를 더욱 확장시켜 나갔다. 그리하여 그는 1911년 1월에 참교參教가 되고, 같은 해 2월에 만주 환인현으로 이주하여 대종교의 포교 활동이 곧 재만 한국인에게 민족의식과 항일 독립 정신을 고취시키는 길이라 확신하고 동창학교를 설립하여 민족교육을 실시하였다. 그 후 백산학교, 대흥학교도 설립하여 민족교육을 실시함과 동시에 흥업단興業團이라는 무장 독립단체를 조직하여 항일운동을 전개하던 중 제2세 교주 김교헌의 뒤를 이어 1924년 영안에서 제3세 교주에 추임하였다.

■ **무장조직 : 『한국인 민족교육운동사 연구』, 193 – 4쪽.**

1911년에는 서일 등이 길림성 왕청현에서 한국 내에서 활동하였던 의병을 규합하여 대종교 계통의 최초의 항일 독립운동 단체인 의병조직으로서 중광단重光團을 조직했으나 무기를 갖추지 못한 그들은 군사 행동을 하지 못했고, 정신 교육(민족정신 및 한학)과 조련에만 힘써 왔으며, 서일은 1911년에 간도에 가서 이듬해 명동학교를 설립하고, 재만 한국인의 자제를 모아 애국심을 일깨우는 민족교육 운동을 전개하였다. 그리고 밀산현 당벽진에 항일 단체의 통일체로서 대한독립군단大韓獨立軍團이 결성되자 총재가 되기도 하였다.

또 1915년 계화桂和, 채오蔡五, 양현梁玄 등은 중광단 조직을 토대로 만주 각지의 대종교도들을 통합하고 3·1운동 직후에 무장군사 단체의 성격을 띤 정의단正義團을 조직하여 신문을 발간하고 독립사상을 고취시키는 등 비약적인 발전을 꾀했다. 바로 이때에 김좌진이 왕청현으로 오게 된 것이다. 그는 즉시 여기에 가입하여 그들과 함께 군정부라는 대군사 조직체를 결성하고 본진을 왕청현 서대파구에 두었다. 이곳에 모여든 지사들은 현천묵, 이범석 등이었다. 1919년 12월에는 북로군정서로 개칭하고 김좌진이 총사령관에 취임했다. 다시 왕청현 십리평에 독립군을 양성할 목적으로 단기속성 사관학교로 사관연성소士官鍊成所를 설치하여 청년들에게 민족교육과 군사교육을 실시하였다.(이하 생략)

(2) 일제의 관찰

일제는 통감부 시대 간도파출소시기(1907년 8월)에 도사장제道社長制라는 가짜 행정 기구를 설치하여 이주 한인을 통제하기 시작하였다. 1909년 9월 간도협약으로 일본은 이주 한인의 치외법권과 영사재판권을 획득하였다. 통감부 간도파출소가 영사관으로 대체되어 이주 한인을 이용하고 통제한 것이다. 영사관 시기에 일제는 조선인거류민회, 조선인회, 보민회 등의 친일 조직을 이용하여 반일 조직을 색출하고 토벌하였다.

한일합방으로 본거지를 만주로 옮긴 대종교는 본격적으로 민족운동을 전개해 나갔다. 일제는 간도에서의 대종교 활동에 주목하고 대종교를 독립 결사체로 인정하고 치안 경계의 대상으로 삼았다. 동양척식주식회사의 『간도사정間島事情』에서 이러한 점이 확인된다.

■ 일제의 대종교 인식 : 현규환, 『한국유이민사(이하 '한국유이민사')』, 어문각, 1959, 517-8쪽.

이것을 더욱 실증적으로 알기 위하여 동척東拓이 발행한 『간도사정』의 책자 중 일 구절을 아래에 인용하였다.

근간 이주 한인 간에 유포되고 있는 종교는 대천待天, 천주天主, 야소耶蘇, 대종大倧공孔, 불佛, 천도天道 등의 제교諸敎이고 그 중에서 천주, 야소, 대종의 삼교三敎는 전도傳道의 일 방편方便으로 주력主力을 교육에 경주하여 위험 사상 고취에 노력하므로 치안상 경계할 행동이 적지 않다.

요컨대, 아경찰권我警察權이 미치지 못하는 틈을 타서 교敎의 진체眞諦를 몰각沒却하고 이를 일종의 결사를 위하여 대중을 믿고 불령不逞의 망상妄想을 꿈꾸게 하는 것밖에는 안 된다.

이와 같이 의당宜當 신성하고 초세속적超世俗的이어야 할 종교단체는 엄중한 감시가 없음을 다행으로 여겨 일종의 정치적 비밀결사로 변형變形하고 심지어는 그 종교적인 배후에 있는 세력을 믿고 호시탐탐 기회를 노리고 있는 것이다.

(3) 중국의 대 한인 태도

만주에 출병할 수 없었던 일제는 대륙 침략의 발판을 마련하기 위해 한인을 이용하는 한편, 중국에 압력을 가하여 반일 투쟁을 통제하기도 하였다. 곧 일제는 이용과 통제를 적절히 구사하여 자신들의 침략의 기반을 닦아 나갔다.

　일제는 한국인을 일본 신민으로 구실화하여 법적 지위와 권리를
인정하고, 이를 대륙 진출의 교두보로 삼았다. 이러한 상황에서 중
국인은 한인을 일본 침략의 주구走狗로 인식하여 이주 한인을 감시
하거나 축출하고자 하였다. 이주 한인은 중국과 일본 사이에서 불
완전하고 부당한 처우를 받게 된 것이다.

■ 이주 한인의 법적 지위 : 『한국유이민사』, 238쪽.

　1909년에 간도에 관한 일청협약日淸協約으로 한국인은 일본신민
日本臣民으로서의 법적 지위를 가지고 한국인의 토지 소유권 차지권
借地權 및 건축물에 대한 제 권한이 인정되었다.

　그러나 간도 지방 외의 한국인의 토지 소유권과 차지권에 관하여
는 특별한 조약이나 협약이 없고 단지 한국인에 대하여 간접적으로,
즉 법규 견해 하에 일본의 신민으로서의 의미를 포함한 조문과 문서
에 있다.

　이에 관하여 직접 효력을 가진 것은 소위 「21개 조약」이었으며
1915년 5월 25일에 체결되었다. 참고로 관계 조항 및 조條를 아래
에 소개하면

　제1조 일본 신민은 남만주에서 자유로이 거주 왕래하여 각종 상
공업에 종사함을 득함.

　제2조 일본신민은 남만주에서 각종 상공업상 건물을 건설하기 위
하여 또는 농업을 경영하기 위하여 필요한 토지를 상조商租함을 득함.

제3조 일본국 신민은 동부 내몽고에서 민국과 합변合辦으로 농업 급 부수공업을 하려고 할 때는 민국정부는 차此를 승인할 것.

■ **일본인의 한인 이용** : 『한국유이민사』, 239쪽.

이후 일본인에게 토지매도土地賣渡 또는 조차租借한 중국인은 엄벌에 처하므로 중국인 치고 일본인과 어떤 종류의 토지재산의 매매를 감히 하는 자는 없었다. 그러므로 입적한 한국인은 중국인으로부터 토지를 매수 혹은 조차하여 일본인에게 재매도 혹은 재조차한다.

만일 이런 사실이 중국 관헌에게 발견될 때는 방축放逐을 당하든지 고발을 하든지 벌을 받게 된다. 그러나 한국인은 일본신민의 자격으로 치외법권을 향유할 수 있으므로 중국관헌에게 벌을 받지 않는다.

■ **중국인의 한인 감시** : 『한국유이민사』, 385-6쪽.

그들(중국인)은 일본인이 만주 내에서 활동하는 것을 가증하게 생각하였고 혹시 한국인과 중국인 간의 사건이나 문제가 발생하였을 때에 일본영사는 사건에 손을 내밀어 주장하되 한국인은 일본국민으로 치외법권을 향유할 것이라고 한다. 이러한 사태는 중국 관헌을 심히 곤혹케 하였으며 체면은 여지없이 깎였다.

따라서 그들은 한국인을 제한할 필요가 있다고 생각하고 더구나 1915년에 일본이 소위 21개 조약을 중국에 제출하였을 때의 사태는 더욱 악화되었다.

한국인이 만주에서 토지를 소유하거나 차유借有할 수 있고 일본인에게 다시 매각하거나 대여함에 대하여(중국인은 이것을 극히 싫어하였음) 그들은 한국인을 엄중히 감시하였다.

그뿐 아니라 만중의 아편 매매는 대부분 부정상인不正商人의 수중에 있는데 그들은 철로 지대와 각 상업도시에서 한국인을 앞잡이로 이용한다. 한국인의 이러한 행동은 중국 관헌의 증오 대상이고 엄중한 감시를 하지 않으면 안 되게 된다.

■ **일제의 획책에 의한 대종교 수난 : 이현익**李顯翼, 『**대종교인**大倧敎人**과 독립운동연원**獨立運動淵源』**, 31-2쪽.**

만주 지역을 무대로 독립운동을 일으키게 될 때 제1차 경술庚戌(1910年)의 실례로 이시영李始榮 선생이 통하합니하通河哈泥河에서 신흥사관학교新興士官學校를 설립할 무렵 일방一方으로 학생 모집, 일방으로 이민정책移民政策을 실시하게 되니 남만주 일대에는 졸연猝然 백의동포白衣同胞 천하가 되어 버렸다. 이것이 독립운동의 전초전이 될 줄을 안 왜노倭奴는 초조광분焦燥狂奔하여 극단의 교활한 간계로 한국인을 매수하여 독립군으로 가장시키고 "우리의 구강舊疆인 만주부터 탈환奪還하는 것이 독립운동의 최대 목적이니 총궐기하라"는 선전문을 소지시켜 음주명정飮酒酩酊하고 중인시가中人市街로 배회하게 하다가 중국 관헌에게 피체被逮되었다. 당시는 거금距今 오십년 전이라 순진한 중국인들은 졸연간猝然間 한국인이 이주하자 의아하던 중 여사如斯한 흉계凶計가 정로綻露되니 고려반중국高麗反中國이라는 오해를 품고 남만南滿 일대에 한인축출령韓人逐出令이 선포宣佈되어 3일 내에 국외로 축출하되 물품매매급숙박物品賣買及宿泊을 허용하는 자는 총살형에 처한다라는 고시告示가 내렸다.

(4) 1918년 무오 독립선언서

일제의 탄압에도 불구하고 독립 의지는 굽혀지지 않았다. 한민족의 독립 의식을 불태운 무오 독립선언서는 초안자가 김교헌이라는 설과 조소앙이라는 설이 있지만, 아무튼 대종교 지도자들이 주축이 되어 전개된 것임에는 틀림이 없다.

■ 무오 독립선언서 전문, 『한국인 민족교육운동사 연구』, 483 - 4쪽.

우리 대한동족大韓同族 남매와 온 세계우방世界友邦 동포여. 우리 대한大韓은 완전한 자주독립自主獨立과 우리들의 평등 복리를 우리 자손 여민黎民에게 대대로 전하게 하기 위하여 여기 이민족異民族 전제專制의 학대와 압박을 벗어나서 대한 민주의 자립을 선포하노라.

우리 대한大韓은 예로부터 우리 대한의 대한이요, 이민족異民族의 대한이 아니다. 반만년사半萬年史의 내치 외교는 한왕한제韓王韓帝의 고유권이요, 금수강산錦繡江山의 고산려수高山麗水는 한남한녀韓男韓女의 고유재산이요, 기골문언氣骨文言이 구아歐亞에 뛰어난 우리 민족은 능히 자국自國을 옹호하며 만방萬邦과 화협和協하야 세계에 공진共進할 천민天民이다. 우리나라 털끝만한 권리라도 이민족에게 양보할 의무가 없고, 우리 강토 촌토寸土라도 이민족이 점령할 권한이 없으며, 한 사람의 한인이라도 이민족이 간섭할 조건이 없는 것이어서 우리 한토韓土는 완전한 한인의 한토이다.

슬퍼라! 일본日本의 무력이여. 임진壬辰 이래로 반도에 쌓아 놓은 악惡은 만세에 엄폐할 수 없을지며, 갑오甲午 이후 대륙에서 지은 죄는 만국에 용납지 못할지라. 그의 저전沮戰의 악습은 자보자위自保自衛의 구실을 만들더니, 마침내 반천역인反天逆人인 보호 합방을 강제하고, 그의 윤맹패습淪盟悖習은 영토 보존이니 문호 개방이니 기회 균등이니 구실을 삼다가 이어 몰의무법沒義無法한 조약을 강제로 맺고, 그의 요망한 정책은 감히 종교를 압박하야 신화神化의 전달을 저희沮戲하얏고, 학자를 제한하야 문화의 유통을 막고, 인권을 박탈하고 경제를 농락하며 군대 경찰의 무단정치와 이민移民의 암계로 한족을 멸하고 일인日人을 증식하려는 간흉을 실행한지라. 적극·소극으로 한족을 마멸시킴이 얼마이뇨. 십년 무단武斷의 작폐가 여기서 극단에 이르므로 하늘이 그들의 예덕을 꺼리어 우리에게 좋은 기회를 주실새, 하늘에 순종하고 인도에 응하야 대한 독립을 선포하는 동시에 그가 우리나라를 강제로 병탄한 죄악을 선포하고 징계하노라.

1. 일본의 합병 동기는 그들의 소위 범일본주의를 아시아에서 사행肆行함이니 이는 동양의 적敵이요, 2. 일본의 합방 수단은 사기와 강박과 불법 무도한 무력 폭행을 극도로 써서 된 것이니, 이는 국제 법규의 악마이며, 3. 일본의 합방과는 군대 경찰의 야만적 힘과 경제 압박으로 종족을 마멸하여 종교를 강박하고 교육을 제한하야 세계문화를 저장沮障하였으니 이는 인류의 적이라.

그러므로 하늘의 뜻과 사람의 도리와 정의 법리에 미쳐서 만국의 입증으로 합방 무효를 선포하며 그의 죄악을 응징하며 우리의 권리를 회복하노라.

슬퍼라! 일본의 무력이여. 소징대계小懲大戒가 너희의 복이니 섬은 섬으로 돌아가고, 반도는 반도로 돌아오고, 대륙은 대륙으로 회복할지어다. 각기 원상대로 회복함은 아시아의 행幸인 동시에 너희도 행이려니와 만일 미련하게도 깨닫지 못하면 전부 화근이 너희에 있으니 복구자신復舊自新의 이역을 반복 효유하리라.

보라! 인민의 마적馬賊이었던 전제와 강권의 잔재殘滓는 이미 다 없어졌고 인류에게 부여된 평등과 평화는 명명백백하야 공의公義의 심판과 자유의 보편성은 실로 광각曠却의 액을 일세코자 하는 천의天意의 실현이요, 약국잔족弱國殘族을 구제하는 대지大地의 복음이라. 장하도다. 시대의 정의여! 이때를 만난 우리는 무도한 강권속박을 해탈하고 광명한 평화독립을 회복하야 하늘의 뜻을 높이 날리며 인심을 순응시키고자 함이며, 지구에 발을 붙인 권리로서 세계를 개조하야 대동건설을 협찬하는 소이所以로서 여기 2천만 대중의 붉은 충성을 대표하야 감히 황황일신皇皇一新에 밝혀 세계만방에 고하나니 우리 독립은 하늘과 사람이 모두 향응響應하는 순수한 동기로 민족자존의 정당한 권리를 행사함이요, 결코 목전目前의 이해를 우연히 충동한 바가 아니며, 은원恩怨에 관한 감정으로써 비문명非文明한 보복 수단에 자족自足한 바가 아니다. 실로 항구 일관한 지성의 격발로서 저 이민족으로 하여금 깨닫고 새롭게 하야 우리의 결심은 야비한 궤정軌政을 초월하야 진정한 도의를 실현함에 있다.

우리 대중이여, 공의公義의 독립자는 공의로써 진행하게끔 일체의 방편을 다하야 군국 전제를 삭제하고 민족 평등을 세계에 널리 실시함이 우리 독립의 제일의第一義이다. 무력겸방을 근절하야 평등한 천하의 공도를 진행하는 것은 곧 우리 독립의 본령이다. 밀맹사전密盟私戰을 엄금하고 대동평화를 선전할 것이다. 이것이 우리 복국復國의 사명이다. 권리와 부富를 모든 동포에게 베풀며 남녀빈부를 고르게 조화하며, 등현등수等賢等壽를 지우노유智愚老幼에게 평등하게 하야, 사해인류를 건질 것이다. 이것이 우리 건국의 기치旗幟이다. 나아가 국제 불의를 감독하고 우주의 진선미를 구현할 것이다. 이것이 우리 대한 민족의 시세에 응하고 부활하는 궁극의 의의이다. 우리 마음이 같고 도덕이 같은 2천만 형제자매여. 단군황조께서는 상제上帝 좌우에서 명을 내리시어 우리에게 기운機運을 주셨다. 세계와 시대와는 우리에게 복리를 주고자 한다. 정의는 무적無敵의 칼이므로 이로써 하늘에 거스리는 악마와 나라를 도적질하는 적을 한손으로 무찌른다. 이로써 4천년 조종의 영휘榮輝를 빛내고, 이로써 2천만년 적자赤子의 운명을 개척할 것이다.

궐기하라, 독립군! 독립군은 일제히 천지를 바르게 한다.

한 번 죽음은 사람의 면할 수 없는 바이니 개, 돼지와도 같은 일생을 누가 원하는 바이랴. 살신성인殺身成仁하면 2천만 동포는 같이 부활할 것이다. 일신을 어찌 아낄 것이냐.

집을 기울여 나라를 회복하면 삼천리 옥토는 자가소유自家所有이다. 일가의 희생을 어찌 아깝다고만 하겠느냐.

아아! 우리 마음이 같고 도덕이 같은 2천만 형제자매여! 국민된 본령을 자각한 독립인 것을 명심할 것이요, 동양평화를 보장하고 인

류 평등을 실시하기 위해서의 자립인 것을 명심하도록 황천의 명명
明命을 받들고 일체의 사악邪惡으로부터 해탈하는 건국建國인 것을
확신하야 육탄혈전함으로써 독립은 완전할 것이다.

단기 4251년 11월 일

만주노령유지일동滿洲露領有志一同

김교헌金敎獻, 김동삼金東三, 조용은趙鏞殷, 정재관鄭在寬, 신정申檉,
여준呂準, 이범윤李範允, 박은식朴殷植, 박찬익朴贊翊, 김좌진金佐鎭, 이
시영李始榮, 이상용李相龍, 윤세복尹世復, 문창범文昌範, 이동녕李東寧,
신채호申采浩, 허혁許爀, 이세영李世永, 유동열柳東說, 이광李光, 안정
식安定植, 김학만金學滿, 이대위李大爲, 손일민孫一民, 최병학崔炳學, 박
용만朴容萬, 임방林邦, 김규식金奎植, 이승만李承萬, 조위曹煜, 김약연金
躍淵, 이종탁李鍾倬, 김동휘金東輝, 한흥韓興, 이황규李黃奎, 이봉우李奉
雨, 박성태朴性泰, 안창호安昌浩

3. 일본의 토벌과 대종교 수난

일제는 친일적 이주 한인을 이용한 통제책과 중국을 압력하여 벌
인 반일운동의 통제책이 효과적이지 않자 직접 출병에 의한 민족운
동의 말살을 획책하였다. 취체는 일제가 이주 한인을 통제하는 가
장 기본적인 정책이었다. 일제의 가장 직접적인 취체 정책의 대표
적인 실례가 바로 '경신년대토벌'이었다.

(1) 중국에게 재만 조선족에 대한 토벌 강요

만주사변 이전까지 만주 지역에 일제의 직접적인 출병이 불허되었기 때문에 일제는 중국에게 재만 조선족에 대한 토벌을 강요하는 한편 일본군의 출병 허용을 요구하였다. 그러나 길림성 당국은 일본군의 출병 및 일본에 의한 연변의 조선족 반일부대에 대한 취체가 주권에 유관한 문제라고 하면서 거부하고, 자체로 토벌대를 형성하였다. 중국군 토벌대는 실제로 한인의 반일투쟁을 막지 않았다. 가령 조선족 반일부대 및 단체에게 사전 토벌 정보를 흘리고 토벌을 형식적으로 진행하였다. 이러한 형식적인 중국군 토벌을 감지한 일본인 길림독군고문吉林督軍顧問 齋藤恒 대좌大佐는 자기 상급자에게 비밀보고를 올렸다.

- 1920년 8월 맹부덕이 대한국민회大韓國民會 구춘선에게 보낸 토벌에 대한 사전통보 서한 : 『한국유이민사』, 611쪽.

나(孟富德團長)는 귀하가 추진하고 있는 운동이 성공하기를 진심으로 바라는 바입니다.

그러나 귀하의 무장군이 이 지역에 있는 한 일본의 요구에 못 이겨 귀하를 정격政擊하지 않을 수 없는 딱한 처지에 있습니다. 이러한 불행한 사태를 미리 피하기 위한 현명한 방법으로는 귀하의 부대가 길림과 봉천의 양 성 경계지역으로 이동하는 길입니다. 이리하여 만일 귀하의 군대가 봉천군에게 공격을 받으면 길림성으로 피하고, 또 길림성군에게 공격을 받으면 봉천성으로 피하면 안전할 것입니다.

■ **중국 토벌군의 형식적 활동** : 『한국유이민사』, 611쪽.

중국군이 정격政擊하기 위해 가까이 갔을 때는 이러한 작전을 미리 통고하고 학교의 장비는 물론 생도生徒를 도망시킨다는 것이 입증되고 있다. 공격이 시작됐을 때에는 빈 건물에 대한 공격이었으며 건물의 일부가 파괴당하는 정도에 지나지 않는다. 이러한 공격을 위해서 중국군은 가까운 촌락에서 사관학교士官學校를 습격하는 대신 수일간 씩이나 머뭇거린다.

■ **중국군 토벌을 감시한 길림성독군고문**吉林督軍顧問 **齋藤恒 대좌의 비밀보고** : 『현대사자료』 제28권, 110쪽.

중국 군대와의 공동토벌共同討伐에 있어서 일본인 수日本人數가 적은 데다가 만약 패배까지 하면 불령선인不逞鮮人의 사기를 높여줄 수 있으므로 위험한 결과를 초래하게 될 것이다. 공동토벌에서 그들 중국 군대를 감시한다 해도 형세가 불리하면 그들은 전선에서 상대방(反日武裝隊를 가리킴)과 타협하게 될 것이니 그때는 일본인이 속수무책으로 될 것이다. 그러므로 진짜로 토벌하려면 일본인을 주체로 하고 지나인支那人을 참관자로 하게 유도誘導하는 것이다.

(2) 일제의 토벌 명분 쌓기 : 혼춘사건

당시 일본 침략자들은 언제든지 대부대를 출동하여 연변의 반일 부대를 토벌할 수 있는 준비가 되어 있는 상태에 있었으나 연변은 중국 주권 하의 영토이므로 잠시 적당한 기회를 기다리고 있었다. 일제의 간도 출병 명분은 혼춘사건을 계기로 진행되었다. 그러나 1차 혼춘사건은 다만 한족, 조선족 및 조선병사들에 대하여 약탈, 납치를 했을 뿐 일본영사관이나 일본 거류민에 대해서는 그 어떠한 피해도 주지 않고 마무리되었다. 그러므로 일본 침략자들은 연변을 무력 침략할 아무런 구실도 찾지 못하였다. 일제가 실제로 간도 출병의 명분을 삼은 것은 2차 혼춘사건이었다. 제2차 혼춘사건으로 일본영사관과 일본인 거류민들이 직접 피해를 입었다는 사실은 일제 침략자들이 기대했던 바였다. 이 사건을 구실로 일제는 연변에 침입하여 조선인들의 반일운동을 직접 탄압할 수 있었다.

■ 1차 혼춘사건 : 마적단의 습격사건(1920년 9월 12일) : 『吉長日報』, 1920년 9월 16일 ; 김동화, 『중국조선족독립운동사中國朝鮮族獨立運動史((이하 '중국 조선족독립운동사')』, 느티나무, 1991, 23쪽.

음력 8월 1일(양력 9월 12일임) 아침 5시 경 과동구果東溝로부터 300~400명이나 되는 한 무리의 토비들이 네 패로 나뉘어 갑자기 혼춘현성을 포위하고 먼저 변방초소邊防哨所에 불을 지른 후 관은전호官銀錢號, 현공서縣公署, 세연국稅捐局, 권운국權運局, 전보국電報局에 쳐들어가 닥치는 대로 재물을 약탈하였다. (생략) 경찰국警察局, 상부경찰서商埠警察署, 일본영사관 및 상부지商埠地는 병력 방비가 엄하여 아무런 손실도 없었다. 토비들은 현성縣城에 쳐들어와 군경軍警과 두 시간 동안 전투한 후 퇴각하기 시작하였는데 토비들에게 납치된 자는 화인華人 6명이고 석방된 범인은 20여 명이다. 상부지의 가옥 200간이 불타 버렸고 약탈된 재물의 가치는 도합 1,500만조(吊)에 달한다. (생략) 납치된 자의 총수는 97명이고 전 현성의 손실은 수천만조(吊)에 달한다.

■ 1차 혼춘사건에 대한 일본의 시각 : 조선총독부경찰국朝鮮總督府警務局 『고등경찰관계연표高等警察關係年表』 39-40쪽 ; 김동화 『중국조선족독립운동사』, 느티나무, 1991, 23쪽.

동녕현東寧縣에 근거지를 두고 있는 마적 (생략) 약 300명은 오전 5시 30분경에 혼춘의 동, 남, 북 삼문으로부터 현성에 침입하여 성내 몇 개소의 건물에 불을 지르는 동시에 포를 쏘면서 심판청審判廳을 습격하여 36명의 범인을 석방하고 관은분호官銀分號로부터 관첩官帖 1,200만조萬吊와 세관수입稅關收入을 약탈하였다. 그리고 지사 공서知事公署의 지사사유재산知事私有財産을 압수하였으며 지사가 없자 그의 동생을 납치하였다. 기타 주민들에게서도 금품 약 30만원元을 약탈하였다. 그들은 세 대의 마차에 짐을 싣고 8시 30분에 주하자駐河子 방면으로 떠나갔다. 40여 채의 가옥이 불에 탔고 중국인 30명과 한인 6명이 납치당했다. 일본인은 전부 영사관에 수용되어 있었기에 안전하며, 다만 여자 1명이 부상 입었을 뿐이다.

■ 제2차 혼춘사건 : 연길도이공서내무과沿吉道尹公署內務科, 『비각혼춘성匪劫琿春城 제2호권내第2號卷內』, 민국9년, 중요32호권 ; 『중국조선족독립운동사』, 23 - 4쪽.

동년 10월 2일 새벽 4시경에 진동, 만순 등 토비 두목들은 400여 명의 비적들을 거느리고 혼춘의 북쪽에 있는 청독자靑瀆子로부터 동서 두 길로 나누어 또다시 혼춘현성을 습격하였다. 그들은 세 문의 대포로 성문을 통제하고 기관총 2정을 휘두르면서 방어선을 뚫고 들어와 일본영사관과 6개소의 상점에 불을 지르고 닥치는 대로 빼앗고 붙잡아 죽이고 나서 8시경(어떤 자료에는 8시 30분, 9시라고 함)에 혼춘현성의 서북쪽에 있는 관문저자關門咀子를 거쳐 노흑산老黑山 너머로 도망쳤다. 이번 습격에서 비적들은 100여 명의 사람을 납치하여 갔으며 관첩 5만여 조, 현관現款 260여만 조를 약탈하여 갔는데 그 손실된 물품은 관첩으로 환산하면 640여만 조에 달한다.

■ 제2차 혼춘사건에 대한 길장일보 보도 : 『길장일보』, 1920년 10월 8일 ; 『중국조선족독립운동사』 느티나무, 1991, 24쪽.

본월 2일 4시, 비적두목 진동鎭東은 또 400여 명의 비적들을 거느리고 기관총 2정, 양식창 10여 자루, 대포 1문을 가지고 동서 두 길로 나누어 진공하였다. 입성한 후 일본영사관에 불을 지르고 일본경찰 1명, 일본인 11명, 한인 6명을 총살하였다. 불태워 버린 상점은 6개소이며 납치되어 간 자는 200여 명이다.

■ 제2차 혼춘사건에 대한 연길도윤의 피해 조사 보고 : 상해上海 「시보時報」 1920년 10월 14일.

일병 1명, 한병 1명(일헌병 보조), 일본상인 11명이 죽고 일인 10명, 한인 수십 명이 부상을 입었다.

■ 제2차 혼춘사건의 조작문제 : 『중국조선족독립운동사』, 24쪽.

당시 압록강, 송화강 상류 일대(즉 서간도)에는 장강호長江好(본명 張鮮武)라는 비적 두목이 활동하고 있었는데 그는 부하 1,500명을 거느리고 무순撫順, 화전樺甸, 호강濠江, 임강臨江, 통화通化, 유하현柳河縣 등 일대에는 행패를 부리면서 조선족 반일 운동가들과 무고한 백성들을 납치, 살해하였다. 장강호는 원래 10여 명의 졸개를 거느리고 있던 소적이었는데 자기 세력을 확대하기 위하여 일본 낭인浪人 中野淸助(마적 내에서 天樂이라고 부름)과 의형제를 맺고 그를 자기의 참모로 앉혔다. 中野淸助는 일본의 복강현福岡縣 출신으로서 일찍이 길림성 호강현에서 벌목업자로 있을 때 마적과 내통하였으며, 1907년 일본군에 들어가 3년간 복역한 후 조선군사령부의 밀령을 받고 봉천 일대에서 정보를 수집하던 일본 밀정이다. 1919년 11월, 조선총독부 경무국의 丸山鶴吉은 그를 장강호에게 파견하여 참모질을 하게 하고 장강호로 하여금 자기들의 세력이 미치지 못하는 곡지谷地와 밀림지구에서 전문적으로 반일지사들을 살해하게 하였다. 따라서 장강호는 악질적인 친일마적으로 되었다.

■ 마적에 대한 일본의 무기 및 물자 원조 : 상해 「시보」 1920년 10월 23일 · 11월 6일 ; 박은식, 『한국독립운동지혈사』, 205쪽 (『중국조선족독립운동사』, 27쪽 재인용).

그뿐만 아니라 혼춘사건에서 마적들이 사용한 무기는 전부 일본제 무기였다. 한 외국인의 조사에 의하면 일본은 중동로 일대에서 대량의 총과 탄알을 마적들에게 팔았는데 혼춘을 습격한 마적들은 중동선 일대에 둥지를 틀고 활동한 비적이었다.

■ 제2차 혼춘사건의 일본의 음모 : 『중국조선족독립운동사』, 27쪽.

일본 침략자들이 남만에서와 같이 대담하게 마적을 이용하여 반일 무장을 진압하지 못한 중요한 원인은 동만의 조선족 반일 무장부대가 비교적 강하고 또 마적의 일거일동을 시종 경계하고 있어서 섣불리 손을 쓸 수 없었기 때문이다. 게다가 길림성 당국까지 일중 협동 토벌을 반대하였기에 일제로 말하면 더 음험한 수법으로 자기들과 밀접한 관계를 갖고 있는 마적을 이용하여 혼춘사건과 같은 사건을 일으켜 그것을 구실로 직접 출병하여 반일 무장을 탄압하는 것은 상책이었다. 그러므로 혼춘사건은 마적의 손을 빌어 일으킨 일제의 연변 침략의 간교한 모략 책동이라고 말할 수 있다.

■ 마적 침입에 대한 일본의 미온적 대처 : 『중국조선족독립운동사』, 28쪽.

"10월 2일 밤 12시, 혼춘영사관 부영사 추주秋州는 대안의 경원 수비대에 전보를 쳐서 비적들이 쳐들어올 가능성이 있으니 급히 군대를 파견하여 영사관을 보호해 줄 것을 요구하였다. 수비대장은 새벽 2시 30분에 특무조장特務曹長 五十川 이하 13명(어떤 자료에는 10 명)의 연락병을 혼춘에 파견하였는데 그들은 8시경에 혼춘사령관 부근에 도착하였으며, 불길이 타오르는 것을 보고 총소리를 듣고서 도 아침밥을 느릿느릿 먹으면서 혼춘성에 도착하는 시간을 일부러 지연시켰다. 그들은 비적이 전부 철수한 후 11시 30분에야 도착하 였다. 경원-혼춘 간의 거리는 불과 50리밖에 되지 않지만 9시간이 나 걸렸다. 일본외무성서기관 西澤은 자기의 서간에서 연락병들의 행동 상황을 조사하고 여단사령부 十時 중좌中佐에게 설명해 줄 것 을 요구하였는데 십시 중좌는 이런 문제를 외부에서 시비할 바가 못 된다고 하면서 군사 행동은 상관의 지휘 명령에 따르는 것이니 연락 병 일행의 행동에 대한 비평은 허용치 않는다."(『현대사자료』제28권, 160-1쪽)고 하였다. 이 말은 결국 연락병의 행동은 단순한 군사 행동 인 것이 아니라 사건을 고의적으로 확대시켜 자기들이 음험한 목적 에 도달하려는 그들 상관의 지휘 명령이란 것이다.

■ **혼춘사건의 왜곡 및 확대 :『중국조선족독립운동사』, 29쪽.**

또 8일 일본 외무성에서는 "본월 2일 다수의 불령선인, 러시아 과격파, 마적 및 중국군대의 복장을 입은 다수의 중국인으로 구성된 마적단이 재차 혼춘 제국영사관을 습격"하였으며 "각 방면의 자료 를 종합하면 이 마적 가운데는 100여 명의 불령선인, 5명의 러시아 인이 들어 있다는 사실은 조금도 의심할 바 없다."(『현대사자료』제28 권. 187-8쪽, 154, 314쪽)라고 사건 경과를 공보하였다.

■ 혼춘사건 날조에 대한 증명 : 『중국조선족독립운동사』, 29쪽.

혼춘사건 때 비적들에게 납치되어 2개월이나 끌려다니다가 풀려
나온 일본상인 彦坂喜二는 토비들 중에 "조선 사람 혹은 불령한당不
逞韓黨은 없다."(秋憲樹, 『한국독립운동』4下, 1698-9쪽)라고 증언하였다.
1920년 10월 31일 혼춘영사관에서 본국 정부에 보낸 보고에서도
"비적들 속에서 조선인이 1 - 2명 있다는 말을 들은 자는 있지만 직
접 본 자는 없다."(『현대사자료』제28권, 187-8쪽, 154, 314쪽)라고 하였으
며 익년 2월 4일에는 사건에 "조선인은 전혀 가담하지 않았다."(『현대
사자료』제28권, 187-8쪽, 154쪽, 314쪽)고 보고하였다. 그러므로 일본 침
략자들의 이른바 혼춘사건은 "전적으로 불령선인, 중국마적 그리고
과격파 러시아인들과 손을 잡고 일으킨 것이다."(『현대사자료』제28권,
184쪽)라는 보도는 그들이 대부대를 연변에 출동시켜 조선족 반일 무
장 역량을 포위 토벌하기 위해 조작한 구실에 불과한 것이다.

(3) 일본군의 출병 및 학살(경신년대토벌)

혼춘사건으로 출병의 빌미를 얻은 일제는 혼춘사건 발생일 오후
에 일본인의 생명과 재산을 보호한다는 미명 하에 경원수비대 장교
이하 80명을 혼춘에 파견하였고, 3일 오후에는 1개 대대의 병력을
혼춘에 도착시켰다. 이 외에도 경관과 밀정을 혼춘에 파견하였다.
혼춘 침입 후 일본군은 조선족을 검거하거나 학살하였다. 그들은
마적 토벌은 하지 않고 한인의 반일 단체와 반일 군중에 대한 검거

와 학살에 광분하였다. 특히 일제는 일본군의 토벌 현장을 취재하고 조사한 동아일보 장덕준 기자를 감시하던 중 살해하였다. 일제는 경신년의 죄행이 언론계에 공개될 것을 두려워하였던 것이다. 재만 한인에 대한 만행을 저지른 일본군은 1921년 5월이 되어서야 연변에서 철수하였다.

■ **혼춘사건의 영향** : 『중국조선족독립운동사』, 30쪽(독립신문, 1920년 12월 18일-19일 ; 박은식 『한국독립운동지혈사』下, 제30장, 208-216쪽. 참조).

혼춘사건은 경신년대토벌의 도화선으로 되었다. 이른바 소위 경신년대토벌이란 조선군 제19사단의 37, 38여단을 주력으로 하고 시베리아에서 철수한 포조파견군浦潮派遣軍 제14, 13, 11사단과 동북 관동군이 서로 연합하여 약 2만 명의 연변조선족 반일 단체와 반일 무장 역량을 토벌한 사건을 가리킨다. 혼춘, 연결, 화룡, 왕청 등 4개 현의 대략적인 통계에 의하면 일본 침략군은 이 지구의 69개 부락에서 3,600여 명의 조선족 군중을 살해하고 3,500여 채의 가구, 59개의 학교, 19개소의 교회, 59,900여 섬의 양곡을 불태워 버렸다.

■ **경신대토벌** : 『대종교인과 독립운동연원』, 28 - 9쪽.

왜적倭敵은 유일한 식민지정책으로 한국을 병합倂合하고 보니 의외로 대종교가 중광重光하여 전 세계를 경동驚動시킨 삼일운동과 북군정서北軍政署, 흥업단興業團, 신흥사관新興士官, 임정臨政 등의 일日치열熾烈하는 항일정신에 공포감을 느끼게 되자 최후 발악으로 경신庚申(1920년) 대토벌이라는 배달 민족 학살을 감행하였다. 당시 참상

을 일일이 열거할 수 없으나 기억에 남은 몇 가지를 소개하면 북군
정서北軍政署 지역인 북간도 산간부락마다 대종교인의 거주 부락인
줄만 알면 실내에 집합시킨 후 쇄문방화鎖門放火하고 혹 옥외로 도피
逃避하는 사람은 총창銃槍으로 찔러 화火속에 넣으며 혹시或是는 조
조早朝 외출 전에 급습하여 부녀자들에게 취사하라 명하고 청년을
소집하여 야외野外에 대호大壕를 파고 자기들만 식사 끝난 후면 부락
민 전부를 호내壕內에 강제로 몰아넣고 노인들로 이를 생매장生埋葬
하라 하였다. 이것을 참아 못하여 불응시엔 총창으로 못찔러 학살하
는 신인공노神人共怒의 악독한 일을 자행하였다.

■ 일군日軍의 경신토벌과 대종교 수난 : 『대종교중광60년사』, 363쪽.

그러던 익년翌年 경신庚申부터 일군日軍의 소위 '경신토벌庚申討伐'
이 시작되니 그 잔학한 만행으로 남북만南北滿의 방방곡곡에서 살
인 · 방화와 약탈참변掠奪慘變이 다년간 자심하던 중 대교도大敎徒에
우심尤甚하야 교우敎友는 태반이 피화이산被禍離散하고 교당은 폐허
되지 않은 곳이 없었다.

■ 토벌 현장 : 『중국조선족독립운동사』, 82-3쪽.

청산리 전투에서 참패를 당한 일본 토벌군은 "1백여 명의 반일지
사들이 이곳에 모였다가 남양평 병영을 습격"(강덕상 편, 『현대사자료』
28권, 455-461쪽)한다는 얼토당토 않은 구실을 만들어가지고 10월
31일, 용정에서 후방 연락선 경비를 맡고 있는 15연대 제3대대를
출동시켜 장암동을 토벌하게 하였다. 스즈끼 대위를 우두머리로 조

직된 78명의 토벌대는 아침 6시부터 장암동을 3면으로 포위하고
불의의 습격을 하였다. 아무런 준비도, 아무런 저항 능력도 없는 촌
민들은 허둥지둥 사방으로 피신하려 하였으나 놈들의 광란에 가까
운 포위 사격을 뚫고 나갈 수가 없었다. 아무런 반격도 받지 않고 거
침없이 마을에 쳐들어온 토벌대는 미친 날짐승처럼 닥치는 대로 빼
앗고 불지르고 심지어는 청장년들을 포박하여 예배당과 함께 태워
버렸다. 이날 하루 동안에 토벌대는 가옥 열한 채, 사립학교 한 채,
예배당 한 채를 불태워 버리고 33명의 청장년을 참살하였다(吉林省
公署 全宗號 2108). 10월 31일과 11월 1일, 용정촌 장로파 영국인 선
교사들은 이곳에 와서 반쯤 타다 남은 검은 시체들을 모아놓고 사진
을 찍고 정황을 조사하였다. 며칠이 지난 다음 일본군 17명과 경찰
2명이 장암동에 왔다. 놈들은 저들이 저지른 만행을 감추어 버리기
위하여 촌민을 동원하여 구덩이를 파고 타다 남은 사체를 모아놓게
하고는 다시 조짚을 쌓고 휘발유를 뿌린 다음 불을 붙였다. 악착스
런 놈들은 사체를 뒤적거리면서 몽땅 숯이 되고 재가 될 때까지 태
웠다.

■ **토벌군의 만행:『중국조선족독립운동사』, 82쪽.**

  일본 토벌군은 연변 5개 현에 침입한 후 병력을 집중하여 반일 무
장 부대를 포위 토벌하는 한편 "조선 부락에 대하여 위협과 공갈을
하며 남녀노소를 가리지 않고 모조리 집안에 가둔 채 불을 질러 태
워 죽였다. 무릇 불 속에서 뛰어 나오는 사람이 있게 되면 즉시 총이
나 창으로 찔러 죽이거나 땅굴을 파서 생매장하였다."(沈如秋,『연변조

사실록』, 54쪽)

　혼춘, 연길, 화룡, 왕청 등 4개 현의 대략적인 통계에 의하면 일본 토벌군은 이 지구의 69개 부락에서 3천 6백여 명의 조선족 백성을 살해하고 가옥 3천 5백여 채, 학교 59개소, 교회당 19개소, 양곡 5만 9천 9백여 석을 불태워 버렸다.(『독립신문』, 1920년 12월 18-9일) 이는 연변 조선족 인민들에게 있어서는 막대한 재난이었다.

4. 중·일 양국의 탄압과 대종교의 수난

　1921년 5월 연변에서 철수한 일본군은 더 이상 간도 지역으로 출병할 수 없었으므로 중국 정부의 손을 빌어 반일 투쟁을 효과적으로 억제하고자 하였다. 중국 역시 일본군 출병의 빌미를 제공하지 않기 위해 이주 한인을 단속하였다.

　조선족 탄압을 위해 일본이 중국을 압박한 결과로 체결된 것이 1925년의 삼시협정三矢協定이다. 삼시협정은 간도 지역으로 출병할 수 없는 일본이 중국 정부의 손을 빌어 반일 투쟁을 효과적으로 억제하고자 중국의 봉천정부 경부처장 우진于珍과 조선총독부 경무국장 三矢官送이 체결한 중·일간의 조약이다. 삼시협정으로 인해 대종교는 해산 압력을 받았으며 포교 금지령이 내려지기도 하였다. 삼시협정 이후 중국의 한인 경계는 날로 심해져 이주 한인들은 일본과 중국의 이중적인 탄압을 감수해야만 했다.

(1) 삼시협정

중국의 봉천정부 경무처장 우진于珍과 조선총독부 경무국장 三矢
宮送이 체결한 삼시협정은 1925년 6월 11일에 체결된 '쌍방상정취
체한인변법강요雙方商定取締韓人辨法綱要'와, 같은 해 7월에 마련된 '취
체한인변법시행세칙取締韓人辨法施行細則'을 의미한다. '쌍방상정취체
한인변법강요'는 한인의 호구 정리, 조선인이 무기 휴대와 조선 침
입 금지, 무기 휴대자 및 조선 침입자 일본 관헌에게 이송, 한당韓黨
의 해산 및 무기의 몰수, 일본 관헌의 요청시 중국관부中國官府의 한
당 수령 체포 및 인도, 중·일 양 관부의 한당 취체 실황 상호 통지
등을 담고 있었으며, '취체한인변법시행세칙'은 한인의 외국 거류
증명서 발급, 한인의 호구조사 및 변동 사항 통보, 한인의 무기 휴
대 및 대안對岸 침입 시 일경에 인도, 한인의 결사 엄금 및 해산 등을
담고 있었다.

■ 삼시조약에 대한 인식 : 『대종교중광60년사』, 437쪽.

일정日政은 기미 독립선언 이후 폭력으로 갖은 박해를 가하여 왔
으나 만주 각처에서는 가전加前히 독립운동이 활발하게 전개되어 도
처에서 우후죽순처럼 항일단체가 일어나니 이에 당황한 일본 외무
성 당국은 수차 중국 중앙정부 혹은 동삼성東三省 정권에 대하여 남
북만주에서의 한국독립운동자취체韓國獨立運動者取締에 관한 여러 가
지 교섭을 거듭하여 왔으나 별로 큰 효과를 보지 못하고 시일이 갈

수록 연차漸次 독립운동의 근거가 공고하여 가므로 개천開川 4382년 을축乙丑(西紀 1925年) 6월 11일에 재만한국인在滿韓國人의 독립운동 궐기獨立運動蹶起는 만주정책滿洲政策에만 방해가 될 뿐만 아니라 조선통치에도 막대한 지장을 초래하게 된다는 구실 아래 소위 조선총독부 경무국장인 三矢官送과 중국동삼성中國東三省 정권담당자 장작림張作霖 사이에 재만한국인취체在滿韓國人取締 방법으로 조약이 체결되었으니 이것이 이른바 삼시조약三矢條約이다.

■ **쌍방상정취체한인변법강요**雙方商定取締韓人辨法綱要(1925.6.11): 『**한국인 민족교육운동사연구**』, 249쪽.

중국 관헌이 진정 재만 한국인을 제한한 것은 1925년 7월부터이고, 그때에 한인제한법 강제실행법이 유효하게 되었다. 이 법률은 1925년 6월 11일 봉천정부 경무처장 우진于珍과 조선총독부 경무국장 三矢官送 간에 체결된 협약이다. 내용은 다음과 같다.

① 중국에 거주居住하는 한인에게 호구를 정돈하고 연좌제連坐制를 실시한다.

② 한인의 무기 휴대와 조선 칩입을 금하고, 이를 범한 자者는 체포하여 일본 관헌에게 이송移送한다.

③ 한당韓黨을 해산시키고 무기는 관에게 몰수한다.

④ 한인이 소유하는 총기와 화약은 당해 관서官署에서 조사하여 인도한다.

⑤ 중국관부中國官府는 일본 관헌이 지명하는 한당 수령首領을 체포하여 인도한다.

⑥ 중·일 양 관부는 한당 취체 실황을 상호 통지한다.

⑦ 중·일 양국 경찰은 월경越境할 수 없다.

⑧ 현안의 건에 대하여는 쌍방이 기한부터 해결토록 노력한다.

■ **취체한인변법시행세칙**取締韓人辨法施行細則(1925. 7. 소위 삼시협정 전문 12개조) : 『**한국인 민족교육운동사연구**』, 469쪽.

1) 봉천성奉天省 동변도東邊道 관할구역 내의 한인韓人에게는 외국 거류증명서外國居留證明書를 발급한 연후에 편패호보編牌互保한다.

2) 한인의 호구戶口를 철저하게 조사하고 연후에 매월 수시변동隨時變動을 조사하고 이동증移動證을 받아야 한다.

4) 한인 취체로 인하여 발생되는 청구請求·통지通知·체포逮捕·인도引渡는 신속간이迅速簡易하여야 한다.

5) 무기를 휴대하였거나 대안對岸으로 침입하려는 불령선인不逞鮮人을 발견하였을 때에는 대안의 일경日警에게 인도한다. 봉천성奉天省 내지內地의 경우에는 일본 영사에게 인도한다.

6) 봉천성 내 한인의 결사結社는 일률적으로 엄금한다. 기왕에 조직된 것은 해산시킨다. 공공연히 기관을 설립, 집총시위자執銃示威者는 제5항의 규정에 의하여 인도한다.

7) 조선관헌朝鮮官憲이 지명하여 체포를 청구한 불령선인은 제5항에 의하여 인도하고 그 사람이 없을 때에는 서면書面으로 이를 통지한다.

8) 제7항의 청구가 있을 때 통지를 접수한 즉시 상당한 조치措置를 취하여야 한다.

9) 쌍방이 임시로 구두통지口頭通知할 때에는 무기 휴대한 자 2명 이하가 도강渡江하여 통지하며 통지표通知表를 첨부한다.

10) 피차간 성심껏 보고를 교환하여 진행을 협조하여야 한다.

11) 동변東邊의 현안 문제는 본 세칙 조인일調印日부터 5개월 이내에 공평히 해결하여야 한다.

12) 본 세칙은 교환일에 쌍방이 공문으로 각자 공포 시행하여야 한다.

중화민국中華民國 14년 7월 8일

일본日本 대정大正 14년 7월 8일

봉천전성경무처奉天全省 警務處 처장處長 于 珍

조선총독부경무국장朝鮮總督府 警務局長 三矢官松(國民尙謙 代)

(2) 삼시협약 이후의 대종교 포교 금지 및 수난

1925년 중·일간의 삼시협정 체결 이후 대종교의 포교가 금지되었다. 즉 1926년 12월 조약의 이행으로 만주에서의 대종교 포교금지령이 발포된 것이다. 그러나 1929년 중국의 북경 정부와 외교 노력을 기울인 대종교 지도자들에 의해 대종교 포교 금지령은 해제되었다. 그러나 중국인들은 일본 침략의 빌미를 미연에 방지하고자 한인 경계의 수위를 낮추지 않았다.

■ **삼시조약의 여파** : 『대종교중광60년사』, 438쪽.

이 조약 중에는 대한독립군大韓獨立軍을 구축驅逐하는 조항과 이를 체포하면 반드시 일본 총영사관總領事館으로 인도할 것과 또한 이 인도를 받는 대가로 대금貸金을 지불하되 그 대금 중 일부는 체포한 관리官吏에게 분배한다는 조건이 있었으므로 당시 중국 관리들은 이것을 기화로 독립군 취체에 전력을 기울이게 되니 독립군은 물론이요 일반 농민들에게도 폐해弊害가 많아 횡액橫厄에 걸리는 자가 많았다.

■ **삼시조약의 이후의 취체 및 처벌** : 『대종교중광60년사』, 438쪽.

이리하여 천마산대天摩山隊 사령관司令官 최시흥崔時興도 국내로부터 입만入滿하다가 임강현臨江縣에서 토군土軍에게 체포되어 봉천으로 이송된 후 마침내 평양감옥에서 교수絞首의 형을 당하였거니와 이와 같은 사건은 매년 허다하게 발생되어 많은 애국지사들이 중국 토군中國土軍에게 잡히어 국내로 들어와서는 극형에 처벌되었다.

■ **대종교 교도의 해산** : 『동아일보』, 1926년 7월 14일

"북만주의 대종교본부大倧教本部 사원 압수, 교도해산-길림성장의 명령을 바든 녕안현 지사 대종교사원을 압수하고 교도를 해산-길림성에서 돌발突發한 명령"

길림성 영안현寧安縣 영고탑寧古塔에 본부를 두고 외몽고外蒙古 길림 긔타 각처에 지부를 둔 대종교는 그동안 만흔 교도教徒를 어더 온갓 환경으로 고생하는 재주동포에게 만흔 령덕 생활의 광명을 주어 오던 바 최근에 일으러서는 돌연히 길림성장의 훈령을 바든 녕안현

지사寧安縣知事로부터 대종교를 해산하라는 명령이 잇는 동시에 혼
춘현春琿현지사 주씨朱氏도 역시 성당의 명령이라고 훈춘현 숭의사 룡
두산지부琿春縣純義社龍頭山支部 주관主管 이덕긔李德基, 신도 남자 팔
십일 명, 여자 오십구 명과 동 남태맹南泰孟지부 주관 채규오蔡奎俉,
신도 남자 삼백오십 명, 여자 삼십 명, 동 지통구志通溝지부 주관 박
봉원朴鳳園, 신도 남자 칠십삼 명, 여자 사십구 명과 동 댱성촌長城村
지부 주관 김종혁金宗赫, 신도 남자 일백삼십 명, 여자 오십일 명 등
일천일백구십칠 명에게 전부 해산을 명령하엿다는데 만일 해산을
아니하는 때에는 교당과 사원을 압수하겟다는 등 가혹한 명령이 잇
슴으로 재주하는 동포들은 방금 신교자유信敎自由도 업는 죽은 목숨
이나 달음업다고 전전긍긍한 상태로 지낸다더라(모처 정보).

■ 대종교 포교 금지 : 『대종교중광60년사』, 438 - 9쪽.

이 삼시조약 중에 "대종교의 중요간부인 서일徐一이 대한독립군大
韓獨立軍의 수령首領으로서 그 교도를 이끌고 일본에 항전하였으니
대종교는 곧 반동군단反動軍團의 모체로서 종교를 가장한 항일단체
이니 중국에서 영사책임상領士責任上 이를 해산시켜야 한다."는 부대
조항이 있었으므로 개천 4383년 병인丙寅(西紀 1926年) 12월에 길림
독군겸성장吉林督軍兼省長인 장작상張作相은 동 조약 이행의 명목으로
대종교포교금지령大倧敎佈敎禁止令을 발포發佈하였다.

■ 대종교포교금지령 해제 : 『대종교중광60년사』, 440쪽.

해금교섭解禁交涉 연여年餘에 실패를 자인한 남파南坡 도형道兄은

이에 일정日政의 마수가 침투侵透되어 있는 동삼성東三省 정권에 대한 교섭은 포기抛棄하고 제2단계로 도접道接 중국 중앙정부에 그 운동을 벌이기로 한 다음 개천 4386년 기사己巳(西紀 1929年) 춘春에 남파 도형이 본 해금 운동의 대책大責을 자임전담自任專擔하고 중앙정부와 교섭 차 남경南京으로 향발向發하였고 기외其外의 간부들은 만주에서 연락을 비밀히 하는 한편 교세敎勢 정비整備에 전력을 다하였다. 중국 정계政界의 신망信望은 물론이요 환국광복桓國光復과 민족자존을 위하여 상해 임시정부上海臨時政府에서 외교와 재정을 도맡아 정치 활약活躍에 헌신하였고 또한 대교大敎 발전을 위하여 물심양면으로 진盡하신 남파 도형은 묘산신책妙算神策으로 해금 교섭에 임하여 불우不遇 수차數次에 일정日政의 흉계와 강압을 일축一蹴하고 포교금지령 해제에 성공하였다.

(3) 중국의 이주 한인 탄압

중국 관헌이 한국인을 제한하기 시작한 것은 삼시협정으로 한국인제한법 강제실행법이 유효하게 된 1925년 7월 8일부터였다. 삼시협정은 만주에서, 특히 봉천성 동부지방에서 한국 독립은 위하여 활동하고 있는 한국인 민족주의자를 제재하는 것이 주된 이 목적이었다. 일본인은 만주에서 활약하고 있는 독립지사를 제거하고자 하였고 중국인은 이 기회에 한국인을 소위 치외법권으로부터 배제코자 생각하였다.

중국인의 이주 한인에 대한 압박은 차후 다소 완화되기도 하였으나 한인에 대한 추방 정책은 여전하였다. 「일 · 한인토지조차금지에 관한 훈령」(1928.3.16. 봉천성), 「한교조차지회수령韓僑租借地回收令」(1929.2. 봉천성 각현 지사 접수), 「이주한교취체移住韓僑取締에 관한 훈령」(1929.4.19. 요녕성 發 안동현 접수), 「한교토지경작취체韓僑土地耕作取締에 관한 훈령」(1929.7.30. 봉천성장, 각현 지사에게), 「이주한교취체移住韓僑取締에 관한 길림성민정청훈령」(1931.2.9.) 등이 내려짐과 동시에 중국의 지방관헌에 의해 이주 한인이 취체받기도 하였다.

■ **중국 관민이 한국 이주민을 강압 · 배척한 이유 : 『한국유이민사』, 386쪽.**

중국 관민이 한국 이주민을 강압하고 배척한 이유를 들어 보면 첫째는 한국인이 일본 제국주의자의 주구走狗로 생각한 것이고, 둘째로 만주에 대한 일본의 적극 정책이 장차 이들 한국 이주민을 이용하게 되리라고 생각한 점이다. 셋째는 중국 자체가 인구 조밀하여 타민족의 인구 문제 해결보다 중국의 그것이 더 급하다는 것이다. 넷째는 치외법권을 제일 싫어한 점이다. 다섯째는 한국 이주민을은 외교상 중국의 입장을 곤혹하게 한다는 점이다. 여섯째는 만주 오지에 이주한인은 마적으로부터의 피해에 대한 보장을 못하여 이를 구실로 일본 군대의 파병을 초래한다는 점이다. 일곱째는 한국인이 여러 면에서 성가신 존재라는 점 등에 있으며 그 주 요인은 어디까지나 일본 제국주의의 신장을 꺼린 데 있다고 볼 수 있다.

■ 중국경찰관의 한인 취급 실례 : 『한국유이민사』, 389-90쪽.

실례1. 1927년 1월 6일 임강현臨江縣 이도구二道溝에 중국 군경이 와서 동지同地에 거주하는 한국인 60여 호구에 대하여 동월 20일까지 경외로 퇴거하라고 엄령하였다. 한국인 백가장百家長 안봉국 씨는 일차 동포에게 상의하고 동지同地 경관과 보장에게 대양 700여 원을 증회贈賄하고 겨우 무사하였다.

실례2. 1927년 1월 13일 안동현安東縣 삼도랑두三道浪頭에 거주하는 양계홍에게 군경이 와서 즉시 퇴거를 명하고 이에 불응할 때 군경 등은 동인同人의 가택을 파괴하고 해일가該一家를 즉일 철퇴시켰다.

실례3. 1927년 4월 1일 임강현 지사는 영사관 설치 문제가 있던 모아산帽兒山에 거주하는 한국이민 26호 118명에 대하여 즉시 철퇴를 명하였다. 그래서 이주민들은 할 수 없이 본적지로 귀환하였다.

실례4. 1927년 11월 12일 길림성 유수현楡樹縣 오상현五常縣 의동현依蘭縣 관내에 거주하는 이주농민에 대하여 지급至急 환거還去를 명하고 보위단과 순경 등은 다수 농민을 구타하였을 뿐 아니라 심지어 가산즙물家産什物을 약탈하였다.(이하 생략)

■ 「이주한교취체移住韓僑取締에 관한 훈령」(1929.4.19. 遼寧省發 安東縣 接受) : 『한국유이민사』, 391쪽.

일본의 만몽에 대한 정책은 중외中外 개지皆知인 바 그 이면의 구체적 책동에 있어서는 용이容易히 탐지치 못할 형편이다. 그런데 4월 10일 통화현通化縣 당무위원회로부터 아래와 같은 보고에 접하였다. 즉 일본은 이주한교移住韓僑를 이용하여 만몽 침략의 선구로 하려고 계책 중인 것이 명백하다. 그러므로 장래 한인입경韓人入境에 대하여 일층 고사考査를 엄중히 하고 또 기주이주한교既住移住韓僑에 대하여는 점차로 압박을 가하여 일본 침략을 미연에 방지할 것을 자玆에 명함.

통화현通化縣 당무위원회 보고는 아래와 같다.

「한인韓人 이본산, 김광옥, 안의순, 김수원 등의 보고에 의하면 일본 정부는 만주 침략의 제일 수단으로 다수 한국인을 만주에 이주케 하고 제이 수단으로 한국인을 중국에 귀화시키기로 목하目下 계책 중이고 제삼 수단으로 이 귀화인을 이용하여 만몽을 교란擾亂시키고 그 기機를 승승乘하여 침략을 자행하려는 것이다.」

■ 이주한인취체변법移住韓人取締辨法(1931, 길림성 민정청 훈령중—한인을 일제의 대륙 침략정책의 전위적 역할로 규정하고 이를 방어코자 함) : 동경東京 동아경제조사국東亞經濟調查局 간 『東亞』 4권 8호, 97 - 9쪽 ; 이훈구, 『만주와 조선인』, 숭실전문학교출판부, 1932, 247 - 8쪽. ; 『한국유이민사』, 391쪽.

일. 중국 지방에 만 이십년 이상 거주하고 품행이 단정하며 정업正業을 유유有한 자에게는 중국국적법에 안조按照하여 귀화독려歸化督勵할 것.

이. 한민韓民의 거주 지방 현정부縣政府는 반드시 최근 기간 내에 처변處辨하고 등기登記치 아니한 한인이 있을 경우에는 전에 영포슈布한 양식에 의하여 보고하되 등기登記 미료未了한 자는 일본인으로 보고 중일통상조약中日通商條約에 안조하여 조처措處할 것.

삼. 한인 이주를 방지하기 위하여 각 현縣 정부는 입경한인入境韓

人에 대하여 중국통상조약中國通商條約에 안조하여 변리辨理하는 외에 절대로 입경을 불허할 것. 또 공안公安을 해害할 염려가 있는 자에게는 엄중취체嚴重取締를 행할 것.

   사. 각현 정부는 귀화 한인 및 경영수전조례經營水田條例를 설設하여 그 취체를 엄중히 할 것.

   오. 본국인本國人으로 하여금 한인에게 토지를 조매租賣치 않도록 주의케 하고 그 위반하는 자는 도매국토징계조례盜賣國土懲戒條例에 안조하여 단호한 조처를 할 것.

   육. 입적한인入籍韓人에 대하여는 동화정책을 여행勵行하여 적극적으로 국어, 국문 교육을 시행하고 더욱이 중국 역사 지식을 수授하여 그 민족사상民族思想의 보급에 노력할 것.

(4) 일제의 이간 책동에 의한 한인의 수난

중국의 관헌의 손을 빌려 이주 한인을 통제하던 일본은 갖가지 음모로 한인의 삶을 통제하여 나갔다. 통감부 파출소 시기와 영사관 시기에 한인의 친일 조직을 가동하여 한인의 활동을 통제하던 일제는 1920년에 직접적인 토벌을 단행하였고, 1925년 이후로는 노골적으로 중국인과의 이간 책동을 구사하여 재만 한인의 민족 투쟁을 약화시켰다.

■ 일제의 민족 간 이간 책동 : 『대종교인과 독립운동연원』, 33 - 4쪽.

그 다음 제2차 수난기受難期는 일본의 田中 내각內閣이 소화昭和(日本의 天皇)에게 올린 소위 만몽적극정책진상서滿蒙積極政策奏狀書라는 이다. 이 비밀문서가 중국유학생들에 입수되어 중국 당국자들은 망지소조罔知所措하여 백화白話로 만몽적극정책진상서라는 소책자를 번역 출판하여(數千萬 部) 전국토농공상계全國土農工商界를 통하여 배부하되 표지 내면에는 엄금외인간嚴禁外人看이라고까지 가인加印하였다. 당시 일야간一夜間 중국인으로부터 냉대冷待를 받은 한국인 필자韓國人筆者가 이 소책자를 입수케 됨은 실로 기적이 아닐 수 없다. 이 어마어마한 내용을 소개하면 대략 여좌如左하다.

一. 만몽滿蒙 건설에 소요되는 금은동철석재金銀銅鐵石材가 무진장無盡藏이오 대수해밀림大樹海密林과 5대강五大江 풍부한 어족魚族이며 송화松花, 압록鴨綠, 두만豆滿, 목단牧丹, 5대강 발전력發電力은 동양전용東洋全用 유여有餘요 수천 리 황야荒野에 기계화 농장을 신설新設하여 소출所出되는 농산물은 해외 수출량이 세계적 과시誇示될 것이며 철도 시설에 대한 원료原料가 모두 당지소산當地所産이니 반출搬出은 하여도 반입搬入할 것은 전무全無한 천혜적天惠的 복지福地라. 주저할 것 없이 착수着手가 곧 성공成功이라 하였고

二. 중국입적선인中國入籍鮮人이 거주케 된 것은 본 정책에 사령탑司令塔이니 그들의 생명 · 재산을 적극 보호하여 본토本土에서는 강압적으로 구축驅逐하여 만주에 이민입적移民入籍케 하고 토지 획득후 본토인과 대차하여 몽고선구축蒙古先驅逐의 무상역군無償役軍을 삼으면 소기 목적은 불로자득일 것이라는 문구상에 연연然하게 조선인 입

적과 토지매수급이주土地賣買及移住를 엄금하라고 가록加錄되었다.

三. 이상 사실은 여수취하격如水取下格이나 일대 우려憂慮되는 것은 만주민족운동선인滿洲民族運動鮮人들이 본토인本土人과 합작배일合作排日할 것이 문제이므로 이를 절대 주의하고 세밀히 연구하여 선만인이간중전술鮮滿人離間中戰術로 양 민족 간에 적극 반감과 화합치 못하게 하는 모략謀略이 제일 양책이라 씌어 있다(以下 略).

■ **길돈사변**吉敦事變 : 『대종교인과 독립운동연원』, 34 - 6쪽.

이상 이간책의 실현적 사례를 들면

一. 기사년己巳(1929年) 길돈사변吉敦事變이다. 이상 소책자가 중인 전체에 배부되자 일군日軍 측은 물실호기勿失好機로 간교한 이간책을 썼으니 당시 중공中共 이립삼李立三이 지도하는 주중청총住中靑總이라는 조직을 서간도농촌청년西間島農村靑年에게 침투浸透하게 되어 돈화서북개척지구敦化西北開拓地區에서 서간도이주동포西間島移住同胞와 합류하여 지하조직하는 기회를 이용하여 일정日政은 공산당共産黨을 가장하고 자본주의군벌타도資本主義軍閥打倒라는 구실하에 기사己巳(1929年) 8월 5일 말기에 돈화산림주변급액목敦化山林周邊及額穆 등지 주둔 중국군 병영을 불의야습不意夜襲하여 다수 무기를 탈취하였다. 익조翌朝 중국군 측은 이 사변이 한인들의 소행인 줄을 알자 즉시 관민官民 합동으로 한국인 체포가 시작되니 중국 민간인은 곤봉棍棒과 농구農具 등을 들고 부락과 산림을 수색하여 모조리 잡는 판에 한국 농민들은 공포감에 피난도주했으나 미구未久에 거의 체포되고 혹은 아사餓死 혹은 총살 당한 동포가 허다하였다. 당시 돈화시내돈화시내內敦化市內에는 김계산金桂山, 김정식金定植(金寬植博士의 實弟)과 이승림李承林(一名 顯翼) 삼인三人만 천행天幸으로 면화免禍되고 그 외 십사 명은 공모자로 지적되어 총살형을 당하였다.(이를 吉敦事變이라 稱함) 민도民度가 낮은 중인中人들은 공산주의, 민족주의의 구별도 모르고 다만 고려반중국高麗反中國이라는 민족적 감정에서 만주 전역全域 한인韓人 남자는 일망타진피체一網打盡被逮되고 봉천奉天, 대련大連, 북간도北間島, 장춘長春, 길림吉林, 일영領日 부근 외外는 일절 행동의 자유가 없었다. 왜노倭奴들은 표면으로는 보호하는 척하고 이면으로는 이간책을 꾀하니 중인 감정은 더 악화되었다. 이때가 바로 중령中領에 있는 독립운동이 정지되고 정의부正義府, 신민부新民府, 공산당共産黨 할 것 없이 민족주의적인 동포애뿐이었고 세한歲寒 후後에 지송백지후주知松栢之後凋라는 말과 같이 흥업단興業團 업적과 대종교정신大倧敎精神을 인식하게 되었다.

■ 만보산사건萬寶山事件 : 『대종교인과 독립운동연원』, 38 - 40쪽.

二. 다음은 장춘長春 부근에 옥토양전沃土良田을 수농화계획水農化計劃, 즉 만보산사건萬寶山事件이니 당시 일정日政은 한인韓人으로서는 토지매수土地買收가 불가능한 때라 세상 부지世上不知의 국내인사를 동원시켜 중국인 명의名義로 토지를 매득買得하고 수농개척水農開拓에 혈안血眼이 되었던 바 인접부호전장隣接富豪田庄에 인수引水한다는 조건이 양민족간兩民族間 서돌庶突의 발단이 되어 상호 감정 대립은 거익심각去益深刻하였다. 일정日政은 천재일우千載一隅의 호기好機를 실실失할까 우려되어 무장경찰기마대까지 동원하여 중일中日 경찰 총격전銃擊戰이 발생하였다. 무식군중無識群衆은 자수안맹自手眼盲인 줄 모르고 일제 덕택에 잘 살게 되는 줄을 알고 날뛰었으나 독립지사들은 생명을 걸고 중국인 토지도매土地盜賣 방지와 일정日政의 모략을 분쇄粉碎하였다. 그러나 만용호정책선구대滿蒙政策先驅隊의 무지한 소치로 왜노倭奴에게 가부협력하던 당시 실황實況은 지사志士로 하여금 혈루血淚를 불금不禁케 하였다. 그 찰나에 무법 천지로 횡행하던 조선일보朝鮮日報 기자(동아일보의 잘못인 듯)는 길림吉林 대동여관大東旅館에서 생명을 빼앗기자 일정日政은 국내 무뢰한無賴漢을 선동하여 중국인 배척운동排斥運動을 야기하니 중국인은 수륙水陸 양면으로 귀국하고 각 도시에는 중국 교포 구출의 벽보壁報와 기치旗幟가 날리며 대학생의 시가행진과 한국인韓國人 구축驅逐 복복復의 삐라와 패환敗還 동포 구출의 구호와 보도 등 실로 유사 이래 최대의 민족적 대립서돌對立庶突이었다. 이때 일정日政은 이에 대비하여 각 조계내租界內에 조선인 구호소救護所를 설치하고 중국인 폭해방지暴害防止라는 구실 하에 외출 금지와 아울러 자위단自衛團까지 조직하여 등화관제燈火管制 실시 등 양 민족 반감조장反感助長에 전력을 경주傾注하였다.

(5) 만주사변 이후의 대종교 탄압과 대종교의 지하화

1931년 만주사변이 일어나 일본인에 의해 대종교의 포교 활동이 다시 금지되었다. 아울러 일제에 의해 만주 지역의 학교가 폐쇄되고 교사와 학생이 검거되는 등 교육 활동이 심한 탄압을 받았다. 일제의 대륙 침략 만행이 가속화됨으로써 독립운동과 종교적 활동은 점차 지하화 하거나 공간적으로 주변화하였다.

■ **만주사변 이후의 대종교활동** : 『대종교인과 독립운동연원』, 41-5쪽.

다음 만주사변滿洲事變은 신미辛未(1931年) 만추晩秋에 소위 관동군關東軍이라는 일병日兵은 中村 대위大尉 정탐偵深이 몽고 등지로 밀행密行하려다가 열하熱河 방면에서 애국지사愛國志士 소위로 행방불명行方不明된 것이 도화선導火線이 되어 봉천북대관奉天北大管 야습夜襲을 비롯하여 장춘長春, 길림吉林 점령, 파죽지세破竹地勢 승승장구勝勝長驅하여 전 만주 지역을 단시일에 불법침점不法侵占하고 다시 길회선吉會線부터 연장延長하여 남에 압록강 북에 두만강 양대 철로鐵路로 군수품軍需品을 운반하며 불과 일년에 벽해碧海가 상전桑田이 되었다. (생략) 만일 한중韓中 양민兩民의 이간전술離間戰術이 아니었던들 만주 점령은 일이 년간에 그 종결이 불능하였을 것을 단언하여 둔다. 그러면 만주 독립군 활동은 임신년壬申年(1932年)까지 절영絶影되고 그 후는 지하운동地下運動으로 하고 또는 북지北支로부터 중경重慶까지 밀려가며 국제정세에 동조하여 상해 일군수뇌日軍首腦 白川 대장 외 거흉급巨凶級을 폭살爆殺하는 장면과 임정의 외교와 윤의사尹義士의 의거義擧가 진실로 살신성인殺身成仁의 권위權威를 세계에 진동震動하였던 것이다.

■ 간도 숭신학교 폐쇄 : 『동아일보』, 1936. 6. 16.

"간도숭신교間島崇信校를 불온不穩타고 폐쇄閉鎖–이백여 학생 학로
를 잃어, 영경분서領警分署에서 명령"

국자가局子街 시내에 잇는 숭신학교崇信學校에 당지 일령분서日領分
署에서 불온사상을 고취하는 학교라는 리유로 폐쇄를 명령하얏다.
이로 인하여 창립된 지 십년이라는 긴 역사를 가지고 만흔 영재를
교양한 동교는 ●를 마치엇다는 바 현재 이백여 명 학생은 학로를
이러버리고 도로에서 방황한다고 한다.

5. 일제의 대종교 말살(임오교변)

1937년 중일전쟁 이후에는 국내외적으로 민족종교 말살이 본격
적으로 자행되었다. 일제의 압력에도 불구하고 근근히 교단을 운영
해 오던 대종교는 1942년에 이르러 심한 타격을 받게 되었다. 대종
교의 3세 교주 윤세복 이하 20명의 교단 간부가 검거되는 이른바
임오교변이 발생하였다. 임오교변 당시 치안법 위반으로 검거된 이
중 10명은 끝내 옥사하는 사태가 벌어졌다. 임오교변 검거자들의
죄목은 대종교가 단군문화를 발전시켜 조선 민중에게 조선정신을
함양시키고 민족자결의 의식을 선전한다는 것이었다. 즉 대종교는
민족의식을 고취시키는 교화단체로서 종교를 가장한 정치 선동 집
단이라는 것이 그들을 처벌한 죄목이었다.

■ 임오교변 배경 : 『대종교중광60년사』, 457-8쪽.

임오壬午 하간夏間 조선총독부 촉탁 영안현寧安縣 녹도鹿島 거주 조동현趙東炫(一名 晚春 當時 約50歲)을 정탐자로 밀파하여 교내 동향과 간부들의 언동을 내사 보고케 하고 또 동년 천전건축주비관계天殿建築籌備關係에 대하여 당시 경성 조선어학회에 계시는 이극노李克魯가 단애종사檀崖宗師에게 보낸 수찰手札 중에 「널리 펴는 말」이란 원고가 동봉되었던 바 일경日警은 이를 먼저 검열하고 동원문同原文을 사진으로 박아 두고 일문日文으로 번역하되 두목頭目을 「조선독립선언서朝鮮獨立宣言書」라 하고 내용의 "일어나라 움직이라"는 구절을 "봉기蜂起하자 폭동暴動하자"로 날조하였는데 이 위서僞書가 곧 교변敎變 발생의 직접적인 단서가 된 것이다.

■ 널리 펴는 말 : 『대종교중광60년사』, 458-61쪽.

이극노李克魯

천운은 빙빙 돌아가는 것이라. 한 번 가고 다시 아니 오는 법이 없다. 날마다 낮이 가면 밤이 오고 밤이 가면 낮이 오며 또 춘하추동 사철은 해마다 돌아온다. 이와 같이 영원토록 돌아가고 돌아오는 법이 곧 한얼님의 떳떳한 이치다.

이런 순환하는 천리에서 인간 사회의 변천도 끊임없이 생긴다. 부자가 가난하여지고 가난한 사람이 부자가 되며 귀한 사람이 천하여지고 천한 사람이 귀하여진다.

동방에는 밝은 빛이 비치었다. 이는 곧 대종교가 다시 밝아진 것이다. 한동안 밤이 되어 지나던 대종교가 먼동이 튼 지도 30여 년이 되었다. 아침 햇빛이 땅위를 비치어 어둠을 물리치는 것과 같이 대종의 큰빛이 캄캄한 우리의 앞길을 비치어 준다.

어리석은 뭇사람은 제가 행하고도 모르며 또 모르고도 행한다. 직접으로는 만주 대륙과 조선 반도를 중심으로 여러 천만 사람이 대종교의 신앙을 저도 모르는 가운데 아니 믿는 사람이 없고 간접으로는 이웃 겨레들도 이 종교의 덕화를 받지 아니 한 이가 없다.

삼신三神이 점지하시므로 아이가 나며 삼신三神이 도우시므로 아이가 자란다고 믿고 비는 일이 조선의 풍속으로 어디나 같다.

이 삼신은 곧 한임 한웅 한검이시다. 황해도 구월산에는 삼三성사가 있고 평양에는 숭령전이 있고 강화도 마니산에는 제천단이 있다. 발해 시대에는 태백산에 보본단을 쌓고 해마다 제사를 지내었다.

이와 같이 삼신을 믿고 받들어 섬기는 마음은 여러 천년 동안에 깊이 굳어졌다. 시대와 곳을 따라 종교의 이름은 바뀌었으나 한얼님을 섬기고 근본을 갚아 사람의 도리를 지키는 교리만은 다름이 없고 변함이 없다.

종교는 믿는 마음으로만 되는 것이 아니다. 일정한 형식을 갖추어야 되며 또 형식은 존엄을 보전할 만한 체면을 잃지 아니하여야 된다. 사람의 이상은 소극적으로 지키는 데 있는 것이 아니라, 적극적으로 나아가는 데 있다.

그런데 이제 우리는 체면을 유지할 만한 천전과 교당도 가지지 못하였으며 또는 교회의 일군을 길러낼 만한 교육기관도 없다. 이는 우리에게 그만한 힘이 없는 것도 아니오 성력이 아주 부족한 것도 아니다. 그동안에 모든 사정이 우리의 정성과 힘을 다 발휘할 기회를 얻지 못하였던 까닭이다.

그런데 이제는 때가 왔다. 우리는 모든 힘을 발휘하여 대교의 만년대계를 세우고 나아가야 된다. 이 어찌 우연이랴. 오는 복을 받아들이지 아니하는 것도 큰 죄가 되는 것을 깊이 깨달아야 된다.

만나기 어려운 광명의 세계는 왔다. 반석우에 천전과 교당을 짓자! 기름진 만주 벌판 대종학원을 세워서 억센 일군을 길러내자!

우리에게는 오직 희망과 광명이 있을 뿐이다.

일어나라 움직이라!

한배검이 도우신다.

개천 사천삼백구십구년구월오일四三九九年九月五日

■ **일제의 탐정 및 기만** : 『대종교중광60년사』, 461-2쪽.

일정日政은 표면으로는 대교大敎 발전에 호의를 보이는 체하여 임오년 10월 3일 개천절경하식開天節慶賀式에 각지의 중견교우中堅敎友들이 회집會集하여 예식을 거행한 후 소집된 천전건축주비사무협의회天殿建築籌備事務協議會에 소할所轄 목단강성牧丹江省의 고위관리가 참석하여 격려하는 연극마저 꾸며 가며 교敎 사찰에 혈안이 되었다. 대교 말살抹殺의 목적으로 잠시 회유와 기만책을 써 오던 일정은 교세 진전進展의 현황現況을 파악한 이상 어찌 오랜 시일을 참을 수 있었으랴! 이에 일경日警은 가혹한 행동 개시에 혈안이 되어 마침내 "대종교는 조선 고유의 신도神道 중심으로 단군문화를 다시 발전하는 표방하標榜下에서 조선 민중에게 조선 정신을 배양하고 민족 자결의 의식을 선전하는 교화 단체이니만큼 조선 독립이 그 최후 목적이라."는 혐의의 죄목을 만들어, 개천 4399년 임오년壬午年(西紀 1942年) 11월 19일, 국내에서는 조선어학회朝鮮語學會 간부 검거 사건과 때를 같이하여 선만鮮滿 각처에서 교주敎主 단애종사斷崖宗師 이하 21명을 동시 검색檢索하였으니 이것이 교사상敎史上 영원히 잊지 못할 임오교변壬午敎變이다.

■ 대종교 간부 10명 옥사사건 : 『한국유이민사』, 522쪽.

대종교 간부 교인들이 모여 동경성東京城에 천전天殿을 건축하여 한국인韓國人의 사기를 앙양하려던 계획이 진행되는 것을 탐지한 일제는 1942년 11월 19일에 대종교인들을 일망타진할 목적으로 한국 내와 중국동북지방東北地方에서 간부급 교인 21명을 강제 구속하고 혹독한 고문을 자행하여 그 중 10명을 옥사獄死하게 하고, 서적 23,000권과 천진天眞, 인신印信 등이 피탈되었다.

옥사자獄死者의 명단은 다음과 같다.

오근태吳根泰, 안희제安熙濟, 강철구姜鐵求, 김서종金書種, 이재李在, 이창언李昌彦, 나정문羅正絞, 이정李楨, 권상익權相益

■ 임오교변 피의자 심리 (음1944.4.5) : 『대종교중광60년사』, 498쪽.

갑신 4월 5일(陽 4月 27日)에 목단강고등법원牧丹江高等法院 제1호실에서 소위 피고 윤세복尹世復(檀崖宗師) · 김영숙金永肅 · 윤정현尹珽鉉 · 이재李在 · 이용태李容兌 · 이현익李顯翼 · 최관崔冠(白圃宗師參) 등 7인의 출두로 공판이 개정되어 사실 심리를 계속한 바 단애종사는 4일간, 외 6인은 공共 2일간에 완료하였다. 동 심리의 주요 내용은

"대종교는 조선 고유의 신도 중심인 단군문화를 다시 발전한다는 표방하에 조선 민중에게 조선 정신을 배양하고 민족자결의 의식을 선전하는 교화 단체인 만큼 조선 독립이 그 최종 목적이오 따라서 반도와 만주를 탈취하여 배달국倍達國 재건의 음모를 가졌으니 이것이 어찌 종교를 가장한 정치운동이 아닌가." 하는 것이다.

■ **임오교변 피고 구형**(음1944.4.22) : 『대종교중광60년사』, 499쪽.

동월 22일(陽 5월 13日)에 소위 검찰관檢察官의 "피고들은 자기네 하는 일이 정당한 줄로 알지마는 국가로서는 현 시국에 있어 용인할 수 없는 것이다."라는 논고와 아울러

피고인	윤세복尹世復	무기도형無期徒刑
동同	김영숙金永肅	15년
동	윤정현尹珽鉉	10년
동	이용태李容兌	10년
동	최관崔冠	10년
동	이현익李顯翼	7년
동	이재李在	5년

의 구형求刑이 있었다.

■ **임오교변 구형자 언도** : 『대종교중광60년사』, 499-500쪽.

구형이 있는 1개월 반 후인 개천 4401년 갑신(西紀 1944年) 5월 7일에 소위 심판관審判官의 "피고들의 행위를 법원에서 이해 못함은 아니로되 국가로서는 용인할 수 없다."라는 판결언도의 개의槪意를

말한 다음

교주 윤세복	치안유지법 제1조위반	무기도형無期徒刑
김영숙金永肅	동법同法 제2조 위반	도형徒刑 15년
윤정현尹珽鉉	동법위반	도형 8년
이용태李容兌	동법위반	도형 8
최관崔冠	동법위반	도형 8년
이현익李顯翼	동법위반	도형 7년
이재李在	동법위반	도형 5년

에 각각 처판處判한다는 언도를 내리었다.

찾아보기

【ㄱ】

【ㅊ】

일제의 한국 민족종교 말살책

인쇄일 2007년 10월 10일
발행일 2007년 10월 20일

지은이 윤이흠
펴낸이 박길수
펴낸곳 도서출판 모시는 사람들(1994.7.1 제1-1071)
        110-755/서울시 종로구 경운동 88 수운회관 1303호
        전화 735-7173, 737-7173 / 팩스 730-7170

편집디자인 이주향
출력 삼영그래픽스(02-2274-1694)
인쇄 제본 (주)상지피엔비(031-955-3636)
홈페이지 http://www.donghaknews.net

값은 뒷표지에 있습니다.

ISBN 978-89-90699-51-0